中華古籍保護計劃

ZHONG HUA GU JI BAO HU JI HUA CHENG GUO

·成果·

黑龍江省圖書館
古籍普查登記目錄

全國古籍普查登記目錄

國家圖書館出版社
National Library of China Publishing House

圖書在版編目(CIP)數據

黑龍江省圖書館古籍普查登記目録/黑龍江省圖書館編.--北京:國家圖書館出版社,
2014.4(2016.10 重印)

（全國古籍普查登記目録）

ISBN 978 - 7 - 5013 - 5242 - 5

Ⅰ.①黑… Ⅱ.①黑… Ⅲ.①古籍—圖書館目録—黑龍江省 Ⅳ.①Z838

中國版本圖書館 CIP 數據核字(2013)第 285205 號

書　　名	黑龍江省圖書館古籍普查登記目録	
編　　者	黑龍江省圖書館　編	
索引編製	宋志英　趙　嫄	
責任編輯		
重印編輯	張珂卿	

出　　版　國家圖書館出版社(100034　北京市西城區文津街 7 號)
　　　　　　（原書目文獻出版社　北京圖書館出版社）
發　　行　010 - 66114536　66126153　66151313　66175620
　　　　　　66121706(傳真)　66126156(門市部)
E-mail　　nlcpress@ nlc. cn(郵購)
Website　　www. nlcpress. com ──→投稿中心
經　　銷　新華書店
印　　裝　河北三河弘翰印務有限公司
版　　次　2014 年 4 月第 1 版　2016 年 10 月第 2 次印刷

開　　本　787 × 1092(毫米)　1/16
印　　張　22. 25
字　　數　430 千字

書　　號　ISBN 978 - 7 - 5013 - 5242 - 5
定　　價　290. 00 圓

《全國古籍普查登記目錄》

工作委員會

主　任：周和平

副主任：張永新　詹福瑞　劉小琴　李致忠　張志清

委　員（按姓氏筆畫排序）：

于立仁　王水喬　王　沛　王紅蕾　王筱雯

方自今　尹壽松　包菊香　任　競　全　勤

李西寧　李　彤　李忠昊　李春來　李　培

李曉秋　吳建中　宋志英　努　木　林世田

易向軍　周建文　洪　琰　倪曉建　徐欣禄

徐　蜀　高文華　郭向東　陳荔京　陳紅彥

張　勇　湯旭巖　楊　揚　賈貴榮　趙　嫄

鄭智明　劉洪輝　歷　力　鮑盛華　韓　彬

魏存慶　鍾海珍　謝冬榮　謝　林　應長興

《全國古籍普查登記目録》

序　言

全國古籍普查登記工作是"中華古籍保護計劃"的首要任務,是全面開展古籍搶救、保護和利用工作的基礎,也是有史以來第一次由政府組織、參加收藏單位最多的全國性古籍普查登記工作。

2007 年國務院辦公廳發佈《關於進一步加强古籍保護工作的意見》(國辦發〔2007〕6 號),明確了古籍保護工作的首要任務是對全國公共圖書館、博物館和教育、宗教、民族、文物等系統的古籍收藏和保護狀況進行全面普查,建立中華古籍聯合目録和古籍數字資源庫。2011 年 12 月,文化部下發《文化部辦公廳關於加快推進全國古籍普查登記工作的通知》(文辦發〔2011〕518 號),進一步落實了全國古籍普查登記工作。根據文化部 2011 年 518 號文件精神,國家古籍保護中心擬訂了《全國古籍普查登記工作方案》,進一步規範了古籍普查登記工作的範圍、内容、原則、步驟、辦法、成果和經費。目前進行的全國古籍普查登記工作的中心任務是通過每部古籍的身份證——"古籍普查登記編號"和相關信息,建立古籍總臺賬,全面瞭解全國古籍存藏情況,開展全國古籍保護的基礎性工作,加强各級政府對古籍的管理、保護和利用。

《全國古籍普查登記工作方案》規定了全國古籍普查登記工作的三個主要步驟:一、開展古籍普查登記工作;二、在古籍普查登記基礎上,編纂出版館藏古籍普查登記目録,形成《全國古籍普查登記目録》;三、在古籍普查登記工作基本完成的前提下,由省級古籍保護中心負責編纂出版本省古籍分類聯合目録《中華古籍總目》分省卷,由國家古籍保護中心負責編纂出版《中華古籍總目》統編卷。

在党和政府領導下,在各地區、各有關部門和全社會共同努力下,古籍普查登記工作得以扎實推進。古籍普查已在除臺、港、澳之外的全國各省級行政區域開展,普查内容除漢文古籍外,還包括各少數民族文字古籍,特别是於 2010 年分别啓動了新疆古籍保護和西藏古籍保護專項,因地制宜,開展古籍普查登記工作;國家古籍保護中心研製的"全國古籍普查登記平臺"已覆蓋到全國各省級古籍保護中心,並進一步研發了"中華古籍索引庫",爲及時展現古籍普查成果提供有力支持;截至目前,已有11375 部古籍進入《國家珍貴古籍名録》,浙江、江蘇、山東、河北等省公佈了省級《珍貴古籍名録》，古籍分級保護機制初步形成。

《全國古籍普查登記目録》是古籍普查工作的階段性成果，旨在摸清家底，揭示館藏，反映古籍的基本信息。原則上每申報單位獨立成冊，館藏量少不能獨立成冊者，則在本省範圍内幾個館目合併成冊。無論獨立成冊還是合併成冊，均編製獨立的書名筆畫索引附於書後。著録的必填基本項目有：古籍普查登記編號、索書號、題名卷數、著者（含著作方式）、版本、冊數及存缺卷數。其他擴展項目有：分類號、批校題跋、版式、裝幀形式、叢書子目、書影、破損狀況等。有條件的收藏單位多著録的一些擴展項目，也反映在《全國古籍普查登記目録》上。目録編排按古籍普查登記編號排序，内在順序給予各古籍收藏單位較大自由度，可按分類排列古籍普查登記編號，也可按排架號、按同書名等排列古籍普查登記編號，以反映各館特色。

此次全國古籍普查登記工作，克服了古籍數量多、普查人員少、普查難度大等各種困難，也得到了全國古籍保護工作者的極大支持。在古籍普查登記過程中，國家古籍保護中心、各省古籍保護中心爲此舉辦了多期古籍普查、古籍鑒定、古籍普查目録審校等培訓班，全國共 1600 餘家單位參加了培訓，爲古籍普查登記工作培養了大量人才。同時在古籍普查登記工作中，也鍛煉了普查員的實踐能力，爲將來古籍保護事業發展奠定了良好的基礎。

《全國古籍普查登記目録》的出版，將摸清我國古籍家底，爲古籍保護和利用工作提供依據，也將是古籍保護長期工作的一個里程碑。

國家古籍保護中心
2013 年 10 月

《全國古籍普查登記目録》

編纂凡例

一、收録範圍爲我國境内各收藏機構或個人所藏，產生於 1912 年以前，具有文物價值、學術價值和藝術價值的文獻典籍，包括漢文古籍和少數民族文字古籍以及甲骨、簡帛、敦煌遺書、碑帖拓本、古地圖等文獻。其中，部分文獻的收録年限適當延伸。

二、以各收藏機構爲分册依據，篇幅較小者，適當合併出版。

三、一部古籍一條款目，複本亦單獨著録。

四、著録基本要求爲客觀登記、規範描述。

五、著録款目包括古籍普查登記編號、索書號、題名卷數、著者、版本、册數、存缺卷等。古籍普查登記編號的組成方式是：省級行政區劃代碼—單位代碼—古籍普查登記順序號。

六、以古籍普查登記編號順序排序。

七、編製各館藏目録書名筆畫索引附於書後，以便檢索。

《黑龍江省圖書館古籍普查登記目録》

前　言

　　黑龍江省圖書館是國内創辦最早的省級公共圖書館之一,始建於清光緒三十二年(1906)。新中國成立後,原黑龍江省與松江省合併爲新黑龍江省,省會由齊齊哈爾市改設至哈爾濱市,原黑龍江省圖書館更名爲齊齊哈爾市圖書館。1957 年,在哈爾濱市籌建新的黑龍江省圖書館,1962 年正式開放。建館之初我馆就極爲重視古籍藏書建設,經過數代古籍工作者五十餘年的辛勤訪求、不斷積累,通過與上海、浙江圖書館等兄弟館的調撥、捐贈,形成了門類齊全、特色鮮明的古籍館藏。黑龍江省圖書館現有綫裝古籍十三萬册,其中善本六千餘册,入選國家珍貴古籍名録二十五部,包括唐寫本一軸、宋刻本二部、元刻本三部 。珍稀文献有唐寫本《大般若波羅蜜多經》、"天禄琳琅"舊藏宋刻元明遞修本《國朝諸臣奏議》、宋刻元明遞修本《通鑑紀事本末》、黎庶昌跋元元統二年(1334)梅溪書院刻本《韻府群玉》、"天禄琳琅"舊藏元刻十七史詳節本《東萊先生校正北史詳節》、明彩繪抄本《天元玉曆祥異賦》等。館藏版本齊全,不乏寫經、抄本、刻本、活字本、名人批校本、套印本等,内容各具特色,集部居多,形成了以唐寫經最早,明清版本居多,經、史、子、集、類叢各部兼具的館藏特色。2008 年 3 月,黑龍江省圖書館被国务院批准爲首批"全國古籍重點保護單位"。

　　爲展示黑龍江省圖書館豐富的古籍館藏,貫徹落實《文化部辦公廳關於加快推進全國古籍普查登記工作的通知》精神,2012 年初,按照國家古籍保護中心下發的《全國古籍普查登記工作方案》要求,我館遵循簡明扼要、客觀著録原則,將古籍普查平臺録入簡化爲索書號、題名卷數、著者、版本等項基本内容,經過工作人員近一年的努力,於 2012 年 10 月將全部館藏五千三百餘條數據全部録入完成並上交國家古籍保護中心。國家中心審校後於 2013 年 5 月返還我館,我們經過縝密的審定和編纂,最終《黑龍江省圖書館古籍普查登記目録》得以成書。

　　該書收録範圍以清宣統三年(1911)爲下限,凡宣統三年以前的寫本、刻本、活字本、抄本與稿本,皆在選録之列。編纂依據《全國古籍普查登記手冊》《全國古籍普查登記目録格式整理規範》，著録項目爲索書號、題名卷數、著者、版本（帶補配）、冊數、存缺卷、普查編號等項基本内容。卒於民國之後的著者省略朝代。本書附有書名索引，叢書子目不在索引之列。

　　囿於時間倉促，編者水平所限，書中難免有遺漏和錯訛之處，懇請業界同仁不吝賜教。

黑龍江省圖書館
2013 年 10 月

目　録

230000－0901－0000001　C15544－47

楚辭二卷　（戰國）屈原　（戰國）宋玉（漢）賈誼等撰　（明）閔齊伋輯評　明萬曆四十八年(1620)閔齊伋刻三色套印本　四冊

230000－0901－0000002　C120942

大般若波羅蜜多經六百卷　（唐）釋玄奘譯　唐洪貲寫本　邵福瀛題記　邵松年跋　一軸　存一卷(三百六十三)

230000－0901－0000003　C23240－67

太師誠意伯劉文成公集二十卷　（明）劉基撰　（明）何鐣編校　明隆慶六年(1572)謝廷傑、陳烈刻本　二十八冊

230000－0901－0000004　C12981

東萊先生校正北史詳節二十八卷　（宋）呂祖謙輯　元刻十七史詳節本　一冊　存二卷(十三至十四)

230000－0901－0000005　C122036

成親王羅漢贊真跡不分卷　清永惺寫本　一冊

230000－0901－0000006　C2124－33

爾雅翼三十二卷　（宋）羅願撰　明正德十四年(1519)羅文殊刻本　十冊

230000－0901－0000007　C6298

公是弟子記四卷　（宋）劉敞撰　清乾隆嘉慶武英殿木活字印武英殿聚珍版書本　一冊

230000－0901－0000008　C26784－815

韓柳文一百卷　（明）游居敬輯　明嘉靖三十五年(1556)莫如士刻本　三十二冊

230000－0901－0000009　C10256－87

樂府詩集一百卷　（宋）郭茂倩輯　元至正元年(1341)集慶路儒學刻明修本　三十二冊

230000－0901－0000010　C15149－64

李詩選注十三卷　（唐）李白撰　（明）朱諫輯并注　**李詩辯疑二卷**　（明）朱諫撰　明隆慶六年(1572)朱守行刻本　十六冊

230000－0901－0000011　C12311－430

文獻通考三百四十八卷　（元）馬端臨撰　明正德十一至十四年(1516－1519)劉洪愼獨齋刻十六年(1521)重修本　一百二十冊

230000－0901－0000012　C11920－25

選賦六卷　（南朝梁）蕭統選　（明）郭正域評點　明淩氏鳳笙閣刻朱墨套印本　六冊

230000－0901－0000013　C11914－19

選詩七卷　（南朝梁）蕭統選　（明）郭正域評點　（明）淩濛初輯評　明淩濛初刻朱墨套印本　六冊

230000－0901－0000014　C26540－59

藝文類聚一百卷　（唐）歐陽詢撰　明嘉靖六年至七年(1527－1528)胡纘宗、陸采刻本　二十冊

230000－0901－0000015　C18950－69

韻府群玉二十卷　（元）陰時夫輯　（元）陰中夫注　元元統二年(1334)梅溪書院刻本　清黎庶昌跋　二十冊

230000－0901－0000016　C28351－74

重修宣和博古圖錄三十卷　（宋）王黼撰　明刻本　二十四冊

230000－0901－0000017　C47340－98

資治通鑑綱目五十九卷　（宋）朱熹撰　明刻本　五十九冊

230000－0901－0000018　C12980

國朝諸臣奏議一百五十卷　（宋）趙汝愚輯　宋淳祐十年(1250)史季溫福州刻元明遞修本　一冊　存二卷(六十一至六十二)

230000－0901－0000019　C38729

蒙泉類博稿一卷　（明）岳正撰　明嘉靖二十九年至三十年(1550－1551)袁氏嘉趣堂刻金聲玉振集本　一冊

230000－0901－0000020　C120944

明本大字應用碎金二卷　（□）□□撰　明刻本　劉文興題款　一冊

230000－0901－0000021　C38728

三吳水利論一卷　（明）伍餘福撰　明嘉靖二十九年至三十年(1550－1551)袁氏嘉趣堂刻

金聲玉振集本　一冊

230000－0901－0000022　C13575－604
史記一百三十卷　(漢)司馬遷撰　(南朝宋)裴駰集解　(唐)司馬貞索隱　(唐)張守節正義　明嘉靖四年(1525)汪諒刻本　三十冊

230000－0901－0000023　C38872－91
重校正唐文粹一百卷　(宋)姚鉉輯　明嘉靖三年(1524)徐焴刻本　二十冊

230000－0901－0000024　C12869－71
天元玉曆祥異賦不分卷　(明)仁宗朱高熾撰　明抄本　三冊

230000－0901－0000025　C132456
通鑑紀事本末四十二卷　(宋)袁樞撰　宋寶祐五年(1257)趙與蹕刻元明遞修本　一冊　存半卷(五下)

230000－0901－0000026　C13978－14077
文苑英華一千卷　(宋)李昉等輯　明隆慶元年(1567)胡維新、戚繼光刻本(卷九百八十一至一千抄配)　一百冊

230000－0901－0000027　C15188－15195
眞文忠公續文章正宗二十卷　(宋)眞德秀輯　明嘉靖刻本　八冊

230000－0901－0000028　C37114－213
資治通鑑綱目集說五十九卷　(明)扶安輯　(明)晏宏校補　明嘉靖晏宏刻本(卷一、十八後半卷、五十六至五十九抄配)　一百冊

230000－0901－0000029　C18077－100
新刊東垣十書二十卷　明嘉靖十七年(1538)詹氏進賢書堂刻本　二十四冊

230000－0901－0000030　C12309－10
申鑒五卷　(漢)荀悅撰　(明)黃省曾注　明嘉靖文始堂刻本　二冊

230000－0901－0000031　C12463－66
重刊嘉祐集十五卷　(宋)蘇洵撰　明刻本　四冊

230000－0901－0000032　C26700－23
宋史紀事本末一百〇九卷　(明)馮琦撰

(明)陳邦瞻補　(明)張溥論正　清朝宗書室木活字印本　二十四冊

230000－0901－0000033　C47399－412
續資治通鑑綱目二十七卷　(明)商輅撰　明成化十二年(1476)內府刻本　十四冊

230000－0901－0000034　C17904－06
原機啓微集二卷　(元)倪維德撰　(明)薛己校補　明鶴洲草堂刻本　三冊

230000－0901－0000035　C26898－912
皇明疏義輯略三十七卷　(明)張瀚輯　明嘉靖三十年(1551)大名府刻本　十五冊

230000－0901－0000036　C93342－47
呂氏春秋二十六卷　(秦)呂不韋撰　(漢)高誘注　明許宗魯刻本　六冊

230000－0901－0000037　C26828－35
淮海集四十卷後集六卷長短句三卷　(宋)秦觀撰　明嘉靖二十四年(1545)胡民表刻本董伯荇題識　八冊

230000－0901－0000038　C106099－102
蘇長公小品四卷　(宋)蘇軾撰　(明)王聖俞評選　明萬曆凌啓康刻朱墨套印本　四冊

230000－0901－0000039　C38730－41
司馬文正公集略三十一卷詩集七卷　(宋)司馬光撰　明嘉靖十八年(1539)俞文峰刻本　十二冊

230000－0901－0000040　C108384－89
C38892－97
歐陽先生文粹二十卷　(宋)歐陽修撰　(宋)陳亮輯　**遺粹十卷**　(宋)歐陽修撰　(明)郭雲鵬輯　明嘉靖二十六年(1547)郭雲鵬寶善堂刻本　十二冊

230000－0901－0000041　C000001－20
魏書一百十四卷　(北齊)魏收撰　明崇禎九年(1636)毛氏汲古閣刻清順治九年(1652)補輯十七史本　二十冊

230000－0901－0000042　C000051－62
史記一百三十卷　(漢)司馬遷撰　明崇禎毛

氏汲古閣刻十七史本　十二冊

230000－0901－0000043　C005156－5215
登壇必究四十卷　（明）王鳴鶴輯　明萬曆二十七年（1599）刻本　六十冊

230000－0901－0000044　C004017－21
廣韻五卷　（宋）陳彭年等修　清康熙四十三年（1704）張士俊刻澤存堂五種本　五冊

230000－0901－0000045　C005015－16
隸續二十一卷　（宋）洪适撰　清抄本　清何焯題記　二冊

230000－0901－0000046　C002019－23
周書五十卷　（唐）令狐德棻等撰　明崇禎五年（1632）毛氏汲古閣刻清順治七年（1650）補緝十七史本　五冊

230000－0901－0000047　C005791－94
衛生家寶產科備要八卷　（宋）朱端章撰　清抄本　四冊

230000－0901－0000048　C000142－57
易見六卷首一卷啓蒙二卷　（清）貢渭濱撰　清乾隆二十四年（1759）脈望書樓刻本　十六冊

230000－0901－0000049　C004215－16
文心雕龍十卷　（南朝梁）劉勰撰　（清）黃叔琳輯注　清乾隆刻本　二冊

230000－0901－0000050　C005017－18
天下金石志不分卷　（明）于奕正撰　清抄本　二冊

230000－0901－0000051　C004755－56
古今韻略五卷例言一卷　（清）邵長蘅撰　清康熙三十五年（1696）宋犖刻本　二冊

230000－0901－0000052　C000166－73
北齊書五十卷　（唐）李百藥撰　明萬曆三十四年（1606）北京國子監刻二十一史本　八冊

230000－0901－0000053　C005702－17
北山小集四十卷　（宋）程俱撰　清抄本　十六冊

230000－0901－0000054　C005019－20
白猿經二卷　（唐）李靖編　清抄本　二冊

230000－0901－0000055　C001223－32
五代史七十四卷附考證　（宋）歐陽修撰（宋）徐無黨注　清乾隆四年（1739）武英殿刻二十四史本　十冊

230000－0901－0000056　C002103－06
陳書三十六卷　（唐）姚思廉撰　明崇禎四年（1631）毛氏汲古閣刻清順治六年（1649）補輯十七史本　四冊

230000－0901－0000057　C005783－90
廣弘明集三十卷　（唐）釋道宣撰　清抄本　八冊

230000－0901－0000058　C001257－67
四書通二十六卷　（元）胡炳文撰　清康熙通志堂刻通志堂經解本　十一冊

230000－0901－0000059　C002024－31
賦鈔箋略十五卷　（清）王煜輯　（清）雷琳（清）張杏濱箋　清乾隆三十一年（1766）刻本　八冊

230000－0901－0000060　C005021
董禮部尺牘二卷　（明）董嗣成撰　劉承幹重編　清抄本　一冊

230000－0901－0000061　C004319－30
事類賦三十卷　（宋）吳淑撰并注　**廣事類賦**（清）華希閔輯　清康熙三十八年（1699）刻本　十二冊

230000－0901－0000062　C005812－35
古香齋鑒賞袖珍春明夢餘錄七十卷　（清）孫承澤撰　清刻本　二十四冊

230000－0901－0000063　C005846－61
明朝紀事本末八十卷　（清）谷應泰輯　清順治十五年（1658）築益堂刻本　十六冊

230000－0901－0000064　C001274－87
呂晚邨先生四書講義四十三卷　（清）呂留良撰　（清）陳鏦編　清康熙二十五年（1686）刻本　十四冊

230000－0901－0000065　C005022－33
說郛補遺十二卷　　清抄本　十二冊

230000－0901－0000066　C002032－41
敬業堂詩集五十卷續集六卷　（清）查慎行撰
清乾隆刻本　十冊

230000－0901－0000067　C004338－39
家範十卷　（宋）司馬光撰　（清）朱軾點評
清康熙五十八年(1719)朱軾刻本　二冊

230000－0901－0000068　C006253－55
松陽講義六卷　（清）陸隴其撰　清康熙刻本
三冊

230000－0901－0000069　C006286－97
姑溪居士文集五十卷後集二十卷　（宋）李之
儀撰　清末抄本　十二冊

230000－0901－0000070　C001350－61
秦漢文定十二卷　（明）倪元璐輯　（明）項煜
纂　（明）楊廷麟考訂　明刻本　十二冊

230000－0901－0000071　C005034－41
齊乘六卷　（元）于欽纂　釋音一卷　（元）于
潛撰　清抄本　八冊

230000－0901－0000072　C006182－83
人譜一卷人譜類記二卷　（明）劉宗周撰　清
刻本　二冊

230000－0901－0000073　C002134－35
典制類林四卷　（清）唐式南編　清乾隆三十
年(1765)刻本　二冊

230000－0901－0000074　C002136－37
漱經齋座右銘類編一卷續編一卷　（清）汪汲
輯　清乾隆五十九年(1794)刻本　二冊

230000－0901－0000075　C004910－23
能改齋漫錄十八卷　（宋）吳曾撰　清抄本
十四冊

230000－0901－0000076　C002042－61
毛詩注疏二十卷　（漢）毛亨傳　（漢）鄭玄箋
（唐）孔穎達疏　（唐）陸德明音義　明崇禎
三年(1630)毛氏汲古閣刻十三經注疏本　二
十冊

230000－0901－0000077　C005045－48
小畜集詩鈔二編八卷補遺一卷　（宋）王禹偁
撰　清抄本　清李自用校　四冊

230000－0901－0000078　C004924－27
秦邊紀略四卷　（清）梁份撰　清抄本　四冊

230000－0901－0000079　C001298－1319
漢書一百卷　（漢）班固撰　（唐）顏師古注
明崇禎十五年(1642)毛氏汲古閣刻本　二十
二冊

230000－0901－0000080　C006312－21
周子全書二十二卷首一卷　（宋）周敦頤撰
（清）董榕輯　清乾隆刻本　十冊

230000－0901－0000081　C002669－74
詞律二十卷　（清）萬樹撰　清康熙二十六年
(1687)刻本　六冊

230000－0901－0000082　C001652－59
白香山詩長慶集二十卷後集十七卷別集一卷
補遺二卷　（唐）白居易撰　年譜一卷　（清）
汪立名撰　年譜舊本一卷　（宋）陳振孫撰
清康熙四十一年至四十二年(1702－1703)汪
立名一隅草堂刻本　八冊

230000－0901－0000083　C005049－50
傳經表四卷　（清）畢沅撰　清抄本　二冊

230000－0901－0000084　C004928－33
劉賓客文集三十卷外集十卷　（唐）劉禹錫撰
清道光二十年(1840)經鉏堂抄本　清苕溪
漫士題識　清韓崇校　六冊

230000－0901－0000085　C002818－19
蘇老泉先生全集二十卷　（宋）蘇洵撰　附錄
二卷　清康熙三十七年(1698)邵仁泓安樂居
刻本　二冊

230000－0901－0000086　C001840－43
梁書五十六卷　（唐）姚思廉撰　明崇禎六年
(1633)毛氏汲古閣刻本　四冊

230000－0901－0000087　C004962－65
桐江集八卷　（元）方回撰　清末抄本　四冊

230000－0901－0000088　C005051－52

司空表聖文集十卷　（唐）司空圖撰　清抄本
二冊

230000－0901－0000089　C001844－55
四書講四十卷　（清）金松撰　清康熙刻本
十二冊

230000－0901－0000090　C002722－29
南齊書五十九卷　（南朝梁）蕭子顯撰　明崇
禎六年（1633）毛氏汲古閣刻本　八冊

230000－0901－0000091　C002869－78
元詩選二集八卷　（清）顧嗣立輯　清康熙四
十一年（1702）顧氏秀野草堂刻本　十冊

230000－0901－0000092　C006335
新書十卷　（漢）賈誼撰　清乾隆四十九年
（1784）盧文弨刻抱經堂叢書本　一冊

230000－0901－0000093　C005053－54
太平寶訓政事紀年五卷　（□）□□撰　清抄
本　二冊

230000－0901－0000094　C004993
嶠雅　（明）鄺露撰　清抄本　清全祖望批并
跋　一冊

230000－0901－0000095　C002909－26
南史八十卷　（唐）李延壽撰　明崇禎十三年
（1640）毛氏汲古閣刻本　十八冊

230000－0901－0000096　C001816－39
晉書一百三十卷　（唐）房玄齡等撰　明崇禎
元年（1628）毛氏汲古閣刻清順治五年（1648）
補輯十七史本　二十四冊

230000－0901－0000097　C006359－73
昭代叢書　（清）張潮輯　清康熙三十六年至
四十二年（1697－1703）詒清堂刻本　十五冊
缺四卷（甲集二十四至二十七卷）

230000－0901－0000098　C005055－58
侍郎葛公歸愚集十卷　（宋）葛立方撰　清抄
本　四冊

230000－0901－0000099　C006336－58
檀几叢書　（清）王晫　（清）張潮編　清康熙
三十四年（1695）新安張氏霞舉堂刻本　二十

三冊　缺四卷（二集三至六）

230000－0901－0000100　C005087
遺民小傳一卷　（清）卓爾堪撰　清抄本　梅
志題跋　一冊

230000－0901－0000101　C004998－5002
四明文獻集五卷　（宋）王應麟撰　（明）鄭真
輯　清末抄本　清朱斌題識　五冊

230000－0901－0000102　C002966
白石詩集一卷詞集一卷　（宋）姜夔撰　諸家
評論一卷　清康熙五十七年（1718）曾時燦刻
雍正五年（1727）洪正治印本　一冊

230000－0901－0000103　C002927－40
隋書八十五卷　（唐）魏徵等撰　明崇禎八年
（1635）毛氏汲古閣刻本　十四冊

230000－0901－0000104　C006646－47
鹽鐵論十二卷　（漢）桓寬撰　（明）張之象注
明萬曆二十年（1592）刻本　二冊

230000－0901－0000105　C002942－57
後漢書一百二十卷　（南朝宋）范曄撰　（唐）
李賢注　明崇禎十六年（1643）毛氏汲古閣刻
本　十六冊

230000－0901－0000106　C006648－49
童蒙訓二卷　（宋）呂本中撰　清初刻本
二冊

230000－0901－0000107　C004969－84
河防一覽十四卷　（明）潘季馴撰　明萬曆十
八年（1590）刻清印本　十六冊

230000－0901－0000108　C005059－70
說文解字補義十二卷　（元）包希魯撰　清抄
本　十二冊

230000－0901－0000109　C007449－55
廣雅疏證十卷　（清）王念孫撰　清嘉慶元年
（1796）刻本　七冊

230000－0901－0000110　C005003－05
樊邨草堂詩選三卷　（清）蕭掄撰　清末抄本
清葉裕仁題記　三冊

230000－0901－0000111　C002998

讀史論略詳注一卷　（清）杜詔撰　（清）唐桂注　清乾隆四十六年(1781)刻本　一冊

230000－0901－0000112　C011593－600

管子二十四卷　（春秋）管仲撰　（唐）房玄齡注　明刻本　八冊

230000－0901－0000113　C012150

仁山金先生文集二卷　（元）金履祥撰　清末抄本　一冊

230000－0901－0000114　C012160

咄咄吟二卷　（清）貝青喬撰　清末抄本　一冊

230000－0901－0000115　C004952－61

皇清开國方略三十二卷　（清）阿桂等撰　清刻本　十冊

230000－0901－0000116　C007527－34

慈溪黃氏日抄分類九十七卷　（宋）黃震撰　明正德十四年(1519)龔氏刻清乾隆三十二年(1767)新安汪佩鍔修補印本　八冊　存三十五卷(一至十五、二十至三十二、三十九至四十五)

230000－0901－0000117　C106715－106720

惠直堂經驗方四卷　（清）陶承熹輯　清乾隆四十九年(1784)步雲閣刻本　六冊

230000－0901－0000118　C005010－11

菉竹堂書目不分卷　（明）葉盛藏并編　清末抄本　二冊

230000－0901－0000119　C005006－07

下學堂劄記三卷　（清）熊賜履撰　清康熙二十四年(1685)刻本　一冊

230000－0901－0000120　C007971

隸釋二十七卷　（宋）洪适撰　清乾隆四十三年(1778)汪氏樓松書屋刻本　八冊

230000－0901－0000121　C007742－49

230000－0901－0000122　C005012

春山文集四六抄不分卷　（宋）危昭德撰　清抄本　一冊

230000－0901－0000123　C108571－108574

本事詩十二卷　（清）徐釚輯　清光緒刻邵武徐氏叢書本　四冊

230000－0901－0000124　C108701－108704

香祖筆記十二卷　（清）王士禛撰　清刻王漁洋遺書本　四冊

230000－0901－0000125　C007720

金石契不分卷　（清）張燕昌撰　清乾隆三十六年(1771)張氏刻四十三年(1778)重定本　一冊

230000－0901－0000126　C007969

合刻繁露太玄大戴禮記三卷　（明）陸雲龍評選　陰符素書　明末陸雲龍崢霄館刻本　一冊

230000－0901－0000127　C008791－800

夢溪筆談二十六卷補筆談三卷續筆談一卷　（宋）沈括撰　明崇禎四年(1631)馬元調刻本　十冊

230000－0901－0000128　C108923－108926

三藩紀事本末四卷　（清）楊陸榮撰　清康熙五十六年(1717)刻本　四冊

230000－0901－0000129　C008023－30

尚書後案三十卷辨附一卷　（清）王鳴盛撰　清乾隆四十五年(1780)禮堂刻本　八冊

230000－0901－0000130　C111702－111705

焦氏筆乘六卷續八卷　（明）焦竑撰　明萬曆三十四年(1606)刻本　四冊

230000－0901－0000131　C007960－63

月令粹編二十四卷月令粹編圖說一卷　（清）秦嘉謨撰　清嘉慶十七年(1812)刻本　四冊

230000－0901－0000132　C011418－19

一瓢齋詩存六卷　（清）薛雪撰　清乾隆五十九年(1794)掃葉村莊刻本　二冊

230000－0901－0000133　C012185－90

江邨銷夏錄三卷　（清）高士奇撰　清朗潤堂

刻本　六冊

230000－0901－0000134　C041066－70
戰國策三十三卷　（漢）高誘注　札記三卷
（清）黃丕烈撰　清嘉慶八年（1803）黃氏讀未
見書齋刻本　五冊

230000－0901－0000135　C011999－2030
昌黎先生集四十卷遺文一卷外集十卷集傳一
卷　（唐）韓愈撰　明萬曆刻本　三十二冊

230000－0901－0000136　C040790－040801
國朝詩別裁集三十二卷　（清）沈德潛輯　清
乾隆二十五年（1760）教忠堂刻本（卷三十至
三十二抄配）　十二冊

230000－0901－0000137　C022093－104
史記一百三十卷　（漢）司馬遷撰　（南朝宋）
裴駰集解　明崇禎十四年（1641）毛氏汲古閣
刻本　十二冊

230000－0901－0000138　C012161－64
揭文安公文集九卷詩集三卷續詩集二卷
（元）揭傒斯撰　清抄本　四冊

230000－0901－0000139　C012167－74
水道提綱二十八卷　（清）齊召南撰　清乾隆
四十一年（1776）傳經書屋刻本　八冊

230000－0901－0000140　C012303－06
韻補五卷　（宋）吳棫撰　明刻本　四冊

230000－0901－0000141　C041121－26
歷朝名媛詩詞十二卷　（清）陸昶評選　清乾
隆三十八年（1773）陸氏紅樹樓刻本　六冊

230000－0901－0000142　C022468－87
漢書一百卷　（漢）班固撰　（唐）顏師古注
明崇禎十五年（1642）毛氏汲古閣刻本　二
十冊

230000－0901－0000143　C012165－66
巴西鄧先生文集不分卷附補遺一卷　（元）鄧
文原撰　清抄本　二冊

230000－0901－0000144　C110207
無雙譜一卷　（清）金古良撰并繪圖　清康熙
二十九年（1690）刻本　一冊

230000－0901－0000145　C041424－29
漁洋山人精華錄箋注十二卷補一卷　（清）王
士禛撰　（清）金榮箋注　（清）徐淮纂輯　年
譜一卷　清鳳翙堂刻本　六冊

230000－0901－0000146　C041430－35
重訂唐詩別裁集二十卷　（清）沈德潛輯　清
乾隆二十八年（1763）教忠堂刻本　六冊

230000－0901－0000147　C110047－110048
漢劉子駿集一卷　（漢）劉歆撰　（明）張溥輯
明婁東張氏刻漢魏六朝百三名家集本
二冊

230000－0901－0000148　C022081－92
後漢書一百二十卷　（南朝宋）范曄撰　（唐）
李賢注　明崇禎十六年（1643）毛氏汲古閣刻
本　十二冊

230000－0901－0000149　C022152－57
東林列傳二十四卷　（清）陳鼎輯　清康熙刻
本　六冊

230000－0901－0000150　C111463－111464
李長吉歌詩四卷首一卷外集一卷　（唐）李賀
撰　（清）王琦彙解　清乾隆寶笏樓刻本
二冊

230000－0901－0000151　C041510－21
唐宋八家詩五十二卷　（清）姚培謙輯　清雍
正五年（1727）遂安堂刻本　十二冊

230000－0901－0000152　C111440－111441
韓詩外傳十卷　（漢）韓嬰撰　明天啓六年
（1626）刻本（卷六至十配清刻本）　二冊

230000－0901－0000153　C112203－112204
四書節解十四卷　（清）周振業撰　清乾隆十
一年至十二年（1746－1747）周氏刻本　二冊

230000－0901－0000154　C021872－83
南史八十卷　（唐）李延壽撰　明崇禎刻本
十二冊

230000－0901－0000155　C041522－31
元文類七十卷目錄三卷　（元）蘇天爵輯　明
修德堂刻本　十冊

230000－0901－0000156　C112599－112601

北夢瑣言二十卷　（宋）孫光憲撰　明萬曆商氏半埜堂刻稗海本　三冊

230000－0901－0000157　C112602

西京雜記六卷　（晉）葛洪撰　明萬曆商氏半埜堂刻稗海本　一冊

230000－0901－0000158　C020683－94

說鈴前集三十三種後集十九種　（清）吳震方編　清康熙四十四年(1705)刻本　十二冊

230000－0901－0000159　C041576－80

古今韻略五卷例言一卷　（清）邵長蘅撰　清康熙三十五年(1696)宋犖刻本　五冊

230000－0901－0000160　C041876－85

徐位山六種　（清）徐文靖撰　清雍正乾隆志寧堂刻本　十冊

230000－0901－0000161　C112898－112930

本草綱目五十二卷奇經八脈考一卷脈訣考證一卷　（明）李時珍撰　明萬曆三十一年(1603)夏良心、張鼎思等江西刻本(卷二十八第一頁至十九頁抄補)　三十三冊

230000－0901－0000162　C110238－110241

歐陽文忠公五代史鈔二十卷　（宋）歐陽修撰　明刻本　四冊

230000－0901－0000163　C010339

初學行文語類三卷　（清）孫埏撰　清乾隆八年(1743)遺經堂刻本　一冊

230000－0901－0000164　C010370－71

東觀漢記二十四卷　（漢）劉珍撰　清乾隆六十年(1795)席氏掃葉山房刻本　二冊

230000－0901－0000165　C010650－56

王右丞集二十八卷首一卷末一卷　（唐）王維撰　（清）趙殿成箋注　清乾隆元年(1736)刻本　六冊

230000－0901－0000166　C010858－59

汗簡三卷目錄敘略一卷　（宋）郭忠恕撰　清康熙四十二年(1703)刻本　二冊

230000－0901－0000167　C011394－417

230000－0901－0000167　C019172－291

重訂古史全本六十卷　（宋）蘇轍撰　明萬曆四十年(1612)刻本　二十四冊

230000－0901－0000168　C019172－291

大清一統志三百五十六卷　（清）蔣廷錫等纂修　清乾隆九年(1744)武英殿刻本　一百二十冊

230000－0901－0000169　C021718－37

帶經堂集九十三卷　（清）王士禛撰　清康熙五十年(1711)刻本　二十冊

230000－0901－0000170　C021656－58

宋大家王文公文鈔十六卷　（宋）王安石撰　（明）茅坤批評　明崇禎元年(1628)刻八大家文鈔本　三冊

230000－0901－0000171　C105405－59

御製律曆淵源　（清）允祉　（清）允祿纂修　清雍正二年(1724)內府刻本　五十五冊　缺一卷(律呂正義續編一卷)

230000－0901－0000172　C113836－113838

周易兼義九卷　（三國魏）王弼　（晉）韓康伯注　（唐）孔穎達正義　明崇禎四年(1631)毛氏汲古閣刻十三經注疏本　三冊

230000－0901－0000173　C113839－113843

尚書注疏二十卷　（漢）孔安國傳　（唐）陸德明音義　（唐）孔穎達疏　明崇禎五年(1632)毛氏汲古閣刻十三經注疏本　五冊

230000－0901－0000174　C113844－113856

毛詩注疏二十卷　（漢）毛亨撰　（漢）鄭玄箋　（唐）陸德明音義　（唐）孔穎達疏　明崇禎三年(1630)毛氏汲古閣刻十三經注疏本　十三冊

230000－0901－0000175　C113857－113866

周禮注疏四十二卷　（漢）鄭玄注　（唐）陸德明音義　（唐）賈公彥疏　明崇禎元年(1628)毛氏汲古閣刻十三經注疏本　十冊

230000－0901－0000176　C113867－113874

儀禮注疏十七卷　（漢）鄭玄注　（唐）陸德明音義　（唐）賈公彥疏　明崇禎元年(1628)毛

氏汲古閣刻十三經注疏本　八冊

230000－0901－0000177　C115223－115228

漢隸字源五卷碑目一卷　（宋）婁機撰　清光緒歸安姚覲元刻本　六冊

230000－0901－0000178　C115229－115236

大清通禮五十卷　（清）來保等纂　清乾隆武英殿刻本　八冊

230000－0901－0000179　C115272－115277

新鐫古今大雅北宮詞紀六卷　（明）陳所聞輯　明萬曆刻本　六冊

230000－0901－0000180　C005089－90

安晚堂詩集六十卷　（宋）鄭清之撰　清抄本　二冊　存七卷（六至十二）

230000－0901－0000181　C012475－76

[萬曆]華陰縣志九卷　（明）王九疇修（明）張毓翰纂　明萬曆刻清康熙增補印本　二冊

230000－0901－0000182　C012469－74

姑溪居士詩集不分卷　（宋）李之儀撰　清抄本　六冊

230000－0901－0000183　C012467－68

野谷詩稿六卷　（宋）趙汝鐩撰　清抄本　二冊

230000－0901－0000184　C012431－34

水心先生別集十六卷　（宋）葉適撰　清抄本　四冊

230000－0901－0000185　C012435－38

網山集八卷　（宋）林亦之撰　清抄本　四冊

230000－0901－0000186　C012628－31

太史范公文集鈔十八卷　（宋）范祖禹撰　清抄本　四冊

230000－0901－0000187　C041933－70

唐宋詩本七十六卷目錄八卷　（清）戴第元撰　清乾隆三十八年（1773）覽珠堂刻本　三十八冊

230000－0901－0000188　C095523－28

南州草堂集二十二卷　（清）徐釚撰　清康熙刻本　六冊　存十四卷（一至十四）

230000－0901－0000189　C012620－23

歷代制度詳說十五卷　（宋）呂祖謙撰　清朱澂結一廬抄本　四冊

230000－0901－0000190　C012481

楊鐵崖先生稿集不分卷　（元）楊維楨撰　清宣統抄本　一冊

230000－0901－0000191　C012482－89

東萊先生詩集二十卷　（宋）呂本中撰　清末抄本　八冊

230000－0901－0000192　C115644－115667

欽定明鑑二十四卷首一卷　（清）托津等撰　清嘉慶二十三年（1818）揚州詩局刻本　二十四冊

230000－0901－0000193　C042225－32

詞律二十卷　（清）萬樹撰　清康熙二十六年（1687）萬氏堆絮園刻本　八冊

230000－0901－0000194　C115869－115876

武經大全標題會解七卷　（清）魯經纂輯　清康熙四十八年（1709）寶旭齋刻本　八冊

230000－0901－0000195　C105532－55

西清硯譜二十四卷　（清）□□撰　清抄本　二十四冊

230000－0901－0000196　C105460－73

欽定儀象考成三十卷首二卷　（清）允祿等纂　清刻本　十四冊

230000－0901－0000197　C116087－116116

讀禮通考一百二十卷　（清）徐乾學撰　清康熙三十五年（1696）徐氏刻本　三十冊

230000－0901－0000198　C093945－52

水道提綱二十八卷　（清）齊召南撰　清乾隆四十一年（1776）傳經書屋刻本　八冊

230000－0901－0000199　C042208－14

青箱堂詩集三十三卷　（清）王崇簡撰　清康熙刻本　七冊

230000－0901－0000200　C095717－32
樂府詩集一百卷目錄二卷　（宋）郭茂倩輯
明毛晉汲古閣刻本　十六冊

230000－0901－0000201　C116321
魯班經匠家鏡二卷　（明）午榮編　明崇禎刻本　一冊

230000－0901－0000202　C117596－117599
弘明集十四卷　（南朝梁）釋僧祐撰　清香嚴室抄本　四冊

230000－0901－0000203　C042660－75
宋詩鈔初集　（清）呂留良　（清）吳之振（清）吳爾堯輯　清康熙十年（1671）吳氏鑒古堂刻本　十六冊

230000－0901－0000204　C115266－115271
新鐫古今大雅南宮詞紀六卷　（明）陳所聞輯　明萬曆三十二年（1604）刻本　六冊

230000－0901－0000205　C042744－45
古詩源十四卷　（清）沈德潛選　清刻本　二冊

230000－0901－0000206　C095485－520
宋詩紀事一百卷　（清）厲鶚撰　清乾隆十一年（1746）刻本　三十六冊

230000－0901－0000207　C096412－15
欲焚草四卷　（明）胡忻撰　清光緒十三年（1887）抄本　四冊

230000－0901－0000208　C096467
新書十卷　（漢）賈誼撰　（清）盧文弨校　清乾隆盧文弨刻抱經堂叢書本　一冊

230000－0901－0000209　C100316－21
元朝名臣事略十五卷　（元）蘇天爵撰　清乾隆三十九年（1774）武英殿木活字印武英殿聚珍版書本　六冊

230000－0901－0000210　C042768－75
杜詩闡三十三卷　（清）盧元昌撰　清康熙刻本　八冊

230000－0901－0000211　C042845
讀織錦回文法一卷　（明）釋起宗　（明）康萬民撰　清初刻本　一冊

230000－0901－0000212　C042780－83
唐陸宣公集二十二卷　（唐）陸贄撰　清雍正元年（1723）年羹堯刻本　四冊

230000－0901－0000213　C042854－65
松風餘韻五十卷末一卷　（清）姚弘緒輯　清乾隆八年（1743）姚氏寶善堂刻本　十二冊

230000－0901－0000214　C042866－71
嶺南三大家詩選二十四卷　（清）王隼輯　清康熙刻本　六冊

230000－0901－0000215　C023286－311
[雍正]四川通志四十七卷首一卷　（清）黃廷桂等修　（清）張晉生等纂　清雍正十一年（1733）刻乾隆元年（1736）增刻本　二十六冊

230000－0901－0000216　C023711－26
月令輯要二十四卷圖說一卷　（清）李光地等撰　清康熙五十四年（1715）武英殿刻本　十六冊

230000－0901－0000217　C101661－72
墨池編二十卷　（宋）朱長文撰　**印典八卷**（清）朱象賢撰　清雍正十一年（1733）就閒堂刻本　十二冊

230000－0901－0000218　C005133－35
草廬經略六卷　（明）黃之瑞撰　清抄本　三冊

230000－0901－0000219　C103451－54
漁洋山人精華錄十卷　（清）王士禛撰　清康熙刻本　四冊

230000－0901－0000220　C026060
說文字原一卷　（元）周伯琦撰　明崇禎胡正言十竹齋刻本　一冊

230000－0901－0000221　C005093－5104
樂全先生文集四十卷　（宋）張放平撰　清鳴野山房抄本　十二冊

230000－0901－0000222　C103457－66
讀杜心解二十四卷首二卷　（清）浦起龍撰　清雍正二年（1724）浦氏寧我齋刻本　十冊

230000 – 0901 – 0000223　C005115 – 18

葆光集三卷　（金）尹志平撰　清末抄本
四冊

230000 – 0901 – 0000224　C117714 – 117717

回文類聚續編七卷織錦回文圖一卷　（清）朱
象賢輯　清康熙朱象賢刻本　四冊

230000 – 0901 – 0000225　C117977

陸女才子詩草不分卷　（清）鄒漪輯　清初刻
本　一冊

230000 – 0901 – 0000226　C117980 – 117981

華陽國志十二卷　（晉）常璩撰　明萬曆刻本
二冊　存六卷(七至十二)

230000 – 0901 – 0000227　C119189 – 119207

樂律全書十八卷　（明）朱載堉撰　明萬曆刻
本　十九冊

230000 – 0901 – 0000228　C119213 – 119216

圖繪寶鑑六卷　（元）夏文彥撰　（明）韓昂續
撰　明刻本　四冊

230000 – 0901 – 0000229　C120903 – 120910

南宋八家集十六卷　（清）鮑廷博輯　清鮑氏
知不足齋影抄本　八冊

230000 – 0901 – 0000230　C026890 – 97

呂氏春秋二十六卷　（秦）呂不韋撰　（漢）高
誘注　明宋邦乂等刻本　八冊

230000 – 0901 – 0000231　C026560 – 63

詞林紀事二十二卷附錄一卷　（清）張宗橚輯
清乾隆四十四年(1779)樂是廬刻嘉慶三年
(1798)陳敬銘印本　四冊

230000 – 0901 – 0000232　C026816 – 27

岱史十八卷　（明）查志隆纂　明萬曆十五年
(1587)戴相堯刻本　十二冊

230000 – 0901 – 0000233　C043743 – 58

讀禮通考一百二十卷　（清）徐乾學撰　清康
熙二十五年(1686)徐氏刻本　十六冊

230000 – 0901 – 0000234　C044497 – 514

古文眉詮七十九卷首一卷　（清）浦起龍輯
清乾隆九年(1744)三吳書院刻本　十八冊

230000 – 0901 – 0000235　C044218 – 41

宋詩紀事一百卷　（清）厲鶚　（清）馬曰琯輯
清乾隆十一年(1746)刻本　二十四冊

230000 – 0901 – 0000236　C012763

雪履齋筆記一卷　（元）郭翼撰　清末抄本
一冊

230000 – 0901 – 0000237　C045090 – 91

山曉閣詩十二卷　（清）孫琮撰　清康熙刻本
二冊

230000 – 0901 – 0000238　C045093 – 96

韓江雅集十二卷　（清）全祖望等撰　清乾隆
五十八年(1793)刻本　四冊　存六卷(一至
六)

230000 – 0901 – 0000239　C045107 – 12

檀園集十二卷　（明）李流芳撰　清初刻本
六冊

230000 – 0901 – 0000240　C103887 – 934

皋鶴堂批評第一奇書金瓶梅一百回　題(明)
蘭陵笑笑生撰　清康熙三十四年(1695)刻本
四十八冊

230000 – 0901 – 0000241　C093542 – 53

李太白文集三十六卷　（唐）李白撰　（清）王
琦輯注　清聚錦堂刻本　十二冊

230000 – 0901 – 0000242　C093960 – 71

六經圖二十四卷　（清）鄭之僑撰　清乾隆九
年(1744)鄭氏述堂刻本　十二冊

230000 – 0901 – 0000243　C063017 – 24

杜工部集二十卷　（唐）杜甫撰　（清）錢謙益
箋注　清康熙六年(1667)刻本　八冊

230000 – 0901 – 0000244　C063027 – 29

楚辭聽直八卷　（明）黃文煥撰　明崇禎十六
年(1643)刻本　三冊

230000 – 0901 – 0000245　C063143

幻花庵詞鈔八卷　（清）張梁撰　清乾隆二十
四年(1759)刻本　一冊

230000 – 0901 – 0000246　C063067

獨樹園詩一卷鼠樸詞一卷　（清）吳鈞撰　清

嘉慶二年(1797)刻本　一冊

230000－0901－0000247　C063160－63
李義山詩集三卷附詩譜一卷詩評一卷　（唐）
李商隱撰　（清）朱鶴齡箋注　清順治十六年
(1659)金陵葉永茹刻本　四冊

230000－0901－0000248　C132133－34
學統五十六卷　（清）熊賜履撰　清康熙刻本
十八冊

230000－0901－0000249　C063106
述學內篇三卷外編一卷補遺一卷別錄一卷
（清）汪中撰　清道光汪喜孫刻本　一冊

230000－0901－0000250　C094515－34
新增說文韻府群玉二十卷　（元）陰時夫輯
（元）陰中夫注　明萬曆刻本　二十冊

230000－0901－0000251　C094800
司馬溫公稽古錄二十卷　（宋）司馬光撰　清
刻本　一冊　存十三卷(一至十三)

230000－0901－0000252　C094801－02
司馬溫公稽古錄二十卷　（宋）司馬光撰　明
刻本　二冊

230000－0901－0000253　C112967－113124
佩文韻府一百〇六卷　（清）張玉書等纂　清
康熙五十年(1711)武英殿刻本　一百五十
九冊

230000－0901－0000254　C113875－114110
知不足齋叢書　（清）鮑廷博輯　（清）鮑志祖
續輯　清乾隆至道光長塘鮑氏刻本　二百三
十七冊

230000－0901－0000255　C012175－84
宋文選三十二卷　（□）□□輯　清藝海樓抄
本　十冊

230000－0901－0000256　C022549－668
全唐詩九百卷　（清）彭定求等輯　清康熙四
十六年(1707)揚州詩局刻本　一百二十冊

230000－0901－0000257　C027291－27354
明史稿三百十卷目錄三卷　（清）王鴻緒撰
清雍正敬慎堂刻本　六十四冊

230000－0901－0000258　C026926－45
元詩選二集一百〇三卷　（清）顧嗣立輯　清
康熙四十一年(1702)顧氏秀野草堂刻本　二
十冊

230000－0901－0000259　C27271－72
汗簡三卷目錄敍略一卷　（宋）郭忠恕撰　清
康熙四十二年(1703)汪氏一隅草堂刻本
二冊

230000－0901－0000260　C027225－28
中晚堂詩叩彈集十二卷續集三卷　（清）杜詔
（清）杜庭珠輯注　清康熙四十三年(1704)
采山亭刻本　四冊

230000－0901－0000261　C007750－97
經義考三百卷　（清）朱彝尊撰　清乾隆二十年
(1755)刻本　四十八冊　存二百九十七卷(一至
二百八十五　二百八十七至二百九十八)

230000－0901－0000262　C008881
孔子家語十卷　（三國魏）王肅注　清刻本
一冊

230000－0901－0000263　C008882
孔子家語十卷　（三國魏）王肅注　明永懷堂
刻本　一冊　存九卷(一至九)

230000－0901－0000264　C008892
新書十卷附錄一卷　（漢）賈誼撰　明刻本
一冊

230000－0901－0000265　C009616－010255
欽定全唐文一千卷總目三卷　（清）董誥等輯
清嘉慶二十三年(1818)　揚州詩局刻本
六百四十冊

230000－0901－0000266　C065976－81
九經　（明）秦鑨訂正　明崇禎十三年(1640)
錫山秦氏求古齋刻本　六冊　存六種四十卷
(周易三卷、書經四卷、詩經四卷、周禮六卷、
禮記六卷、春秋十七卷)

230000－0901－0000267　C009398－417
二如亭群芳譜二十八卷　（明）王象晉纂輯
明末毛氏汲古閣刻本　二十冊

230000－0901－0000268　C012761－62

愚譜不分卷　（清）姚弘倜纂　清康熙四十八年(1709)鈐印本　二冊

230000－0901－0000269　C012638－43

居竹軒詩集四卷　（元）成廷珪撰　清抄本　六冊

230000－0901－0000270　C045298－337

繹史一百六十卷世系圖一卷年表一卷　（清）馬驌撰　清康熙刻本　四十冊

230000－0901－0000271　C120943

藥園文集不分卷　（明）文震孟撰　明崇禎刻本　一冊

230000－0901－0000272　C047240－339

資治通鑑二百九十四卷　（宋）司馬光撰　清嘉慶二十一年(1816)胡克家刻本　一百冊

230000－0901－0000273　C121618－121623

沈下賢文集十二卷　（唐）沈亞之撰　清初抄本　六冊

230000－0901－0000274　C122026－122029

書法離鈎十卷　（明）潘之淙撰　明天啓七年(1627)刻本　四冊

230000－0901－0000275　C122414－122429

中外和戰議十六卷　（清）王棻撰　清光緒二十一年(1895)抄本　十六冊

230000－0901－0000276　C095447－66

古事比五十二卷　（清）方中德輯　清康熙四十五年(1706)書種齋刻本　二十冊

230000－0901－0000277　C012307－012308

玉臺新詠十卷　（南朝陳）徐陵輯　明崇禎六年(1633)趙均小宛堂刻本　二冊

230000－0901－0000278　C123319－123342

前漢書一百卷　（漢）班固撰　（明）陳仁錫評　明崇禎五年(1632)二弍堂刻本　二十四冊

230000－0901－0000279　C095436

琴堂五星四卷　（□）□□撰　新刻望斗經一卷　（明）歐陽友山撰　明刻本　一冊

230000－0901－0000280　C095312－17

讀左補義五十卷首一卷　（清）姜炳璋撰　清乾隆三十八年(1773)毛昇刻本　六冊

230000－0901－0000281　C047807－932

通志二百卷　（宋）鄭樵撰　清乾隆十二年(1747)武英殿刻本　一百二十六冊

230000－0901－0000282　C095039－42

湯子遺書十卷附錄一卷　（清）湯斌撰　年譜一卷　（清）王廷燦撰　清康熙四十二年(1703)王廷燦刻本　四冊

230000－0901－0000283　C030020－29

三國志六十五卷　（晉）陳壽撰　（南朝宋）裴松之注　明崇禎十七年(1644)毛氏汲古閣刻本　十冊

230000－0901－0000284　C027955－78

魏書一百十四卷　（北齊）魏收撰　明崇禎九年(1636)毛氏汲古閣刻本　二十四冊

230000－0901－0000285　C095015－20

九子全書□□卷續九子全書□□卷　明萬曆建邑書林詹霖宇靜觀室刻本　六冊　存十五卷(新鍥焦狀元彙選注釋續九子全書一、新刊譚子注釋評林九、新刻二太史注釋九子全書十三、新鍥翁狀元彙選注釋管子評林七、新鍥翁狀元彙選注釋韓詩外傳十、新鍥焦狀元彙選注釋抱朴子評林三至四、新鍥焦狀元彙選注釋續九子全書評林五、新鍥焦狀元彙選注釋鶡冠子二、新刻二太史注釋九子全書八至十、新鍥二太史彙選注釋九子全書評林七、新刻二太史注釋九子全書評林十四、新刊焦狀元彙選注釋續九子全書評林六)

230000－0901－0000286　C012660－71

月表十二卷　（□）□□撰　清抄本　十二冊

230000－0901－0000287　C044719－730

文選六十卷　（南朝梁）蕭統輯　（唐）李善等注　（清）何焯評　清乾隆三十七年(1772)長洲葉氏海錄軒刻朱墨套印本　十二冊

230000－0901－0000288　C045113－20

南豐先生元豐類稿五十三卷　（宋）曾鞏撰
清康熙顧崧齡刻本　八冊

230000－0901－0000289　C029807－822

北史一百卷　（唐）李延壽撰　明崇禎十二年
（1639）毛氏汲古閣刻本　十六冊

230000－0901－0000290　C045742－47

觚賸八卷觚賸續編四卷　（清）鈕琇撰　清康
熙三十九年（1700）臨野堂刻本　六冊

230000－0901－0000291　C012301－02

晏子春秋四卷　（春秋）晏嬰撰　明黃之寀刻
本　二冊

230000－0901－0000292　C027877－900

文選六十卷　（南朝梁）蕭統輯　（唐）李善等
注　（清）何焯評　清乾隆三十七年（1772）長
洲葉樹藩海錄軒刻朱墨套印本　二十四冊

230000－0901－0000293　C045790－95

讀書後八卷　（明）王世貞撰　清乾隆二十七
年（1762）天隨堂刻本　六冊

230000－0901－0000294　C032761－62

史記索隱三十卷　（唐）司馬貞撰　明末毛氏
汲古閣刻本　二冊

230000－0901－0000295　C049517－26

袁文箋正十六卷補注一卷　（清）袁枚撰
（清）石韞玉箋　清嘉慶十七年（1812）鶴壽山
堂刻本　十冊

230000－0901－0000296　C051961－72

春秋公羊注疏二十八卷　（漢）何休注　（唐）
陸德明音義　明崇禎七年（1634）毛氏汲古閣
刻十三經注疏本　十二冊

230000－0901－0000297　C051822

詩考一卷　（宋）王應麟撰　明末毛氏汲古閣
刻津逮祕書本　一冊

230000－0901－0000298　C053000－05

徐文長文集三十卷　（明）徐渭撰　（明）袁宏
道評點　明鍾瑞光刻本　六冊

230000－0901－0000299　C032797－98

元史紀事本末二十七卷　（明）陳邦瞻撰

（明）臧懋循補輯　（明）張溥論正　明萬曆刻
本　二冊

230000－0901－0000300　C052055－59

最樂篇五卷　（明）高道淳輯　明天啓五年至
崇禎元年（1625－1628）計元勛刻本　五冊

230000－0901－0000301　C052113－18

小題才子文不分卷　（清）金人瑞選評　清光
緒十五年（1889）掃葉山房刻本　六冊

230000－0901－0000302　C031461－66

二申野錄八卷　（清）孫之騄撰　清初刻本
六冊

230000－0901－0000303　C094833－37

春秋三十卷附諸國興廢說一卷提要一卷
（宋）胡安國傳　清康熙刻本　五冊

230000－0901－0000304　C064196－215

西湖志四十八卷　（清）李衛修　（清）傅王露
等纂　清雍正兩浙鹽驛道庫刻本　二十冊

230000－0901－0000305　C030004－15

世說新語補二十卷附釋名一卷　（南朝宋）劉
義慶撰　（南朝梁）劉孝標注　（宋）劉應登評
（明）何良俊增　（明）王世貞刪　（明）王
世懋評　（明）張文柱注　（清）黃汝琳補訂
清乾隆二十七年（1762）黃汝琳茂清書屋刻本
十二冊

230000－0901－0000306　C028096－101

故唐律疏議三十卷附釋文纂例　（唐）長孫無
忌等撰　清嘉慶十二年（1807）孫氏平津館刻
岱南閣叢書本　六冊

230000－0901－0000307　C064348－74

二如亭群芳譜二十八卷　（明）王象晉纂輯
明毛氏汲古閣刻清印本　二十七冊

230000－0901－0000308　C065265－80

午亭文編五十卷　（清）陳廷敬撰　清康熙林
佶刻乾隆二十三年（1758）印本　十六冊

230000－0901－0000309　C065105－22

國朝詩別裁集三十六卷　（清）沈德潛輯　清
乾隆二十四年（1759）刻本　十八冊

230000－0901－0000310　C123343－123362

後漢書九十卷　（南朝宋）范曄撰　（唐）李賢注　志三十卷　（晉）司馬彪撰　（南朝梁）劉昭注補　明天啓七年（1627）刻本　二十冊

230000－0901－0000311　C095004－05

甘氏奇門一得二卷　（明）甘霖撰　明崇禎元年（1628）刻本　二冊

230000－0901－0000312　C095006－07

考驗通書法竅秘訣二卷　（明）甘霖撰　明崇禎刻本　二冊

230000－0901－0000313　C091166－89

漁洋山人精華錄訓纂十卷目錄二卷　（清）王士禎撰　（清）惠棟訓纂　年譜二卷　（清）王士禎撰　（清）惠棟補注　金氏精華錄箋注辯訛一卷　（清）惠棟撰　清惠氏紅豆齋刻本　二十四冊

230000－0901－0000314　C012782－85

松鄉先生詩文集十卷　（元）任士林撰　清抄本　四冊

230000－0901－0000315　C012677－82

尚書要義二十卷　（宋）魏了翁撰　清末抄本　六冊

230000－0901－0000316　C123363－123370

算經十書　（清）孔繼涵輯　清乾隆曲阜孔氏刻微波榭叢書本　八冊

230000－0901－0000317　C012766－71

元朝秘史十五卷　（□）□□撰　清末抄本　六冊

230000－0901－0000318　C012787－88

意林五卷　（唐）馬總輯　清抄本　二冊

230000－0901－0000319　C123371－123374

平山堂圖志十卷圖一卷　（清）趙之壁撰　清乾隆三十年（1765）刻本　四冊

230000－0901－0000320　C123375

金臺集二卷　（元）廼賢撰　明崇禎十一年（1638）毛氏汲古閣刻元人十種詩本　一冊

230000－0901－0000321　C091618－27

尚書注疏二十卷　（漢）孔安國傳　（唐）陸德明音義　（唐）孔穎達疏　明崇禎五年（1632）毛氏汲古閣刻十三經注疏本　十冊

230000－0901－0000322　C091821－22

周禮節訓六卷　（清）黃叔琳撰　清乾隆三十二年（1767）姚氏家塾刻本　二冊

230000－0901－0000323　C091877－80

焦氏易林四卷　（漢）焦贛撰　明崇禎毛氏汲古閣刻津逮秘書本　四冊

230000－0901－0000324　C012795－96

幸存錄三卷　（明）夏允彝撰　續幸存錄二卷　（明）夏完淳撰　清抄本　二冊

230000－0901－0000325　C012772－81

毛詩要義二十卷　（宋）魏了翁撰　清抄本　十冊

230000－0901－0000326　C053095－100

龍川文集三十卷　（宋）陳亮撰　明崇禎六年（1633）鄒質士刻本　六冊

230000－0901－0000327　C012812

棟亭書目一卷　（清）曹寅藏并編　清末抄本　一冊

230000－0901－0000328　C012982

百官箴六卷　（宋）許月卿撰　清末抄本　一冊

230000－0901－0000329　C053687－92

呂氏春秋二十六卷附考一卷　（秦）呂不韋撰　（漢）高誘注　清乾隆五十三年（1788）畢沅靈巖山館刻本　六冊

230000－0901－0000330　C053182－211

藝文類聚一百卷　（唐）歐陽詢輯　明刻本　三十冊　存六十卷（一至十九、六十至一百）

230000－0901－0000331　C053414－19

說文解字十五卷　（漢）許慎撰　清初毛氏汲古閣刻本　六冊

230000－0901－0000332　C123376－123406

景岳全書六十四卷　（明）張介賓撰　清康熙四十九年（1710）刻本　三十一冊

230000－0901－0000333　C123407－123420
文獻通考鈔二十四卷　（清）史以遇纂　清康
熙三年(1664)刻本　十四冊

230000－0901－0000334　C123421－123434
續文獻通考鈔三十卷　（清）史以甲纂　清康
熙二年(1663)刻本　十四冊

230000－0901－0000335　C123969－123970
周易本義十二卷易圖一卷五贊一卷筮儀一卷
（宋）朱熹撰　清康熙内府刻本　二冊

230000－0901－0000336　C123935－123938
華陽國志十二卷　（晉）常璩撰　**補華陽國志
三州郡縣目錄一卷**　（清）廖寅撰　清嘉慶十
九年(1814)廖氏題襟館刻光緒十六年(1890)
重修本　四冊

230000－0901－0000337　C126125－126130
六壬課鈔不分卷　（□）□□撰　清抄本
六冊

230000－0901－0000338　C126544－126567
綱鑑正史約三十六卷　（明）顧錫疇撰　明遺
經堂刻本　二十四冊

230000－0901－0000339　C012857－66
歷代編年釋氏通鑑三十二卷　（宋）釋本覺撰
清抄本　十冊

230000－0901－0000340　C053770－83
**慈溪黃氏日抄分類九十七卷慈溪黃氏日抄分
類古今紀要十九卷**　（宋）黃震撰　清乾隆三
十二年(1767)刻本　十四冊

230000－0901－0000341　C053719－24
淮南子二十一卷　（漢）劉安撰　（漢）高誘注
清乾隆五十三年(1788)刻本　六冊

230000－0901－0000342　C054003－08
四書章句集注十九卷　（宋）朱熹撰　清崇趙
堂刻本　六冊

230000－0901－0000343　C054009－12
夢溪筆談二十六卷補筆談三卷續筆談一卷
（宋）沈括撰　明崇禎四年(1631)馬元調刻本
四冊

230000－0901－0000344　C126708－11
趙氏遁甲正宗不分卷　（□）悟道子撰　清抄
本　四冊

230000－0901－0000345　C055014－27
曝書亭集八十卷附錄一卷　（清）朱彝尊撰
清康熙刻本　十四冊

230000－0901－0000346　C054128－31
詞苑叢談十二卷　（清）徐釚撰　清康熙二十
七年(1688)丁煒蛾術齋刻本　四冊

230000－0901－0000347　C054864－73
切問齋文鈔三十卷　（清）陸燿輯　清乾隆四
十年(1775)刻本　十冊

230000－0901－0000348　C012968－69
重刊增廣分門類林雜說十五卷　（明）王朋壽
撰　清抄本　二冊

230000－0901－0000349　C054899－903
說文解字十五卷　（漢）許慎撰　清初毛氏汲
古閣刻本　五冊

230000－0901－0000350　C055034－43
帶經堂詩話三十卷首一卷　（清）王士禎撰
清乾隆二十七年(1762)張氏南曲舊業刻本
十冊

230000－0901－0000351　C092167－76
樂府詩集一百卷目錄二卷　（宋）郭茂倩輯
明毛晉汲古閣刻本　十冊

230000－0901－0000352　C092469－73
御製全韻詩四卷　（清）高宗弘曆撰　清乾隆
内府刻本　五冊

230000－0901－0000353　C092604－07
才調集十卷　（五代）韋縠輯　清康熙垂雲堂
刻本　四冊

230000－0901－0000354　C091614－17
增補星平會海命學全書十卷首一卷　（明）水
中龍編　清刻本　四冊

230000－0901－0000355　C012800－02
徐乾學文集□□卷　（清）徐乾學撰　清抄本
三冊

230000－0901－0000356　C092713－30

帶經堂集九十二卷　（清）王士禎撰　清康熙五十年（1711）程哲七略書堂刻本　十八冊存七十二卷（一至七十二）

230000－0901－0000357　C066229－60

郝文忠公陵川集三十九卷附錄一卷　（元）郝經撰　清乾隆三年（1738）王鏐刻本　三十二冊

230000－0901－0000358　C067529－38

中州集十卷中州樂府一卷　（金）元好問輯明毛氏汲古閣刻本　十冊

230000－0901－0000359　C067874－85

吳詩集覽二十卷談藪二卷　（清）吳偉業撰（清）靳榮藩輯注　清乾隆四十年（1775）凌雲亭刻本　十二冊

230000－0901－0000360　C067944－51

駁呂留良四書講義八卷　（清）朱軾等撰　清雍正九年（1731）刻本　八冊

230000－0901－0000361　C068813－22

杜子美詩集二十卷　（唐）杜甫撰　（宋）劉辰翁評點　明末刻本　十冊

230000－0901－0000362　C126114－126124

新鐫繡像旁批詳注總斷廣百將傳二十卷（明）陳元素撰　（明）黃道周注斷　（明）周亮輔增補　明刻本　十一冊　存十九卷（二至二十）

230000－0901－0000363　C126868－126871

大戴禮記十三卷　（漢）戴德撰　（北周）盧辯注　（清）朱軾句讀　清康熙五十七年（1718）朱軾刻本　四冊

230000－0901－0000364　C129019－129030

隋書八十五卷　（唐）魏徵等撰　明崇禎八年（1635）毛氏汲古閣刻本　十二冊　存八十四卷（一至八十四）

230000－0901－0000365　C132199－132201

洞天奧旨十六卷　（清）陳士鐸撰　清康熙三十三年（1694）古越大雅堂刻本（卷十二至十

六補配）　三冊　存十一卷（一至六、十二至十六）

230000－0901－0000366　C132181

御選唐宋詩醇四十七卷目錄二卷　（清）弘晝（清）梁詩正等輯　清刻五色套印本　一冊存二卷（九至十）

230000－0901－0000367　C092687－702

寒邨詩文集三十六卷　（清）鄭風撰　清康熙二老閣刻本　十六冊

230000－0901－0000368　C054946－85

康熙字典三十六卷總目一卷檢字一卷辨似一卷等韻一卷補遺一卷備考一卷　（清）張玉書等撰　清雍正刻本　四十冊

230000－0901－0000369　C090609－16

搜神記二十卷　（晉）干寶撰　搜神後記十卷（晉）陶潛撰　明崇禎毛氏汲古閣刻津逮秘書本　八冊

230000－0901－0000370　C133466－133468

論語注疏解經二十卷　（三國魏）何晏集解（宋）邢昺疏　明崇禎十年（1637）毛氏汲古閣刻十三經注疏本　三冊

230000－0901－0000371　C012996－013003

會昌一品製集二十卷別集十卷外集四卷補遺一卷　（唐）李德裕撰　清抄本　八冊

230000－0901－0000372　C013488－93

果堂集十二卷　（清）沈彤撰　清乾隆十四年（1749）刻本　六冊

230000－0901－0000373　C068045－54

御纂周易折中二十二卷首一卷　（清）李光地等撰　清康熙五十四年（1715）內府刻本十冊

230000－0901－0000374　C083664－71

荊川文集十八卷　（明）唐順之撰　清康熙五十一年（1712）唐執玉刻本　八冊

230000－0901－0000375　C083662

安溪李文貞公解義三種　（清）李光地撰　清康熙五十八年（1719）清謹軒刻本　一冊

230000－0901－0000376　C013027－32

嘉泰會稽志二十卷　（宋）沈作賓修　（宋）施宿等纂　清末抄本　六冊

230000－0901－0000377　C068766－80

北史一百卷　（唐）李延壽撰　明崇禎十二年(1639)毛氏汲古閣刻本　十五冊

230000－0901－0000378　C068730－53

古今濡削選章四十卷　（明）李國祥編　明萬曆二十九年(1601)刻本　二十四冊

230000－0901－0000379　C013023－26

國史唯疑十二卷　（明）黃景昉撰　清抄本　四冊

230000－0901－0000380　C013675－78

司馬氏書儀十卷　（宋）司馬光撰　清雍正二年(1724)汪亮采刻本　四冊

230000－0901－0000381　C090749－50

東坡尺牘二卷小詞二卷　（宋）蘇軾撰　明萬曆刻本　二冊

230000－0901－0000382　C013679－82

曲洧舊聞十卷　（宋）朱弁撰　清末抄本　四冊

230000－0901－0000383　C090925－37

曝書亭集八十卷附錄一卷　（清）朱彝尊撰　清康熙刻本　十三冊

230000－0901－0000384　C091098－99

易堂問目四卷　（清）吳鼎撰　清乾隆三十七年(1772)鄒容成刻本　二冊

230000－0901－0000385　C055104－17

水經注釋四十卷首一卷附錄二卷　（清）趙一清撰　清乾隆五十九年(1794)刻本　十四冊

230000－0901－0000386　C091152－60

青邱高季迪先生詩集十八卷遺詩一卷扣舷集一卷鳧藻集五卷附錄一卷　（明）高啓撰　（清）金檀輯注　清雍正六年(1728)金檀文瑞樓刻文瑞樓叢刊本　九冊

230000－0901－0000387　C055120－29

午亭文編五十卷　（清）陳廷敬撰　清康熙四

十七年(1708)侯官林佶刻本　十冊

230000－0901－0000388　C055161－62

釋名疏證八卷補遺一卷續釋名一卷　（清）畢沅撰　清乾隆五十四年(1789)畢沅靈巖山館刻本　二冊

230000－0901－0000389　C055163－68

兩漢金石記二十二卷　（清）翁方綱撰　清乾隆五十四年(1789)南昌使院刻蘇齋叢書本　六冊

230000－0901－0000390　C055324－25

四明四友詩六卷　（清）鄭梁輯　清康熙四十八年(1709)刻本　二冊

230000－0901－0000391　C092932－39

青邱高季迪先生詩集十八卷首一卷遺詩一卷扣舷集一卷附錄一卷　（明）高啓撰　（清）金檀輯注　清刻本　八冊

230000－0901－0000392　C056193－206

漁洋山人精華錄訓纂十卷總目二卷　（清）王士禛撰　（清）惠棟訓纂　漁洋山人精華錄訓纂補十卷金氏精華錄箋注辨訛一卷　（清）惠棟撰　漁洋山人自撰年譜二卷　（清）王士禛撰　（清）惠棟補注　清惠氏紅豆齋刻本　十四冊

230000－0901－0000393　C056373－76

篋衍集十二卷　（清）陳維崧輯　清雍正刻本　四冊

230000－0901－0000394　C092900－05

青門簏稾十六卷　（清）邵長蘅撰　清康熙三十四年(1695)邵氏青門草堂刻邵子湘全集本　六冊

230000－0901－0000395　C133469－133478

春秋公羊注疏二十八卷　（漢）何休注　（唐）陸德明音義　（□）□□疏　明崇禎七年(1634)毛氏汲古閣刻十三經注疏本　十冊

230000－0901－0000396　C133479－133483

春秋穀梁傳注疏二十卷　（晉）范甯集解　（唐）陸德明音義　（唐）楊士勛疏　明崇禎八

年（1635）毛氏汲古閣刻十三經注疏本　五冊

230000－0901－0000397　C081728
金光明經文句記十二卷　（宋）釋知禮撰　明刻本　一冊　存一卷（一）

230000－0901－0000398　C082157－58
輶軒使者絕代語釋別國方言十三卷　（漢）揚雄撰　（晉）郭璞注　明吳琯刻增定古今逸史本　二冊

230000－0901－0000399　C093443－46
檀園集十二卷　（明）李流芳撰　清康熙二十八年（1689）陸氏刻嘉定四先生集本　四冊

230000－0901－0000400　C082152－55
銅鼓書堂遺稿三十二卷　（清）查禮撰　清乾隆五十七年（1792）刻本　四冊

230000－0901－0000401　C032836
經傳考證八卷　（清）朱彬撰　清道光二年（1822）朱氏遊道堂刻本　一冊

230000－0901－0000402　C083806－11
庚子山集十六卷　（北周）庾信撰　（清）倪璠注　年譜一卷總釋一卷　（清）倪璠撰　清康熙刻本　六冊

230000－0901－0000403　C083682－706
雪廬讀史快編六十卷　（明）趙維寰撰　明末刻本　二十五冊

230000－0901－0000404　C033080－83
梁書五十六卷　（唐）姚思廉撰　明崇禎六年（1633）毛氏汲古閣刻本　四冊

230000－0901－0000405　C033084－89
北齊書五十卷　（唐）李百藥撰　明崇禎十一年（1638）毛氏汲古閣刻本　六冊

230000－0901－0000406　C033341－48
傷寒證治準繩八卷　（明）王肯堂輯　明萬曆三十二年（1604）刻六科證治準繩本　八冊

230000－0901－0000407　C035337
古今韻略五卷例言一卷　（清）邵長蘅撰　清康熙三十五年（1696）宋犖刻本　五冊

230000－0901－0000408　C030838－39
痘疹正宗二卷　（清）宋麟祥撰　清乾隆四十六年（1781）文盛堂刻本　二冊

230000－0901－0000409　C033602－07
國語二十一卷　（三國吳）韋昭注　（宋）宋庠補音　明萬曆刻本　六冊

230000－0901－0000410　C033290－91
陳書三十六卷　（唐）姚思廉撰　明崇禎四年（1631）毛氏汲古閣刻清順治六年（1649）補輯十七史本　二冊

230000－0901－0000411　C035592－611
中州集十卷中州樂府一卷　（金）元好問輯　明末毛氏汲古閣刻本　二十冊

230000－0901－0000412　C035679－86
帶經堂詩話三十卷首一卷　（清）王士禎撰　清乾隆二十七年（1762）張氏南曲舊業刻本　八冊

230000－0901－0000413　C036972－37005
漢魏叢書三十八種二百五十一卷　（明）程榮輯　明萬曆二十年（1592）程氏刻本　三十四冊

230000－0901－0000414　C068058－116
聖祖仁皇帝聖訓六十卷　（清）聖祖玄燁撰　清乾隆六年（1741）刻本　六十冊

230000－0901－0000415　C068121－55
世宗憲皇帝聖訓三十六卷　（清）世宗胤禛撰　清乾隆五年（1740）刻本　三十六冊

230000－0901－0000416　C068117－20
太祖高皇帝聖訓四卷　（清）太祖努爾哈赤撰　清乾隆四年（1739）刻本　四冊

230000－0901－0000417　C068156－79
世宗憲皇帝上諭內閣一百五十九卷　（清）世宗胤禛撰　清雍正九年（1731）內府刻乾隆武英殿續刻本　二十四冊

230000－0901－0000418　C036036－39
趙文敏公松雪齋全集十卷外集一卷續集一卷　（元）趙孟頫撰　趙文敏公行狀一卷　（元）

楊載撰　清康熙曹培廉城書室刻本　四冊

230000－0901－0000419　C014487－14496

事類賦三十卷　（宋）吳淑撰并注　**廣事類賦四十卷**　（清）華希閔輯　清乾隆二十九年（1764）刻本　十冊

230000－0901－0000420　C066123－52

曝書亭集八十卷附錄一卷　（清）朱彝尊撰　清康熙刻本（卷六十六至六十七、七十三至八十卷、附錄一卷抄配）　三十冊

230000－0901－0000421　C013859－68

周易十卷　（宋）程頤傳　（宋）朱熹本義　明刻本　十冊

230000－0901－0000422　C035612－21

智囊補二十八卷　（明）馮夢龍撰　明末刻本　十冊

230000－0901－0000423　C015240－43

元詩選六卷補遺一卷　（清）顧奎光輯　清乾隆十六年（1751）刻本　四冊

230000－0901－0000424　C035409－420

東林列傳二十四卷末二卷　（清）陳鼎輯　清康熙刻本　十二冊

230000－0901－0000425　C015179－87

分類補注李太白詩二十五卷　（唐）李白撰　（宋）楊齊賢注　（元）蕭士贇補注　明霏玉齋刻本　九冊

230000－0901－0000426　C035694－711

笠翁一家言全集十卷笠翁偶集六卷　（清）李漁撰　清雍正八年（1730）芥子園刻本　十八冊

230000－0901－0000427　C039078－84

帶經堂詩話三十卷首一卷　（清）王士禛撰　清乾隆二十七年（1762）張氏南曲舊業刻本　七冊

230000－0901－0000428　C015116－31

說文解字十五卷　（漢）許慎撰　清乾隆刻本　十六冊

230000－0901－0000429　C040407－08

道南源委六卷　（明）朱衡撰　清康熙正義堂刻本　二冊

230000－0901－0000430　C056404－13

白香山詩長慶集二十卷後集十七卷別集一卷補遺二卷　（唐）白居易撰　（清）汪立名編訂　**白香山年譜舊本一卷**　（宋）陳振孫撰　**白香山年譜一卷**　（清）汪立名撰　清康熙四十二年（1703）汪氏一隅草堂刻本　十冊

230000－0901－0000431　C040710－29

三國志六十五卷　（晉）陳壽撰　（南朝宋）裴松之注　明崇禎十七年（1644）毛氏汲古閣刻本　二十冊

230000－0901－0000432　C056443－44

羅鄂州小集六卷　（宋）羅願撰　**羅鄂州遺文一卷**　（宋）羅頌撰　清康熙五十二年（1713）程氏七略書堂刻本　二冊

230000－0901－0000433　C037585－600

東坡先生編年詩五十卷　（宋）蘇軾撰　（清）查慎行補注　清乾隆二十六年（1761）香雨齋刻本　十六冊

230000－0901－0000434　C056453－60

宋四六選二十四卷　（清）彭元瑞　（清）曹振鏞輯　清乾隆四十一年（1776）曹振鏞刻本　八冊

230000－0901－0000435　C062846－57

名媛詩歸三十六卷　（明）鍾惺輯　明刻本　十二冊

230000－0901－0000436　C062876－81

清閟閣全集十二卷　（元）倪瓚撰　清康熙曹培廉城書室刻本　六冊

230000－0901－0000437　C062882－84

江左三大家詩鈔九卷　（清）顧有孝　（清）趙澐輯　清康熙七年（1668）刻本　三冊

230000－0901－0000438　C057925

司馬氏書儀十卷　（宋）司馬光撰　清雍正二年（1724）汪亮采刻本　一冊

230000－0901－0000439　C037515－18

清閟閣全集十二卷　（元）倪瓚撰　清康熙曹培廉城書室刻本　四冊

230000－0901－0000440　C038061－76

明儒學案六十二卷師說一卷　（清）黃宗羲撰　清康熙三十二年(1693)賈氏紫筠齋刻本　十六冊

230000－0901－0000441　C037519－24

檀几叢書　（清）王晫　（清）張潮編　清康熙三十四年(1695)新安張氏霞舉堂刻本　六冊

230000－0901－0000442　C038164－75

鐵網珊瑚書十卷畫品六卷　（明）朱存理輯　清雍正六年(1728)年希堯刻本　十二冊

230000－0901－0000443　C038081－90

讀書紀數略五十四卷　（清）宮夢仁編　清康熙四十六年(1707)刻本　十冊

230000－0901－0000444　C039463－66

古今韻略五卷　（清）邵長蘅撰　清康熙刻本　四冊

230000－0901－0000445　C038744－45

花鏡雋聲元集三卷亨集五卷利集四卷貞集四卷韻語一卷　（明）馬嘉松輯　明天啓四年(1624)刻本　二冊

230000－0901－0000446　C038898－99

顏氏家訓二卷　（北齊）顏之推撰　明萬曆三年(1575)顏嗣愼刻本　二冊

230000－0901－0000447　C038900－04

格古論要五卷　（明）曹昭撰　明萬曆胡文煥文會堂刻格致叢書本　五冊

230000－0901－0000448　C017980－85

公是先生文集不分卷　（宋）劉敞撰　清抄本　六冊

230000－0901－0000449　C017667－017698

景岳全書六十四卷　（明）張介賓撰　明刻本　三十二冊

230000－0901－0000450　C017586－017609

三古圖三種四十二卷　（清）黃晟輯　明萬曆二十八年至三十年(1600－1602)吳萬化刻清

乾隆十七年(1752)黃氏亦政堂印本　二十四冊

230000－0901－0000451　C017734－37

太素脈秘訣二卷　（明）張太素撰　（明）劉伯詳注　明致和堂刻本　四冊

230000－0901－0000452　C016455－86

欽定春秋傳說彙纂三十八卷首二卷　（清）王掞等撰　清康熙六十年(1721)內府刻本　三十二冊

230000－0901－0000453　C015548－015553

詩集傳二十卷　（宋）朱熹撰　明刻本　六冊

230000－0901－0000454　C017078－97

西湖志四十八卷　（清）李衛修　（清）傅王露等纂　清雍正兩浙鹽驛道庫刻本　二十冊

230000－0901－0000455　C040770－89

雅雨堂叢書　（清）盧見曾輯　清乾隆二十一年(1756)德州盧氏雅雨堂刻本　二十冊

230000－0901－0000456　C039927－46

杜工部集二十卷首一卷　（唐）杜甫撰　（明）王世貞　（清）邵長蘅等評　清光緒二年(1876)粵東翰墨園刻六色套印本　二十冊

230000－0901－0000457　C007295－007306

南史八十卷　（唐）李延壽撰　清同治十一年(1872)金陵書局刻二十四史本　十二冊

230000－0901－0000458　C013503－74

古文淵鑒六十四卷　（清）聖祖玄燁選　（清）徐乾學等編注　清康熙內府刻五色套印本　七十二冊　存五十八卷(一至五十八)

230000－0901－0000459　C007307－007366

皇朝經世文編一百二十卷目錄一卷　（清）賀長齡輯　清光緒十二年(1886)江蘇思補樓石印本　六十冊

230000－0901－0000460　C013877－88

唐詩英華二十四卷　（清）顧有孝輯　清順治十四年(1657)顧氏寧遠堂刻本　十二冊　存二十二卷(一至二十二)

230000－0901－0000461　C012817－56

政和五禮新儀二百四十卷目錄六卷 （宋）鄭居中撰 清經鉏堂抄本 四十冊 存二百二十四卷(原書缺一百〇八至一百十、一百四十八至一百五十七、一百二十七至一百三十五，有目無文)

230000－0901－0000462 C091013－80
山堂肆考二百二十八卷補遺十二卷 （明）彭大翼撰 明萬曆二十三年(1595)刻本 六十八冊

230000－0901－0000463 C007367－007446
[同治]蘇州府志一百五十卷首三卷 （清）李銘皖 （清）譚鈞培修 （清）馮桂芬等纂 清光緒九年(1883)江蘇書局刻本 八十冊

230000－0901－0000464 C007447－007448
表異錄二十卷 （明）王志堅撰 清光緒二年(1876)陳氏庸閒齋刻本 二冊

230000－0901－0000465 C007456－007461
孫子十家注十三卷 （宋）吉天保輯 **遺說一卷** （宋）鄭友賢撰 **敘錄一卷** （清）畢以珣撰 清光緒三年(1877)浙江書局刻本 六冊

230000－0901－0000466 C007462－007468
梧溪集七卷 （元）王逢撰 清同治十三年(1874)思補樓刻本 八冊

230000－0901－0000467 C007489－007497
林文忠公政書三十七卷 （清）林則徐撰 清光緒二年(1876)林氏刻本 十二冊

230000－0901－0000468 C007498－007503
荀子集解二十卷攷證一卷 王先謙撰 清光緒十七年(1891)長沙王氏刻本 六冊

230000－0901－0000469 C007504
北溪先生字義一卷補遺一卷 （宋）陳淳撰 清光緒二十三年(1897)活字印本 一冊

230000－0901－0000470 C023312－56
經韻樓叢書 （清）段玉裁撰 清乾隆道光金壇段氏刻本 四十五冊

230000－0901－0000471 C023479－540
佩文齋書畫譜一百卷 （清）孫岳頒等纂輯

清康熙四十八年(1709)宋氏靜水堂刻本 六十二冊

230000－0901－0000472 C023543－48
曾文正公家書十卷家訓二卷 （清）曾國藩撰 清光緒刻本 六冊

230000－0901－0000473 C036501－60
式古堂書畫彙考三十卷目錄二卷畫三十卷目錄二卷 （清）卞永譽撰 清康熙刻本(部分抄配) 六十冊

230000－0901－0000474 C023549－52
碑版文廣例十卷 （清）王芑孫撰 清道光二十一年(1841)刻本 四冊

230000－0901－0000475 C000041－50
資治通鑑目錄三十卷 （宋）司馬光撰 清刻本 十冊

230000－0901－0000476 C000063－94
子史精華一百六十卷 （清）允祿等纂 清刻本 三十二冊

230000－0901－0000477 C000095－126
宋史四百九十六卷附考證 （元）脫脫撰 清光緒二十八年(1902)武林竹簡齋石印二十四史本 三十二冊

230000－0901－0000478 C000158－165
三國志六十五卷 （晉）陳壽撰 （南朝宋）裴松之注 清同治九年(1870)金陵書局刻本 八冊

230000－0901－0000479 C032335－40
三國志六十五卷 （晉）陳壽撰 （南朝宋）裴松之注 清刻本 六冊

230000－0901－0000480 C023553－56
東甌金石志十二卷 （清）戴咸弼撰 清光緒刻本 四冊

230000－0901－0000481 C023541
周氏止庵詞辨二卷 （清）周濟撰 （清）譚獻評 清刻本 一冊

230000－0901－0000482 C023542
詞林正韻三卷發凡一卷 （清）戈載撰 清光

緒十八年(1892)刻本　一冊

230000－0901－0000483　C029614－19
周易兼義九卷　（三國魏）王弼　（晉）韓康伯注　（唐）孔穎達正義　明崇禎四年(1631)毛氏汲古閣刻十三經注疏本　六冊

230000－0901－0000484　C023568－69
吳中平寇記八卷　（清）錢勖撰　清同治刻本　二冊

230000－0901－0000485　C029621－26
墨子閒詁十五卷附錄一卷後語二卷　（清）孫詒讓撰　清末活字印本　六冊

230000－0901－0000486　C029627－32
紀效新書十八卷首一卷　（明）戚繼光撰　清道光二十一年(1841)朱壽昌刻本　六冊

230000－0901－0000487　C049340－99
六臣注文選六十卷　（南朝梁）蕭統輯　（唐）李善等注　明嘉靖潘惟時、潘惟德刻本　六十冊

230000－0901－0000488　C029633－34
聖諭廣訓直解二卷　（清）聖祖玄燁撰　（清）世宗胤禛廣訓　（清）宣宗旻寧直解　清同治三年(1864)華亭縣刻本　二冊

230000－0901－0000489　C054314－413
五禮通考二百六十二卷首四卷總目二卷　(清)秦蕙田撰　**讀禮通考一百二十卷**　（清）徐乾學撰　清乾隆十八年(1753)秦氏味經窩刻本　一百冊

230000－0901－0000490　C029635
周禮疑義舉要七卷　（清）江永撰　清道光九年(1829)廣東學海堂刻皇清經解本　一冊

230000－0901－0000491　C015601－04
返生香一卷　（明）葉小鸞撰　**疏香閣附集一卷**　（明）沈自炳等撰　**竊聞一卷續竊聞一卷**　（明）葉紹袁撰　清末上海江左書林石印本　四冊

230000－0901－0000492　C029636
佩文詩韻釋要五卷　（清）周兆基輯　清同治

三年(1864)朱蘭刻本　一冊

230000－0901－0000493　C015605－10
詩韻合璧五卷　（清）湯文潞輯題　（清）惜陰主人增輯　清光緒十七年(1891)上海錦章圖書局石印本　六冊

230000－0901－0000494　C015629－30
畫禪室隨筆四卷　（明）董其昌撰　清乾隆三十三年(1768)戲鴻堂刻本　二冊

230000－0901－0000495　C029637－38
周禮集解節要六卷　（清）鄧愷撰　清大酉齋刻本　二冊

230000－0901－0000496　C029639－40
周禮節訓六卷　（清）黃叔琳撰　清乾隆三十二年(1767)姚氏家塾刻本　二冊

230000－0901－0000497　C015631－42
吳越所見書畫錄六卷書畫說鈴一卷　（清）陸時化編　清光緒五年(1879)懷煙閣木活字印本　十二冊

230000－0901－0000498　C015643－44
濂亭文集八卷　（清）張裕釗撰　清光緒八年(1882)查氏木漸齋刻本　二冊

230000－0901－0000499　C015658－61
讀書敏求記四卷　（清）錢曾撰　清乾隆十年(1745)沈氏刻本　四冊

230000－0901－0000500　C029641－43
說文古籀補十四卷附錄一卷　（清）吳大澂撰　清光緒二十四年(1898)刻本　三冊

230000－0901－0000501　C071853－902
唐書二百二十五卷　（宋）歐陽修等撰　明崇禎毛氏汲古閣刻本　五十冊　存二百二十卷（一至一百八十三、一百八十九至二百二十五）

230000－0901－0000502　C015815－18
桃花扇傳奇二卷　（清）孔尚任撰　清末刻本　四冊

230000－0901－0000503　C015819－21
藝香詞鈔四卷　（清）吳綺撰　清乾隆刻本　三冊

230000－0901－0000504　C015822－27

三蘇策論十二卷　（宋）蘇洵　（宋）蘇軾（宋）蘇轍撰　清光緒二十七年(1901)鴻寶書局石印本　六冊

230000－0901－0000505　C015853－58

呻吟語六卷　（明）呂坤撰　清道光十七年(1837)刻本　六冊

230000－0901－0000506　C015859－63

事類賦三十卷　（宋）吳淑撰并注　清寶翰樓刻本　六冊

230000－0901－0000507　C007517－007520

山海經箋疏十八卷圖讚一卷　（晉）郭璞傳（清）郝懿行箋疏　訂譌一卷敘錄一卷　（清）郝懿行撰　清嘉慶十四年(1809)阮元琅嬛僊館刻光緒七年(1881)印郝氏遺書本　四冊

230000－0901－0000508　C007521－007526

金湯借箸十二籌十二卷　（明）周鑑撰輯　清末琉璃廠刻本　六冊

230000－0901－0000509　C007535－007538

河洛精蘊九卷　（清）江永撰　清乾隆三十九年(1774)黃聖謙刻本　四冊

230000－0901－0000510　C007538－007539

說文通檢十四卷首一卷末一卷　（清）黎永椿編　清光緒二年(1876)文昌書局刻本　二冊

230000－0901－0000511　C007540－007547

莊子集釋十卷　（清）郭慶藩輯　清光緒二十年(1894)思賢講舍刻本　八冊

230000－0901－0000512　C007548－007577

大清律例通考四十卷首一卷　（清）吳壇纂　清光緒十二年(1886)吳重憙刻本　三十冊

230000－0901－0000513　C007578－007582

周書五十卷　（唐）令狐德棻等撰　清同治十三年(1874)金陵書局刻二十四史本　五冊

230000－0901－0000514　C007583－007598

讀史兵略四十六卷　（清）胡林翼撰　清咸豐十一年(1861)武昌節署刻本　十六冊

230000－0901－0000515　C007623

測地志要四卷　（清）黃炳垕撰　清同治六年(1867)刻本　一冊

230000－0901－0000516　C007624－007628

章氏遺書　（清）章學誠撰　清道光十二年至十三年(1832－1833)章華紱刻光緒浙江書局重修本　五冊

230000－0901－0000517　C007637

蠶桑備要不分卷　題(清)思補樓主人輯　清光緒二年(1876)思補樓刻本　一冊

230000－0901－0000518　C023561－64

庸庵文編四卷　（清）薛福成撰　清光緒刻本　四冊

230000－0901－0000519　C023565

東牟守城紀略一卷　（清）戴燮元撰　清同治八年(1869)刻本　一冊

230000－0901－0000520　C023570－81

甘泉鄉人稿二十四卷　（清）錢泰吉撰　清光緒十一年(1885)刻本　十二冊

230000－0901－0000521　C023582－85

梅屋詩鈔四卷賦鈔一卷　（清）張若采撰　清嘉慶刻本　四冊

230000－0901－0000522　C023606

測海集六卷　（清）彭紹升撰　清嘉慶二十四年(1819)刻本　一冊

230000－0901－0000523　C015662－63

文館詞林一千卷　（唐）許敬宗等撰　清光緒十九年(1893)景蘇園刻本　二冊　存六卷（一百五十二、一百五十八、三百四十六、四百十四、六百六十五、六百六十九）

230000－0901－0000524　C023607－08

墨妙亭碑目考四卷附考一卷　（清）張鑑撰　清光緒刻本　二冊

230000－0901－0000525　C023609－14

周禮十二卷首一卷　（漢）鄭玄注　（唐）陸德明音義　清光緒刻本　六冊

230000－0901－0000526　C015664

傳音快字一卷　（清）蔡錫勇撰　清光緒三十

一年(1905)刻本　一冊

230000－0901－0000527　C023615
讀史論略一卷　（清）杜詔撰　清同治十年
(1871)刻本　一冊

230000－0901－0000528　C023557－60
安陽縣金石錄十二卷　（清）武億撰　清嘉慶
二十四年(1819)刻本　四冊

230000－0901－0000529　C015665－67
唐賢三昧集三卷　（清）王士禛輯　（清）吳煊
等注　（清）黃培芳評　清光緒刻朱墨套印本
　三冊

230000－0901－0000530　C023616－19
恆齋詩集十六卷　（清）周龍藻撰　清刻本
四冊

230000－0901－0000531　C023586－91
船山詩草二十卷　（清）張問陶撰　清嘉慶刻
本　六冊

230000－0901－0000532　C000127－141
醫門棒喝十三卷　（清）章楠撰　（清）田晉九
評點　清同治六年(1867)刻本　十五冊

230000－0901－0000533　C023591－94
綠野齋文集八卷　（清）劉鴻翱撰　清道光七
年(1827)刻本　四冊

230000－0901－0000534　C023595－97
廣陵通典十卷　（清）汪中撰　清同治刻本
三冊

230000－0901－0000535　C007640－007651
重刊人子須知資孝地理心學統宗三十九卷
(明)徐善繼　（明）徐善述撰　清經綸書坊刻
本　十二冊

230000－0901－0000536　C000174－185
湘軍記二十卷　（清）王定安撰　清光緒江南
書局刻本　十二冊

230000－0901－0000537　C000326－337
繪圖增像第五才子書水滸全傳十二卷七十回
　（元）施耐庵撰　（清）金人瑞評　清末民國
文瑞樓石印本　十二冊

230000－0901－0000538　C000408－19
圖像第一才子書六十卷一百二十回　（元）羅
貫中撰　（清）毛宗崗　（清）金人瑞評　清光
緒二十一年(1895)文瑞樓鉛印本　十二冊

230000－0901－0000539　C023598－605
海東金石苑八卷　（清）劉喜海輯　補遺六卷
附錄二卷　劉承幹輯　清末刻本　八冊

230000－0901－0000540　C000420－35
增評補圖石頭記一百二十卷首一卷　（清）曹
雪芹撰　（清）高鶚續撰　（清）護花主人
(清)大漠山民評　清光緒二十六年(1900)石
印本　十六冊

230000－0901－0000541　C001031－60
孫眞人千金方衍義三十卷　（清）張璐撰　清
嘉慶五年(1800)掃葉山房刻本　三十冊

230000－0901－0000542　C001061－66
後漢書補注二十四卷　（清）惠棟撰　清嘉慶
刻本　六冊

230000－0901－0000543　C000897－920
西清古鑑四十卷錢錄十六卷　（清）梁詩正等
纂　清光緒石印本　二十四冊

230000－0901－0000544　C007663－007678
劍南詩鈔不分卷　（宋）陸游撰　清康熙二十
四年(1685)楊大鶴刻本　十六冊

230000－0901－0000545　C007679－007698
西湖志四十八卷　（清）李衛修　（清）傅王露
等纂　清光緒四年(1878)浙江書局刻本　二
十冊

230000－0901－0000546　C015864－903
牧齋全集一百六十三卷　（清）錢謙益撰　清
宣統二年(1910)邃漢齋鉛印本　四十冊

230000－0901－0000547　C015904－15
策學備纂續集四卷　（清）樓守愚等輯　清光
緒二十年(1894)點石齋石印本　十二冊

230000－0901－0000548　C015916－23
子史精華一百六十卷　（清）允祿等纂　清光
緒上海同文書局石印本　八冊

230000－0901－0000549　C015668－71

晚學齋文集十二卷　（清）姚椿撰　清咸豐二年（1852）刻本　四冊

230000－0901－0000550　C015272

洗冤錄解一卷　（清）姚德豫撰　清道光十一年（1831）刻本　一冊

230000－0901－0000551　C015673－80

湖海詩傳四十六卷　（清）王昶輯　清嘉慶八年（1803）青浦王氏三泖漁莊刻本　八冊

230000－0901－0000552　C007703－007704

沖虛至德眞經八卷　（晉）張湛注　（唐）殷敬順釋文　清嘉慶九年（1804）姑蘇聚文堂刻本　二冊

230000－0901－0000553　C007705

扣舷集二卷　（清）徐楠撰　清乾隆二十二年（1757）刻本　一冊

230000－0901－0000554　C007706－007707

實學文導二卷　（清）傅雲龍撰　清光緒二十一年（1895）石印本　二冊

230000－0901－0000555　C007708－007711

羅經解定七卷羅經問答一卷　（清）胡國楨撰　清同治元年（1862）刻本　四冊

230000－0901－0000556　C007712

蠶桑輯要二卷　（清）沈秉成撰　樂府一卷（清）沈炳震撰　廣蠶桑說一卷　（清）沈練撰　清光緒元年（1875）江西書局刻本　一冊

230000－0901－0000557　C007713－007714

在官法戒錄四卷　（清）陳宏謀輯　清刻五種遺規本　二冊

230000－0901－0000558　C007715

比較國法學四卷　（日本）末岡精一撰　（清）商務印書館編譯所譯　清光緒三十二年（1906）商務印書館鉛印本　一冊

230000－0901－0000559　C007718

觀古閣泉說一卷　（清）鮑康撰　清同治十二年（1873）鮑氏刻本　一冊

230000－0901－0000560　C007719

大錢圖錄一卷　（清）鮑康撰　清光緒二年（1876）鮑氏刻觀古閣叢刻本　一冊

230000－0901－0000561　C007721

寶鐵齋金石文跋尾三卷　（清）韓崇撰　清光緒四年（1878）刻潨喜齋叢書本　一冊

230000－0901－0000562　C007722

京師通各省會城道里記一卷　（清）□□撰　清光緒江楚書局刻本　一冊

230000－0901－0000563　C007723

先賢補天錄一卷　（□）□□撰　清光緒十四年（1888）浙江同善堂刻本　一冊

230000－0901－0000564　C015681－82

校刊史記集解索隱正義札記五卷　（清）張文虎撰　清同治十一年（1872）金陵書局刻本　二冊

230000－0901－0000565　C007733－007734

三通序　（清）蔣德鈞輯　清光緒十四年（1888）湘鄉蔣氏龍安郡署刻求實齋叢書本　二冊

230000－0901－0000566　C007738

鼎錄一卷　（南朝梁）虞荔撰　明末毛氏汲古閣刻山居小玩本　一冊

230000－0901－0000567　C007739

石譜一卷　（宋）杜綰撰　明末毛氏汲古閣刻山居小玩本　一冊

230000－0901－0000568　C007740－007741

八宅明鏡二卷　（清）箬冠道人撰　清乾隆五十五年（1790）善成堂刻本　二冊

230000－0901－0000569　C015681－82（之二）

校刊史記集解索隱正義札記五卷　（清）張文虎撰　清同治十一年（1872）金陵書局刻本　二冊

230000－0901－0000570　C015695－702

陶齋吉金錄八卷　（清）端方撰　清光緒三十四年（1908）石印本　八冊

230000－0901－0000571　C015703－04

陶齋吉金續錄二卷 （清）端方撰 清宣統元年(1909)石印本 二冊

230000－0901－0000572 C016082－181

欽定四庫全書總目二百卷首四卷 （清）紀昀等撰 清同治七年(1868)廣東書局刻本 一百冊

230000－0901－0000573 C016182－241

欽定續通志六百四十卷 （清）嵇璜等撰 清光緒二十七年(1901)上海圖書集成書局鉛印九通本 六十冊

230000－0901－0000574 C016242－47

說部精華十二卷 （清）王士禛撰 清光緒五年(1879)刻嘯園叢書本 六冊

230000－0901－0000575 C029644

花間集十卷 （五代）趙崇祚輯 清光緒十九年(1893)王鵬運四印齋影宋刻本 一冊

230000－0901－0000576 C016249－50

迷津寶筏二卷 （□）沈普禪選輯 清宣統元年(1909)石印本 二冊

230000－0901－0000577 C029649－54

李氏易傳十七卷附周易音義一卷 （唐）李鼎祚集解 清乾隆二十一年(1756)德州盧氏刻雅雨堂藏書本 六冊

230000－0901－0000578 C016251

國朝宋學淵源記二卷附記一卷 （清）江藩撰 清末掃葉山房刻本 一冊

230000－0901－0000579 C016259－70

鄂國金佗粹編二十八卷續編三十卷 （宋）岳珂撰 清光緒九年(1883)浙江書局刻本 十二冊

230000－0901－0000580 C029659

洗冤錄撮遺二卷 （清）葛元煦撰 清光緒二年(1876)錢塘葛氏嘯園刻本 一冊

230000－0901－0000581 C029664－67

周易要義十卷首一卷 （宋）魏了翁撰 清光緒十二年(1886)江蘇書局刻本 四冊

230000－0901－0000582 C029668－69

洗冤錄義證四卷 （清）剛毅輯 附經驗方一卷歌訣一卷 清光緒十七年(1891)江蘇書局刻本 二冊

230000－0901－0000583 C029670－72

莊子因六卷 （清）林雲銘撰 清康熙二十七年(1688)刻本 三冊

230000－0901－0000584 C029674

慎餘錄二卷 （清）鄭言紹輯 清光緒十五年(1889)刻本 一冊

230000－0901－0000585 C029675－76

贅言錄八卷附錄一卷 （明）戴豪撰 清宣統三年(1911)陳乃楫志澄閣木活字印本 二冊

230000－0901－0000586 C029682

衛道編二卷 （清）劉邵攽輯注 清光緒九年(1883)廣仁堂刻本 一冊

230000－0901－0000587 C029678

定志編二卷 （明）孫揚輯 清刻本 一冊

230000－0901－0000588 C029683

持志塾言二卷 （清）劉熙載撰 清同治光緒刻古桐書屋六種本 一冊

230000－0901－0000589 C029684

洗冤錄四卷 （宋）宋慈撰 （清）曾恆德編 清乾隆五十三年(1788)刻本 一冊

230000－0901－0000590 C023624

謫麐堂遺集三卷 （清）戴望撰 清光緒元年(1875)趙之謙刻本 一冊

230000－0901－0000591 C023625－26

金石訂例四卷 （清）鮑振芳撰 清光緒十年(1884)常熟鮑氏刻後知不足齋叢書本 二冊

230000－0901－0000592 C023657－58

千甓亭磚錄六卷 （清）陸心源撰 清光緒七年(1881)陸氏十萬卷樓刻本 二冊

230000－0901－0000593 C023659

校正元親征錄一卷 （元）□□撰 （清）何秋濤校正 清光緒二十年(1894)刻本 一冊

230000－0901－0000594 C023660－64

桃花扇四卷首一卷 （清）孔尚任撰 清光緒二十一年（1895）蘭雪堂刻本 五冊

230000－0901－0000595 C023665－69

樊山集二十三卷 （清）樊增祥撰 清光緒十九年（1893）刻本 五冊

230000－0901－0000596 C023674－75

永嘉聞見錄二卷 （清）孫同元撰 清光緒十四年（1888）徐希勉刻本 二冊

230000－0901－0000597 C023679－84

辛卯侍行雜記六卷 （清）陶寶廉撰 清光緒二十三年（1897）養樹山房刻本 六冊

230000－0901－0000598 C023699－710

湘綺樓文集八卷詩集十四卷箋啓八卷 王闓運撰 清宣統二年（1910）刻本 十二冊

230000－0901－0000599 C023635－56

仰視千七百二十九鶴齋叢書 （清）趙之謙輯 清光緒會稽趙氏刻本 二十二冊 缺三十二卷（第一集韓詩遺說二卷訂譌一卷、第三集遜翁隨筆上卷、第五集十八卷、第六集十卷）

230000－0901－0000600 C023727－970

重刊道藏輯要 （清）彭定求輯 清光緒三十二年（1906）成都二仙庵刻本 二百四十四冊

230000－0901－0000601 C023971－4002

滂喜齋叢書五十四種 （清）潘祖蔭輯 清同治光緒吳縣潘氏京師刻本 三十二冊

230000－0901－0000602 C015936－51

格致鏡原一百卷 （清）陳元龍輯 清光緒二十二年（1896）積山書局石印本 十六冊

230000－0901－0000603 C024003－15

平湖顧氏遺書五種四十七卷 （清）顧廣譽撰 清光緒三年（1877）顧鴻昇刻本 十三冊

230000－0901－0000604 C024016－31

經義述聞三十二卷 （清）王引之撰 清道光七年（1827）刻本 十六冊

230000－0901－0000605 C016271－84

史記志疑三十六卷 （清）梁玉繩撰 清光緒

十三年（1887）廣雅書局刻本 十四冊

230000－0901－0000606 C016602－07

林文忠公奏議六卷 （清）林則徐撰 清光緒二年（1876）思補樓刻本 六冊

230000－0901－0000607 C015962－16001

皇朝文獻通考三百卷 （清）嵇璜等撰 清光緒二十七年（1901）上海圖書集成局鉛印九通本 四十冊

230000－0901－0000608 C016608－17

欽定續文獻通考輯要二十六卷 （清）湯壽潛輯 清末刻本 十冊

230000－0901－0000609 C016620－27

貳臣傳十二卷逆臣傳四卷 （清）□□撰 清道光都城琉璃廠半松居士刻本 八冊

230000－0901－0000610 C015928－35

宋四六選二十四卷 （清）彭元瑞 （清）曹振鏞輯 清同治四年（1865）青雲樓刻本 八冊

230000－0901－0000611 C016628－31

分韻試帖青雲集合廣注四卷 （清）楊逢春輯 （清）沈品華等注 清光緒善成堂刻本 四冊

230000－0901－0000612 C015924－27

約書十二卷 （清）謝階樹撰 清光緒二十八年（1902）知聖教齋刻本 四冊

230000－0901－0000613 C016652－57

甌香館集十二卷首一卷末一卷 （清）惲格撰 清掃葉山房石印本 六冊

230000－0901－0000614 C016299－318

山谷詩集注二十卷 （宋）黃庭堅撰 （宋）任淵注 清末刻本 二十

230000－0901－0000615 C016943－17002

三通考輯要七十六卷 （清）湯壽潛輯 清光緒二十五年（1899）圖書集成局鉛印本 六十冊

230000－0901－0000616 C017003－12

洞庭湖志十四卷 （清）綦世基撰 （清）沈筠堂 （清）夏大觀補輯 （清）萬年淳增訂 清

道光八年(1828)刻本　十冊

230000－0901－0000617　C016319－24
南北史補志十四卷贊一卷　(清)王士鐸撰
清光緒四年(1878)淮南書局刻本　六冊

230000－0901－0000618　C007725
商君書五卷　(戰國)商鞅撰　清光緒二年
(1876)浙江書局刻二十二子本　一冊

230000－0901－0000619　C007878－007949
遏雲閣曲譜不分卷　(清)王錫純輯　清末上
海著易堂石印本　七十二冊

230000－0901－0000620　C007950－007953
孔子家語十卷　(三國魏)王肅注　**札記一卷**
　(清)劉世珩撰　清光緒二十四年(1898)貴
池劉世珩玉海堂刻本　四冊

230000－0901－0000621　C007954
有明於越三不朽名賢圖贊一卷　(明)張岱撰
　清光緒十四年(1888)陳錦鳳嬉堂刻本
一冊

230000－0901－0000622　C007955
漢大司農康成鄭公[玄]年譜一卷　(清)侯登
岸撰　清道光二十一年(1841)刻本　一冊

230000－0901－0000623　C007956－007958
南華經鈔四卷　(清)徐廷槐撰　清乾隆六年
(1741)藜照樓刻本(卷三至四配刻本)　三冊

230000－0901－0000624　C007959
金石莂不分卷　(清)馮承輝撰　清嘉慶二十
三年(1818)雲間馮氏刻本　一冊

230000－0901－0000625　C007964－007966
明狀元圖考三卷　(明)顧鼎臣　(明)顧祖訓
撰　(明)黃應澄繪圖　清咸豐六年(1856)福
元書室刻本　三冊

230000－0901－0000626　C007967－007968
益智圖二卷　(清)童葉庚撰　清光緒四年
(1878)刻本　二冊

230000－0901－0000627　C007970
柚堂筆談四卷　(清)盛百二撰　清乾隆三十
四年(1769)潘蓮庚刻柚堂全集本　一冊

230000－0901－0000628　C007973－007976
平津讀碑記八卷續記一卷　(清)洪頤煊撰
清嘉慶二十一年(1816)刻本　四冊

230000－0901－0000629　C007996
歷代輿地沿革險要圖一卷　楊守敬　饒敦秩
撰　清光緒五年(1879)東湖饒氏刻三色套印
本　一冊

230000－0901－0000630　C007998－008001
金石圖說四卷　(清)牛運震說講　(清)褚峻
摹圖　清光緒二十年(1894)劉世珩聚學軒刻
本　四冊

230000－0901－0000631　C008005－008006
家塾蒙求五卷　(清)康基淵纂輯　清同治七
年(1868)江漢關署刻本　二冊

230000－0901－0000632　C008007－008010
孫子十家注十三卷　(宋)吉天保輯　**遺說一
卷**　(宋)鄭友賢撰　**敘錄一卷**　(清)畢以珣
撰　清嘉慶二年(1797)刻本　四冊

230000－0901－0000633　C001067－76
淵鑑類函四百五十卷　(清)張英等撰　清光
緒二十一年(1895)上海點石齋石印本　十冊

230000－0901－0000634　C001077－86
淵鑑類函四百五十卷　(清)張英等撰　清光
緒九年(1883)點石齋石印本　十冊

230000－0901－0000635　C001089－92
漢西域圖考七卷首一卷　(清)李光廷撰　清
光緒活字印本　四冊

230000－0901－0000636　C001093－1116
十八家詩鈔二十八卷　(清)曾國藩輯　清同
治十三年(1874)刻本　二十四冊

230000－0901－0000637　C001117－62
唐書二百二十五卷　(宋)歐陽修等撰　清同
治十二年(1873)浙江書局刻本　四十六冊

230000－0901－0000638　C001171－82
新譯列國歲計政要三編　(日本)博文館編
(清)白作霖等譯　清光緒二十七年(1901)鉛
印本　十二冊

230000 - 0901 - 0000639　C001191 - 1200

欽定大清會典一百卷首一卷　（清）崑岡等纂
修　清光緒三十四年(1908)上海商務印書館
石印本　十冊

230000 - 0901 - 0000640　C001183 - 90

元史二百十卷目錄二卷附考證　（明）宋濂等
撰　清光緒二十九年(1903)文瀾書局石印本
八冊

230000 - 0901 - 0000641　C029685 - 90

本草醫方合編　（清）汪昂撰　清光緒二十六
年(1900)新化三味堂刻本　六冊

230000 - 0901 - 0000642　C029691 - 92

維摩詰所說經注八卷　（後秦）釋鳩摩羅什譯
（後秦）釋僧肇注　清光緒十三年(1887)金
陵刻經處刻本　二冊

230000 - 0901 - 0000643　C029693 - 94

維摩詰所說經注八卷　（後秦）釋鳩摩羅什譯
（後秦）釋僧肇注　清光緒十三年(1887)金
陵刻經處刻本　二冊

230000 - 0901 - 0000644　C029695

法句經二卷　（三國吳）釋維祇難等譯　清光
緒十四年(1888)江北刻經處刻本　一冊

230000 - 0901 - 0000645　C029708 - 15

駢體文鈔三十一卷　（清）李兆洛輯　清道光
合河康氏家塾刻同治六年(1867)徐氏補刻本
八冊

230000 - 0901 - 0000646　C024032 - 35

詩經八卷　（宋）朱熹集傳　清刻本　四冊

230000 - 0901 - 0000647　C017013 - 18

綏寇紀略十二卷補遺三卷　（清）吳偉業撰
清嘉慶十年(1805)張氏照曠閣刻學津討原本
六冊

230000 - 0901 - 0000648　C024036 - 41

御纂詩義折中二十卷　（清）傅恆等撰　清道
光長蘆鹽運使如山刻本　六冊

230000 - 0901 - 0000649　C024042

留爪集一卷　（清）陳來泰撰　清末刻本　一冊

230000 - 0901 - 0000650　C024043 - 46

實事求是之齋經義二卷　（清）朱大韶撰　清
光緒九年(1883)澄華堂刻本　四冊

230000 - 0901 - 0000651　C017020 - 23

瀛環志略十卷　（清）徐繼畬撰　清道光三十
年(1850)紅杏山房刻本　四冊

230000 - 0901 - 0000652　C024047 - 52

洛誦軒四書十九卷　（宋）朱熹集注　清光緒
四年(1878)毘陵董氏洛誦軒刻本　六冊

230000 - 0901 - 0000653　C017024 - 35

金石索十二卷首一卷　（清）馮雲鵬　（清）馮
雲鵷輯　清道光元年(1821)崇川馮氏邃古齋
刻本　十二冊

230000 - 0901 - 0000654　C024053

金源劄記二卷又劄一卷史論五答一卷　（清）
施國祁撰　清嘉慶二十一年(1816)潯溪吉貝
居刻本　一冊

230000 - 0901 - 0000655　C017036 - 39

律例便覽八卷　（清）蔡嵩年　（清）蔡逢年輯
清同治四年(1865)刻本　四冊

230000 - 0901 - 0000656　C029720

棲僻園詩鈔二卷　（清）朱蓮燭撰　靜濤齋詩
草一卷　（清）朱時謙撰　清道光十八年
(1838)朱氏棲僻園刻本　一冊

230000 - 0901 - 0000657　C024054 - 61

墨子閒詁十五卷目錄一卷附錄一卷後語二卷
（清）孫詒讓撰　清光緒三十三年(1907)瑞
安孫氏刻本　八冊

230000 - 0901 - 0000658　C017040 - 47

小腆紀年附考二十卷　（清）徐鼒撰　清咸豐
十一年(1861)刻本　八冊

230000 - 0901 - 0000659　C029721 - 24

世法周行十八卷　（清）王陛撰　清康熙二十
四年(1685)刻本　四冊

230000 - 0901 - 0000660　C017098 - 121

史姓韻編六十四卷　（清）汪輝祖編　清同治
九年(1870)金陵書局鉛印本　二十四冊

230000－0901－0000661　C029725－27

玄都律檀威儀品三卷　（清）陸道和編　清光緒三十三年(1907)成都二仙庵刻本　三冊

230000－0901－0000662　C024062－67

毛詩稽古編三十卷　（清）陳啓源撰　**附考一卷**　（清）費雲倬撰　清嘉慶十八年(1813)龐佑清刻本　六冊

230000－0901－0000663　C029699

靈峰蕅益大師選定淨土十要十卷　（明）釋智旭輯　清光緒二十年(1894)廣陵藏經禪院刻本　一冊　存一卷(五)

230000－0901－0000664　C016325－44

御批歷代通鑑輯覽一百二十卷　（清）傅恆等撰　清光緒二十五年(1899)美華賓記石印本　二十冊

230000－0901－0000665　C017122－41

文獻通考二十四卷首一卷　（元）馬端臨撰　清光緒二十年(1894)上海點石齋石印本　二十冊

230000－0901－0000666　C029717

性理吟一卷　（宋）朱熹撰　**後性理吟一卷續論語詩一卷**　（清）尤侗撰　清康熙刻西堂全集本　一冊

230000－0901－0000667　C001201－14

讀史方輿紀要一百三十卷方輿全圖總說四卷　（清）顧祖禹撰　清光緒二十九年(1903)益吾齋石印本　十四冊

230000－0901－0000668　C029732－33

楊忠愍公全集四卷　（明）楊繼盛撰　清咸豐元年(1851)汪汝式、謝元淮刻本　二冊

230000－0901－0000669　C024068－71

天童寺志十卷首一卷　（清）聞性道　（清）釋德介撰　清刻本　四冊

230000－0901－0000670　C017152－57

聖武記十四卷　（清）魏源撰　清光緒二十八年(1902)上海書局石印本　六冊

230000－0901－0000671　C001215－22

宋書一百卷　（南朝梁）沈約撰　清同治十一年(1872)金陵書局刻本　八冊　存四十卷（一至四十）

230000－0901－0000672　C017142－45

少嵒賦草箋注四卷續集一卷　（清）夏思沺撰　清道光三十年(1850)金谷園刻本　四冊

230000－0901－0000673　C024072－73

聖諭廣訓直解二卷　（清）聖祖玄燁撰　（清）世宗胤禛廣訓　（清）宣宗旻寧直解　清同治三年(1864)華亭縣刻本　二冊

230000－0901－0000674　C016345－56

通俗編三十八卷　（清）翟灝撰　清乾隆十六年(1751)無不宜齋刻本　十二冊

230000－0901－0000675　C029734－35

地理辨正疏五卷首一卷末一卷　（清）張心言撰　清道光九年(1829)培杏書屋刻本　二冊

230000－0901－0000676　C016359

范石湖詩集注三卷　（宋）范成大撰　（清）沈欽韓注　清光緒十九年(1893)刻廣雅書局叢書本　一冊

230000－0901－0000677　C024074－81

癸巳存稿十五卷　（清）俞正燮撰　清光緒刻本　八冊

230000－0901－0000678　C029736

天元五歌闡義五卷附元空秘旨一卷　（清）蔣大鴻撰題　（清）無心道人注　清可久堂刻本　一冊

230000－0901－0000679　C017464－83

明紀六十卷　（清）陳鶴　（清）陳克家撰　清同治十年(1871)江蘇書局刻本　二十冊

230000－0901－0000680　C001233－56

大元聖政國朝典章六十卷附新集至治條例不分卷　（元）□□撰　清光緒三十四年(1908)刻本　二十四冊

230000－0901－0000681　C001268－73

四書讀本十九卷　（宋）朱熹集注　清同治九年(1870)刻本　六冊

230000－0901－0000682　C017048－77

太平寰宇記二百卷目錄二卷　（宋）樂史撰
補闕一卷　（清）陳蘭森撰　**朝代紀年表一卷**
（清）萬廷蘭撰　清乾隆五十八年（1793）萬
氏刻本　三十冊　缺十四卷（原缺四、一百十
二至一百十七、一百十三至一百十九）

230000－0901－0000683　C001320－39

小學考五十卷　（清）謝啓昆撰　清光緒二年
（1876）刻本　二十冊

230000－0901－0000684　C017484－514

說文解字義證五十卷　（清）桂馥撰　清同治
九年（1870）湖北崇文書局刻本　三十一冊

230000－0901－0000685　C001288－97

樨華館文集十二卷　（清）路德撰　清光緒七
年（1881）刻本　十冊

230000－0901－0000686　C001340－43

文公家禮儀節八卷　（宋）朱熹撰　清善成堂
刻本　四冊

230000－0901－0000687　C016360

梁元帝集一卷　（南朝梁）蕭繹撰　明張氏刻
漢魏六朝百三家集本　一冊

230000－0901－0000688　C017554－69

二銘草堂金石聚十六卷首一卷　（清）張德容
輯　清同治十一年（1872）二銘草堂刻本　十
六冊

230000－0901－0000689　C017579

王洪範碑一卷　（唐）王敏之撰　（唐）王玄宗
書　清宣統元年（1909）影印本　一冊

230000－0901－0000690　C016361

士那補釋一卷　（清）張義澍撰　清光緒十八
年（1892）金陵刻本　一冊

230000－0901－0000691　C017630－31

女科要旨四卷　（清）陳念祖撰　清光緒三十
四年（1908）寶慶書局刻本　二冊

230000－0901－0000692　C016362

守拙齋遺稿五卷　（清）吳家騏撰　**橙香書屋
遺稿一卷**　（清）吳家驥撰　**杏園遺稿一卷**

（清）吳繩祖撰　清咸豐七年（1857）吳濂刻本
一冊

230000－0901－0000693　C008031－008038

明季南略十八卷　（清）計六奇輯　清道光都
城琉璃廠半松居士木活字印本　八冊

230000－0901－0000694　C008039－008048

五種遺規　（清）陳宏謀輯　清光緒二十一年
（1895）浙江書局刻本　十冊

230000－0901－0000695　C008057－008096

佩文齋廣群芳譜一百卷目錄二卷　（清）汪灝
等撰　清刻本　四十冊

230000－0901－0000696　C008157

藚盦東游日記一卷　（清）樓藜然撰　清光緒
三十三年（1907）鉛印本　一冊

230000－0901－0000697　C008158

慈闈瑣記二卷　（清）孫仁撰　清光緒三十三
年（1907）刻本　一冊

230000－0901－0000698　C008159－008163

峒嶁鑑撮四卷　（清）曠敏本撰　清道光刻本
五冊

230000－0901－0000699　C008164

天演論二卷　（英國）赫胥黎撰　嚴復譯　清
光緒二十七年（1901）富文書局石印本　一冊

230000－0901－0000700　C008166

農林蠶說不分卷　（清）葉向榮撰　清宣統三
年（1911）正新書局石印本　一冊

230000－0901－0000701　C008462－008469

詳注聊齋志異圖詠十六卷首一卷　（清）蒲松
齡撰　（清）呂湛恩注　清光緒十二年（1886）
上海同文書局石印本　八冊

230000－0901－0000702　C008167－008182

東華錄詳節二十四卷　（清）鄔樹庭輯　清光
緒二十六年（1900）上海東文學堂石印本　十
六冊

230000－0901－0000703　C029747－770

惜抱軒集八十八卷　（清）姚鼐撰　清道光刻
同治五年（1866）李翰章印本　二十四冊

230000－0901－0000704　C029771－78

十駕齋養新錄二十卷餘錄三卷　（清）錢大昕撰　**錢辛楣先生[大昕]年譜一卷**　（清）錢大昕撰　（清）錢慶曾校注　**竹汀居士[錢大昕]年譜續編一卷**　（清）錢慶曾撰　清光緒二年(1876)浙江書局刻本　八冊

230000－0901－0000705　C024082－85

古微書三十六卷　（明）孫瑴輯　清嘉慶二十一年(1816)對山問月樓刻本　四冊

230000－0901－0000706　C029793－94

硯小史四卷　（清）朱棟撰　清嘉慶五年(1800)樓外樓刻民國二十四年(1935)高氏寒隱草堂重修本　二冊

230000－0901－0000707　C029797－800

陳書三十六卷　（唐）姚思廉撰　清同治十一年(1872)金陵書局刻二十四史本　四冊

230000－0901－0000708　C024086

夏時考訓蒙一卷　（清）鄭曉如輯　清同治八年(1869)廣州華文堂刻鄭氏四種本　一冊

230000－0901－0000709　C024087

皇朝內府輿地圖縮摹本一卷皇朝輿地韻編一卷　（清）李兆洛撰　清光緒十年(1884)湖北省官書處刻本　一冊

230000－0901－0000710　C029801－06

南齊書五十九卷　（南朝梁）蕭子顯撰　清同治十三年(1874)金陵書局刻二十四史本　六冊

230000－0901－0000711　C024088

陸清獻公[隴其]年譜一卷　（清）吳光酉編　清同治七年(1868)刻本　一冊

230000－0901－0000712　C029829－34

太史張天如詳節春秋綱目左傳句解六卷　(清)韓菼重訂　清光緒善成堂刻本　六冊

230000－0901－0000713　C024089－90

出使英法義比四國日記六卷　（清）薛福成撰　清光緒二十年(1894)孫詒校經堂刻本　二冊

230000－0901－0000714　C029847－52

陳檢討集二十卷　（清）陳維崧撰　（清）程師恭注　清漁古山房刻本　六冊

230000－0901－0000715　C029853－68

李太白文集三十六卷　（唐）李白撰　（清）王琦輯注　清聚錦堂刻本　十六冊

230000－0901－0000716　C029871

時事新論圖書一卷　（英國）李提摩太撰　清光緒二十年(1894)上海廣學會鉛印本　一冊

230000－0901－0000717　C029876

逆臣傳四卷　（清）□□撰　清都城琉璃廠半松居士刻本　四冊

230000－0901－0000718　C029880

波斯史一卷　（日本）北村三郎撰　（清）趙必振譯　清光緒二十九年(1903)上海廣智書局鉛印史學小叢書本　一冊

230000－0901－0000719　C024091－98

歷代地理志韻編今釋二十卷皇朝輿地韻編二卷　（清）李兆洛撰　清同治九年(1870)合肥李鴻章刻李氏五種本　八冊

230000－0901－0000720　C024099－108

左傳事緯十二卷　（清）馬驌撰　清光緒四年(1878)刻本　十冊

230000－0901－0000721　C024109－16

焦山志二十六卷首一卷　（清）吳雲輯　清同治十三年(1874)刻本　八冊

230000－0901－0000722　C024117－24

皇朝藩部要略十八卷世系表四卷　（清）祁韻士撰　清道光二十六年(1846)筠淥山房刻本　八冊

230000－0901－0000723　C024133

三事忠告四卷　（元）張養浩撰　清乾隆五十四年(1789)貸園叢書初集本　一冊

230000－0901－0000724　C024134－35

揚州水道記四卷圖一卷　（清）劉文淇撰　清道光二十五年(1845)欲寡過齋刻同治十一年(1872)淮南書局重修本　二冊

230000－0901－0000725　C024136－41

水經注疏要刪四十卷補遺一卷　楊守敬撰
清光緒三十一年(1905)刻本　六冊

230000－0901－0000726　C017849－64

欽定詩經傳說彙纂二十一卷首二卷詩序二卷
　(清)王鴻緒等纂　清刻本　十六冊

230000－0901－0000727　C017877－86

閱微草堂筆記二十四卷　(清)紀昀撰　清道
光十五年(1835)刻本　十冊

230000－0901－0000728　C017887－90

楚辭十七卷　(漢)王逸章句　(宋)洪興祖補
注　清同治十一年(1872)金陵書局刻本
四冊

230000－0901－0000729　C017900

脈經十卷　(晉)王叔和撰　清光緒二十二年
(1896)新化三味堂刻本　一冊

230000－0901－0000730　C017907

延年益壽論一卷　(英國)傅蘭雅輯　清光緒
十八年(1892)上海格致書室鉛印本　一冊

230000－0901－0000731　C016363

風木盦圖題詠一卷　(清)丁丙輯　清光緒二
十六年(1900)刻武林堂掌故叢編本　一冊

230000－0901－0000732　C016364

冰雪寮詩鈔二卷　(清)釋淡雲撰　清宣統元
年(1909)鉛印本　一冊

230000－0901－0000733　C017946－69

金石萃編一百六十卷　(清)王昶撰　金石續
編二十一卷首一卷　(清)陸耀遹撰　清光緒
十九年(1893)上海醉六堂石印本　二十四冊

230000－0901－0000734　C018011－18

三國疆域志補注十九卷首一卷　(清)洪亮吉
撰　(清)謝鍾英補注　清光緒二十四年
(1898)于湘中刻本　八冊

230000－0901－0000735　C018002－05

六朝事迹編類十四卷　(宋)張敦頤撰　清光
緒十三年(1887)寶章閣刻本　四冊

230000－0901－0000736　C016365

詒煒集五卷　(清)許振褘輯　清光緒十八年
(1892)河東節署刻本　一冊

230000－0901－0000737　C016366

御覽孤山志一卷　(清)王復禮撰　清光緒七
年(1881)錢塘丁氏刻武林掌故叢編本　一冊

230000－0901－0000738　C018006

歐洲十九世紀史不分卷　(美國)軒利普格質
頓撰　(清)麥鼎華譯　清光緒二十八年
(1902)上海廣智書局鉛印本　一冊

230000－0901－0000739　C017910－45

前漢書一百卷　(漢)班固撰　(唐)顏師古注
清光緒十四年(1888)上海圖書集成書局鉛
印二十四史本　三十六冊

230000－0901－0000740　C016376－77

冶金錄三卷　(美國)阿發滿撰　(英國)傅蘭
雅口譯　(清)趙光益筆述　清光緒江南製造
總局刻本　二冊

230000－0901－0000741　C016367－69

武林靈隱寺志八卷　(清)孫治　(清)徐增撰
清光緒十四年(1888)錢塘丁氏嘉惠堂刻武
林掌故叢編本　三冊

230000－0901－0000742　C016378－81

竹里詩萃十六卷　(清)李道悠輯　清光緒二
十一年(1895)宜興吳鋆等刻本　四冊

230000－0901－0000743　C008263－008322

續資治通鑑二百二十卷　(清)畢沅撰　清鎮
洋畢氏刻嘉慶六年(1801)馮氏續刻同治六年
(1867)永康應氏同治八年(1869)江蘇書局遞
修本　六十冊

230000－0901－0000744　C008323－008344

植物名實圖考二十二卷　(清)吳其濬撰　清
道光二十八年(1848)刻本　二十二冊

230000－0901－0000745　C008345－008381

植物名實圖考三十八卷　(清)吳其濬撰　清
道光二十八年(1848)刻本　三十七冊

230000－0901－0000746　C008477－008480

絕妙好詞箋七卷　(宋)周密輯　(清)查為仁

（清）厲鶚箋注　**續鈔二卷**　（清）余集
（清）徐楙補輯　清道光七年（1827）刻本
四冊

230000－0901－0000747　C008481－008482

[江蘇吳江]分湖柳氏家譜十卷　（清）柳樹芳
纂修　清道光二十一年（1841）柳氏勝谿草堂
刻本　二冊

230000－0901－0000748　C008483

練勇芻言五卷　（清）王鑫撰　清光緒十七年
（1891）湘鄉王氏金陵刻本　一冊

230000－0901－0000749　C008484

佐治藥言一卷續一卷　（清）汪輝祖撰　清光
緒十八年（1892）浙江書局刻入幕須知本
一冊

230000－0901－0000750　C008485－008494

翁松禪手札不分卷　（清）翁同龢撰　清光緒
三年（1877）俞鍾鑾石印本　十冊

230000－0901－0000751　C008496－008497

摘錄科場事例二卷　（清）梅啓照摘錄　清同
治十二年（1873）梅啓照刻本　二冊

230000－0901－0000752　C008498－008503

積古齋鐘鼎彝器款識十卷　（清）阮元輯　清
光緒五年（1879）華亭林長慶刻本　六冊

230000－0901－0000753　C008504

刀劍錄一卷　（南朝梁）陶弘景撰　明崇禎二
年（1629）毛氏汲古閣刻群芳清玩本　一冊

230000－0901－0000754　C008505－008506

增訂胎產心法二卷　（清）醫無閭子撰　（清）
季維翰增　清道光二十三年（1843）刻本
二冊

230000－0901－0000755　C008508

慎獨圖說一卷　（清）倪元坦撰　清嘉慶二十
三年（1818）楊震西刻本　一冊

230000－0901－0000756　C008511

營田輯要三卷首一卷　（清）黃輔辰撰　清同
治三年（1864）刻楓林黃氏家乘本　一冊

230000－0901－0000757　C008512－008514

揅經室外集五卷　（清）阮元撰　清道光二年
（1822）阮氏刻文選樓叢書本　三冊

230000－0901－0000758　C016382

東山詩選二卷　（宋）葛紹體撰　清光緒二十
七年（1901）太平陳樹鈞刻本　一冊

230000－0901－0000759　C016383－84

外治壽世方初編四卷　（清）鄒存淦輯　清光
緒三年（1877）杭州勤執堂刻本　二冊

230000－0901－0000760　C029911

三節合編　（清）韓崇輯　清咸豐五年（1855）
韓氏寶鐵齋刻本　一冊

230000－0901－0000761　C016397－404

春秋宗朱辨義十二卷首一卷末一卷　（清）張
自超撰　清光緒七年（1881）刻本　八冊

230000－0901－0000762　C016676－88

格致書院課藝不分卷　（清）王韜編　清光緒
鉛印本　十三冊

230000－0901－0000763　C016689－93

詩畸八卷補編二卷謎拾二卷　（清）唐景崧撰
謎學一卷　（清）唐運溥撰　清光緒十九年
（1893）刻得一山房四種刻本　五冊

230000－0901－0000764　C016742－51

國朝先正事略六十卷首一卷　（清）李元度撰
清光緒十二年（1886）鉛印本　十冊

230000－0901－0000765　C029982－86

三經附義六卷　（清）李重華撰　清乾隆二十
八年（1763）萬葉堂刻本　五冊

230000－0901－0000766　C029892－95

學仕遺規四卷　（清）陳宏謀輯　清刻本
四冊

230000－0901－0000767　C029906－09

趙恭毅公賸藁八卷　（清）趙申喬撰　清光緒
十八年（1892）浙江書局刻本　四冊

230000－0901－0000768　C029914

梓潼帝君陰騭文敷言二卷　（清）丁詠淇原編
（清）黃學志重訂　清同治十三年（1874）刻
本　一冊

230000－0901－0000769　C029919－22

元史譯文證補三十卷　（清）洪鈞撰　清光緒
二十三年（1897）元和陸潤庠刻本　四冊　缺
十卷（原缺七至八、十三、十六至十七、十九至
二十一、二十五、二十八）

230000－0901－0000770　C029923

集字韻釋通便一卷　（清）李翼編　（清）李
駿聲等注釋　清光緒三十年（1904）刻本
一冊

230000－0901－0000771　C029952－55

萬國公法四卷　（英國）惠頓撰　（美國）丁韙
良譯　清同治三年（1864）鉛印本　四冊

230000－0901－0000772　C030030－31

漢石例六卷　（清）劉寶楠撰　清同治八年
（1869）刻本　二冊

230000－0901－0000773　C030032－33

求古精舍金石圖甲集一卷乙集一卷　（清）陳
經輯　清嘉慶十八年（1813）烏程陳氏說劍樓
刻本　二冊

230000－0901－0000774　C030016－19

納蘭詞五卷補遺一卷　（清）納蘭性德撰　清
光緒六年（1880）許增娛園刻本　四冊

230000－0901－0000775　C024399－400

重定金石契不分卷　（清）張燕昌撰　清光緒
二十二年（1896）劉氏聚學軒刻本　二冊

230000－0901－0000776　C024401

小睡足療詩錄四卷　（清）秦敏樹撰　清光緒
十三年（1887）刻本　一冊

230000－0901－0000777　C024402

小睡足療詩續錄一卷補錄一卷附錄一卷
（清）秦敏樹撰　清光緒二十年（1894）刻本
一冊

230000－0901－0000778　C024405－07

壺山自吟稿三卷　（清）朱休度撰　清嘉慶三
年（1798）刻本　三冊

230000－0901－0000779　C024409－11

遲鴻軒詩集四卷文集二卷詩續一卷文續一卷

（清）楊峴撰　清光緒十一年至十九年
（1885－1893）王煦刻本　三冊

230000－0901－0000780　C030034－49

後漢書九十卷　（南朝宋）范曄撰　（唐）李賢
注　**志三十卷**　（晉）司馬彪撰　（南朝梁）劉
昭注補　清同治八年（1869）金陵書局刻本
十六冊

230000－0901－0000781　C024412－23

日知錄三十二卷　（清）顧炎武撰　清康熙三
十四年（1695）潘氏遂初堂刻本　十二冊

230000－0901－0000782　C016405－14

李氏五種　（清）李兆洛撰　清同治九年
（1870）合肥李鴻章刻本　十冊

230000－0901－0000783　C024442－43

吹綱錄六卷　（清）葉廷琯撰　清同治八年至
九年（1869－1870）陳德銘等刻本　二冊

230000－0901－0000784　C024429－33

國朝先正事略六十卷首一卷　（清）李元度撰
國朝先正事略續編三十卷　（清）朱孔彰撰
清光緒二十六年（1900）石印本　五冊　缺
二十六卷（續編五至三十）

230000－0901－0000785　C016766

屈子正音三卷　（清）方績撰　（清）鄧廷楨
（清）方東樹訂補　清光緒六年（1880）網舊聞
齋刻本　一冊

230000－0901－0000786　C024434－39

明季稗史彙編十六種　題（清）留雲居士輯
清光緒十三年（1887）上海圖書集成印書局石
印本　六冊

230000－0901－0000787　C024340－98

碑傳集一百六十卷首二卷　（清）錢儀吉撰
清光緒十九年（1893）江蘇書局刻本　五十
九冊

230000－0901－0000788　C024270－333

十朝東華錄五百二十四卷　王先謙等編　清
光緒二十年（1894）石印本　六十四冊

230000－0901－0000789　C016776－87

皇朝通志一百二十六卷　（清）嵇璜等撰　清
光緒二十七年(1901)上海圖書集成局鉛印九
通本　十二冊

230000－0901－0000790　C016800－31

讀史方輿紀要一百三十卷方輿全圖總說五卷
　（清）顧祖禹撰　清光緒二十七年(1901)二
林齋鉛印本　三十二冊

230000－0901－0000791　C017172－94

徐位山六種　（清）徐文靖撰　清光緒二年
(1876)刻本　二十三冊

230000－0901－0000792　C008519－008520

十科策略箋釋十卷　（明）劉定之撰　（清）劉
作楫注　清乾隆二十一年(1756)三樂齋刻本
　二冊

230000－0901－0000793　C008527－008528

聖學入門四卷　（清）彭世昌輯注　清光緒三
年(1877)刻本　二冊

230000－0901－0000794　C008529

秀才約語一卷　（清）吳毓珍撰　清道光十六
年(1836)余鈞范以煦刻本　一冊

230000－0901－0000795　C008531

學計韻言一卷　（清）江衡撰　清光緒十四年
(1888)元和江氏一漑齋刻漑齋祘學五種本
一冊

230000－0901－0000796　C008532－008571

康熙字典三十六卷總目一卷檢字一卷辨似一
卷等韻一卷補遺一卷備考一卷　（清）張玉書
等撰　清光緒元年(1875)湖北崇文書局刻本
　四十冊

230000－0901－0000797　C008572－008620

通典二百卷　（唐）杜佑撰　考證一卷　清光
緒十七年(1891)浙江書局刻本　五十冊

230000－0901－0000798　C008621－008656

欽定大清會典一百卷首一卷　（清）崑岡等纂
修　清光緒二十五年(1899)石印本　三十
六冊

230000－0901－0000799　C008801－008802

欽定三流道里表不分卷　（清）徐本等纂　清
同治十一年(1872)江蘇書局刻本　二冊

230000－0901－0000800　C008803

庭聞憶略二卷附竹坡先生遺文一卷　（清）寶
廷撰　（清）夏鼎武輯　清光緒二十二年
(1896)刻富陽夏氏叢刻本　一冊

230000－0901－0000801　C008804

定志編二卷　（明）孫揚輯　清光緒刻本
一冊

230000－0901－0000802　C008810

洛陽伽藍記五卷　（北魏）楊衒之撰　清光緒
二年(1876)洛陽西華禪院刻本　一冊

230000－0901－0000803　C008823

表異錄二十卷　（明）王志堅撰　清光緒二年
(1876)陳氏庸閒齋刻本　一冊　存九卷(一
至九)

230000－0901－0000804　C008826－008827

清異錄二卷　（宋）陶穀撰　清光緒元年
(1875)陳氏庸閒齋刻陳刻二種本　二冊

230000－0901－0000805　C018019－20

於越先賢像傳贊二卷　（清）王齡撰　（清）任
熊繪圖　清咸豐六年(1856)蕭山養和堂刻本
　二冊

230000－0901－0000806　C018021－22

西洋史要不分卷　（日本）小川銀次郎撰
（清）樊炳清　（清）薩端譯　清光緒二十七年
(1901)陝西大成書局鉛印本　二冊

230000－0901－0000807　C018023－26

西夏紀事本末三十六卷首一卷　（清）張鑑撰
　清光緒十一年(1885)刻本　四冊

230000－0901－0000808　C018028－29

明季實錄一卷　（清）顧炎武輯　清光緒十四
年(1888)朱氏槐廬刻槐廬叢刊本　二冊

230000－0901－0000809　C018038－49

鏡花緣二十卷一百回　（清）李汝珍撰　清光
緒元年(1875)翰寶樓刻本　十二冊

230000－0901－0000810　C018257－62

胎產心法三卷　（清）閻純璽撰　清道光十一年(1831)敬愼堂刻光緒二十一年(1895)文瑞樓印本　六冊

230000－0901－0000811　C018263－64

遊歷巴西圖經十卷　（清）傅雲龍撰　清光緒二十八年(1902)石印本　二冊

230000－0901－0000812　C018273－84

霜紅龕集四十卷附錄三卷　（清）傅山撰　年譜一卷　（清）丁寶銓撰　清宣統三年(1911)山陰丁氏刻本　十二冊

230000－0901－0000813　C018302－659

皇清經解一千四百〇八卷　（清）阮元輯　清道光九年(1829)廣東學海堂刻咸豐十一年(1861)補刻本　三百五十八冊

230000－0901－0000814　C024444－59

日知錄集釋三十二卷　（清）顧炎武撰　（清）黃汝成集釋　清同治八年(1869)廣州述古堂刻本　十六冊

230000－0901－0000815　C024460－63

詩序廣義二十四卷　（清）姜炳璋撰　清嘉慶二十年(1815)姜人寬刻本　四冊

230000－0901－0000816　C030812－17

本草三家合著六卷　（清）郭汝聰集注　神農本草經百種錄一卷　（清）徐大椿撰　清兩儀堂刻本　六冊

230000－0901－0000817　C030810－11

辨脈法二卷　（漢）張仲景撰　（清）張志聰注　（清）李盛卿續注　清光緒二十四年(1898)滇省刻本　二冊

230000－0901－0000818　C030056－57

愛古堂儷體文四卷　（清）徐瑤撰　清光緒二十六年(1900)徐氏刻本　二冊

230000－0901－0000819　C030058

國朝右文掌錄一卷　（清）宗源瀚撰　清光緒十四年(1888)刻本　一冊

230000－0901－0000820　C030061－62

成唯識論十卷　（唐）釋玄奘譯　清光緒二十

二年(1896)金陵刻經處刻本　二冊

230000－0901－0000821　C024464－73

說文釋例二十卷　（清）王筠撰　清道光十七年(1837)刻本　十冊

230000－0901－0000822　C024474－77

東萊先生左氏博議二十五卷　（宋）呂祖謙撰　清道光十九年(1839)錢唐瞿氏清吟閣刻本　四冊

230000－0901－0000823　C030801

醒迷錄一卷　（□）□□撰　清刻本　一冊

230000－0901－0000824　C030800

冬心草堂詩選二卷　（清）李恩綬撰　清宣統三年(1911)鉛印本　一冊　存一卷(上)

230000－0901－0000825　C024478－79

鄉黨圖考十卷　（清）江永撰　清乾隆二十一年(1756)富裕堂刻本　二冊

230000－0901－0000826　C024480－81

鄉黨圖考十卷　（清）江永撰　清乾隆五十八年(1793)金閶書業堂刻本　二冊

230000－0901－0000827　C024482－85

史通削繁四卷　（清）紀昀刪節　清道光十三年(1833)刻朱墨套印本　四冊

230000－0901－0000828　C024486－87

諸史拾遺五卷　（清）錢大昕撰　清嘉慶十二年(1807)嘉興郡齋刻本　二冊

230000－0901－0000829　C018900－23

金石萃編一百六十卷　（清）王昶撰　金石續編二十一卷首一卷　（清）陸耀通撰　清光緒十九年(1893)上海寶善堂石印本　二十四冊

230000－0901－0000830　C018946－49

四書反身錄八卷首一卷　（清）李顒撰　清湘陰蔣氏小嫏嬛山館刻本　四冊

230000－0901－0000831　C024488－89

聖諭廣訓直解　（清）聖祖玄燁撰　（清）世宗胤禛廣訓　（清）宣宗旻寧直解　清光緒二十三年(1897)長白桐澤刻本　二冊

230000－0901－0000832　C024490－91
陸宣公奏議讀本四卷首一卷　（唐）陸贄撰
清宣統元年（1909）影印本　二冊

230000－0901－0000833　C008805
定志編二卷　（明）孫揚輯　清光緒刻本
一冊

230000－0901－0000834　C008829
兒童矯弊論一卷　（日本）大村仁太郎編
（清）京師編書局譯　清光緒三十一年（1905）
京師學務處官書局鉛印本　一冊

230000－0901－0000835　C008830
天演論二卷　（英國）赫胥黎撰　嚴復譯　清
光緒二十九年（1903）上海同文社鉛印本
一冊

230000－0901－0000836　C008831
天演論二卷　（英國）赫胥黎撰　嚴復譯　清
光緒二十七年（1901）富文書局石印本　一冊

230000－0901－0000837　C008833
蠹存二卷　（清）方旭撰　清光緒二十四年
（1898）刻本　一冊　存一卷（上）

230000－0901－0000838　C008834－008835
輶軒語不分卷　（清）張之洞撰　**求在我齋示
子弟帖**　（清）陳毅撰　清光緒二年（1876）武
昌退補齋刻本　二冊

230000－0901－0000839　C008836
我信錄二卷　（清）羅聘撰　清宣統元年
（1909）南陵徐乃昌刻本　一冊

230000－0901－0000840　C008837
家庭直講三卷　（清）陸起鯤撰　清蘇州得見
齋善書坊刻本　一冊

230000－0901－0000841　C008838－008846
札樸十卷　（清）桂馥撰　清嘉慶九年（1804）
長洲蔣氏心矩齋刻本（卷四至六補配清嘉慶
十八年小李山房刻本）　九冊　存十一卷（卷
五重）

230000－0901－0000842　C008847
遂昌山人雜錄二卷　（元）鄭元祐撰　（清）徐

景福校補　清光緒二年（1876）遂昌徐氏丹泉
書塾刻本　一冊

230000－0901－0000843　C008848－008849
周易本義十二卷首一卷末一卷　（宋）朱熹撰
（宋）呂祖謙音訓　清光緒十九年（1893）江
南書局刻本　二冊

230000－0901－0000844　C008850－008853
近思錄十四卷　（宋）朱熹　（宋）呂祖謙輯
（清）江永集注　清光緒二十五年（1899）浙江
書局刻本　四冊

230000－0901－0000845　C024502－05
墨子十六卷附篇目考一卷　（戰國）墨翟撰
（清）畢沅校注　清乾隆四十九年（1784）畢氏
靈巖山館刻本　四冊

230000－0901－0000846　C024506
詩說三卷附錄一卷　（清）惠周惕撰　清嘉慶
十七年（1812）璜川吳氏眞意堂刻本　一冊

230000－0901－0000847　C024507
括地志八卷補遺一卷　（唐）李泰等撰　清光
緒十二年（1886）刻槐廬叢書本　一冊

230000－0901－0000848　C024508
元和郡縣圖志闕卷逸文三卷　（唐）李吉甫撰
繆荃孫輯　清光緒七年（1881）繆氏刻雲自
在龕叢書本　一冊

230000－0901－0000849　C024509－10
秋士先生遺集六卷　（清）彭績撰　清光緒七
年（1881）刻本　二冊

230000－0901－0000850　C024568－69
雙白詞八卷　（宋）姜夔撰　**詞旨一卷**　（元）
陸輔之撰　清光緒七年（1881）王氏四印齋刻
本　二冊

230000－0901－0000851　C024570
漱玉詞一卷　（宋）李清照撰　**易安居士事輯
一卷**　（清）俞正燮撰　清光緒七年（1881）刻
四印齋所刻詞本　一冊

230000－0901－0000852　C024571
詞林正韻三卷發凡一卷　（清）戈載撰　清光

緒七年（1881）刻四印齋所刻詞本　一冊

230000 - 0901 - 0000853　C024561 - 66
泰西十八周史攬要十八卷附表人地諸名一卷
（英國）雅各偉德撰　（英國）季理斐成章譯
（清）李鼎星述稿　清光緒二十七年（1901）
上海廣學會鉛印本　六冊

230000 - 0901 - 0000854　C018970 - 83
文獻通考詳節二十四卷　（清）嚴虞惇輯　清
光緒五年（1879）八杉齋鉛印本　十四冊

230000 - 0901 - 0000855　C018984 - 93
駢林摘艷五十卷首一卷　（清）胡又安輯　清
光緒二十二年（1896）上海點石齋石印本
十冊

230000 - 0901 - 0000856　C018994 - 9001
歷代名臣言行錄二十四卷　（清）朱桓輯　清
光緒二十一年（1895）文海書局石印本　八冊

230000 - 0901 - 0000857　C019004
聖若瑟月新編二卷　（□）□□撰　清光緒十
八年（1892）上海慈母堂鉛印本　一冊

230000 - 0901 - 0000858　C019012 - 13
澄懷園語四卷　（清）張廷玉撰　清光緒二年
（1876）刻囁園叢書本　二冊

230000 - 0901 - 0000859　C019023 - 24
明鑑易知錄十五卷　（清）吳乘權等輯　清光
緒十七年（1891）廣百宋齋鉛印本　二冊

230000 - 0901 - 0000860　C019092 - 101
國朝先正事略六十卷首一卷　（清）李元度撰
清光緒十六年（1890）上海廣百宋齋鉛印本
十冊

230000 - 0901 - 0000861　C019124 - 31
士材三書八卷　（明）李中梓撰　（清）尤乘增
補　清光緒十三年（1887）上海江左書林刻本
八冊

230000 - 0901 - 0000862　C019138 - 45
望堂金石初集三十九種二集十八種　楊守敬
輯　清同治至宣統二年（1910）宜都楊氏刻本
八冊

230000 - 0901 - 0000863　C019160 - 65
柳河東文集六卷　（唐）柳宗元撰　清宣統二
年（1910）上海會文堂石印本　六冊

230000 - 0901 - 0000864　C019150 - 51
本草從新十八卷　（清）吳儀洛撰　清末民國
上海姚文海書局石印本　二冊

230000 - 0901 - 0000865　C020060 - 77
浙刻雙池遺書十二種　（清）汪紱撰　清光緒
二十二年（1896）刻本　十八冊

230000 - 0901 - 0000866　C020078 - 101
咫進齋叢書　（清）姚覯元輯　清光緒九年
（1883）歸安姚氏刻本　二十四冊

230000 - 0901 - 0000867　C020054 - 59
四庫簡明目錄標注二十卷附錄一卷　（清）邵
懿辰撰　清宣統三年（1911）邵章刻本　六冊

230000 - 0901 - 0000868　C020335 - 74
東三省政略十二卷　徐世昌輯　清宣統三年
（1911）鉛印本　四十冊

230000 - 0901 - 0000869　C019570 - 669
李文忠公全集一百六十五卷首一卷　（清）李
鴻章撰　清光緒三十一年至三十四年（1905
－1908）金陵刻本　一百冊

230000 - 0901 - 0000870　C019670 - 20053
欽定大清會典事例一千二百二十卷目錄八卷
（清）崑岡等纂修　清光緒石印本　三百八
十四冊

230000 - 0901 - 0000871　C030824 - 30
痘疹傳心錄十九卷　（明）朱惠明撰　清乾隆
五十一年（1786）程永培刻本　七冊

230000 - 0901 - 0000872　C030831 - 32
傷寒明理論四卷　（金）成無己撰　清刻本
二冊

230000 - 0901 - 0000873　C030833
揚子法言十三卷　（漢）揚雄撰　（晉）李軌注
音義一卷　（宋）□□撰　清光緒二年
（1876）浙江書局刻二十二子本　一冊

230000 - 0901 - 0000874　C030834 - 37

居士傳五十六卷　（清）彭紹升撰　清末刻本
　四冊

230000－0901－0000875　C030854－61
詳注聊齋志異圖詠十六卷首一卷　（清）蒲松
齡撰　（清）呂湛恩注　清光緒十四年(1888)
知不足齋石印本　八冊

230000－0901－0000876　C030840－42
痘疹類編釋意三卷　（明）翟良撰　清末抄本
　三冊

230000－0901－0000877　C030843
朱氏痘疹全書一卷　（明）朱祿撰　清康熙四
十六年(1707)抄本　一冊

230000－0901－0000878　C030844－49
圖注難經脈訣全集九卷　（明）張世賢注　李
瀕湖脈學奇經考三卷　（明）李時珍撰　清光
緒十五年(1889)京都文成堂刻本　六冊

230000－0901－0000879　C031342－57
韻府拾遺一百〇六卷　（清）張廷玉等纂　清
刻本　十六冊

230000－0901－0000880　C031318－41
皇清經解一百九十卷　（清）阮元輯　清光緒
十七年(1891)上海鴻寶齋石印本　二十四冊

230000－0901－0000881　C001648－51
歷朝賦楷八卷首一卷　（清）王修玉輯　清刻
本　四冊

230000－0901－0000882　C001666－69
小松石齋文集五卷詩集五卷　（清）趙允懷撰
　清光緒十五年(1889)刻本　四冊

230000－0901－0000883　C001660－61
有恆心齋駢體文六卷　（清）程鴻詔撰　清同
治十二年(1873)刻本　二冊

230000－0901－0000884　C001662
醫貫砭二卷神農本草經百種錄一卷　（清）徐
大椿撰　清乾隆刻徐氏醫書六種本　一冊

230000－0901－0000885　C001663
傷寒論類方一卷　（清）徐大椿撰　清乾隆刻
徐氏醫書六種本　一冊

230000－0901－0000886　C001670－99
有正味齋全集七十三卷　（清）吳錫麒撰　清
嘉慶刻本　三十冊

230000－0901－0000887　C001715－40
沈氏尊生書五種　（清）沈金鰲撰　清同治十
三年(1874)湖北崇文書局刻本　二十六冊

230000－0901－0000888　C001741－50
針灸大成十卷　（明）楊繼洲撰　清道光十三
年(1833)刻本　十冊

230000－0901－0000889　C001767－81
文選六十卷　（南朝梁）蕭統輯　（唐）李善等
注　（清）何焯評　清刻朱墨套印本　十五冊

230000－0901－0000890　C001789
小學韻語一卷　（清）羅澤南撰　清同治十二
年(1873)刻本　一冊

230000－0901－0000891　C001782－86
戰國策三十三卷　（漢）高誘注　札記三卷
（清）黃丕烈撰　清同治八年(1869)湖北崇文
書局刻本　五冊

230000－0901－0000892　C001787－88
小學集解六卷　（明）吳訥撰　清同治八年
(1869)江蘇書局刻本　二冊

230000－0901－0000893　C001790－1801
重廣補注黃帝內經素問二十四卷遺篇一卷
（唐）王冰注　（宋）林億等校正　（宋）孫兆
重改誤　黃帝內經靈樞十二卷　（宋）史崧音
釋　清光緒三年(1877)浙江書局刻本　十
二冊

230000－0901－0000894　C001802－05
契丹國志二十七卷　（宋）葉隆禮撰　清嘉慶
二年(1797)掃葉山房刻本　四冊

230000－0901－0000895　C001806－09
增輯傷寒論類方四卷　（清）徐大椿輯　（清）
潘蔚增輯　清同治五年(1866)古吳潘氏刻本
　四冊

230000－0901－0000896　C001810－15
瘡瘍經驗全書六卷　題（宋）竇漢卿撰　（明）

寶夢麟補輯　清榮順堂刻本　六冊

230000－0901－0000897　C001858－87
四書朱子本義彙參　(清)王步青撰　清乾隆
十年(1745)刻本　三十冊

230000－0901－0000898　C001888－1915
十三經注疏附校勘記　(清)阮元輯校　清光
緒十三年(1887)點石齋石印本　二十八冊

230000－0901－0000899　C008855－008857
莊子雪三卷　(清)陸樹芝撰　清嘉慶四年
(1799)文選樓刻本　三冊

230000－0901－0000900　C008858
宦游紀略二卷　(清)高廷瑤撰　清光緒九年
(1883)資中官廨刻本　一冊

230000－0901－0000901　C008860－008861
重刻勁節樓圖紀三卷圖註一卷末一卷　(清)
徐恚原輯　(清)李湘舟繪　清光緒十年
(1884)楓江徐氏刻本　二冊

230000－0901－0000902　C008863－008864
周易四卷首圖說一卷新增圖說一卷筮儀一卷
　(宋)朱熹本義　清光緒十二年(1886)湖北
官書處刻本(卷三、四及筮儀卷補配)　二冊

230000－0901－0000903　C008883－008884
新刻注釋孔子家語憲四卷　(明)陳際泰撰
清劉舜臣刻本　二冊

230000－0901－0000904　C008891
新書十卷　(漢)賈誼撰　清乾隆盧文弨抱經
堂刻抱經堂叢書本　一冊

230000－0901－0000905　C008893
近思錄十四卷　(宋)朱熹　(宋)呂祖謙輯
清嘉慶道光刻本　一冊

230000－0901－0000906　C008894－008909
聊齋志異新評十六卷　(清)蒲松齡撰　(清)
王士禎評　(清)但明倫新評　清道光二十二
年(1842)廣順但氏刻朱墨套印本　十六冊

230000－0901－0000907　C008913
司牧寶鑑一卷　(清)李容輯　**莅戎要略一卷**
　(明)戚繼光撰　清道光二十九年(1849)宜

黃黃氏木活字印遜敏堂叢書本　一冊

230000－0901－0000908　C008914
戒賭文一卷　(明)尤侗撰　**家人子語一卷**
(清)毛先舒撰　**家戒要言一卷**　(明)吳麟徵
撰　**策學例言一卷**　(清)侯鳳苞撰　**保甲團
練事宜一卷**　(清)黃秩模等撰　清道光咸豐
宜黃黃氏木活字印遜敏堂叢書本　一冊

230000－0901－0000909　C008885－008890
荀子二十卷附校勘補遺一卷　(戰國)荀況撰
　(唐)楊倞注　清乾隆五十一年(1786)嘉善
謝氏安雅堂刻本　六冊

230000－0901－0000910　C017195－202
歷代史論十二卷宋史論三卷元史論一卷
(明)張溥撰　**明史論四卷**　(清)谷應泰撰
左傳史論二卷　(清)高士奇撰　清光緒五年
(1879)西江裴氏刻本　八冊

230000－0901－0000911　C017246－53
史記一百三十卷附考證　(漢)司馬遷撰
(南朝宋)裴駰集解　(唐)司馬貞索隱
(唐)張守節正義　清光緒二十四年(1898)上
海祥記書莊石印本　八冊

230000－0901－0000912　C017254－55
有正味齋試帖詳注四卷　(清)吳錫麒撰
(清)吳掄　(清)吳敬恆注　清道光五年
(1825)務本堂刻本　二冊

230000－0901－0000913　C017256－57
皇朝輿地略不分卷　(清)馮焌光撰　(清)六
嚴繪　**皇朝輿地韻編一卷**　(清)李兆洛撰
清同治四年(1865)刻本　二冊

230000－0901－0000914　C017258－61
**歷代地理志韻編今釋二十卷皇朝輿地韻編二
卷圖一卷**　(清)李兆洛撰　清末上海蜚英館
石印本　四冊

230000－0901－0000915　C031358－81
國朝先正事略六十卷　(清)李元度撰　清同
治五年(1866)循陔草堂刻本　二十四冊

230000－0901－0000916　C031382－405

驛史一百六十卷附世繫圖一卷年表一卷
(清)馬驌撰　清康熙刻本　二十四冊

230000－0901－0000917　C017262－65
中興名臣事略八卷　(清)朱孔彰撰　清光緒
二十五年(1899)上海圖書集成印書局鉛印本
　四冊

230000－0901－0000918　C031421－27
春秋公羊傳注疏二十八卷　(漢)何休注
(唐)陸德明音義　(唐)徐彥疏　明崇禎七年
(1634)汲古閣刻十三經注疏本　七冊　存二
十五卷(一至二十五)

230000－0901－0000919　C017266－67
中興名臣事略四卷　(清)朱孔彰撰　清光緒
二十六年(1900)石印本　二冊

230000－0901－0000920　C031428－31
春秋公羊傳十一卷　(漢)何休注　(唐)陸德
明音義　清光緒十二年(1886)湖北官書處刻
本　四冊

230000－0901－0000921　C017268－71
貳臣傳十二卷　(清)□□撰　清道光都城琉
璃廠半松居士刻本　四冊

230000－0901－0000922　C031406－20
古文析義十六卷　(清)林雲銘評注　清刻本
　十五冊　存十五卷(缺卷十五)

230000－0901－0000923　C031439－44
石室密錄六卷　(清)陳士鐸撰　清菁華堂刻
本　六冊

230000－0901－0000924　C001916－17
三魚堂外集六卷附錄一卷　(清)陸隴其撰
清同治刻本　二冊

230000－0901－0000925　C017287－92
讀史鏡古編三十二卷　(清)潘世恩輯　清同
治十三年(1874)飛霞閣刻本　六冊

230000－0901－0000926　C001918－37
舊五代史一百五十卷目錄二卷附考證　(宋)
薛居正等撰　清末刻本　二十冊

230000－0901－0000927　C031445－50

管子二十四卷　(春秋)管仲撰　(唐)房玄齡
注　(明)劉績補注　清光緒二年(1876)浙江
書局刻二十二子本　六冊

230000－0901－0000928　C001938－41
論語集解義疏十卷　(三國魏)何晏集解
(南朝梁)皇侃義疏　清光緒十五年(1889)刻
本　四冊

230000－0901－0000929　C001942－43
存素堂詩稿十三卷　(清)錢寶琛撰　清同治
七年(1868)刻本　二冊

230000－0901－0000930　C024572－73
茗柯文初編一卷二編二卷三編一卷四編一卷
　(清)張惠言撰　清宣統三年(1911)掃葉山
房石印本　二冊

230000－0901－0000931　C020944－73
靈鶼閣叢書　(清)江標輯　清光緒中元和江
氏湖南使院刻本　三十冊

230000－0901－0000932　C024574－81
國朝先正事略六十卷　(清)李元度撰　清光
緒二十五年(1899)上海圖書集成印書局鉛印
本　八冊

230000－0901－0000933　C031451－60
禮記十卷　(元)陳澔集說　清道光二十三年
(1843)申江文海堂刻本　十冊

230000－0901－0000934　C020974－75
葉氏存古叢書　(清)葉銘輯　清宣統二年
(1910)西泠印社排字印本　二冊

230000－0901－0000935　C001944－46
春秋啖趙集傳纂例十卷　(唐)陸淳撰　清光
緒十五年(1889)刻本　三冊

230000－0901－0000936　C017293－300
文獻通考詳節二十四卷　(清)嚴虞惇輯　清
乾隆二十九年(1764)繩武堂刻本　八冊

230000－0901－0000937　C024582－85
續先正事略八卷　(清)梁端撰　清光緒二十
五年(1899)上海圖書集成印書局鉛印本
四冊

230000－0901－0000938　C001947－56

欽定天祿琳琅書目十卷　（清）于敏中等撰
後編二十卷　（清）彭元瑞等撰　清光緒刻本
　十冊

230000－0901－0000939　C024586－89

列女傳讀本八卷　（漢）劉向撰　清末民國上
海廣益書局石印本　四冊

230000－0901－0000940　C031467－98

春秋屬辭辨例編六十卷首二卷　（清）張應昌
撰　清同治十一年(1872)江蘇書局刻本　三
十二冊

230000－0901－0000941　C020976－95

文獻通考輯要二十四卷　（清）湯壽潛輯　清
光緒二十五年(1899)通雅堂鉛印本　二十冊

230000－0901－0000942　C024590－93

欽定滿洲源流考二十卷首一卷　（清）阿桂等
撰　清光緒十九年(1893)杭州便益書局石印
本　四冊

230000－0901－0000943　C001957

春秋微旨三卷　（唐）陸淳撰　清光緒十五年
(1889)刻本　一冊

230000－0901－0000944　C021137－48

左傳紀事本末五十三卷　（清）高士奇撰　清
光緒二十四年(1898)湖南思賢書局刻紀事本
末五種本　十二冊

230000－0901－0000945　C024594－99

拳匪紀事六卷　（日本）佐原篤介撰　清光緒
二十七年(1901)鉛印本　六冊

230000－0901－0000946　C021151－55

章氏遺書　（清）章學誠撰　清光緒三年
(1877)貴陽刻本　五冊

230000－0901－0000947　C017301－04

三續疑年錄十卷　（清）陸心源撰　補疑年錄
四卷　（清）錢椒撰　清光緒五年(1879)刻本
　四冊

230000－0901－0000948　C017305

疑年錄四卷　（清）錢大昕編　續疑年錄四卷

補一卷　（清）吳修撰　清嘉慶二十三年
(1818)吳修刻本　一冊

230000－0901－0000949　C001958

鄭志三卷補遺一卷　（漢）鄭玄撰　（三國魏）
鄭小同編　清光緒十五年(1889)刻本　一冊

230000－0901－0000950　C001959－60

春秋啖趙二先生集傳辯疑十卷　（唐）陸淳撰
　清光緒十五年(1889)刻本　二冊

230000－0901－0000951　C001961－62

詞林正韻三卷發凡一卷　（清）戈載撰　清同
治十二年(1873)刻本　二冊

230000－0901－0000952　C017306－08

武林靈隱寺志八卷　（清）孫治　（清）徐增撰
　清光緒十四年(1888)錢塘丁氏嘉惠堂刻武
林掌故叢編本　三冊

230000－0901－0000953　C001963－72

曾文正公奏議十卷首一卷末一卷　（清）曾國
藩撰　（清）薛福成編　清同治十二年(1873)
刻本　十冊

230000－0901－0000954　C001973－75

曾惠敏公奏疏六卷　（清）曾紀澤撰　清光緒
十九年(1893)鉛印本　三冊

230000－0901－0000955　C001976－81

梅氏叢書輯要　（清）梅文鼎撰　清光緒十四
年(1888)龍文書局石印本　六冊

230000－0901－0000956　C017309

高士傳三卷　（晉）皇甫謐撰　清光緒元年
(1875)湖北崇文書局刻崇文書局彙刻書本
　一冊

230000－0901－0000957　C017310

司馬氏書儀十卷　（宋）司馬光撰　清同治七
年(1868)江蘇書局刻本　一冊

230000－0901－0000958　C001990

左傳紺珠二卷　（清）王武沂輯　（清）蕭士麟
補輯　清刻本　一冊

230000－0901－0000959　C001982－89

八家四六文注八卷首一卷　（清）吳鼒輯

（清）許貞幹注　**補注一卷增訂一卷**　（清）陳衍撰　清光緒上海圖書集成書局石印本　八冊

230000－0901－0000960　C024604－15

中東戰紀本末八卷首一卷末一卷續編四卷首一卷末一卷　（美國）林樂知撰譯　（清）蔡爾康纂輯　清光緒二十三年(1897)上海廣學會鉛印本　十二冊

230000－0901－0000961　C001991－98

小倉山房詩集三十二卷補遺二卷　（清）袁枚撰　清乾隆刻本　八冊

230000－0901－0000962　C024616－19

西泠酬唱集五卷　（清）秦緗業等撰　清末刻本　四冊

230000－0901－0000963　C017311

經籍舉要一卷附錄一卷家塾課程一卷　（清）龍啓瑞撰　（清）袁昶增訂　**尊經閣募捐藏書章程祀典錄一卷中江尊經閣藏書書目一卷中江講院建立經誼治事兩齋章程一卷**　（清）袁昶撰　清光緒十九年(1893)袁氏刻漸西村舍彙刊本　一冊

230000－0901－0000964　C002110－23

駱文忠公奏稿十卷　（清）駱秉章撰　**張大司馬奏稿四卷**　（清）張亮基撰　清光緒十四年(1888)刻本　十四冊

230000－0901－0000965　C024620－31

明季稗史彙編二十七卷　題（清）留雲居士輯　清都城琉璃廠刻本　十二冊

230000－0901－0000966　C017312－17

防海新論十八卷　（德國）希里哈撰　（英國）傅蘭雅口譯　（清）華蘅芳筆述　清同治十二年(1873)刻本　六冊

230000－0901－0000967　C017283－86

三通序　（清）康綸鈞輯　清道光十三年(1833)周恭壽刻本　四冊

230000－0901－0000968　C024877－82

清秘述聞十六卷　（清）法式善撰　清末刻本　六冊

230000－0901－0000969　C024632－35

史外八卷　（清）汪有典撰　清同治三年(1864)廬陵尋樂山房刻本　四冊

230000－0901－0000970　C024636－45

南宋書六十八卷　（明）錢士升撰　清嘉慶二年(1797)掃葉山房刻本　十冊

230000－0901－0000971　C008915

讀左漫筆一卷　（明）陳懿典撰　**三禮考一卷**　（宋）眞德秀撰　**三禮指要一卷**　（清）陳廷敬撰　**檀弓訂誤一卷**　（清）毛奇齡撰　**四書私談一卷**　（清）徐春撰　**孟子弟子考一卷**　（清）朱彝尊撰　**孝經集靈一卷**　（明）虞淳熙輯　**訂正史記眞本一卷**　（宋）洪遵景撰　清道光二十八年(1848)木活字印遜敏堂叢書本　一冊

230000－0901－0000972　C008918

軍禮司馬法攷證二卷　（清）黃以周撰　清光緒十八年(1892)黃氏刻本　一冊

230000－0901－0000973　C008919

西國樂法啓蒙二卷附卷一卷　（美國）狄就烈撰　清同治十一年(1872)上海美華印書館鉛印本　一冊

230000－0901－0000974　C008920－008921

大清刑律總則草案一卷分則草案一卷　沈家本等纂修　清光緒三十三年(1907)浙江官書局刻本　二冊

230000－0901－0000975　C008922－008927

莊子因六卷　（清）林雲銘撰　清康熙五十五年(1716)刻本　六冊

230000－0901－0000976　C008928－008947

五種遺規　（清）陳宏謀輯　清光緒十九年(1893)上海洋布公所振華堂刻本　二十冊

230000－0901－0000977　C008948

素書一卷　（漢）黃石公撰　（明）朱權注　清光緒六年(1880)常州道生堂刻本　一冊

230000－0901－0000978　C008949－008950

勸學篇二卷　（清）張之洞撰　清光緒二十四

年(1898)留春書屋刻本　二冊

230000 - 0901 - 0000979　C008951

勸學篇二卷　（清）張之洞撰　清光緒二十四
年(1898)兩湖書院石印本　一冊

230000 - 0901 - 0000980　C008952 - 008956

困學紀聞二十卷　（宋）王應麟撰　（清）何焯
評　（清）閻若璩箋　清末汪垕刻本　五冊

230000 - 0901 - 0000981　C008957 - 008962

呻吟語六卷　（明）呂坤撰　清道光十八年
(1838)慎獨堂刻本（卷三至卷六配清末刻本）
六冊

230000 - 0901 - 0000982　C024650 - 53

元和姓纂八卷　（唐）林寶撰　清光緒六年
(1880)金陵書局刻本　四冊

230000 - 0901 - 0000983　C024646 - 49

元朝秘史注十五卷　（清）李文田撰　清光緒
二十二年(1896)通隱堂刻本　四冊

230000 - 0901 - 0000984　C024662 - 93

金文最一百二十卷首一卷　（清）張金吾輯
清光緒八年(1882)粵雅堂南海伍氏刻本　三
十二冊

230000 - 0901 - 0000985　C024511 - 60

通典二百卷　（唐）杜佑撰　考證一卷　清光
緒二十二年(1896)浙江書局刻九通本　五
十冊

230000 - 0901 - 0000986　C024887 - 90

山海經存九卷首一卷　（清）汪紱釋　清光緒
二十一年(1895)刻汪雙池先生叢書本　四冊

230000 - 0901 - 0000987　C024891 - 914

春秋大事表五十卷輿圖一卷附錄一卷　（清）
顧棟高撰　清乾隆十二年(1747)萬卷樓刻本
二十四冊

230000 - 0901 - 0000988　C031499 - 518

半園尺牘二十五卷補遺六卷　（清）靜福山人
撰　清咸豐十年(1860)刻本　二十

230000 - 0901 - 0000989　C031519 - 24

本草醫方合編十四卷　（清）汪昂撰　清文德

堂刻本　六冊

230000 - 0901 - 0000990　C024915 - 62

乾隆東華續錄一百二十卷　王先謙等輯　清
光緒五年(1879)刻本　四十八冊

230000 - 0901 - 0000991　C024963 - 82

水經注釋四十卷首一卷附錄二卷注箋刊誤十
二卷　（清）趙一清撰　清光緒六年(1880)蛟
川花雨樓張氏刻本　二十冊

230000 - 0901 - 0000992　C024983 - 85

列國陸軍制　（美國）歐潑登撰　（美國）林樂
知譯　清末刻本　三冊

230000 - 0901 - 0000993　C031525 - 30

黃氏醫書八種　（清）黃元御撰　清咸豐十年
(1860)長沙燮穌精舍刻本　六冊　存四種四
十五卷（長沙藥解四卷、玉楸藥解八卷、金匱
懸解二十二卷、傷寒說意十卷首一卷）

230000 - 0901 - 0000994　C024986

韻目表一卷　（清）錢學嘉撰　清光緒七年
(1881)歸安錢氏刻本　一冊

230000 - 0901 - 0000995　C031688 - 89

實事求是之齋經義二卷　（清）朱大韶撰　清
光緒九年(1883)澄華堂刻本　二冊

230000 - 0901 - 0000996　C031690 - 91

篤志齋經解五卷　（清）張應譽撰　清同治十
年(1871)南皮張氏刻本　二冊

230000 - 0901 - 0000997　C031692

湖游小識一卷　（清）潘履祥撰　清光緒三十
二年(1906)刻本　一冊

230000 - 0901 - 0000998　C031694 - 95

桃谿雪二卷　（清）黃燮清撰　清光緒元年
(1875)刻本　二冊

230000 - 0901 - 0000999　C031697

尊樸齋詩草僅存一卷　（清）陸獻撰　清光緒
二年(1876)刻本　一冊

230000 - 0901 - 0001000　C031702

東航紀游一卷　（清）李慈在撰　清光緒三十
三年(1907)北京新學會社鉛印本　一冊

230000－0901－0001001　C031703

上虞五鄉水利紀實一卷　（清）金鼎撰　清光緒三十四年(1908)柯莊謙守齋刻本　一冊

230000－0901－0001002　C031704

上虞五鄉水利紀實一卷　（清）金鼎撰　清光緒三十四年(1908)柯莊謙守齋刻本　一冊

230000－0901－0001003　C024998－5013

文苑英華選六十卷　（清）宮夢仁輯　清康熙四十二年(1703)宮夢仁刻本　十六冊

230000－0901－0001004　C025014－33

西湖志四十八卷　（清）李衛修　（清）傅王露等纂　清雍正兩浙鹽驛道庫刻本　二十冊

230000－0901－0001005　C025034－36

說文廣義三卷　（清）王夫之撰　清同治四年(1865)湘鄉曾氏刻船山遺書本　三冊

230000－0901－0001006　C025037

五經文字偏旁考三卷　（清）蔣騏昌撰　清乾隆五十九年(1794)列岫山房刻本　一冊

230000－0901－0001007　C021466－97

胡文忠公遺集八十六卷首一卷　（清）胡林翼撰　清同治六年(1867)黃鶴樓刻本　三十二冊

230000－0901－0001008　C021498－561

洪北江全集　（清）洪亮吉撰　清光緒中洪用懃授經堂刻本　六十四冊

230000－0901－0001009　C021562－65

劉禮部集十二卷　（清）劉逢祿撰　清道光十年(1830)思誤齋刻本　四冊

230000－0901－0001010　C021592－95

續學堂文鈔六卷首一卷　（清）梅文鼎撰　清乾隆家刻本　四冊

230000－0901－0001011　C021566－73

五百四峰堂詩鈔二十五卷　（清）黎簡撰　清同治十三年(1874)南海陳氏刻本　八冊

230000－0901－0001012　C021574－579

易園集六卷詞集一卷　（清）李林松撰　清光緒二十九年(1903)李邦黻刻本　六冊

230000－0901－0001013　C008963－008966

困學紀聞二十卷　（宋）王應麟撰　（清）何焯評　（清）閻若璩箋　清同治九年(1870)揚州書局刻本　四冊

230000－0901－0001014　C008967－008990

大清律例增修統纂集成四十卷督捕則例二卷　（清）姚潤輯　（清）陶駿　（清）陶念霖增修　清光緒九年(1883)漁古山房刻本　二十四冊

230000－0901－0001015　C009007－009013

近思錄十四卷　（宋）朱熹　（宋）呂祖謙輯（清）江永集注　考訂朱子世家一卷　（清）江永撰　清同治八年(1869)江蘇書局刻本（卷三至五補配清末刻本）　七冊

230000－0901－0001016　C009014

掌錄二卷　（清）陳祖範撰　清光緒十七年(1891)廣雅書局刻本　一冊

230000－0901－0001017　C009015

三才略一卷　（清）蔣德鈞輯　清光緒十四年(1888)刻求實齋叢書本　一冊

230000－0901－0001018　C009016

聖訓一卷　（清）瞿鴻機輯錄　清光緒十二年(1886)瞿鴻機刻本　一冊

230000－0901－0001019　C021580－83

繆武烈公遺集六卷首一卷　（清）繆梓撰　清光緒七年(1881)小岯山館刻本　四冊

230000－0901－0001020　C009017－009021

格致古微六卷　（清）王仁俊撰　清光緒二十二年(1896)吳縣王氏刻本（卷一配本）　五冊

230000－0901－0001021　C009022

簡易庵算稿四卷　（清）劉彝程撰　清光緒二十六年(1900)江南製造局刻本　四冊

230000－0901－0001022　C009027－009028

聖諭廣訓不分卷　（清）聖祖玄燁撰　（清）世宗胤禛廣訓　清末台州府臨海縣知縣唐□刻本　二冊

230000－0901－0001023　C009031－009032

儒門語要六卷首一卷 （清）倪元坦輯 清嘉
慶二十三年(1818)讀易樓刻本 二冊

230000－0901－0001024 C009033－009036
文房肆攷圖說八卷 （清）唐秉鈞撰 （清）康
愷繪圖 清乾隆四十年(1775)刻本 四冊

230000－0901－0001025 C009037
性理輯要三卷 （清）賈雲階撰 清咸豐二年
(1852)刻本 一冊

230000－0901－0001026 C021584－85
城北草堂詩鈔四卷詩餘二卷詞餘一卷 （清）
顧爕撰 小嬭嬛室詩餘殘稿一卷 （清）王清
霞撰 清光緒十四年(1888)顧蓮刻本 二冊

230000－0901－0001027 C021590－91
小謨觴館詩集八卷詩餘一卷文集四卷 （清）
彭兆蓀撰 清嘉慶十一年(1806)韓江寓舍刻
本 二冊

230000－0901－0001028 C021596－99
香禪精舍集十三卷 （清）潘鍾瑞撰 清光緒
長洲潘氏香禪精舍刻本 四冊 存十二卷
(奉思錄四卷、遊記三卷、紀游草四卷、另有一
卷無標題)

230000－0901－0001029 C021600－03
尉山堂稿十四卷 （清）萬斛泉撰 清光緒三
十二年(1906)疊山書院刻本 四冊

230000－0901－0001030 C025038－39
經韻集字析解二卷拾遺補注一卷補遺一卷全
韻字數一卷 （清）彭良敞集注 （清）熊守謙
參訂 清道光十年(1830)刻本 二冊

230000－0901－0001031 C025040－41
六藝綱目二卷附錄二卷 （元）舒天民撰
(元)舒恭注 （明）趙宜中附注 清道光二十
八年(1848)劉喜海刻本 二冊

230000－0901－0001032 C025042－43
說文解字韻譜十卷 （南唐）徐鍇撰 清同治
六年(1867)吳縣馮桂芬刻本 二冊

230000－0901－0001033 C021604－35
功順堂叢書 （清）潘祖蔭輯 清光緒吳縣潘

氏刻本 三十二冊

230000－0901－0001034 C025044－55
詩緝三十六卷 （宋）嚴粲撰 清嘉慶十五年
(1810)聽彝堂刻本 十二冊

230000－0901－0001035 C025056－77
元史類編四十二卷 （清）邵遠平撰 清乾隆
六十年(1795)刻本 二十二冊

230000－0901－0001036 C021636－55
邵武徐氏叢書初刻 （清）徐榦輯 清光緒刻
本 二十冊

230000－0901－0001037 C001999－2018
金史一百三十五卷附考證 （元）脫脫等撰
清同治十三年(1874)江蘇書局刻二十四史本
二十冊

230000－0901－0001038 C021659－62
汲庵詩存八卷 （清）楊象濟撰 清光緒八年
(1882)西泠刻本 四冊

230000－0901－0001039 C021668－77
思綺堂文集十卷 （清）章藻功撰并注 清康
熙六十一年(1722)凌雲書屋刻本 十冊

230000－0901－0001040 C021663－67
汪龍莊先生遺書 （清）汪輝祖撰 清光緒江
蘇書局刻本 五冊

230000－0901－0001041 C021960－2021
宜稼堂叢書 （清）郁松年輯 清道光上海郁
氏刻本 六十二冊

230000－0901－0001042 C002062－67
毛詩傳箋二十卷 （漢）毛亨撰 （漢）鄭玄箋
鄭氏詩譜一卷 （漢）鄭玄撰 音義三卷
(唐)陸德明撰 清末金陵書局刻本 六冊

230000－0901－0001043 C002068－69
左傳博議拾遺二卷 （清）朱元英撰 清咸豐
四年(1854)刻小萬卷樓叢書本 二冊

230000－0901－0001044 C002070－73
大金國志四十卷 （宋）宇文懋昭撰 清乾隆
嘉慶掃葉山房刻本 四冊

230000－0901－0001045　C002074－78

樂潛堂詩詞全集十三卷　（清）趙函撰　清道
光咸豐刻同治七年(1868)重修本　五冊

230000－0901－0001046　C002079－80

三家醫案合刻　（清）吳金壽輯　清刻本
二冊

230000－0901－0001047　C002081－82

列子八卷　（春秋）列禦寇撰　（晉）張湛注
釋文二卷　（唐）殷敬順撰　（宋）陳景元補遺
　清嘉慶十八年(1813)刻本　二冊

230000－0901－0001048　C002083－86

楚辭集注八卷辨證二卷後語六卷　（宋）朱熹
撰　清光緒八年(1882)江蘇書局刻本　四冊

230000－0901－0001049　C002091

易經八種十二卷　（□）□□輯　清光緒十五
年(1889)刻本　一冊

230000－0901－0001050　C031710－11

二十二史感應錄二卷　（清）彭希涑輯　清同
治元年(1862)羊城正文堂書坊刻本　二冊

230000－0901－0001051　C031712－14

孟子七卷　（宋）朱熹集注　清光緒三十二年
(1906)上海商務印書館鉛印四書集注本
三冊

230000－0901－0001052　C031715

王梅溪先生會稽三賦四卷　（宋）王十朋撰
（明）南逢吉注　（清）周炳曾增注　清尺木堂
刻本　一冊

230000－0901－0001053　C031716

切音蒙引一卷　（清）陳錦撰　清光緒九年
(1883)刻本　一冊

230000－0901－0001054　C031705－06

節本泰西新史攬要八卷　（英國）李提摩太譯
　（清）周慶雲節錄　清光緒二十七年(1901)
夢坡室刻本　二冊

230000－0901－0001055　C031717

詩韻辨字略五卷　（□）□□撰　清光緒四年
(1878)黃倬刻本　一冊

230000－0901－0001056　C031718

詩韻辨字略五卷　（□）□□撰　清光緒四年
(1878)黃倬刻本　一冊

230000－0901－0001057　C031720

切音捷訣一卷幼學切音便讀一卷　（清）鄺琪
輯　清光緒六年(1880)諸暨撝古堂刻本
一冊

230000－0901－0001058　C031721－22

華海堂詩八卷　（清）張熙純撰　清嘉慶刻本
　二冊

230000－0901－0001059　C031723－26

湘綺樓文集八卷　王闓運撰　清光緒二十六
年(1900)刻本　四冊

230000－0901－0001060　C031727

朱子論語集注訓詁考二卷　（清）潘衍桐撰
清光緒十七年(1891)浙江書局刻本　一冊

230000－0901－0001061　C002092

周易口訣義六卷　（唐）史徵撰　清光緒十五
年(1889)刻本　一冊

230000－0901－0001062　C002093

鄭氏周易注三卷　（漢）鄭玄撰　（宋）王應麟
輯　（清）惠棟增補　**補遺一卷**　（清）孫堂輯
　清光緒十五年(1889)湖南書局刻古經解彙
函本　一冊

230000－0901－0001063　C002087－90

陸宣公奏議全集四卷首一卷　（唐）陸贄撰
清同治刻本　四冊

230000－0901－0001064　C002100

刊謬正俗八卷　（唐）顏師古撰　清光緒三年
(1877)湖北崇文書局刻本　一冊

230000－0901－0001065　C002101

司馬氏書儀十卷　（宋）司馬光撰　清同治七
年(1868)刻本　一冊

230000－0901－0001066　C002102

汲古閣說文訂一卷　（清）段玉裁撰　清同治
十一年(1872)湖北崇文書局刻本　一冊

230000－0901－0001067　C002107－08

楊忠愍公集五卷首一卷末一卷　（明）楊繼盛
撰　清同治十一年（1872）刻本　二冊

230000－0901－0001068　C002109

趙子常選杜律五言注三卷　（明）趙汸注
（清）查弘道　（清）金集補　清乾隆刻本
一冊

230000－0901－0001069　C025078－81

大金國志四十卷　（宋）宇文懋昭撰　清乾隆
嘉慶席氏掃葉山房刻本　四冊

230000－0901－0001070　C025112－19

天眞閣集三十二卷　（清）孫原湘撰　清嘉慶
五年（1800）刻本　八冊

230000－0901－0001071　C025082－91

文獻徵存錄十卷　（清）錢林輯　清咸豐八年
（1858）有嘉樹軒刻本　十冊

230000－0901－0001072　C025120－21

國家學五卷　（德國）伯倫知理撰　清光緒三
十四年（1908）韜吾精舍叢書本　二冊

230000－0901－0001073　C025122

宋元舊本書經眼錄三卷附錄二卷　（清）莫友
芝撰　清同治十二年（1873）莫繩孫刻影山草
堂六種本　一冊

230000－0901－0001074　C022105－20

隋書八十五卷　（唐）魏徵等撰　清同治十年
（1871）淮南書局刻本　十六冊

230000－0901－0001075　C025123－26

許學叢刻九種　（清）許頌鼎輯　清光緒十三
年（1887）海寧徐氏刻本　四冊

230000－0901－0001076　C022121－40

金史一百三十五卷附考證　（元）脫脫等撰
欽定國語解一卷　清同治十三年（1874）江蘇
書局刻二十四史本　二十冊

230000－0901－0001077　C025127

易例二卷　（清）惠棟撰　清乾隆三十九年
（1774）李文藻刻貸園叢書初集本　一冊

230000－0901－0001078　C022141－46

淮軍平捻記十二卷　（清）周世澄撰　清末刻

本　六冊

230000－0901－0001079　C025128－29

說文通檢十四卷首一卷末一卷　（清）黎永椿
撰　清末刻本　二冊

230000－0901－0001080　C025155－58

札迻十二卷　（清）孫詒讓撰　清光緒二十年
（1894）刻本　四冊

230000－0901－0001081　C022148－51

晏子春秋七卷　（春秋）晏嬰撰　音義二卷
（清）孫星衍撰　校勘記二卷　（清）黃以周撰
清光緒元年（1875）浙江書局刻二十二子本
四冊

230000－0901－0001082　C022158－61

司馬溫公稽古錄二十卷　（宋）司馬光撰　清
同治十一年（1872）湖北崇文書局刻本　四冊

230000－0901－0001083　C022162－65

因寄軒文初集十卷二集六卷補遺一卷　（清）
管同撰　小異遺文一卷　（清）管嗣復撰　清
光緒五年（1879）刻本　四冊

230000－0901－0001084　C025135－42

讀史兵略十二卷　（清）胡林翼撰　清光緒二
十七年（1901）上海富文書局石印本　八冊

230000－0901－0001085　C025144－45

新刊古列女傳八卷　（漢）劉向撰　清道光五
年（1825）揚州阮福影宋刻本　二冊

230000－0901－0001086　C022166－75

靈芬館集五十卷　（清）郭麐撰　清嘉慶道光
刻本　十冊

230000－0901－0001087　C025146－53

續後漢書四十二卷義例一卷音義四卷　（宋）
蕭常撰　（清）尹繼善注　清同治八年（1869）
胡秋芳、杜邦浚刻本　八冊

230000－0901－0001088　C022178－93

積學齋叢書　徐乃昌輯　清光緒南陵徐氏刻
本　十六冊

230000－0901－0001089　C025163－72

大學衍義四十三卷　（宋）眞德秀撰　明崇禎

楊顗刻清乾隆重修本　十冊

230000－0901－0001090　C022198－201
詩經申義十卷　（清）吳士模撰　清光緒十七年(1891)吳氏澤古齋刻本　四冊

230000－0901－0001091　C022202－09
海鹽張氏涉園叢刻　張元濟輯　清宣統三年(1911)海鹽張氏鉛印本　八冊

230000－0901－0001092　C032728
爾雅三卷　（晉）郭璞注　清嘉慶十一年(1806)顧氏思適齋刻本　一冊

230000－0901－0001093　C031729
爾雅三卷　（晉）郭璞注　清嘉慶十一年(1806)顧氏思適齋刻本　一冊

230000－0901－0001094　C031730－33
爾雅匡名二十卷　（清）嚴元照撰　清光緒十六年(1890)刻廣雅書局叢書本　四冊

230000－0901－0001095　C031734
爾雅正郭三卷　（清）潘衍桐撰　清光緒十七年(1891)刻本　一冊

230000－0901－0001096　C031735－36
爾雅郭注補正九卷　（晉）郭璞注　（清）戴鋆補正　清光緒十一年(1885)海陽韓氏刻本　二冊

230000－0901－0001097　C031737－40
爾雅注疏十一卷　（晉）郭璞注　（宋）邢昺疏　明末毛氏汲古閣刻清嘉慶六年(1801)嘉興博古堂印本　四冊

230000－0901－0001098　C031741－42
說文解字韻譜十卷　（南唐）徐鍇撰　清同治六年(1867)吳縣馮桂芬刻本　二冊

230000－0901－0001099　C031743－44
說文通檢十四卷首一卷末一卷　（清）黎永椿編　清末刻本　二冊

230000－0901－0001100　C031745－54
爾雅正義二十卷　（清）邵晉涵撰　**爾雅釋文三卷**　（唐）陸德明撰　清乾隆五十三年(1788)餘姚邵氏家塾刻本　十冊

230000－0901－0001101　C031755
爾雅直音二卷　（清）孫倜撰　清乾隆六十年(1795)刻嘉慶四年(1799)重修本　一冊

230000－0901－0001102　C031756－67
四書典制類聯音注三十三卷　（清）閣其淵輯　清嘉慶元年(1796)蕭山縣署刻本　十二冊

230000－0901－0001103　C031768－73
河洛理數六卷　（宋）陳搏撰　（宋）邵雍述　明崇禎五年(1632)三讓堂刻本　六冊

230000－0901－0001104　C031774－83
淵鑑類函四百五十卷　（清）張英等撰　清光緒二十三年(1897)上海點石齋石印本　十冊

230000－0901－0001105　C017318
明賢蒙正錄二卷　（清）彭定求輯　清光緒八年(1882)刻津河廣仁堂所刻書本　一冊

230000－0901－0001106　C017324－27
平山堂圖志十卷圖一卷　（清）趙之壁纂　清光緒九年(1883)歐陽利見刻本　四冊

230000－0901－0001107　C017328
莅政摘要二卷　（清）陸隴其撰　清光緒八年(1882)刻津河廣仁堂所刻書本　一冊

230000－0901－0001108　C017329－31
七國地理考七卷　（清）顧觀光撰　清光緒五年(1879)高桂、高崧刻本　三冊

230000－0901－0001109　C017332－39
隸釋二十七卷隸續二十一卷　（宋）洪适撰　**隸釋刊誤一卷**　（清）黃丕烈撰　清同治十一年(1872)皖南洪氏晦木齋刻本　八冊

230000－0901－0001110　C017340
漢書地理志校本二卷　（清）汪遠孫撰　清道光二十八年(1848)振綺堂汪氏刻振綺堂遺書本　一冊

230000－0901－0001111　C017341
漢書西域傳補注二卷　（清）徐松撰　清光緒二十年(1894)廣雅書局刻廣雅書局叢書本　一冊

230000－0901－0001112　C017342－45

浙西水利備考不分卷 （清）王鳳生撰 清光緒四年（1878）浙江書局刻本 十冊

230000－0901－0001113 C017346－55

林文忠公政書三十七卷 （清）林則徐撰 清光緒林氏家刻本 十冊

230000－0901－0001114 C017356－59

元亨療馬集五卷附駝經一卷 （清）喻本元（清）喻本亨撰 清刻本 四冊

230000－0901－0001115 C017360－62

金匱心典三卷 （清）尤怡集注 清同治八年（1869）雙白燕堂刻本 三冊

230000－0901－0001116 C009042

西方公據二卷 （清）彭際清輯 清光緒十三年（1887）揚州藏經禪院刻本 一冊

230000－0901－0001117 C009045

丙丁龜鑑五卷 （宋）柴望撰 寶顏堂訂正丙丁龜鑑五卷續錄二卷 （明）陳繼儒輯 清活字印本 一冊

230000－0901－0001118 C009046－009047

珍珠囊指掌補遺藥性賦四卷 題（金）李杲輯 清群玉山房刻本 二冊

230000－0901－0001119 C009048

東原錄一卷 （宋）龔鼎臣撰 清光緒三十一年（1905）湖城王文光刻本 一冊

230000－0901－0001120 C009049

胎產集要三卷附幼科摘要一卷 （清）黃惕齋輯 清道光十九年（1839）刻本 一冊

230000－0901－0001121 C009050

思補齋筆記八卷 （清）潘世恩撰 清咸豐會文齋鄭家刻字舖刻本 一冊

230000－0901－0001122 C009051

嬾藝軒褉箸三卷 （清）黃家岱撰 清光緒二十一年（1895）江蘇南菁講舍刻本 一冊

230000－0901－0001123 C009062

矗菴雜述二卷附鼻氏爲鐘一卷 （明）朱朝瑛撰 清康熙十一年（1672）毅采齋刻本 一冊

230000－0901－0001124 C009067－009068

梅磎隨筆四卷 （清）張作楠撰 清嘉慶二十四年（1819）俞俊刻本 二冊

230000－0901－0001125 C009069

漁舟續談一卷 （清）彭崧毓撰 清同治刻本 一冊

230000－0901－0001126 C031784

譬喻略解一卷 （清）□□撰 清光緒三十三年（1907）上海美華書館鉛印本 一冊

230000－0901－0001127 C031785

譬喻略解一卷 （清）□□撰 清光緒三十三年（1907）上海美華書館鉛印本 一冊

230000－0901－0001128 C031786

譬喻略解一卷 （清）□□撰 清光緒三十三年（1907）上海美華書館鉛印本 一冊

230000－0901－0001129 C031787

譬喻略解一卷 （清）□□撰 清光緒三十三年（1907）上海美華書館鉛印本 一冊

230000－0901－0001130 C031788

譬喻略解一卷 （清）□□撰 清光緒三十三年（1907）上海美華書館鉛印本 一冊

230000－0901－0001131 C031789

譬喻略解一卷 （清）□□撰 清光緒三十三年（1907）上海美華書館鉛印本 一冊

230000－0901－0001132 C031790

譬喻略解一卷 （清）□□撰 清光緒三十三年（1907）上海美華書館鉛印本 一冊

230000－0901－0001133 C031791

譬喻略解一卷 （清）□□撰 清光緒三十三年（1907）上海美華書館鉛印本 一冊

230000－0901－0001134 C031792

譬喻略解一卷 （清）□□撰 清光緒三十三年（1907）上海美華書館鉛印本 一冊

230000－0901－0001135 C031801－04

山洋指迷四卷 （明）周景一撰 （清）張九儀增注 清末民國石印本 四冊

230000－0901－0001136　C031805－16

臨證指南醫案十卷種福堂公選溫熱論醫案四
卷　（清）葉桂撰　清吳門五雲樓書坊刻本
十二冊

230000－0901－0001137　C031827

古均閣遺著三種　（清）許槤撰　清光緒十四
年(1888)許頌鼎刻本　一冊

230000－0901－0001138　C022488－97

晉略六十五卷序目一卷　（清）周濟撰　清光
緒二年(1876)周佐臣味雋齋刻本　十冊

230000－0901－0001139　C022510－15

詩貫十四卷首三卷　（清）張敘撰　清乾隆二
十年(1755)續草堂刻本　六冊

230000－0901－0001140　C022516

蘭綺堂詩鈔十七卷　（清）王鼎撰　清嘉慶八
年(1803)古訓堂刻本　一冊

230000－0901－0001141　C022521－32

忠武侯諸葛孔明先生全集四種十八卷　（三
國蜀）諸葛亮撰　（清）張澍輯　清同治元年
(1862)刻本　十二冊

230000－0901－0001142　C022533－36

清秘述聞續十六卷補一卷　（清）王家相輯
清光緒十三年(1887)錢維福刻本　四冊

230000－0901－0001143　C022537－48

學案小識十四卷首一卷末一卷　（清）唐鑑撰
清光緒十年(1884)黃膺刻本　十二冊

230000－0901－0001144　C022669－71

欽定康濟錄四卷　（清）倪國璉撰　清同治三
年(1864)浙江撫署刻本　三冊

230000－0901－0001145　C031832

臥雲山館詩存一卷　（清）陳雲章撰　清光緒
十三年(1887)遵化州署刻本　一冊

230000－0901－0001146　C031835－38

廿二史紀事提要八卷　（清）吳綏撰　清嘉慶
元年(1796)刻本　四冊

230000－0901－0001147　C031853

佩文詩韻釋要五卷　（清）周兆基輯　清光緒

四年(1878)刻本　一冊

230000－0901－0001148　C025428－35

澤存堂五種　（清）張士俊輯　清光緒十四年
(1888)上海蜚英館影印本　八冊

230000－0901－0001149　C025456－58

集古錄目十卷原目一卷　（宋）歐陽棐撰　清
光緒十年(1884)雲自在龕叢書本　三冊

230000－0901－0001150　C022672－76

吳摯甫文集四卷附鈔深州風土記四篇　（清）
吳汝綸撰　清宣統二年(1910)上海國學扶輪
社石印本　五冊

230000－0901－0001151　C025459－68

甬上耆舊詩三十卷　（清）胡文學輯　清康熙
十五年(1676)敬義堂刻本　十冊

230000－0901－0001152　C025469－86

柏堂遺書　（清）方宗誠撰　清光緒刻本　十
八冊

230000－0901－0001153　C022677－90

說文解字校錄十五卷　（清）鈕樹玉撰　清光
緒十一年(1885)江蘇書局刻本　十四冊

230000－0901－0001154　C025487－94

番禺陳氏東塾叢書六種　（清）陳澧撰　清咸
豐至光緒刻本　八冊

230000－0901－0001155　C022691－714

[咸淳]臨安志一百卷附札記三卷　（宋）潛說
友纂　清道光十年(1830)錢塘汪氏振綺堂刻
本　二十四冊　缺五卷(六十四、九十、九十
八、九十九、一百原缺)

230000－0901－0001156　C025495－502

明三十家詩選初集八卷二集八卷　（清）汪端
輯　清同治十二年(1873)薀蘭吟館刻本
八冊

230000－0901－0001157　C025355－427

隨園三十種　（清）袁枚撰　清袁氏隨園刻本
七十三冊

230000－0901－0001158　C002094－99

陸氏周易述一卷　（三國吳）陸績撰　（明）姚

士雜輯　（清）孫堂增補　**周易集解十七卷**
（唐）李鼎祚撰　清光緒十五年（1889）湖南書
局刻本　六冊

230000－0901－0001159　C025215－354
**［道光］重纂福建通志二百七十八卷首六卷圖
一卷附續列女志一卷**　（清）孫爾準等修
（清）陳壽祺纂　（清）程祖洛等續修　（清）
魏敬中續纂　清同治十年（1871）正誼書院刻
本　一百四十冊

230000－0901－0001160　C025185－214
小檀欒室彙刻閨秀詞　徐乃昌輯　清道光二
十一年至二十二年（1841－1842）南陵徐氏刻
本　三十冊

230000－0901－0001161　C025503－14
八旗文經五十六卷　（清）盛昱輯　**作者考三
卷敘錄一卷**　（清）楊鍾羲撰　清光緒二十七
年（1901）武昌刻本　十二冊

230000－0901－0001162　C002138
漁洋詩話三卷　（清）王士禛撰　清乾隆二十
三年（1758）刻本　四冊

230000－0901－0001163　C002143－46
九數通考十一卷首一卷末一卷　（清）屈曾發
撰　清同治十一年（1872）刻本　四冊

230000－0901－0001164　C002147－50
管子二十四卷　（春秋）管仲撰　清光緒元年
（1875）湖北崇文書局刻本　四冊

230000－0901－0001165　C002139－42
司馬溫公稽古錄二十卷　（宋）司馬光撰　清
光緒五年（1879）江蘇書局刻本　四冊

230000－0901－0001166　C002151－66
震川先生集三十卷別集十卷　（明）歸有光撰
　清刻本　十六冊

230000－0901－0001167　C002167－72
四書合講二十卷　（宋）朱熹集注　清雍正刻
本　六冊

230000－0901－0001168　C002404
寒松閣詩一卷　（清）張鳴珂撰　清光緒石印

本　一冊

230000－0901－0001169　C002405
重校醫方湯頭歌訣一卷經絡歌訣一卷　（清）
汪昂撰　清掃葉山房石印本　一冊

230000－0901－0001170　C002408－12
金匱要略淺注十卷　（清）陳念祖撰　清光緒
三十四年（1908）刻本　五冊

230000－0901－0001171　C002403
帝範四卷　（唐）太宗李世民撰　清刻本
一冊

230000－0901－0001172　C002413
天演論二卷　（英國）赫胥黎撰　嚴復譯　清
光緒富文書局石印本　一冊

230000－0901－0001173　C002414－17
芥子園畫傳二集九卷　（清）王槩等輯　清石
印本　四冊

230000－0901－0001174　C002418－21
芥子園畫傳三集六卷　（清）王槩等輯　清石
印本　四冊

230000－0901－0001175　C002425
滇緬劃界圖說一卷　（清）薛福成撰　清傳經
樓石印本　一冊

230000－0901－0001176　C002427－28
算法正宗四卷　（清）陳鶴齡撰　清光緒二十
二年（1896）石印本　二冊

230000－0901－0001177　C031863－96
皇清經解續編二百〇九卷　王先謙輯　清光
緒十五年（1889）上海蜚英館石印本　三十
四冊

230000－0901－0001178　C032011－20
增批評點醫門棒喝初集四卷二集九卷　（清）
章楠撰　（清）王孟英評點　清宣統元年
（1909）蠡城三友益齋石印本　十冊

230000－0901－0001179　C031899－902
詩韻集成十卷　（清）余照輯　清光緒十九年
（1893）成文堂刻本　四冊

230000－0901－0001180　C009077－009092

日知錄集釋三十二卷刊誤二卷續刊誤二卷
（清）顧炎武撰　（清）黃汝成集釋　清道光十
四年（1834）金陵劉漢洲刻本　十六冊

230000－0901－0001181　C009073－009076

蟲薈五卷　（清）方旭撰　清光緒十六年
（1890）刻本　四冊

230000－0901－0001182　C009093－009108

日知錄集釋三十二卷刊誤二卷續刊誤二卷
（清）顧炎武撰　（清）黃汝成集釋　清同治十
一年（1872）湖北崇文書局刻本　十六冊

230000－0901－0001183　C009110

地方官失守城池處分章程例冊一卷　（清）吏
部編　清同治刻本　一冊

230000－0901－0001184　C009111－009115

重刊補注洗冤錄集證五卷附檢骨圖格一卷
（宋）宋慈撰　（清）王又槐集證　（清）李觀
瀾補輯　（清）阮其新補注　清同治十二年
（1873）刻五色套印本　五冊

230000－0901－0001185　C009116

老子道德眞經二卷古今本攷正一卷　（三國
魏）王弼注　明刻本　一冊

230000－0901－0001186　C009117－009118

南華經鈔四卷　（清）徐廷槐撰　清乾隆六年
（1741）黎照樓刻本　二冊

230000－0901－0001187　C009119

體操法五卷　（德國）瑞乃爾口譯　（清）蕭誦
芬筆述　清光緒二十六年（1900）武備學堂鉛
印本　二冊

230000－0901－0001188　C009121

道德經解二卷　（唐）呂嵒釋義　題（□）雲門
魯史纂述　清同治元年（1862）四香草堂刻本
一冊

230000－0901－0001189　C009122

醫方湯頭歌括一卷經絡歌訣一卷　（清）汪昂
撰　清同治八年（1869）積慶堂刻本　一冊

230000－0901－0001190　C031903－34

皇朝五經彙解二百七十卷　題（清）抉經心室
主人輯　清光緒十九年（1893）耕餘書屋石印
本　三十二冊

230000－0901－0001191　C031947－48

新方言十一卷附嶺外三州語一卷　章炳麟撰
清宣統三年（1911）文學社石印本　二冊

230000－0901－0001192　C017363－72

壽世保元十卷　（明）龔廷賢撰　清道光三年
（1823）黎照書屋刻本　十冊

230000－0901－0001193　C002429－32

溫病條辨六卷首一卷　（清）吳瑭撰　清光緒
十九年（1893）圖書集成印書局鉛印本　四冊

230000－0901－0001194　C002433－34

痘疹玉髓金鏡錄眞本四卷　（明）翁仲仁撰
清道光二十年（1840）掃葉山房刻本　二冊

230000－0901－0001195　C002435

老子章義二卷　（清）姚鼐撰　清同治九年
（1870）刻本　一冊

230000－0901－0001196　C017373－82

曾文正公奏議十卷首一卷末一卷　（清）曾國
藩撰　（清）薛福成編　清同治十三年（1874）
上海醉六堂刻本　十冊

230000－0901－0001197　C017636－39

醫學從眾錄八卷　（清）陳念祖撰　清光緒三
十四年（1908）寶慶富記書局刻本　四冊

230000－0901－0001198　C017640－43

傷寒指掌四卷　（清）吳貞撰　清末抄本
四冊

230000－0901－0001199　C002436－37

黑龍江外記八卷　（清）西清撰　清光緒二十
年（1894）桐廬袁氏刻漸西村舍彙刊本　二冊

230000－0901－0001200　C002438－49

巢氏諸病源候總論五十卷　（隋）巢元方等撰
清嘉慶十三年（1808）刻本　十二冊

230000－0901－0001201　C002450

幼科鐵鏡六卷　（清）夏鼎撰　清刻本　一冊

230000 – 0901 – 0001202　C017648 – 50

衛生鴻寶六卷　（清）祝補齋輯　清道光二十六年（1846）袁續薪堂刻本　三冊　存四卷（一至四）

230000 – 0901 – 0001203　C002451 – 54

蘭臺軌範八卷　（清）徐大椿撰　清刻本　四冊

230000 – 0901 – 0001204　C017651 – 52

女科切要八卷　（清）吳道源纂輯　清乾隆三十八年（1773）刻本　二冊

230000 – 0901 – 0001205　C002455 – 62

仲景全書　（漢）張機等撰　清光緒刻本　八冊

230000 – 0901 – 0001206　C002463 – 66

古韻溯原八卷　（清）安念祖　（清）華湛恩輯　清道光十九年（1839）刻本　四冊

230000 – 0901 – 0001207　C017653 – 60

東垣十書　（明）□□輯　清萃華堂刻本　八冊

230000 – 0901 – 0001208　C002467 – 68

鐘鼎字源五卷附錄一卷　（清）汪立名輯　清光緒五年（1879）刻本　二冊

230000 – 0901 – 0001209　C002469

詞辨二卷　（清）周濟輯　清光緒二十三年（1897）刻本　一冊

230000 – 0901 – 0001210　C017661 – 66

醫方集解八卷本草備要八卷　（清）汪昂撰　清光緒十三年（1887）始蘇掃葉山房刻本　六冊

230000 – 0901 – 0001211　C002476

江楚會奏變法摺三卷　（清）劉坤一　（清）張之洞撰　清光緒二十三年（1897）兩湖書院刻本　一冊

230000 – 0901 – 0001212　C002477 – 78

長生殿傳奇二卷　（清）洪昇撰　清刻本　二冊

230000 – 0901 – 0001213　C002479 – 80

圖民錄四卷　（清）袁守定撰　清同治江西書局刻本　二冊

230000 – 0901 – 0001214　C002481 – 86

古唐詩合解十六卷　（清）王堯衢注　清光緒七年（1881）萬軸山房刻本　六冊

230000 – 0901 – 0001215　C002557 – 2668

硃批諭旨不分卷　（清）鄂爾泰等輯　清末刻朱墨套印本　一百十二冊

230000 – 0901 – 0001216　C017699

胡慶餘堂丸散膏丹全集不分卷　（清）胡光墉輯　清光緒三年（1877）杭州胡慶餘堂刻本　一冊

230000 – 0901 – 0001217　C017700 – 01

內經知要二卷　（明）李中梓輯注　清乾隆二十九年（1764）薛雪南園掃葉莊刻本　二冊

230000 – 0901 – 0001218　C017702 – 05

性理眞詮四卷　（清）孔璋撰　清光緒十五年（1889）上海慈母堂鉛印本　四冊

230000 – 0901 – 0001219　C017706 – 17

顧亭林先生遺書十種　（清）顧炎武撰　清蓬瀛閣刻本　十二冊

230000 – 0901 – 0001220　C017718

醫林改錯二卷　（清）王清任撰　清咸豐元年（1851）潘元堂刻本　一冊

230000 – 0901 – 0001221　C025515 – 26

增廣尚友錄統編二十二卷　（清）應祖錫輯　清光緒二十八年（1902）石印本　十二冊

230000 – 0901 – 0001222　C025539 – 43

董方立遺書九種　（清）董祐誠撰　清同治八年（1869）董貽清成都刻本　五冊

230000 – 0901 – 0001223　C009120

體操法五卷　（德國）瑞乃爾口譯　（清）蕭誦芬筆述　清光緒二十六年（1900）武備學堂鉛印本　一冊

230000 – 0901 – 0001224　C032348 – 51

拙盦叢稿九種　（清）朱一新撰　清光緒二十二年（1896）順德龍氏葆眞堂刻本　四冊

230000－0901－0001225　C017719
簡易醫訣不分卷　（清）周雲章撰　清末民國
刻朱印本　一冊

230000－0901－0001226　C017720
湯液本草三卷　（元）王好古撰　明刻東垣十
書本　一冊

230000－0901－0001227　C017721
瀕湖脈學一卷脈訣考證一卷奇經八脈考一卷
附釋音　（明）李時珍撰　清初刻本　一冊

230000－0901－0001228　C017722－24
金匱方歌括六卷　（清）陳念祖撰　清光緒三
十四年(1908)寶慶經元書局刻本　三冊

230000－0901－0001229　C017725－28
張仲景傷寒論貫珠集八卷　（清）尤怡集注
清嘉慶十五年(1810)刻本　四冊

230000－0901－0001230　C022715－24
朱子四書語類五十二卷　（宋）朱熹撰　清康
熙十六年(1677)金陵四留堂刻本　十冊

230000－0901－0001231　C022727－34
說文段注訂補十四卷　（清）王紹蘭撰　清光
緒十四年(1888)胡燏棻刻本　八冊

230000－0901－0001232　C022735－38
汲庵詩存八卷　（清）楊象濟撰　清光緒八年
(1882)西泠刻本　四冊

230000－0901－0001233　C022739－42
汲庵詩存八卷　（清）楊象濟撰　清光緒八年
(1882)西泠刻本　四冊

230000－0901－0001234　C022743－58
韞山堂詩集十六卷韞山堂文集八卷　（清）管
世銘撰　清光緒二十年(1894)讀雪山房刻本
五冊

230000－0901－0001235　C032354－63
水經注四十卷首一卷　（北魏）酈道元撰　清
刻本　十冊

230000－0901－0001236　C022748－55
隸辨八卷　（清）顧藹吉撰　清乾隆八年
(1743)黃晟刻本　八冊

230000－0901－0001237　C032132－33
板橋詩鈔三卷詞鈔一卷小唱一卷家書一卷題
畫一卷　（清）鄭燮撰　清乾隆刻本　二冊

230000－0901－0001238　C022756－59
芥子園畫傳二集八卷　（清）王槩等輯　清乾
隆四十七年(1782)書業堂刻彩色套印本
四冊

230000－0901－0001239　C032341－45
楹聯叢話十二卷　（清）梁章鉅輯　清道光二
十年(1840)桂林署齋刻本　五冊

230000－0901－0001240　C032346
楹聯續話四卷　（清）梁章鉅輯　清道光二十
三年(1843)南浦廬齋刻本　一冊

230000－0901－0001241　C032330
計樹園詩存一卷　（清）萬廷蘭撰　清刻本
一冊

230000－0901－0001242　C032320－29
御纂周易折中二十二卷首一卷　（清）李光地
等撰　清同治六年(1867)刻本　十冊

230000－0901－0001243　C032134－55
欽定儀禮義疏四十八卷首二卷　（清）允祿等
撰　清紫陽書院刻本　二十二冊

230000－0901－0001244　C032156－65
廿二史劄記三十六卷補遺一卷　（清）趙翼撰
清光緒二十年(1894)廣雅書局刻本　十冊

230000－0901－0001245　C002487－92
三蘇策論十二卷　（宋）蘇洵　（宋）蘇軾
(宋)蘇轍撰　清光緒二十八年(1902)鴻寶齋
書局石印本　六冊

230000－0901－0001246　C032314－19
詩總聞二十卷　（宋）王質撰　清道光二十六
年(1846)刻本　六冊

230000－0901－0001247　C017729
牛經大全二卷　（明）喻本元撰　清光緒三十
二年(1906)富記書屋刻本　一冊

230000－0901－0001248　C032364－71
白芙堂算學叢書　（清）丁取忠輯　清光緒二

十三年(1897)上海文瀾書局石印本　八冊

230000－0901－0001249　C032372－79
翠微山房數學　(清)張作楠撰　清光緒二十三年(1897)上海鴻寶齋石印本　八冊

230000－0901－0001250　C002493－2504
欽定儀象考成三十卷首二卷　(清)允祿等撰　清光緒二十四年(1898)慎記書莊石印本　十二冊

230000－0901－0001251　C002527－31
嘉樹山房集二十卷外集二卷　(清)張士元撰　清嘉慶二十四年(1819)震澤張氏刻同治十一年(1872)重修本　五冊

230000－0901－0001252　C002549－54
精訂綱鑑廿四史通俗衍義六卷四十四回首一卷　(清)呂撫撰　清光緒上海文寶書局石印本　六冊

230000－0901－0001253　C017730－33
外科證治全書五卷末一卷　(清)許克昌(清)畢法輯　清同治六年(1867)刻本　四冊

230000－0901－0001254　C002675－92
飲冰室文集十六卷補遺二卷　梁啓超撰　清光緒二十九年(1903)廣智書局鉛印本　十八冊

230000－0901－0001255　C002695－2706
讀史大略六十卷首一卷　(清)沙張白撰　小沙子史略一卷　(清)沙晉撰　清光緒二十六年(1900)刻本　十二冊

230000－0901－0001256　C002707－12
重刊補注洗冤錄集證五卷　(宋)宋慈撰(清)王又槐集證　(清)李觀瀾補輯　(清)阮其新補注　清道光十七年(1837)刻本六冊

230000－0901－0001257　C002713－14
漢書地理志校注二卷識語一卷　(清)王紹蘭撰　清光緒二十二年(1896)刻本　二冊

230000－0901－0001258　C133010－11
漢書地理志校注二卷識語一卷　(清)王紹蘭

撰　清光緒二十二年(1896)刻本　二冊

230000－0901－0001259　C002715－21
格物入門七卷　(美國)丁韙良撰　清同治七年(1868)刻本　七冊

230000－0901－0001260　C009155－009237
二十二子　(清)浙江書局輯　清光緒浙江書局刻本　八十三冊

230000－0901－0001261　C009238－009297
讀史方輿紀要一百三十卷輿圖要覽四卷(清)顧祖禹撰　清嘉慶十七年(1812)敷文閣刻光緒五年(1879)蜀南薛氏桐華書屋重修本六十冊

230000－0901－0001262　C009308－009315
史通通釋二十卷　(清)浦起龍撰　清乾隆十七年(1752)梁溪浦氏求放心齋刻本　八冊

230000－0901－0001263　C009316－009343
天下郡國利病書一百二十卷　(清)顧炎武撰清光緒二十七年(1901)圖書集成局鉛印本二十八冊

230000－0901－0001264　C009344－009355
欽定續通典一百五十卷　(清)嵇璜等撰　清光緒二十七年(1901)上海圖書集成局鉛印九通本　十二冊

230000－0901－0001265　C009356－009371
繡像三國志演義六十卷　(元)羅貫中撰(清)毛宗崗評　(清)袁鶴繪圖　清同治十三年(1874)漁古山房刻本　十六冊

230000－0901－0001266　C009372－009391
頤志齋叢書　(清)丁晏撰　清咸豐至同治丁氏六藝堂刻同治元年(1862)彙印本二十冊

230000－0901－0001267　C009418－009457
刑案匯覽六十卷首一卷末一卷附拾遺備考一卷續增十六卷　(清)祝慶祺編　新增刑案匯覽十六卷　(清)潘文舫　(清)徐諫荃編　清光緒圖書集成局鉛印本　四十冊

230000－0901－0001268　C032396
華佗乩諭果報一卷首一卷　(□)□□撰　清

光緒二十一年(1895)浣東楊氏迎山居刻本
一冊

230000－0901－0001269　C032399－400

均藻五卷　(明)楊慎輯　清咸豐元年(1851)
刻小嫏嬛山館彙刊類書十二種本　二冊

230000－0901－0001270　C032420－34

春秋經傳集解三十卷　(晉)杜預撰　(唐)陸
德明音義　清影印本　十五冊

230000－0901－0001271　C032464－71

群書拾補不分卷　(清)盧文弨輯　清光緒十
三年(1887)上海蜚英館石印本　八冊

230000－0901－0001272　C032601－32

史記一百三十卷　(漢)司馬遷撰　(南朝宋)
裴駰集解　(唐)司馬貞索隱　(唐)張守節正
義　(明)徐孚遠　(明)陳子龍測議　史記補
一卷　(唐)司馬貞撰　(明)徐孚遠　(明)
陳子龍測議　明崇禎十三年(1640)刻本　三
十二冊

230000－0901－0001273　C002730－33

湘綺樓詩集八卷夜雪集一卷夜雪後集一卷
王闓運撰　清光緒二十年(1894)刻本　四冊

230000－0901－0001274　C017738－49

遼史拾遺二十四卷　(清)厲鶚撰　遼史紀年
表一卷西遼紀年表一卷　(清)汪遠孫撰　遼
史拾遺補五卷　(清)楊復吉撰　欽定遼史語
解十卷　(清)□□撰　清光緒元年(1875)江
蘇書局光緒四年(1878)刻本　十二冊

230000－0901－0001275　C002734－36

陶淵明集十卷　(晉)陶潛撰　清光緒五年
(1879)刻本　三冊

230000－0901－0001276　C017750－69

明紀六十卷　(清)陳鶴　(清)陳克家撰　清
同治十年(1871)江蘇書局刻本　二十冊

230000－0901－0001277　C017770－81

硃批諭旨不分卷　(清)鄂爾泰等輯　清活字
套印朱墨本　十二冊

230000－0901－0001278　C017182－97

十六國春秋一百卷　(北魏)崔鴻撰　清乾隆
汪氏欣託山房刻本　十六冊

230000－0901－0001279　C017799－800

錢氏小兒藥證直訣三卷附錢仲陽傳一卷閻孝
忠方一卷董氏小兒斑疹備急方論一卷　(宋)
錢乙撰　(宋)閻孝忠輯　清光緒十八年
(1892)姚江黃氏五桂樓刻本　二冊

230000－0901－0001280　C017808－15

池上草堂筆記八卷　(清)梁恭辰撰　清同治
十二年(1873)豫章聽鸝館主刻本　八冊

230000－0901－0001281　C017828－32

戰國策三十三卷　(漢)高誘注　札記三卷
(清)黃丕烈撰　清同治八年(1869)湖北崇文
書局刻本　五冊

230000－0901－0001282　C018050－57

皇朝通志一百二十六卷　(清)嵇璜等撰　清
光緒二十八年(1902)上海鴻寶書局石印九通
本　八冊

230000－0901－0001283　C002737

陶淵明詩集一卷雜文一卷　(晉)陶潛撰　清
光緒元年(1875)刻本　一冊

230000－0901－0001284　C018058－59

三才略三卷　(清)蔣德鈞輯　清末李光明莊
刻本　二冊

230000－0901－0001285　C018060－63

歷代帝王年表三卷　(清)齊召南撰　(清)阮
福續撰　清咸豐五年(1855)粵雅堂刻粵雅堂
叢書本　四冊

230000－0901－0001286　C032633－64

說文解字義證五十卷　(清)桂馥撰　清同治
九年(1870)湖北崇文書局刻本　三十二冊

230000－0901－0001287　C032665－708

文獻通考三百四十八卷　(元)馬端臨撰　考
證三卷　清光緒二十七年(1901)上海圖書集
成局鉛印九通本　四十四冊

230000－0901－0001288　C032709－10

宋論十五卷　(清)王夫之撰　清光緒二十五

年(1899)申昌書莊石印船山遺書本　二冊

230000－0901－0001289　C032711－12

東萊博議四卷　（宋）呂祖謙撰　清光緒十八年(1892)上海古香閣石印本　二冊

230000－0901－0001290　C032725－44

皇朝五經彙解二百七十卷　（清）抉經心室主人輯　清光緒十四年(1888)鴻文書局石印本　二十冊

230000－0901－0001291　C032745

支那教育史略三卷　（日本）狩野良知撰　清光緒二十八年(1902)上海商務印書館鉛印本　一冊

230000－0901－0001292　C032746

左傳史論二卷　（清）高士奇撰　清末刻本　一冊

230000－0901－0001293　C032750－51

大清縉紳全書四卷　（清）□□編　清光緒北京榮錄堂刻本　二冊　存二卷(三至四)

230000－0901－0001294　C002738

滄江紅雨樓詩集一卷　（清）陶宗亮撰　清光緒三十二年(1906)刻本　一冊

230000－0901－0001295　C018072

隨園瑣記二卷　（清）袁祖志撰　清光緒五年(1879)葛元煦嘯園刻本　一冊

230000－0901－0001296　C002739－50

學案小識十四卷首一卷末一卷　（清）唐鑑撰　清光緒十年(1884)刻本　十二冊

230000－0901－0001297　C002751－53

詞律拾遺六卷　（清）徐本立撰　**詞律補遺一卷**　（清）杜文瀾撰　清同治刻本　三冊

230000－0901－0001298　C002756－61

湘綺樓文集八卷　王闓運撰　清光緒二十六年(1900)刻本　六冊

230000－0901－0001299　C002820－29

臨證指南醫案十卷　（清）葉桂撰　（清）徐大椿評　清光緒十年(1884)文會堂刻本　十冊

230000－0901－0001300　C002830－31

應驗簡便良方二卷　（清）黃翼升輯　清同治十年(1871)刻本　二冊

230000－0901－0001301　C018120－23

攜雪堂文集一卷詩集一卷對聯一卷家訓一卷試帖一卷　（清）吳可讀撰　（清）楊慶生箋注　清光緒二十九年(1903)浙江書局刻本　四冊

230000－0901－0001302　C002832－35

傷寒論四卷附傷寒論本義一卷　（清）張志聰注釋　（清）高世栻纂集　清光緒三十四年(1908)石印本　四冊

230000－0901－0001303　C002841－43

醫門法律六卷　（清）喻昌撰　清光緒三十三年(1907)簡清齋書局石印本　三冊

230000－0901－0001304　C002846－49

小學盦遺書四卷　（清）錢馥撰　清光緒二十一年(1895)清風室刻本　四冊

230000－0901－0001305　C018124－25

增修雲林寺志　（清）厲鶚撰　清光緒十四年(1888)錢塘丁氏嘉惠堂刻武林掌故叢編本　二冊

230000－0901－0001306　C002850－53

群學肄言十六卷　（英國）斯賓塞爾撰　嚴復譯　清光緒二十九年(1903)上海文明書局鉛印本　四冊

230000－0901－0001307　C018126－27

高士傳三卷　（晉）皇甫謐撰　（清）任熊繪像　清光緒三年(1877)張牧九刻本　二冊

230000－0901－0001308　C018128－31

西夏紀事本末三十六卷年表一卷　（清）張鑑撰　清光緒十年(1884)江蘇書局刻本　四冊

230000－0901－0001309　C018241－50

芥子園畫傳初集六卷二集九卷三集六卷　（清）王槩等輯　（清）巢勳摹　清光緒石印本　十冊　缺三卷(缺初集一、二、三卷)

230000－0901－0001310　C018251－56

芥子園畫傳四集六卷　（清）巢勳輯　清光緒
二十三年(1897)上海碧湖山莊影印本　六冊

230000－0901－0001311　C009458－009477

明紀六十卷　（清）陳鶴　（清）陳克家撰　清
同治十年(1871)江蘇書局刻本　二十冊

230000－0901－0001312　C009478－009485

戊笈談兵十卷首一卷　（清）汪紱撰　清光緒
二十一年(1895)刻本　八冊

230000－0901－0001313　C009486－009615

正誼堂全書六十三種補輯三種　（清）張伯行
輯　（清）楊浚等重輯　清同治福州正誼書院
刻本　一百三十冊

230000－0901－0001314　C010288－010311

［咸淳］臨安志一百卷札記三卷　（宋）潛說友
纂　清道光十年(1830)錢塘汪氏振綺堂刻本
二十四冊

230000－0901－0001315　C010312－010323

芥子園畫傳初集六卷二集九卷三集六卷
（清）王槩等輯　清光緒十四年(1888)石印本
十二冊

230000－0901－0001316　C010324－010329

耐安類稿五種　（清）陳偉撰　清光緒二十二
年(1896)刻本　六冊

230000－0901－0001317　C010336

醒世格言一卷醒世寶言一卷　（□）□□撰
清光緒三十一年(1905)松郡杜文魁刍刻本
一冊

230000－0901－0001318　C010337

清異錄二卷　（宋）陶穀撰　清道光刻惜陰軒
叢書本　一冊

230000－0901－0001319　C010350－010351

莫愁湖志六卷首一卷　（清）馬士圖撰　清光
緒八年(1882)刻本　二冊

230000－0901－0001320　C010356－010357

司馬溫公通鑑論不分卷　（宋）司馬光撰　清
兩湖書院木活字印本　二冊

230000－0901－0001321　C010360－010363

周季編略九卷　（清）黃式三撰　清同治十二
年(1873)浙江書局刻儆居遺書本　四冊

230000－0901－0001322　C010364－010369

史記菁華錄六卷　（清）姚苧田輯　清同治十
二年(1873)趙氏紅杏山房刻朱墨套印本
六冊

230000－0901－0001323　C032752

海東逸史十八卷　題（清）翁洲老民撰　清光
緒刻邵武徐氏叢書本　一冊

230000－0901－0001324　C032753

史通通釋二十卷　（清）浦起龍撰　清光緒十
一年(1885)刻本　八冊

230000－0901－0001325　C032763－68

史記菁華錄六卷　（清）姚苧田輯　清道光四
年(1824)姚氏扶荔山房刻朱墨套印本　六冊

230000－0901－0001326　C032769－72

東萊博議四卷　（宋）呂祖謙撰　（明）唐順之
評　增補虛字注釋一卷　（清）馮泰松撰　清
光緒七年(1881)馮泰松鳳城官舍刻本　四冊

230000－0901－0001327　C032773－76

史鑑節要便讀六卷　（清）鮑東里輯　清同治
十三年(1874)江蘇書局刻本　四冊

230000－0901－0001328　C032777－80

史通削繁四卷　（清）紀昀刪節　清道光十三
年(1833)涿州盧坤兩廣節署刻朱墨套印本
四冊

230000－0901－0001329　C032781－86

列國歲計政要十二卷　（英國）麥丁富得力編
纂　（美國）林樂知口譯　（清）鄭昌琰筆述
清同治十二年(1873)刻本　六冊

230000－0901－0001330　C032787－90

中俄界約斠注七卷首一卷　（清）錢恂撰　清
光緒二十年(1894)上海醉六堂刻本　四冊

230000－0901－0001331　C032791－92

說文新附考六卷續考一卷　（清）鈕樹玉撰
清嘉慶六年(1801)非石居刻同治七年(1868)
吳縣金氏碧螺山館補刻本　二冊

230000－0901－0001332　C032793－96

說文繫傳校錄三十卷　（清）王筠撰　清咸豐
七年(1857)王彥侗刻王菉友九種本　四冊

230000－0901－0001333　C032799－800

皇朝武功紀盛四卷　（清）趙翼撰　清乾隆五
十七年(1792)湛貽堂刻甌北全集本　二冊

230000－0901－0001334　C002854－59

辨志文會課藝初集不分卷　（清）宗源瀚編
清光緒二十九年(1903)刻本　六冊

230000－0901－0001335　C002860－67

駢體文鈔三十一卷　（清）李兆洛輯　清道光
刻同治六年(1867)印本　八冊

230000－0901－0001336　C002868

山海經十八卷　（晉）郭璞傳　清乾隆刻本
一冊

230000－0901－0001337　C002879－82

楚辭十七卷　（漢）王逸章句　（宋）洪興祖補
注　清同治十一年(1872)金陵書局刻本
四冊

230000－0901－0001338　C010330－010335

耐安類稿五種　（清）陳偉撰　清光緒二十二
年(1896)刻本　六冊

230000－0901－0001339　C002941

楊輝算法六卷　（宋）楊輝撰　札記一卷
(清)宋景昌撰　清道光二十二年(1842)上海
郁氏刻宜稼堂叢書本　一冊

230000－0901－0001340　C002883－85

金匱心典三卷　（清）尤怡集注　清同治八年
(1869)刻本　三冊

230000－0901－0001341　C002886－97

文選旁證四十六卷　（清）梁章鉅撰　清光緒
八年(1882)刻本　十二冊

230000－0901－0001342　C032801－02

禹貢古今注通釋六卷　（清）侯楨撰　清光緒
六年(1880)侯復曾木活字印本　二冊

230000－0901－0001343　C032803－06

禹貢說斷四卷　（宋）傅寅撰　清刻本　四冊

230000－0901－0001344　C032807－14

說文解字徐氏繫傳四十卷　（南唐）徐鍇撰
校勘記三卷　（清）祁寯藻撰　清光緒元年
(1875)姚覲元刻本　八冊

230000－0901－0001345　C032815－22

廿一史約編八卷首一卷　（清）鄭元慶撰　清
康熙三十六年(1697)紫文閣刻本　八冊

230000－0901－0001346　C032823－27

章氏遺書　（清）章學誠撰　清光緒三年
(1877)貴陽刻本　五冊

230000－0901－0001347　C032828－35

禹貢錐指二十卷圖一卷　（清）胡渭撰　清康
熙四十四年(1705)漱六軒刻本　八冊

230000－0901－0001348　C010372－010391

宋史紀事本末一百〇九卷　（明）馮琦撰
（明）陳邦瞻補　（明）張溥論正　清同治十三
年(1874)江西書局刻紀事本末五種本　二
十冊

230000－0901－0001349　C010392－010404

孫文定公集十二卷南遊記一卷　（清）孫嘉淦
撰　清嘉慶敦和堂刻本　十三冊

230000－0901－0001350　C032837－40

律音彙考八卷　（清）邱之稑撰　清道光十八
年(1838)蝦田家塾刻本　四冊

230000－0901－0001351　C010405－010412

廣事類賦十卷　（清）華希閔輯　清康熙三十
八年(1699)華氏劍光閣刻本　八冊

230000－0901－0001352　C010417－010421

事類賦三十卷　（宋）吳淑撰并注　清乾隆華
氏劍光閣刻本　五冊

230000－0901－0001353　C010429－010435

隸釋二十七卷隸續二十一卷　（宋）洪适撰
隸釋刊誤一卷　（清）黃丕烈撰　清同治十一
年(1872)皖南洪氏晦木齋刻本　七冊

230000－0901－0001354　C010436－010441

五代會要三十卷　（宋）王溥撰　清光緒十二
年(1886)江蘇書局刻本　六冊

230000－0901－0001355　C010442－010443

樊山公牘二卷　（清）樊增祥撰　清光緒二十年(1894)刻本　二冊

230000－0901－0001356　C010444－010445

校邠廬抗議二卷　（清）馮桂芬撰　清光緒十年(1884)刻本　二冊

230000－0901－0001357　C010446

防海節要一卷　（德國）希理哈撰　（清）施在鈺筆述　清光緒十年(1884)業文堂刻朱墨套印本　一冊

230000－0901－0001358　C010447－010448

律法須知二卷　（清）呂芝田撰　清光緒十三年(1887)王秉恩刻本　二冊

230000－0901－0001359　C010449

棠陰比事一卷　（宋）桂萬榮撰　清同治十三年(1874)海昌陳氏刻本　一冊

230000－0901－0001360　C033055－56

防海紀略二卷　題(清)芍唐居士撰　清光緒六年(1880)上洋文藝齋刻本　二冊

230000－0901－0001361　C010450－010465

讀通鑑論三十卷末一卷　（清）王夫之撰　清光緒二十五年(1899)黃慶曾、董昌達武昌刻本　十六冊

230000－0901－0001362　C033057－58

校邠廬抗議二卷　（清）馮桂芬撰　清光緒十八年(1892)敏德堂刻本　二冊

230000－0901－0001363　C033059－64

石渠餘紀六卷　（清）王慶雲撰　清光緒王氏刻本　六冊

230000－0901－0001364　C033065－75

匋齋藏石記四十四卷首一卷藏磚記二卷　（清）端方撰　清宣統元年(1909)石印本　十一冊

230000－0901－0001365　C033076－79

浙西水利備考不分卷　（清）王鳳生撰　清光緒四年(1878)浙江書局刻本　四冊

230000－0901－0001366　C033090－93

金石存十五卷　（清）吳玉搢撰　清嘉慶二十四年(1819)山陽李氏聞妙香室刻本　四冊

230000－0901－0001367　C033107－30

結水滸全傳七十卷七十回末一卷結子一回　（清）俞萬春撰　清同治七年(1868)刻本　二十四冊

230000－0901－0001368　C033094－101

春秋宗朱辨義十二卷首一卷末一卷　（清）張自超撰　清光緒七年(1881)刻本　八冊

230000－0901－0001369　C033102－06

西域水道記五卷　（清）徐松撰　清道光三年(1823)刻本　五冊

230000－0901－0001370　C033263－64

海塘輯要十卷首一卷　（英國）韋更斯撰　（英國）傅蘭雅口譯　（清）趙元益筆述　**海塘輯要附釋一卷**　（英國）馬立德撰　清末刻本　二冊

230000－0901－0001371　C033265－80

十六國春秋一百卷　（北魏）崔鴻撰　清乾隆汪氏欣託山房刻本　十六冊

230000－0901－0001372　C033162－71

明季南略十八卷　（清）計六奇輯　清道光都城琉璃廠半松居士木活字印本　十冊

230000－0901－0001373　C033172－211

外臺秘要四十卷　（唐）王燾撰　清同治十三年(1874)廣東翰墨園刻本　四十冊

230000－0901－0001374　C033212－31

附釋音毛詩注疏二十卷　（漢）毛亨傳　（漢）鄭玄箋　（唐）陸德明音義　（唐）孔穎達疏　**毛詩注疏校勘記二十卷**　（清）阮元撰　清嘉慶二十年(1815)江西南昌府學刻重刊宋本十三經注疏本　二十冊

230000－0901－0001375　C025810－17

尚書古文疏證八卷附朱子古文書疑一卷　（清）閻若璩撰　清乾隆眷西堂刻同治六年(1867)汪氏振綺堂補刻本　八冊

230000－0901－0001376　C010466

代數備旨不分卷　（美國）狄考文選譯　（清）鄒立文　（清）生福維筆述　清光緒三十年（1904）上海美華書館鉛印本　一冊

230000－0901－0001377　C010469

嶺表錄異三卷　（唐）劉恂撰　清刻本　一冊

230000－0901－0001378　C010470

茹芝山館詩鈔一卷　（清）徐鼎勳撰　長春花館試帖一卷　（清）徐元璋撰　清光緒十四年（1888）刻本　一冊

230000－0901－0001379　C010471

寄龕乙志四卷　（清）孫德祖撰　清光緒九年（1883）刻本　一冊

230000－0901－0001380　C010477

現行法制大意一卷　（□）□□撰　清末浦陽同文書屋鉛印本　一冊

230000－0901－0001381　C010478－010483

陳檢討集二十卷　（清）陳維崧撰　（清）程師恭注　清康熙三十二年（1693）刻本　六冊

230000－0901－0001382　C010484－010602

曾文正公全集十五種一百八十卷　（清）曾國藩撰　清同治光緒傳忠書局刻本　一百十九冊

230000－0901－0001383　C010607－010621

援鶉堂筆記五十卷　（清）姚範撰　栞誤一卷栞誤補遺一卷　（清）方東樹撰　清道光十五年（1835）姚瑩於淮南監掣官署刻　十五冊　存四十七卷（卷六至五十、栞誤一卷、栞誤補遺一卷）

230000－0901－0001384　C010622－010629

居易錄三十四卷　（清）王士禛撰　清康熙四十年（1701）刻本　八冊

230000－0901－0001385　C010630－010631

觀古閣叢稿二卷續編一卷三編二卷　（清）鮑康撰　清同治十二年（1873）觀古閣刻光緒二年（1876）續刻本　二冊　存四卷（叢稿二卷、三編二卷）

230000－0901－0001386　C033232－51

春秋三傳十六卷首一卷　（□）□□撰　清光緒五年（1879）雲南書局刻本　二十冊

230000－0901－0001387　C033252－60

洋防輯要二十四卷　（清）嚴如熤撰　清道光刻本　九冊

230000－0901－0001388　C033261－62

春秋穀梁傳十二卷　（晉）范甯集解　（唐）陸德明音義　清同治七年（1868）金陵書局刻十三經讀本本　二冊

230000－0901－0001389　C033281－82

董子春秋繁露十七卷附錄一卷　（漢）董仲舒撰　清光緒二年（1876）浙江書局刻二十二子本　二冊

230000－0901－0001390　C033283

讀律心得三卷　（清）劉衡撰　清光緒元年（1875）務本堂刻本　一冊

230000－0901－0001391　C033284

陸清獻公莅嘉遺跡三卷　（清）黃維玉輯　清道光二十一年（1841）嘉邑槎溪曹氏刻本　一冊

230000－0901－0001392　C033285－89

春秋穀梁注疏二十卷附考證　（晉）范甯集解　（唐）陸德明音義　（唐）楊士勛疏　清同治十年（1871）廣東書局刻重刊宋本十三經注疏本　五冊　存十六卷（一至十三、十八至二十）

230000－0901－0001393　C033292－93

戰國策去毒二卷　（清）陸隴其撰　清同治九年（1870）六安求我齋刻本　二冊

230000－0901－0001394　C033294－309

附釋音周禮注疏四十二卷　（漢）鄭玄注　（唐）陸德明音義　（唐）賈公彥疏　校勘記四十二卷　（清）阮元撰　（清）盧宣旬摘錄　清光緒十八年（1892）湖南寶慶務本書局刻重刊宋本十三經注疏本　十六冊

230000－0901－0001395　C033310－14

附釋音尚書注疏二十卷　（漢）孔安國傳

（唐）陸德明音義 （唐）孔穎達疏 **校勘記二十卷** （清）阮元撰 （清）盧宣旬摘錄 清光緒十八年（1892）湖南寶慶務本書局重刊宋本十三經注疏本 五冊

230000－0901－0001396 C033315－26
詩毛氏傳疏三十卷釋毛詩音四卷毛詩說一卷毛詩傳義類一卷鄭氏箋考徵一卷 （清）陳奐撰 清光緒九年（1883）徐子靜等刻本 十二冊

230000－0901－0001397 C034492－515
日下舊聞四十二卷 （清）朱彝尊撰 **補遺不分卷** （清）朱昆田撰 清康熙二十六年至二十七年（1687－1688）崑山徐氏秀水朱氏六峰閣刻本 二十四冊

230000－0901－0001398 C034516－17
晚香堂詩鈔二卷續鈔二卷 （清）俞蘭臺撰 清嘉慶十五年（1810）刻本 二冊

230000－0901－0001399 C034518－29
文選六十卷 （南朝梁）蕭統輯 （唐）李善等注 （清）何焯評點 清乾隆三十七年（1772）長洲葉樹藩海錄軒刻朱墨套印本 十二冊

230000－0901－0001400 C034530－34
戰國策三十三卷 （漢）高誘注 **札記三卷** （清）黃丕烈撰 清同治八年（1869）湖北崇文書局刻本 五冊

230000－0901－0001401 C034535－36
文廟輯略四卷 （清）施鍾編 清道光十八年（1838）行素堂刻本 二冊

230000－0901－0001402 C034537－42
圖注難經脈訣不分卷 （明）張世賢注 清浙江亦西齋刻本 六冊

230000－0901－0001403 C034543
大吉羊室遺稿一卷 （清）張振凡撰 清光緒五年（1879）張聲淵刻本 一冊

230000－0901－0001404 C034544
十藥神書注解一卷 （元）葛乾孫撰 （清）陳念祖注 （清）林壽萱韻 清光緒三十四年

（1908）刻本 一冊

230000－0901－0001405 C034545－46
神農本草經讀四卷 （清）陳念祖撰 清光緒三十四年（1908）寶慶富記書局刻本 二冊

230000－0901－0001406 C034547
產科心法二卷 （清）汪喆撰 清宣統元年（1909）鉛印本 一冊

230000－0901－0001407 C034548－49
婦嬰至寶六卷 （清）徐尚慧輯 清光緒六年（1880）刻本 二冊

230000－0901－0001408 C033327
夏小正一卷 （漢）戴德傳 （宋）金履祥注 （清）張爾岐輯 （清）黃叔琳增訂 清刻本 一冊

230000－0901－0001409 C033328－33
詩經集注八卷 （宋）朱熹撰 清末李光明莊刻本 六冊

230000－0901－0001410 C033334－37
女科經綸八卷 （清）蕭塤撰 清光緒十六年（1890）掃葉山房刻本 四冊

230000－0901－0001411 C033338－40
女科輯要八卷 （清）周紀常輯 清同治四年（1865）奎照樓刻本 三冊

230000－0901－0001412 C020720－29
顨軒孔氏所著書 （清）孔廣森撰 清嘉慶二十二年（1817）刻本 十冊

230000－0901－0001413 C033349－54
外科正宗十二卷附錄一卷 （明）陳實功撰 （清）徐大椿評 清咸豐十年（1860）許楣蔣光焴刻本 六冊

230000－0901－0001414 C010632－010647
[同治]平江縣志五十五卷首二卷末一卷 （清）張培仁 （清）麻維緒等修 （清）李元度等纂修 清同治十三年（1874）至光緒元年（1875）刻本 十六冊

230000－0901－0001415 C010648－010649
豸華堂文鈔八卷 （清）金應麟撰 清道光三

十年(1850)刻本　二冊

230000－0901－0001416　C010656－010667
四六叢話三十三卷選詩叢話一卷　（清）孫梅
輯　清光緒七年(1881)刻本　十二冊

230000－0901－0001417　C010668－010683
廬山志十五卷　（清）毛德琦撰　清康熙五十
九年(1720)順德堂刻同治十年(1871)十二年
(1873)宣統二年(1910)民國四年(1915)遞修
本　十六冊

230000－0901－0001418　C010684－010685
雲間小課二卷　（清）練廷璜編　清道光二十
九年(1849)刻本　二冊

230000－0901－0001419　C010686－010695
鄭氏禮記箋四十九卷　（清）郝懿行撰　清光
緒八年(1882)東路廳署刻本　十冊

230000－0901－0001420　C010696
交翠軒筆記四卷　（清）沈濤撰　清道光十六
年(1836)刻本　一冊　存二卷(一至二)

230000－0901－0001421　C010697－010704
莊子集釋十卷　（清）郭慶藩輯　清光緒二十
年(1894)思賢講舍刻本　八冊

230000－0901－0001422　C010705－010708
南北史捃華八卷　（清）周嘉猷撰　清同治十
一年(1872)南園寄社木活字印本　四冊

230000－0901－0001423　C033355－64
出使日記續刻十卷(光緒十七年至二十年)
(清)薛福成撰　清光緒二十四年(1898)傳經
樓刻本　十冊

230000－0901－0001424　C033371－75
黃帝内經太素三十卷附遺文一卷明堂一卷
(隋)楊上善撰注　黃帝内經明堂附錄一卷
(清)黃以周撰　清光緒二十三年(1897)通隱
堂刻本　五冊

230000－0901－0001425　C033391－92
禹貢指南四卷　（宋）毛晃撰　清蘇州府胡觀
瀾等刻本　二冊

230000－0901－0001426　C033393

明夷待訪錄一卷　（清）黃宗羲撰　清光緒二
十八年(1902)正文齋刻本　一冊

230000－0901－0001427　C033394
求闕齋日記類鈔二卷　（清）曾國藩撰　（清）
王啓原輯　清末民初上海文瑞樓石印本
一冊

230000－0901－0001428　C034550－55
鼎鍥幼幼集成六卷　（清）陳復正輯　清光緒
二十八年(1902)刻本　六冊

230000－0901－0001429　C025544－55
古文辭類纂七十四卷　（清）姚鼐輯　清同治
八年(1869)江蘇書局刻本　十二冊

230000－0901－0001430　C034556
珍珠囊指掌補遺藥性賦四卷　題(金)李杲輯
　清光緒三十三年(1907)石印本　一冊

230000－0901－0001431　C034557
雷公炮制藥性解六卷　（明）李中梓輯　清光
緒三十三年(1907)石印本　一冊

230000－0901－0001432　C025557－64
忠雅堂詩集二十七集補遺二卷銅弦詞二卷
(清)蔣士銓撰　清嘉慶刻本　八冊

230000－0901－0001433　C034566－605
瘍醫大全四十卷　（清）顧世澄纂輯　清同治
九年(1870)敦仁堂刻本　四十冊

230000－0901－0001434　C025716－54
行素草堂金石叢書十九種　（清）朱記榮輯
清光緒吳縣朱氏行素草堂刻本　三十九冊

230000－0901－0001435　C025697
師鄭堂駢體文存二卷　孫維撰　清光緒十八
年(1892)刻本　一冊

230000－0901－0001436　C034685－90
西魏書二十四卷續錄一卷附錄一卷　（清）謝
啟昆撰　清乾隆六十年(1795)樹經堂刻本
六冊

230000－0901－0001437　C019505－06
林和靖詩集四卷拾遺一卷　（宋）林逋撰　清
宣統二年(1910)上海文瑞樓石印本　二冊

230000－0901－0001438　C034691

續漢書辨疑九卷　（清）錢大昭撰　清光緒十三年（1887）廣雅書局刻廣雅書局叢書本　一冊

230000－0901－0001439　C002905－08

醫學心悟五卷附外科十法一卷外科症治方藥一卷　（清）程國彭撰　清刻本　四冊

230000－0901－0001440　C033401－12

讀史方輿紀要詳節二十二卷方輿全圖總說五卷　（清）顧祖禹撰　（清）蔣錫祉選錄　清光緒二十八年（1902）邵文石印書局石印本　十二冊

230000－0901－0001441　C025565－68

切問齋集十二卷首一卷　（清）陸燿撰　清光緒十八年（1892）江蘇書局刻本　四冊

230000－0901－0001442　C034692－713

史記一百三十卷　（漢）司馬遷撰　（南朝宋）裴駰集解　（唐）司馬貞索隱　**札記五卷**（清）張文虎撰　清同治五年至九年（1866－1870）金陵書局刻本　二十二冊

230000－0901－0001443　C022641－50

皇朝文獻通考輯要二十六卷　（清）湯壽潛輯　清末通雅堂鉛印本　十冊

230000－0901－0001444　C034714－23

資治通鑑目錄三十卷　（宋）司馬光撰　清同治八年（1869）江蘇書局刻資治通鑑彙刻本　十冊

230000－0901－0001445　C025569－616

藝海珠塵一百六十五種　（清）吳省蘭輯（清）錢熙輔增輯　清嘉慶南匯吳氏聽彝堂刻道光三十年（1850）金山錢氏漱石軒增刻本　四十八冊

230000－0901－0001446　C034724－43

二十一史四譜五十四卷　（清）沈炳震撰　清同治十年（1871）武林吳氏清來堂刻本　二十冊

230000－0901－0001447　C025755－86

滂喜齋叢書五十四種　（清）潘祖蔭輯　清同治光緒吳縣潘氏京師刻本　三十二冊

230000－0901－0001448　C023617－96

觀象廬叢書三十種　（清）呂調陽撰　清光緒十四年（1888）葉長高刻本　八十冊

230000－0901－0001449　C034744－63

嘉慶東華續錄五十卷　王先謙輯　清光緒刻本　二十冊

230000－0901－0001450　C025567

檐曝雜記六卷　（清）趙翼撰　清壽考堂刻本　一冊

230000－0901－0001451　C020651－82

文獻通考三百四十八卷　（元）馬端臨撰　**考證三卷**　清光緒二十八年（1902）上海鴻寶書局石印九通本　三十二冊

230000－0901－0001452　C034764－69

貳臣傳十二卷　（清）□□撰　清道光都城琉璃廠半松居士刻本　六冊

230000－0901－0001453　C034470－75

吾學錄初編二十四卷　（清）吳榮光撰　清同治九年（1870）江蘇書局刻本　六冊

230000－0901－0001454　C034776－83

廣輿記二十四卷圖一卷　（明）陸應陽輯　明刻清修本　八冊

230000－0901－0001455　C025868

文昌大洞仙經二卷懺文一卷　（清）劉沅註釋　清同治三年（1864）豫誠堂刻本　一冊

230000－0901－0001456　C025850－55

詞苑叢談十二卷　（清）徐釚撰　清康熙二十七年（1688）丁煒蛾術齋刻本　六冊

230000－0901－0001457　C025883

逸語十卷　（清）曹庭棟輯注　清乾隆十二年（1747）刻本　一冊

230000－0901－0001458　C020730－37

大清會典一百卷　（清）張廷玉等纂修　清光緒十九年（1893）集成印書局鉛印本　八冊

230000 - 0901 - 0001459　C020738

漢官儀三卷　（宋）劉攽撰　清道光四年
(1824)揚州穆西堂影宋刻本　一冊

230000 - 0901 - 0001460　C010709

天圖經一卷　（□）□□撰　清咸豐十一年
(1861)暨陽三畏堂澤山道人石刻協和拓本
一冊

230000 - 0901 - 0001461　C010710 - 010727

十一經音訓　（清）楊國楨撰　清光緒三年
(1877)湖北崇文書局刻本　十八冊

230000 - 0901 - 0001462　C025856 - 59

陳北溪先生文集十四卷補遺一卷　（宋）陳淳
撰　清光緒九年(1883)劉昇之刻本　四冊

230000 - 0901 - 0001463　C020763 - 64

六朝文絜　（清）許槤評撰　清末石印本
二冊

230000 - 0901 - 0001464　C025860 - 61

仲實類稿一卷詩存二卷　（清）魯賁撰　清咸
豐山陽魯氏刻魯氏遺書本　二冊

230000 - 0901 - 0001465　C025862

古香閣初稿四卷　（清）陳環撰　清光緒刻本
一冊

230000 - 0901 - 0001466　C025863 - 66

絕妙好詞箋七卷　（宋）周密輯　（清）查為仁
箋　（清）厲鶚箋注　**續鈔二卷**　（清）余集補
輯　（清）徐楙補輯　清乾隆刻本　四冊

230000 - 0901 - 0001467　C025879 - 82

東塾讀書記二十五卷　（清）陳澧撰　清光緒
七年(1881)刻本　四冊

230000 - 0901 - 0001468　C033395 - 400

寄傲山房塾刻纂輯禮記全文備旨十一卷
（清）鄒聖脈纂輯　清光緒五年(1879)海陵書
屋刻本　六冊

230000 - 0901 - 0001469　C016285 - 98

史記志疑三十六卷附錄一卷　（清）梁玉繩撰
清光緒十三年(1887)廣雅書局刻本　十
四冊

230000 - 0901 - 0001470　C022022 - 80

碑傳集一百六十卷首二卷末二卷　（清）錢儀
吉撰　清光緒十九年(1893)江蘇書局刻本
五十九冊

230000 - 0901 - 0001471　C025886 - 904

抗希堂十六種　（清）方苞撰　清康熙嘉慶方
氏抗希堂刻本　十九冊

230000 - 0901 - 0001472　C025905 - 28

東周列國志一百〇八回二十三卷　（明）馮夢
龍撰　（清）蔡元放評　清經綸堂刻本　二十
四冊

230000 - 0901 - 0001473　C025930 - 53

湖海樓叢書　（清）陳春輯　清嘉慶蕭山陳氏
湖海樓刻本　二十四冊

230000 - 0901 - 0001474　C025958 - 59

黑龍江外記八卷　（清）西清撰　清光緒二十
年(1894)桐廬袁氏刻漸西村舍彙刊本　二冊

230000 - 0901 - 0001475　C016487 - 598

硃批諭旨不分卷　（清）鄂爾泰等輯　清活字
套印朱墨本　一百十二冊

230000 - 0901 - 0001476　C016415 - 54

皇朝通典一百卷　（清）嵇璜等撰　清光緒八
年(1882)浙江書局刻本　四十冊

230000 - 0901 - 0001477　C016694 - 741

皇朝文獻通考三百卷　（清）嵇璜等撰　清光
緒二十七年(1901)上海集成書局鉛印九通本
四十八冊

230000 - 0901 - 0001478　C017168 - 71

陸清獻公日記十卷　（清）陸隴其撰　清道光
二十一年(1841)勝溪草堂刻本　四冊

230000 - 0901 - 0001479　C025964 - 65

吉林外紀六卷　（清）薩英額撰　清光緒二十
一年(1895)抄本　二冊

230000 - 0901 - 0001480　C026023 - 38

群經評議三十五卷　（清）俞樾撰　清光緒二
十五年(1899)刻春在堂全書本　十六冊

230000 - 0901 - 0001481　C026039 - 50

詩序廣義二十四卷　（清）姜炳璋撰　清嘉慶
二十年(1815)姜人寬刻本　十二冊

230000－0901－0001482　C026051－53

孝經一卷　（唐）玄宗李隆基注　爾雅三卷
（晉）郭璞注　清同治七年(1868)金陵書局刻
十三經讀本本　三冊

230000－0901－0001483　C026054－56

四書釋地一卷續一卷又續一卷三續一卷
（清）閻若璩撰　清乾隆八年(1743)閻氏眷西
堂刻本　三冊

230000－0901－0001484　C026059

大學古本質言一卷　（清）劉沅撰　清咸豐二
年(1852)豫誠堂刻本　一冊

230000－0901－0001485　C026061－65

周易恆解五卷　（清）劉沅撰　清刻本　五冊

230000－0901－0001486　C016832－942

子書百家　（清）崇文書局輯　清光緒元年
(1875)崇文書局刻本　一百十一冊

230000－0901－0001487　C033413－20

天下郡國利病書詳節十八卷　（清）顧炎武撰
　（清）蔣錫祉節錄　清光緒二十八年(1902)
邵文石印書局石印本　八冊

230000－0901－0001488　C033421－24

第八才子書白圭志四卷十六回　（清）崔象川
撰　清三讓堂刻本　四冊

230000－0901－0C01489　C017383－463

日本法規大全不分卷附解字　（清）南洋公學
譯書院　（清）商務印書館編譯所譯　清宣統
三年(1911)商務印書館鉛印本　八十一冊

230000－0901－0001490　C033425－32

雪月梅傳五十回　（清）陳朗撰　（清）董孟汾
評釋　清光緒四年(1878)鉛印申報館叢書本
　八冊

230000－0901－0001491　C018740－859

十三經注疏三百三十三卷　　清嘉慶十八年
(1813)繡穀四友堂刻本　一百二十冊

230000－0901－0001492　C033433－36

新刻天花藏批評玉嬌梨四卷二十回　（清）荻
岸散人撰　清嘉慶十八年(1813)玉尺堂刻本
　四冊

230000－0901－0001493　C019520－69

讀史方輿紀要一百三十卷輿圖要覽四卷
（清）顧祖禹撰　清嘉慶十七年(1812)敷文閣
刻光緒五年(1879)蜀南薛氏桐華書屋重修本
　五十冊

230000－0901－0001494　C033463－70

東漢會要四十卷　（宋）徐天麟撰　清刻本
八冊　缺二卷(三十七、三十八)

230000－0901－0001495　C033483－88

陳臥子先生安雅堂稿十五卷　（明）陳子龍撰
　清宣統元年(1909)上海時中書局鉛印本
六冊

230000－0901－0001496　C033493－96

春秋左傳五十卷　（晉）杜預註　（唐）陸德明
音義　（宋）林堯叟補注　（明）孫鑛等評點
清道光二十年(1840)古香書屋刻本　四冊

230000－0901－0001497　C033497

聽經閣同聲集六卷　（清）胡鳳丹等撰　清同
治八年(1869)胡氏退補齋刻本　一冊

230000－0901－0001498　C033505－06

說文通檢十四卷首一卷末一卷　（清）黎永椿
編　清光緒二年(1876)崇文書局刻本　二冊

230000－0901－0001499　C010728－010776

潛研堂全書　（清）錢大昕撰　清乾隆嘉慶潛
孚堂錢氏刻本　四十九冊

230000－0901－0001500　C010777－010778

急就篇四卷　（漢）史游撰　（唐）顏師古注
（宋）王應麟補注　清刻本　二冊

230000－0901－0001501　C010779－010782

積古齋鐘鼎彝器款識十卷　（清）阮元輯　清
嘉慶九年(1804)刻本　四冊

230000－0901－0001502　C010783－010792

古詩選三十二卷　（清）王士禎輯　五七言今
體詩鈔十八卷　（清）姚鼐輯　清同治五年

(1866)金陵書局刻本　十冊

230000－0901－0001503　C010793－010795
說文發疑六卷　（清）張行孚撰　清光緒十年
(1884)刻本　三冊

230000－0901－0001504　C010808－010811
沈文忠公集十卷附自訂年譜一卷　（清）沈兆
霖撰　清同治八年(1869)潘祖蔭等刻本
四冊

230000－0901－0001505　C010812－010817
救偏瑣言十卷附備用良方一卷　（清）費啓泰
撰　清康熙二十七年(1688)費氏惠迪堂刻本
六冊

230000－0901－0001506　C010818－010819
萬氏婦人科三卷首一卷達生編二卷　（明）萬
全撰　清富記書局刻本　二冊

230000－0901－0001507　C010844－010845
刪訂痘疹定論四卷　（清）朱純嘏撰　（清）王
藻亭刪訂　清光緒三十一年(1905)富記書室
刻本　二冊

230000－0901－0001508　C010846－010847
傷寒眞方歌括六卷　（清）陳念祖撰　清光緒
三十四年(1908)寶慶經元書局校刻本　二冊

230000－0901－0001509　C010848－010849
傅青主男科二卷　（清）傅山撰　清光緒十三
年(1887)湖北官書處刻本　二冊

230000－0901－0001510　C010850－010857
十三經集字摹本不分卷　（清）彭玉雯輯　清
道光二十九年(1849)彭玉雯刻本　八冊

230000－0901－0001511　C010860－010865
古詩箋三十二卷　（清）王士禛輯　（清）聞人
倓箋　清乾隆三十一年(1766)芷蘭堂刻本
六冊　存十七卷(一至十七)

230000－0901－0001512　C020387－94
兩漢金石記二十二卷　（清）翁方綱撰　清乾
隆五十四年(1789)南昌使院刻蘇齋叢書本
八冊

230000－0901－0001513　C026066－67

六經正誤六卷　（宋）毛居正撰　清康熙十九
年(1680)通志堂刻通志堂經解本　二冊

230000－0901－0001514　C026072－75
焦氏易林四卷　（漢）焦贛撰　清光緒元年
(1875)湖北崇文書局刻子書百家本　四冊

230000－0901－0001515　C026076－83
隸辨八卷　（清）顧藹吉撰　清同治十二年
(1873)漁古山房刻本　八冊

230000－0901－0001516　C026084－89
六經圖考六卷　（宋）楊甲撰　清康熙六十一
年(1722)禮耕堂刻本　六冊

230000－0901－0001517　C002958
婦嬰至寶六卷　（清）徐尚慧輯　清光緒二十
四年(1898)張近秀齋刻本　一冊

230000－0901－0001518　C026090－91
句溪雜著六卷　（清）陳立撰　清光緒十三年
(1887)廣雅書局刻本　二冊

230000－0901－0001519　C026096－98
群書辨疑十二卷　（清）萬斯同撰　清嘉慶刻
本　三冊

230000－0901－0001520　C002959
小山詞鈔一卷　（宋）晏幾道撰　清光緒十一
年(1885)刻本　一冊

230000－0901－0001521　C026092－95
潛夫論十卷　（漢）王符撰　（清）汪繼培箋
清光緒十七年(1891)思賢講舍刻本　四冊

230000－0901－0001522　C026099－100
董子春秋繁露十七卷附錄一卷　（漢）董仲舒
撰　清光緒二年(1876)浙江書局刻二十二子
本　二冊

230000－0901－0001523　C026101－03
山海經十八卷　（晉）郭璞傳　清光緒三年
(1877)浙江書局刻二十二子本　三冊

230000－0901－0001524　C026122－25
古今類傳四卷　（清）董穀士輯　清康熙三十
一年(1692)刻本　四冊

230000－0901－0001525　C002960－61

醫學源流論二卷　（清）徐大椿撰　清乾隆米松齋刻徐氏醫書六種本　二冊

230000－0901－0001526　C026126－31

述記不分卷　（清）任兆麟撰　清乾隆五十三年(1788)映雪草堂刻本　六冊

230000－0901－0001527　C026104－05

養餘齋詩初刻八卷　（清）柳樹芳撰　清道光刻本　二冊

230000－0901－0001528　C026112－21

四書恆解十一卷　（清）劉沅撰　清光緒十年(1884)刻槐軒全書本　十冊

230000－0901－0001529　C002962－65

山中白雲詞八卷　（宋）張炎撰　**附錄一卷**（宋）張樞撰　清光緒八年(1882)娛園刻本　四冊

230000－0901－0001530　C026211－23

顧端文公遺書十四種　（明）顧憲成撰　清光緒三年(1877)涇里宗祠刻本　十三冊

230000－0901－0001531　C002967

百老吟一卷　（清）錢溯耆輯　清宣統二年(1910)刻本　一冊

230000－0901－0001532　C026148－207

佩文韻府一百〇六卷　（清）張玉書等纂　清光緒十二年(1886)石印本　六十冊

230000－0901－0001533　C002971－76

二林居集二十四卷　（清）彭紹升撰　清刻本　六冊

230000－0901－0001534　C026132－47

春秋經傳集解三十卷附考證　（晉）杜預撰（唐）陸德明音義　清光緒刻本　十六冊

230000－0901－0001535　C033507－09

儀禮圖六卷　（清）張惠言撰　清同治九年(1870)湖北崇文書局刻本　三冊

230000－0901－0001536　C033510

儀禮識誤三卷　（宋）張淳撰　**儀禮釋宮一卷**（宋）李如圭撰　清刻本　一冊

230000－0901－0001537　C033511－12

輶軒使者絕代語釋別國方言十三卷首一卷（漢）揚雄撰　（晉）郭璞注　清光緒十七年(1891)思賢講舍刻本　二冊

230000－0901－0001538　C033513

潛吉堂詩錄二卷詞錄一卷雜著一卷　（清）楊秉桂撰　清道光二十五年(1845)刻本　一冊

230000－0901－0001539　C033519－22

脈經十卷　（晉）王叔和撰　清光緒二十二年(1896)新化三味堂刻本　四冊

230000－0901－0001540　C033523－24

景岳新方砭四卷　（清）陳念祖撰　清刻本二冊

230000－0901－0001541　C033525－26

喉科種福五卷首一卷　（清）易方撰　清光緒二十五年(1899)富記書局刻本　二冊

230000－0901－0001542　C034784－823

舊唐書二百卷　（五代）劉昫等撰　清同治十一年(1872)浙江書局刻二十四史本　四十冊

230000－0901－0001543　C034824－39

水經注四十卷首一卷　（北魏）酈道元撰　**附錄二卷**　（清）趙一清撰　清光緒十八年(1892)長沙王氏思賢講舍刻本　十六冊

230000－0901－0001544　C002977－84

荀子二十卷首一卷　（戰國）荀況撰　（唐）楊倞注　王先謙集解　清光緒上海校經山房石印本　八冊

230000－0901－0001545　C034840－87

御批歷代通鑑輯覽一百二十卷　（清）傅恆等撰　清同治十年(1871)浙江書局刻朱墨套印本　四十八冊

230000－0901－0001546　C034888－5007

海山仙館叢書　（清）潘仕成輯　清道光咸豐番禺潘氏刻光緒補刻本　一百二十冊

230000－0901－0001547　C002985－88

溫熱經緯五卷　（清）王士雄撰　清光緒十一年(1885)松筠閣刻本　四冊

230000－0901－0001548　C035052－55

穆天子傳注疏六卷首一卷末一卷　（晉）郭璞注　（清）檀萃疏　清乾隆石渠閣刻本　四冊

230000－0901－0001549　C035056－87

藕香零拾　繆荃孫輯　清光緒宣統刻本　三十二冊

230000－0901－0001550　C035142－47

明季稗史彙編　題（清）留雲居士輯　清光緒二十二年（1896）上海圖書集成印書局鉛印本　六冊

230000－0901－0001551　C033527

焦氏喉科枕秘二卷　（清）金德鑑編　清同治七年（1868）孫雲齋刻本　一冊

230000－0901－0001552　C035174－292

玉海二百卷詞學指南四卷附刊十三種校補瑣記二卷　（宋）王應麟撰　清光緒九年（1883）浙江書局刻本　一百十九冊

230000－0901－0001553　C002990－93

醫醇賸義四卷　（清）費伯雄撰　清光緒十四年（1888）掃葉山房刻本　四冊

230000－0901－0001554　C035148－61

粟香室叢書　（清）金武祥輯　清光緒至民國江陰金氏刻本　十四冊

230000－0901－0001555　C035162－73

岱南閣叢書五種　（清）孫星衍輯　清嘉慶三年（1798）蘭陵孫氏刻本　十二冊

230000－0901－0001556　C002994－97

定香亭筆談四卷　（清）阮元撰　清光緒二十五年（1899）浙江書局刻本　四冊

230000－0901－0001557　C035294－305

杜詩鏡銓二十卷附錄一卷年譜一卷　（清）楊倫撰　讀書堂杜工部文集注解二卷　（清）張溍評注　清同治十一年（1872）望三益齋刻本　十二冊

230000－0901－0001558　C035306－12

匋齋藏石記四十四卷首一卷藏磚記二卷　（清）端方撰　清宣統元年（1909）石印本　七冊

230000－0901－0001559　C035313－22

石笥山房文集六卷補遺一卷詩集十一卷詩餘一卷補遺二卷續補遺二卷　（清）胡天游撰　年譜一卷　（清）胡元琢撰　清咸豐二年（1852）刻本　十冊

230000－0901－0001560　C035323－28

王子安集注二十卷首一卷末一卷　（唐）王勃撰　（清）蔣清翊注　清光緒九年（1883）吳縣蔣氏雙唐碑館刻本　六冊

230000－0901－0001561　C035329－32

湖海樓儷體文集十二卷　（清）陳維崧撰　清光緒十七年（1891）刻本　四冊

230000－0901－0001562　C035333－34

芬響閣初稿十卷　（清）王裒之撰　芬響閣坿存稿一卷　（清）陳瑤撰　清同治七年（1868）刻本　二冊

230000－0901－0001563　C035335－36

四書文二卷　（清）熊伯龍撰　（清）武士評　清光緒十年（1884）漢陽黃氏試館刻本　二冊

230000－0901－0001564　C035338－47

諸子評議三十五卷　（清）俞樾撰　清同治十年（1871）潘霨刻本　十冊

230000－0901－0001565　C035348－51

因寄軒文初集十卷二集六卷補遺一卷　（清）管同撰　小異遺文一卷　（清）管嗣復撰　清光緒五年（1879）刻本　四冊

230000－0901－0001566　C035354－57

談天十八卷首一卷表一卷　（英國）侯失勒約翰撰　（英國）偉烈亞加口譯　（清）李善蘭刪述　（清）徐建寅續述　清同治江南制造總局刻本　四冊

230000－0901－0001567　C035365－66

絃詩塾詩六卷　（清）姚清華撰　清光緒七年（1881）金山程氏補讀書齋刻本　二冊

230000－0901－0001568　C035371－94

通志略五十一卷　（宋）鄭樵撰　清金匱山房刻本　二十四冊

230000 – 0901 – 0001569　C035395 – 406

朱文公校昌黎先生文集四十卷外集十卷遺文
一卷首一卷末一卷 （唐）韓愈撰 （宋）朱熹
考異 （宋）王伯大音釋　清光緒十八年
(1892)傳經堂刻本　十二冊

230000 – 0901 – 0001570　C035407 – 08

御風要術三卷 （英國）白爾特撰 （美國）金
楷里口譯 （清）華蘅芳筆述　清同治十二年
(1873)江南製造總局刻本　二冊

230000 – 0901 – 0001571　C035421 – 34

春秋左傳五十卷 （晉）杜預注 （唐）陸德明
音義 （宋）林堯叟補注 （明）鍾惺等評點
清芥子園刻本　十四冊

230000 – 0901 – 0001572　C035435

味隽齋史義二卷 （清）周濟撰　清光緒十八
年(1892)周恭壽刻求志堂存稿本　一冊

230000 – 0901 – 0001573　C035436

世本二卷 （漢）宋衷注 （清）孫馮翼輯
（清）陳其榮增訂 **考證一卷**　清光緒十三年
(1887)吳縣朱氏槐廬家塾刻槐廬叢書本
一冊

230000 – 0901 – 0001574　C035437 – 52

王臨川全集一百卷目錄二卷 （宋）王安石撰
清光緒九年(1883)聽香館刻本　十六冊

230000 – 0901 – 0001575　C035453 – 558

硃批諭旨不分卷 （清）鄂爾泰等輯　清末刻
朱墨套印本　一百〇六冊

230000 – 0901 – 0001576　C002999

讀史論略一卷 （清）杜詔撰　清同治五年
(1866)退補齋刻本　一冊

230000 – 0901 – 0001577　C035559 – 65

歷代地理志韻編今釋二十卷圖一卷 （清）李
兆洛撰　清同治九年(1870)合肥李鴻章刻李
氏五種本　七冊

230000 – 0901 – 0001578　C035566 – 81

小腆紀傳六十五卷 （清）徐鼒撰 **補遺五卷**
補遺考異一卷 （清）徐承禮撰　清光緒十三

年至十四年(1887 – 1888)金陵刻本　六冊

230000 – 0901 – 0001579　C003000

寒夜叢談三卷 （清）沈赤然撰　清光緒刻本
一冊

230000 – 0901 – 0001580　C010866 – 010881

賦鈔箋略十五卷 （清）王煒輯 （清）雷琳
（清）張杏濱箋　清乾隆三十一年(1766)刻本
十六冊

230000 – 0901 – 0001581　C010882 – 010885

思適齋集十八卷 （清）顧廣圻撰 **顧君墓志**
銘一卷 （清）李兆洛撰　清道光二十九年
(1849)上海徐氏刻本　四冊

230000 – 0901 – 0001582　C010888

禹貢正詮四卷 （清）姚彥渠輯　清光緒十一
年(1885)姚丙吉刻本　一冊

230000 – 0901 – 0001583　C010889 – 010891

長沙方歌括六卷 （清）陳念祖撰　清光緒三
十四年(1908)寶慶富記書局刻本　三冊

230000 – 0901 – 0001584　C010892 – 010906

長恩書室叢書 （清）莊肇麟輯　清咸豐四年
(1854)莊氏過客軒刻本　十五冊

230000 – 0901 – 0001585　C010907 – 011005

湖北叢書 （清）趙尚輔輯　清光緒十七年
(1891)三餘艸堂刻本　一百冊

230000 – 0901 – 0001586　C011006 – 011017

辨證奇聞十五卷 （清）陳士鐸撰　清同治六
年(1867)經元堂刻本　十二冊

230000 – 0901 – 0001587　C011018 – 011021

讀書雜識十二卷 （清）勞格撰　清光緒四年
(1878)吳興丁寶書刻月河精舍叢鈔本　四冊

230000 – 0901 – 0001588　C011026 – 011029

曾文正公奏議十卷首一卷末一卷補編四卷
（清）曾國藩撰 （清）薛福成編　清光緒二十
二年(1896)上海圖書集成印書局鉛印本
四冊

230000 – 0901 – 0001589　C011031 – 011059

管窺輯要八十卷 （清）黃鼎輯　清順治十年

(1653)刻本　二十九冊

230000－0901－0001590　C011062－011068
池北偶談二十六卷　（清）王士禛撰　清康熙
四十年(1701)刻王漁洋遺書本　七冊

230000－0901－0001591　C011060－011061
莊子內篇注四卷　（明）釋德清撰　清光緒十
四年(1888)金陵刻經處刻本　二冊

230000－0901－0001592　C011089－011094
傅氏眼科審視瑤函六卷首一卷　（明）傅仁宇
纂輯　（明）林長生校補　清經國治記文光堂
刻本　六冊

230000－0901－0001593　C011095－011104
臨證指南醫案十卷　（清）葉桂撰　（清）徐大
椿評　清乾隆四十年(1775)席氏埽葉山房刻
朱墨套印本　十冊

230000－0901－0001594　C011105－011108
增訂本草備要四卷　（清）汪昂撰　清光緒七
年(1881)掃葉山房刻本　四冊

230000－0901－0001595　C011109－011114
傅氏眼科審視瑤函六卷　（明）傅仁宇纂輯
（明）林長生校補　清末善成堂刻本　六冊

230000－0901－0001596　C011115－011126
徐靈胎十二種全集　（清）徐大椿撰　清同治
三年(1864)彭樹萱善成堂刻本　十二冊

230000－0901－0001597　C011127－011132
吾學錄初編二十四卷　（清）吳榮光撰　清同
治九年(1870)江蘇書局刻本　六冊

230000－0901－0001598　C011133
淨土四經四卷　（清）魏源輯　清同治五年
(1866)楊文惠等刻本　一冊

230000－0901－0001599　C011134－011135
胎產秘書二卷　（清）陳笏庵撰　清末刻本
二冊

230000－0901－0001600　C011136－011141
本草從新十八卷　（清）吳儀洛撰　清光緒七
年(1881)恆德堂刻本　六冊

230000－0901－0001601　C004001－02
緝古算經考注二卷　（清）李潢撰　清道光刻
本　二冊

230000－0901－0001602　C033532－55
類經三十二卷　（明）張介賓類注　**圖翼十一
卷附翼四卷**　（明）張介賓撰　清嘉慶四年
(1799)金閶翠英堂刻本　二十四冊　存三十
二卷(一至三十二)

230000－0901－0001603　C033556－59
**瘍科心得集三卷附方匯三卷補遺一卷景岳新
方歌一卷**　（清）高秉鈞纂輯　清光緒二十七
年(1901)無錫日升山房刻本　四冊

230000－0901－0001604　C033560－65
注解傷寒論十卷　（漢）張機撰　（金）成無己
注解　**傷寒明理論四卷**　（金）成無己撰　清
光緒二十五年(1899)常郡宛委山莊刻本
六冊

230000－0901－0001605　C033566－75
鍼灸大成十卷　（明）楊繼洲撰　清紫文閣刻
本　十冊

230000－0901－0001606　C033580－83
語石十卷　葉昌熾撰　清宣統元年(1909)長
洲葉氏刻本　四冊

230000－0901－0001607　C004003－06
墨子十六卷附篇目考一卷　（戰國）墨翟撰
（清）畢沅校注　清光緒二年(1876)浙江書局
刻二十二子本　四冊

230000－0901－0001608　C004009－12
易說十二卷附易說便錄一卷　（清）郝懿行撰
并輯　清光緒八年(1882)刻本　四冊

230000－0901－0001609　C004007－08
增補大生要旨五卷　（清）唐千頃撰　（清）馬
振藩續增　清光緒十四年(1888)刻本　二冊

230000－0901－0001610　C004013
六書音韻表五卷　（清）段玉裁撰　清同治十
一年(1872)刻本　一冊

230000－0901－0001611　C004016

大戴禮記十三卷　（漢）戴德撰　（北周）盧辯注　清刻本　一冊

230000－0901－0001612　C004014－15

大戴禮記補注十三卷敘錄一卷　（清）孔廣森撰　清同治十三年(1874)淮南書局刻本二冊

230000－0901－0001613　C035657－64

沈文肅公政書七卷首一卷　（清）沈葆楨撰　清光緒六年(1880)吳門節署刻本　八冊

230000－0901－0001614　C035803－22

元書一百〇二卷目錄一卷　（清）曾廉撰　清宣統三年(1911)層漪堂刻本　二十冊

230000－0901－0001615　C021156－59

大唐西域記十二卷　（唐）釋玄奘口述　（唐）釋辯機纂集　清宣統元年(1909)刻本　四冊

230000－0901－0001616　C021160－63

歷代循吏傳八卷　（清）朱軾　（清）蔡世遠輯　清康熙乾隆刻朱文端公藏書本　四冊

230000－0901－0001617　C021168

說文新附考六卷續考一卷　（清）鈕樹玉撰　清嘉慶六年(1801)非石居刻同治七年(1868)吳縣金氏碧螺山館補刻本　一冊

230000－0901－0001618　C035823－47

朔方備乘六十八卷首十二卷　（清）何秋濤撰　清光緒七年(1881)畿輔通志局刻本　二十五冊

230000－0901－0001619　C026224－27

汪子遺集十卷　（清）汪縉撰　清光緒八年(1882)刻本　四冊

230000－0901－0001620　C026228－43

虛齋名畫錄十六卷　龐元濟撰　清宣統元年(1909)烏程龐氏刻本　十六冊

230000－0901－0001621　C004022－25

二論詳解四卷　（清）劉忠輯　清末刻本四冊

230000－0901－0001622　C004026－28

靖節先生集十卷首一卷末一卷　（晉）陶潛撰　（清）陶澍集注　清光緒九年(1883)江蘇書局刻本　三冊

230000－0901－0001623　C004049－80

御纂醫宗金鑑九十卷首一卷　（清）吳謙等纂　清末刻本　三十二冊

230000－0901－0001624　C026244－56

[光緒]廣西通志輯要十五卷續刻二卷　（清）蘇宗經輯　（清）羊復禮　（清）夏敬頤增輯　清光緒刻本　十三冊

230000－0901－0001625　C026259－68

明文在一百卷　（清）薛熙輯　清光緒十五年(1889)江蘇書局刻本　十冊

230000－0901－0001626　C004137－48

八旗文經五十六卷　（清）盛昱輯　作者考三卷敘錄一卷　（清）楊鍾羲撰　清光緒二十七年(1901)武昌刻本　十二冊

230000－0901－0001627　C026285－96

天壤閣叢書　（清）王懿榮編　清同治光緒刻本　十二冊

230000－0901－0001628　C026589－636

二十二史考異一百卷　（清）錢大昕撰　清乾隆刻本　四十八冊

230000－0901－0001629　C004149－53

毛詩復古錄十二卷首一卷　（清）吳懋清撰　清光緒二十年(1894)刻本　六冊

230000－0901－0001630　C026569－88

明史紀事本末八十卷　（清）谷應泰撰　清同治十三年(1874)刻本　二十冊

230000－0901－0001631　C004159－64

驗方新編三十四卷　（清）鮑相璈輯　（清）李龍訂訛　清光緒二十五年(1899)石印本六冊

230000－0901－0001632　C004165－70

明紀六十卷　（清）陳鶴　（清）陳克家撰　清光緒十六年(1890)石印本　六冊

230000－0901－0001633　C035848－967

欽定續文獻通考二百五十卷　（清）嵇璜等撰

清光緒十三年(1887)浙江書局刻本　一百二十册

230000－0901－0001634　C026637－52
授堂全集七種　(清)武億撰　清道光二十三年(1843)偃師武氏授堂刻本　十六册

230000－0901－0001635　C004172－87
續資治通鑑二百二十卷　(清)畢沅撰　清光緒十五年(1889)石印本　十六册

230000－0901－0001636　C035582－91
東都事略一百三十卷　(宋)王偁撰　清刻本　十册

230000－0901－0001637　C026653－92
五代史記七十四卷　(宋)歐陽修撰　(宋)徐無黨注　清道光八年(1828)刻本　四十册

230000－0901－0001638　C004188－4211
資治通鑑二百九十四卷　(宋)司馬光撰　(元)胡三省音注　清光緒十四年(1888)石印本　二十四册

230000－0901－0001639　C035632－41
湘軍記二十卷　(清)王定安撰　清光緒十五年(1889)江南書局刻本　十册

230000－0901－0001640　C026693－99
榕樹全集三十七卷　(清)李光地撰　清乾隆刻本　七册

230000－0901－0001641　C026724
唐詩三百首不分卷　(清)孫洙輯　清道光二十年(1840)世德堂刻本　一册

230000－0901－0001642　C035642－44
實政錄九卷　(明)呂坤撰　清同治十一年(1872)江蘇書局刻本　三册　存七卷(一至七)

230000－0901－0001643　C026725
唐詩三百首續選一卷　(清)于慶元輯　清末刻本　一册

230000－0901－0001644　C035645－46
廣陵通典十卷　(清)汪中撰　清同治八年(1869)揚州書局刻本　二册

230000－0901－0001645　C035647－56
林文忠公政書三十七卷　(清)林則徐撰　清光緒林氏家刻本　十册

230000－0901－0001646　C026728－31
晏子春秋七卷　(春秋)晏嬰撰　**音義二卷**(清)孫星衍撰　**校勘記二卷**　(清)黃以周撰　清光緒元年(1875)浙江書局刻二十二子本　四册

230000－0901－0001647　C026732
二十二史感應錄二卷　(清)彭希涑輯　清光緒四年(1878)彭慰高刻本　一册

230000－0901－0001648　C035968－80
存素堂詩稿十四卷文稿四卷文稿補遺一卷續編四卷壬癸志稿二十八卷頤壽老人年譜一卷　(清)錢寶琛撰　清同治七年(1868)至光緒六年(1880)錢氏存素堂刻本　十三册

230000－0901－0001649　C026733－36
漢西域圖考七卷首一卷　(清)李光廷撰　**漢西域圖一卷**　(清)潘平章繪　(清)李承緒重繪　清同治九年(1870)刻本　四册

230000－0901－0001650　C035981－84
石鐘山志十六卷首一卷圖不分卷　(清)李成謀　(清)丁義方撰　清光緒九年(1883)聽濤眺雨軒刻本　四册

230000－0901－0001651　C035985
西漢節義傳論二卷　(清)李鄴嗣撰　**竹林答問一卷**　(清)陳僅撰　清光緒十一年(1885)刻金峨山館叢書本　一册

230000－0901－0001652　C035988－97
欽定明鑑二十四卷首一卷　(清)托津等撰　清同治九年(1870)湖北崇文書局刻本　十册

230000－0901－0001653　C035998－99
稽古日鈔八卷　(清)彭芝庭撰　清乾隆秋曉山房刻本　二册

230000－0901－0001654　C021169－70
讀易隨筆三卷　(清)吳大廷撰　清同治十二年(1873)刻本　二册

230000－0901－0001655　C026737－40

左傳舊疏考證八卷　（清）劉文淇撰　清道光十八年(1838)青溪歸屋刻本　四冊

230000－0901－0001656　C033584－87

竹書紀年統箋十二卷　（南朝梁）沈約注（清）徐文靖統箋　清光緒三年(1877)浙江書局刻本　四冊

230000－0901－0001657　C021171、C021171之一

逸周書十卷校正補遺一卷　（晉）孔晁注　清乾隆五十一年(1786)盧文弨刻抱經堂叢書本　二冊

230000－0901－0001658　C033576－79

大清會典四卷　（清）托津等纂修　清同治十一年(1872)湖北崇文書局刻本　四冊

230000－0901－0001659　C033593

律綱六卷附秋審章程一卷　（清）黃奭校　清道光甘泉黃氏刻知足齋叢書本　一冊

230000－0901－0001660　C033594－601

春秋穀梁經傳補注二十四卷首一卷末一卷（清）鍾文烝撰　清光緒二年(1876)鍾氏信美室刻本　八冊

230000－0901－0001661　C033608－09

儀禮十七卷　（漢）鄭玄注　**校錄一卷續校一卷**　（清）黃丕烈撰　清同治九年(1870)湖北崇文書局刻本　二冊

230000－0901－0001662　C033882－931

平津館叢書　（清）孫星衍輯　清光緒十一年(1885)吳縣朱氏槐廬家塾刻本　五十冊

230000－0901－0001663　C034274

草窗詞二卷補二卷　（宋）周密撰　清乾隆道光刻知不足齋叢書本　一冊

230000－0901－0001664　C021172

國朝掌故一卷　（清）陳鴻緒輯　清末北洋武備研究所鉛印本　一冊

230000－0901－0001665　C034284－85

韻字略十二卷　（清）毛謨撰　清光緒元年(1875)桐華書屋薛氏家塾刻本　二冊

230000－0901－0001666　C034292

歷代名人書劄二卷　（清）吳增祺輯　清宣統元年(1909)商務印書館鉛印本　一冊

230000－0901－0001667　C034293

說文解字雙聲疊韻譜不分卷　（清）鄧廷楨撰　清光緒九年(1883)同文書局石印本　一冊

230000－0901－0001668　C034294

古歡室題畫詩二卷　（清）趙祖歡撰　清光緒六年(1880)嶺南刻本　一冊

230000－0901－0001669　C034297－98

時方妙用四卷　（清）陳念祖撰　清嘉慶八年(1803)漁古山房刻本　二冊

230000－0901－0001670　C021178

古籀拾遺三卷附宋政和禮器文字考一卷（清）孫詒讓撰　清光緒十六年(1890)瑞安孫氏刻本　一冊

230000－0901－0001671　C021194

昌黎先生詩集注十一卷　（唐）韓愈撰　（清）顧嗣立刪補　（清）朱彝尊　（清）何焯評　**年譜一卷**　清道光十六年(1836)應德堂刻朱墨套印本　四冊

230000－0901－0001672　C021198－99

明詩別裁集十二卷　（清）沈德潛輯　（清）周準輯　清乾隆四年(1739)刻本　二冊

230000－0901－0001673　C008865－008876

新刻重校增補圓機活法詩學全書二十四卷（明）李衡輯　（明）王世貞校　清刻本　十二冊

230000－0901－0001674　C004217

六朝文絜四卷　（清）許槤評選　清光緒三年(1877)馮焌光讀有用書齋刻朱墨套印本　一冊

230000－0901－0001675　C004218－27

古文辭類纂七十四卷　（清）姚鼐輯　清同治八年(1869)江蘇書局刻光緒十八年(1892)席氏掃葉山房印本　十冊

230000－0901－0001676　C004228－39

新刊五百家注音辯昌黎先生文集四十卷
（唐）韓愈撰　（宋）魏仲舉輯注　清乾隆刻本
十二冊

230000－0901－0001677　C004240－59

王臨川全集一百卷目錄二卷　（宋）王安石撰
清光緒九年（1883）刻本　二十冊

230000－0901－0001678　C004267－70

西藥畧釋四卷　（清）孔繼良譯撰　清光緒十
二年（1886）刻本　四冊

230000－0901－0001679　C034309

瀕湖脈學一卷脈訣考證一卷奇經八脈考一卷
（明）李時珍撰　清聚錦堂刻本　一冊

230000－0901－0001680　C034310－13

本草簡明圖說不分卷　（清）高承炳撰　清光
緒十八年（1892）上海古香閣石印本　四冊

230000－0901－0001681　C034314－17

新刻天花藏批評平山冷燕四卷二十回　（清）
荻岸散人撰　清文光堂刻本　四冊

230000－0901－0001682　C038701

後漢書九十卷　（南朝宋）范曄撰　（唐）李賢
注　志三十卷附考證　（晉）司馬彪撰　（南
朝梁）劉昭注補　清光緒十八年（1892）武林
竹簡齋影印二十四史本　八冊

230000－0901－0001683　C038725

讀有用書齋襍著二卷　（清）韓應陛撰　清同
治九年（1870）韓氏刻本　一冊

230000－0901－0001684　C038726

菉友蛾術編二卷　（清）王筠撰　清咸豐十年
（1860）宋官疃刻本　一冊

230000－0901－0001685　C038727

曝書雜記三卷　（清）錢泰吉撰　清同治七年
（1868）刻本　一冊

230000－0901－0001686　C038716－18

淮南許注異同詁四卷補遺一卷續補一卷
（清）陶方琦撰　清光緒會稽陶氏刻本　三冊

230000－0901－0001687　C038719－20

汝東判語六卷　（清）董沛撰　清光緒十三年
（1887）刻正誼堂全集本　二冊

230000－0901－0001688　C038721－22

北隅續錄二卷　（清）丁丙撰　清光緒二十五
年（1899）錢塘丁氏嘉惠堂刻武林掌故叢編本
二冊

230000－0901－0001689　C038723－24

藝概六卷　（清）劉熙載撰　清同治刻古桐書
屋六種本　二冊

230000－0901－0001690　C038742－43

唐摭言十五卷　（唐）王定保撰　清乾隆二十
一年（1756）盧氏雅雨堂刻雅雨堂藏書本
二冊

230000－0901－0001691　C038749－52

昌黎先生詩集注十一卷　（唐）韓愈撰　（清）
顧嗣立刪補　（清）朱彝尊　（清）何焯評　年
譜一卷　清光緒九年（1883）廣州翰墨園刻三
色套印本　四冊

230000－0901－0001692　C004280－91

全體通考十八卷附人身全體解剖學志一卷圖
三卷　（英國）德貞撰　清光緒十二年（1886）
鉛印本　十二冊

230000－0901－0001693　C004298

心影集四卷　（清）李士麟輯　清光緒八年
（1882）刻本　一冊

230000－0901－0001694　C004315－18

張仲景傷寒論貫珠集八卷　（清）尤怡集注
清嘉慶刻本　四冊

230000－0901－0001695　C004331－36

則古昔齋算學十三種　（清）李善蘭撰　清同
治六年（1867）刻本　六冊

230000－0901－0001696　C026994－97

拿破崙本紀四十二卷　（英國）洛加德撰　林
紓　魏易譯　清光緒三十一年（1905）京師學
務處官書局鉛印本　四冊

230000－0901－0001697　C004340－45

本草從新十八卷　（清）吳儀洛撰　清光緒十

二年(1886)刻本　六冊

230000 - 0901 - 0001698　C026998 - 7002
戰國策三十三卷　（漢）高誘注　札記三卷
（清）黃丕烈撰　清同治八年(1869)湖北崇文
書局刻本　五冊

230000 - 0901 - 0001699　C004346 - 50
洴澼百金方十四卷　（清）袁宮桂編　清道光
二十年(1840)刻本　五冊

230000 - 0901 - 0001700　C004359 - 77
黃帝內經素問注證發微九卷靈樞注證發微九
卷補遺一卷　（明）馬蒔注　清光緒五年
(1879)刻本　十九冊

230000 - 0901 - 0001701　C027003 - 007
國語二十一卷　（三國吳）韋昭注　札記一卷
（清）黃丕烈撰　考異四卷　（清）汪遠孫撰
清同治刻本　五冊

230000 - 0901 - 0001702　C017009 - 10
曾文正公大事記四卷　（清）王定安撰　清光
緒刻本　二冊

230000 - 0901 - 0001703　C027013 - 17
樊川詩集四卷別集一卷外集一卷補遺一卷
（唐）杜牧撰　（清）馮集梧注　清光緒十六年
(1890)湘南書局刻本　五冊

230000 - 0901 - 0001704　C004403 - 04
拾遺記十卷　（晉）王嘉撰　清嘉慶刻本
二冊

230000 - 0901 - 0001705　C004405 - 06
董子春秋繁露十七卷附錄一卷　（漢）董仲舒
撰　清光緒二年(1876)浙江書局刻二十二子
本　二冊

230000 - 0901 - 0001706　C004407 - 14
茶香室四鈔二十九卷　（清）俞樾撰　清光緒
二十四年(1898)刻本　八冊

230000 - 0901 - 0001707　C004415
素書一卷　（漢）黃石公撰　（宋）張商英注
體仁要術一卷　（清）彭紹升撰　清末刻本
一冊

230000 - 0901 - 0001708　C004416 - 21
荀子二十卷附校勘補遺一卷　（戰國）荀況撰
（唐）楊倞注　清光緒二年(1876)刻二十二
子本　六冊

230000 - 0901 - 0001709　C004443 - 44
濂亭文集八卷　（清）張裕釗撰　清光緒八年
(1882)刻本　二冊

230000 - 0901 - 0001710　C004447 - 67
經史百家雜鈔二十六卷簡編一卷　（清）曾國
藩輯　清光緒二年(1876)刻本　二十一冊

230000 - 0901 - 0001711　C026741 - 43
春秋內傳古注輯存三卷　（清）嚴蔚撰　清乾
隆五十二年(1787)二酉齋刻本　三冊

230000 - 0901 - 0001712　C026744 - 45
花間集十卷　（五代）趙崇祚輯　清光緒十四
年(1888)邵武徐氏刻本　二冊

230000 - 0901 - 0001713　C026746 - 51
周官精義十二卷　（清）連斗山撰　清同治十
年(1871)粵東臬署刻本　六冊

230000 - 0901 - 0001714　C026752 - 57
書畫鑒影二十四卷　（清）李佐賢撰　清光緒
十年(1884)利津李氏刻本　六冊

230000 - 0901 - 0001715　C026758
章文毅公詩集一卷　（明）章曠撰　清光緒二
十九年(1903)刻本　一冊

230000 - 0901 - 0001716　C026777 - 80
甌缽羅室書畫過目考四卷首一卷附一卷
（清）李玉棻撰　清光緒二十三年(1897)京都
琉璃廠興盛齋刻本　四冊

230000 - 0901 - 0001717　C026781 - 83
漸西村人初集十三卷　（清）袁昶撰　清光緒
二十年(1894)刻本　三冊

230000 - 0901 - 0001718　C026759 - 61
儀禮圖六卷　（清）張惠言撰　清嘉慶十年
(1805)揚州阮氏刻本　三冊

230000 - 0901 - 0001719　C026762
虛白山房駢體文二卷　（清）朱鳳毛撰　清光

緒十五年(1889)廣州刻本　一冊

230000－0901－0001720　C026763－66
靈芬館雜著續編四卷　(清)郭麐撰　清嘉慶
二十五年(1820)靈芬館刻本　四冊

230000－0901－0001721　C026767－70
楚辭集注八卷　(宋)朱熹撰　清光緒黎氏日
本東京使署刻古逸叢書本　四冊

230000－0901－0001722　C026771－76
墨林今話十八卷　(清)蔣寶齡撰　續編一卷
(清)蔣茝生撰　清咸豐計光炘刻本　六冊

230000－0901－0001723　C026992－93
南唐書三十卷　(宋)馬令撰　考異一卷
(清)趙泰撰　清嘉慶十八年(1813)歙園沈氏
木活字印本　二冊

230000－0901－0001724　C026974－79
歷代名儒傳八卷　(清)朱軾　(清)蔡世遠輯
清雍正七年(1729)刻朱文端公藏書本
六冊

230000－0901－0001725　C026980－85
歷代循吏傳八卷　(清)朱軾　(清)蔡世遠輯
清康熙乾隆刻朱文端公藏書本　六冊

230000－0901－0001726　C026880－89
萬國通史前編十卷　(英國)李思倫輯　(英
國)白約翰譯　清光緒二十九年(1903)廣學
會鉛印本　十冊

230000－0901－0001727　C038766－73
俞女士慶和遺文一卷劄記一卷戊申年日記一
卷附哀輓集不分卷　(清)俞慶和撰　清宣統
元年(1909)鉛印本　八冊

230000－0901－0001728　C038866－71
金石存十五卷　(清)吳玉搢撰　清嘉慶二十
四年(1819)山陽李氏聞妙香室刻本　六冊

230000－0901－0001729　C038935－44
新編評注通玄先生張果星宗大全十卷　(明)
陸位輯　清三讓堂刻本　十冊

230000－0901－0001730　C038945－49
新編評注通玄先生張果星宗大全十卷　(明)

陸位輯　清經文堂刻本　五冊

230000－0901－0001731　C038950－57
新增說文韻府群玉二十卷　(元)陰時夫輯
(元)陰中夫注　清大文堂刻本　八冊　存八
卷(一至八)

230000－0901－0001732　C039006－09
律賦選青四卷　(清)任聘三輯注　(清)方汝
帶評點　唐二十四詩品一卷　(唐)司空圖撰
二十四畫品一卷　(清)黃鉞撰　二十四書
品一卷　(清)楊景曾撰　清嘉慶十七年
(1812)刻本　四冊

230000－0901－0001733　C039010－15
乾坤法竅三卷　(清)范宜賓撰　陰符玄解二
卷　(清)范宜賓注釋　清乾隆三十七年
(1772)林笏堂刻本　六冊

230000－0901－0001734　C021200－08
昌黎先生集四十卷　(唐)韓愈撰　清同治八
年(1869)江蘇書局刻本　九冊

230000－0901－0001735　C021209
明詞綜十二卷　(清)王昶輯　清嘉慶七年
(1802)王氏三泖漁莊刻本　一冊

230000－0901－0001736　C039016－19
有正味齋試帖詩注八卷　(清)吳錫麒撰
(清)吳清皋等注　清婺源孫氏刻本　四冊

230000－0901－0001737　C021210－11
杜工部集二十卷　(唐)杜甫撰　(清)錢謙益
箋注　清康熙六年(1667)季振宜靜思堂刻本
二冊　存四卷(一至四)

230000－0901－0001738　C021215－16
東坡樂府三卷　(宋)蘇軾撰　朱祖謀編　清
宣統三年(1911)吳興朱祖謀刻本　二冊

230000－0901－0001739　C021226－29
李太白文集三十卷　(唐)李白撰　清康熙五
十六年(1717)刻本　四冊

230000－0901－0001740　C004473－78
種痘新書十二卷　(清)張琰撰　清乾隆經綸
堂刻本　六冊

230000－0901－0001741　C004378－85

史姓韻編二十四卷　（清）汪輝祖編　清光緒二十九年(1903)石印本　八冊

230000－0901－0001742　C021230－39

武侯全書二十卷　（三國蜀）諸葛亮撰　清光緒十年(1884)舊學山房刻本　十冊

230000－0901－0001743　C004515－30

左傳翼三十八卷　（清）周大璋輯評　清乾隆五年(1740)遂初堂刻本　十六冊

230000－0901－0001744　C004531

小謨觴館詩集八卷詩餘一卷　（清）彭兆蓀撰　清嘉慶十一年(1806)刻本　一冊

230000－0901－0001745　C021330－35

庸庵文續編二卷海外文編四卷　（清）薛福成撰　清光緒刻本　六冊

230000－0901－0001746　C004532－33

五經不二字音韻釋文五卷　（清）莊繽澍撰　清嘉慶十一年(1806)刻本　二冊

230000－0901－0001747　C021336－37

庸庵文續編二卷　（清）薛福成撰　清光緒十五年(1889)刻本　二冊

230000－0901－0001748　C004534

商君書五卷附考一卷　（戰國）商鞅撰　清光緒二十三年(1897)刻本　一冊

230000－0901－0001749　C004445－46

戴東原集十二卷　（清）戴震撰　**覆校劄記一卷**　（清）段玉裁撰　清乾隆五十七年(1792)刻本　二冊

230000－0901－0001750　C004495－4500

彭剛直公集十六卷　（清）彭玉麟撰　清光緒十七年(1891)刻本　六冊

230000－0901－0001751　C004511－14

李氏音鑒六卷　（清）李汝珍撰　**書目一卷**（清）洪棣元編　清嘉慶十五年(1810)寶善堂刻二十一年(1816)續刻同治七年(1868)木樨山房重修本　四冊

230000－0901－0001752　C004535

清異錄二卷　（宋）陶穀撰　清光緒元年(1875)刻本　一冊

230000－0901－0001753　C021338－39

曹集銓評十卷附錄一卷　（三國魏）曹植撰（清）丁晏評　**曹集逸文一卷年譜一卷**　（清）丁晏編　清同治十一年(1872)金陵書局刻本二冊

230000－0901－0001754　C004536－43

重廣補注黃帝内經素問二十四卷　（唐）王冰注　（宋）林億等校正　（宋）孫兆重改誤　清光緒三年(1877)浙江書局刻本　八冊

230000－0901－0001755　C004544－47

莊子十卷　（晉）郭象注　（唐）陸德明音義清光緒三年(1877)刻本　四冊

230000－0901－0001756　C004548－49

小學纂注六卷朱子小學總論一卷文公朱夫子年譜一卷　（清）高愈撰　清同治八年(1869)江蘇書局刻本　二冊

230000－0901－0001757　C004572－75

王臨川文集四卷　（宋）王安石撰　清宣統二年(1910)上海會文堂石印本　四冊

230000－0901－0001758　C021340－49

范文正公集二十卷別集四卷政府奏議二卷尺牘三卷　（宋）范仲淹撰　清康熙歲寒堂刻本十冊

230000－0901－0001759　C004577－80

小知錄十二卷　（清）陸鳳藻輯　清同治十二年(1873)刻本　四冊

230000－0901－0001760　C004582

道德經解不分卷　（唐）呂嵒釋義　題(□)雲門魯史纂述　清咸豐四年(1854)刻本　一冊

230000－0901－0001761　C004599

三角數理十二卷　（英國）海麻士撰　（英國）傅蘭雅口譯　（清）華蘅芳筆述　清光緒刻本一冊

230000－0901－0001762　C004600－03

六朝事迹編類十四卷　（宋）張敦頤撰　清光

081

黑龍江省圖書館古籍普查登記目錄

緒十三年(1887)寶章閣刻本　四冊

230000－0901－0001763　C004604－43
舊唐書二百卷　(五代)劉昫等撰　清同治十一年(1872)浙江書局刻本　四十冊

230000－0901－0001764　C035600－05
漢隸字源五卷碑目一卷　(宋)婁機撰　清光緒三年(1877)歸安姚覲元刻本　六冊

230000－0901－0001765　C036006
怡雲閣詩草六卷　(清)趙齡撰　清光緒二十四年(1898)刻本　一冊

230000－0901－0001766　C036007－22
古泉匯首集四卷元集十四卷亨集十四卷利集十七卷　(清)李佐賢輯　**續泉匯元集三卷亨集三卷利集三卷貞集五卷補遺二卷**　(清)鮑康　(清)李傳賢輯　清同治三年至光緒元年(1864－1875)利津李氏石泉書屋刻本　十六冊

230000－0901－0001767　C036024－25
黑龍江述略六卷　(清)徐宗亮撰　清光緒十七年(1891)徐氏刻觀自得齋叢書本　二冊

230000－0901－0001768　C036026－27
黑龍江外記八卷　(清)西清撰　清光緒二十年(1894)桐廬袁氏刻漸西村舍彙刊本　二冊

230000－0901－0001769　C011151－011152
續選臨證指南四卷　(清)葉桂撰　清席氏掃葉山房刻本　二冊

230000－0901－0001770　C011153－011160
傷寒辨證痘疹合編十卷附種子仙方一卷　(清)陳堯道撰　清嘉慶十一年(1806)勞樹棠刻本　八冊

230000－0901－0001771　C011161－011167
麻科活人全書四卷　(清)謝玉瓊撰　清咸豐十一年(1861)瓊賢書局刻本　七冊

230000－0901－0001772　C011169－011170
溫疫論二卷　(明)吳有性撰　清光緒三十四年(1908)森記書局刻本　二冊

230000－0901－0001773　C011171－011176

重訂外科正宗十二卷　(明)陳實功撰　清光緒三十一年(1905)經元書室刻本　六冊

230000－0901－0001774　C011177－011180
臨陣管見九卷　(德國)斯拉弗司撰　(德國)金楷理口譯　(清)趙元益筆述　清同治光緒江南製造總局刻本　四冊

230000－0901－0001775　C011181－011184
宋論十五卷　(清)王夫之撰　清光緒二十八年(1902)志古堂刻船山遺書本　四冊

230000－0901－0001776　C011189－011196
平定粵寇紀略十八卷附記四卷　(清)杜文瀾撰　清光緒元年(1875)詁縠堂刻本　八冊

230000－0901－0001777　C011203－011212
欽定協紀辨方書三十六卷　(清)允祿等撰　清刻朱墨套印本　十冊

230000－0901－0001778　C011213－011214
南北朝文鈔二卷　(清)彭兆蓀輯　清光緒元年(1875)南海吳氏刻粵雅堂叢書本　二冊

230000－0901－0001779　C011222
香銷酒醒詞一卷附曲一卷　(清)趙慶熺撰　清同治七年(1868)西泠王氏刻本　一冊

230000－0901－0001780　C011224－011225
吳醫彙講十一卷　(清)唐大烈編　清宣統二年(1910)上海埽葉山房石印本　二冊

230000－0901－0001781　C011226－011233
定盦全集十卷　(清)龔自珍撰　**定盦年譜稿本一卷**　(清)黃守恆撰　清宣統元年(1909)上海時中書局鉛印本　八冊

230000－0901－0001782　C011234－011239
春在堂詩編六卷　(清)俞樾撰　清同治七年(1868)杭州刻本　六冊

230000－0901－0001783　C011246－011251
戴東原集十二卷　(清)戴震撰　**戴東原先生年譜一卷覆校劄記一卷**　(清)段玉裁撰　清宣統二年(1910)渭南嚴氏孝義家塾刻本　六冊

230000－0901－0001784　C036028－31

吉林外紀十卷　（清）薩英額撰　清光緒二十一年(1895)袁氏刻漸西村舍彙刊本　四冊

230000－0901－0001785　C036032－35

湘軍志十六卷　王闓運撰　清光緒刻本四冊

230000－0901－0001786　C036040－45

宋六十一家詞選十二卷　（清）馮煦輯　清光緒十三年(1887)冶城山館刻本　六冊

230000－0901－0001787　C036046－72

金元明八大家文選五十三卷　（清）李祖陶輯　清道光二十五年(1845)刻本　二十七冊

230000－0901－0001788　C036077

清眞集二卷補遺一卷　（宋）周邦彥撰　清眞詞校後錄要一卷　（清）鄭文焯撰　清光緒二十六年(1900)刻本　一冊

230000－0901－0001789　C036080－95

皇朝經世文三編八十卷　（清）陳忠倚輯　清光緒二十四年(1898)石印本　十六冊

230000－0901－0001790　C036096－107

左傳紀事本末五十三卷　（清）高士奇撰　清同治十二年(1873)江西書局刻紀事本末五種本　十二冊

230000－0901－0001791　C036108－13

入幕須知五種　（清）張廷驤輯　清光緒十八年(1892)浙江書局刻本　六冊

230000－0901－0001792　C036200－59

皇朝掌故彙編內編六十卷外編四十卷　（清）張壽鏞等編　清光緒二十八年(1902)求實書社鉛印本　六十冊

230000－0901－0001793　C036260－360

國朝文匯甲前集二十卷甲集六十卷乙集七十卷丙集三十卷丁集二十卷姓氏錄一卷　（清）上海國學扶輪社輯　清宣統元年至二年(1909－1910)上海國學扶輪社石印本　一百〇一冊

230000－0901－0001794　C036427－50

仰視千七百二十九鶴齋叢書　（清）趙之謙輯

清光緒會稽趙氏刻本　二十四冊

230000－0901－0001795　C036451－456

宋六十一家詞選十二卷　（清）馮煦輯　清光緒十三年(1887)冶城山館刻本　六冊

230000－0901－0001796　C036457－59

宋七家詞選七卷　（清）戈載輯　清光緒十一年(1885)刻本　三冊

230000－0901－0001797　C036460

唐五代詞選三卷　（清）成肇麐輯　清光緒十三年(1887)刻本　一冊

230000－0901－0001798　C036461－64

曾惠敏公全集十七卷　（清）曾紀澤撰　清光緒二十年(1894)上海石印本　四冊

230000－0901－0001799　C036479－86

中外紀年通表十四卷　（清）齊召南撰　（清）阮福續撰　清光緒二十三年(1897)上海著易堂石印本　八冊

230000－0901－0001800　C036487－93

日本新史攬要七卷　（日本）石村貞一撰　題（清）游瀛主人譯　清光緒二十五年(1899)石印本　七冊

230000－0901－0001801　C039020－43

杜詩詳注二十五卷首一卷附編二卷　（唐）杜甫撰　（清）仇兆鰲輯注　清刻本　二十四冊

230000－0901－0001802　C039044－45

昌黎先生集考異十卷　（宋）朱熹撰　清光緒十一年(1885)新陽趙氏刻高齋叢刻本　二冊

230000－0901－0001803　C039046－69

宋文鑑一百五十卷目錄三卷　（宋）呂祖謙輯　清光緒十二年(1886)江蘇書局刻本　二十四冊　存一百五十二卷(一至一百四十九、目錄一至三)

230000－0901－0001804　C039070－77

忠雅堂詩集二十七卷補遺二卷詞集二卷（清）蔣士銓撰　清揚州刻本　八冊

230000－0901－0001805　C039085－96

施注蘇詩四十二卷總目二卷　（宋）蘇軾撰

（宋）施元之注　（清）邵長蘅刪補　蘇詩王注
正訛一卷　（清）邵長蘅撰　東坡先生年譜一
卷　（宋）王宗稷撰　（清）邵長蘅重訂　蘇詩
續補遺二卷　（清）馮景補注　清大文堂刻本
　十二冊

230000－0901－0001806　C004644－55
遼史一百五十卷附考證　（元）脫脫等撰　清
同治十二年(1873)江蘇書局刻本　十二冊

230000－0901－0001807　C004662－63
字類標韻六卷　（清）華綱撰　清同治六年
(1867)刻本　二冊

230000－0901－0001808　C004664－67
初學檢韻十二集　（清）姚文登輯　清嘉慶四
年(1799)刻本　四冊

230000－0901－0001809　C004668－73
四書襯十九卷　（清）駱培撰　清泰和堂刻本
　六冊

230000－0901－0001810　C004674－82
全本禮記體注十卷　（清）范翔撰　（清）徐瑄
補輯　清嘉慶十年(1805)刻本　十冊

230000－0901－0001811　C004683－90
四書改錯二十二卷　（清）毛奇齡撰　清嘉慶
十六年(1811)刻本　八冊

230000－0901－0001812　C004695－97
春秋繁露十七卷　（漢）董仲舒撰　清同治光
緒刻本　三冊

230000－0901－0001813　C004698
尚書大傳三卷　（漢）伏勝撰　（漢）鄭玄注
序錄一卷辨譌一卷　（清）陳壽祺撰　清同治
光緒刻本　一冊

230000－0901－0001814　C004699－4708
春秋左傳杜注補輯三十卷首一卷　（清）姚培
謙撰　清同治五年(1866)金陵書局刻十三經
讀本本　十冊

230000－0901－0001815　C004720－25
春秋釋例十五卷　（晉）杜預撰　清光緒十五
年(1889)刻本　六冊

230000－0901－0001816　C004656－59
尚書十三卷附考證　（漢）孔安國傳　（唐）陸
德明音義　清刻本　四冊

230000－0901－0001817　C027018－23
古文詞略二十四卷　（清）梅曾亮編　（清）蔡
爾康筆述　清同治六年(1867)合肥李氏刻本
　六冊

230000－0901－0001818　C027024－29
元遺山詩集箋注十四卷　（金）元好問撰
（清）施國祁注　年譜一卷　（清）施國祁撰
附錄一卷　（清）華希閔增　補載一卷　（清）
施國祁輯　清道光二年(1822)南潯蔣氏瑞松
堂刻本　六冊

230000－0901－0001819　C004726－27
韓詩外傳十卷　（漢）韓嬰撰　毛詩草木鳥獸
蟲魚疏二卷　（三國吳）陸璣撰　清光緒十五
年(1889)刻本　二冊

230000－0901－0001820　C039097－98
金詩選四卷　（清）顧奎光輯　（清）陶玉禾評
　清乾隆十六年(1751)刻本　二冊

230000－0901－0001821　C004728－29
六藝綱目二卷附錄二卷　（元）舒天民撰
（元）舒恭注　（明）趙宜中附注　札記一卷
（清）管禮耕校錄　清光緒七年(1881)汪氏籀
書諗刻本　二冊

230000－0901－0001822　C027030－35
道古堂詩集二十六卷集外文一卷集外詩一卷
　（清）杭世駿撰　清乾隆四十一年(1776)汪
氏振綺堂刻光緒十四年(1888)汪曾唯振綺堂
重修本　六冊

230000－0901－0001823　C039099－102
庾子山全集十卷　（北周）庾信撰　（清）吳兆
宜箋注　清刻本　四冊

230000－0901－0001824　C027050－55
關中金石文字存逸考十二卷　（清）毛鳳枝撰
　清光緒二十七年(1901)會稽顧氏江西萍鄉
縣署刻本　六冊

230000 – 0901 – 0001825　C004730 – 32

四書左國彙纂四卷　（清）高其名　（清）鄭師成撰　清乾隆三十五年(1770)刻本　三冊

230000 – 0901 – 0001826　C027036 – 44

攈古錄金文三卷　（清）吳式芬輯　清光緒二十一年(1895)刻本　九冊

230000 – 0901 – 0001827　C039103 – 18

春秋經傳集解三十卷首一卷　（晉）杜預撰　（唐）陸德明音義　（宋）林堯叟附注　（清）馮李驊增訂　**左繡三十卷**　（清）馮李驊（清）陸浩評輯　清光緒二十八年(1902)新化三味書室刻本　十六冊

230000 – 0901 – 0001828　C004733 – 34

四書釋地又續一卷三續一卷　（清）閻若璩撰　清刻本　二冊

230000 – 0901 – 0001829　C039119 – 24

一鳴集六卷首一卷　（清）何豫撰　清咸豐四年(1854)雙桂軒刻本　六冊

230000 – 0901 – 0001830　C039125 – 36

廿二史劄記三十六卷補遺一卷　（清）趙翼撰　清光緒二十五年(1899)湖南書局刻本　十二冊

230000 – 0901 – 0001831　C004735 – 36

四書不二字音釋不分卷　（清）楊昕撰　清同治五年(1866)刻本　二冊

230000 – 0901 – 0001832　C004737 – 42

四書摭餘說七卷　（清）曹之升撰　清嘉慶三年(1798)刻本　六冊

230000 – 0901 – 0001833　C027089 – 92

漢西域圖考七卷首一卷　（清）李光廷撰　清同治八年(1869)刻本　四冊

230000 – 0901 – 0001834　C027059 – 70

經史百家雜鈔二十六卷　（清）曾國藩輯　清光緒三十二年(1906)鉛印本　十二冊

230000 – 0901 – 0001835　C027125 – 40

湖海詩傳四十六卷　（清）王昶輯　清嘉慶八年(1803)刻本　十六冊

230000 – 0901 – 0001836　C027141 – 56

皇朝文典七十四卷　（清）李兆洛輯　清嘉慶二十年(1815)刻本　十六冊

230000 – 0901 – 0001837　C027231

白石道人詩集二卷　（宋）姜夔撰　清光緒十年(1884)娛園刻本　一冊

230000 – 0901 – 0001838　C036591 – 622

漢書補注一百卷首一卷　王先謙撰　清光緒二十六年(1900)長沙王氏虛受堂刻本　三十二冊

230000 – 0901 – 0001839　C037453 – 84

漢書補注一百卷首一卷　王先謙撰　清光緒二十六年(1900)長沙王氏虛受堂刻本　三十二冊

230000 – 0901 – 0001840　C036623 – 82

古今說部叢書　（清）國學扶輪社輯　清宣統至民國上海國學扶輪社鉛印本　六十冊

230000 – 0901 – 0001841　C027221 – 24

理瀹駢文　（清）吳師機撰　清光緒六年(1880)刻本　四冊

230000 – 0901 – 0001842　C036683 – 731

古逸叢書　（清）黎庶昌輯　清光緒黎氏日本東京使署刻本　四十九冊

230000 – 0901 – 0001843　C036732 – 45

史記志疑三十六卷　（清）梁玉繩撰　清光緒十三年(1887)廣雅書局刻本　十四冊

230000 – 0901 – 0001844　C027233 – 36

笠澤叢書四卷補遺一卷　（唐）陸龜蒙撰　清刻本　四冊

230000 – 0901 – 0001845　C036778 – 81

士禮居藏書題跋記六卷　（清）黃丕烈撰　清光緒十年(1884)潘氏滂喜齋刻本　四冊

230000 – 0901 – 0001846　C027189 – 220

胡文忠公集八十六卷首一卷　（清）胡林翼撰　清同治六年(1867)黃鶴樓刻本　三十二冊

230000 – 0901 – 0001847　C036782 – 85

重訂中晚唐詩主客圖二卷補遺二卷圖說一卷

（清）李懷民輯　清嘉慶十年（1805）刻本　四冊

230000－0901－0001848　C036790－817

自怡悅齋書畫錄三十卷　（清）張大鏞撰　清道光十二年（1832）張氏刻本　二十八冊

230000－0901－0001849　C027157－88

兩浙輶軒錄四十卷補遺一卷　（清）阮元輯　清光緒十六年（1890）刻本　三十二冊

230000－0901－0001850　C036818－29

中東戰紀本末八卷續編四卷　（清）蔡爾康（美國）林樂知撰　清光緒二十三年（1897）圖書集成局鉛印本　十二冊

230000－0901－0001851　C036830

文學興國策二卷附開廣學會書目一卷　（日本）森有禮編　（美國）林樂知譯　清光緒二十三年（1897）圖書集成局鉛印本　一冊

230000－0901－0001852　C036872－75

列國掌故叢鈔不分卷　（清）劉啓彤編譯　清光緒二十八年（1902）求實書社鉛印本　四冊

230000－0901－0001853　C036880－95

佩文齋書畫譜一百卷　（清）孫岳頒等纂輯　清光緒九年（1883）上海同文書局石印本　十六冊

230000－0901－0001854　C036896－915

五千年中外交涉史九十七卷　題（清）屯廬主人輯　清光緒二十九年（1903）上海蜚英書局鉛印本　二十冊

230000－0901－0001855　C036916－39

[乾隆]貴州通志四十六卷首一卷　（清）鄂爾泰　（清）張廣泗修　（清）靖道謨　（清）杜詮纂　清乾隆六年（1741）刻本（卷三至五、十至十一配抄本）　二十四冊

230000－0901－0001856　C036840－71

皕宋樓藏書志一百二十卷續志四卷　（清）陸心源藏并編　清光緒八年（1882）陸氏十萬卷樓刻本　三十二冊

230000－0901－0001857　C037214－452

[光緒]畿輔通志三百卷首一卷　（清）李鴻章等修　（清）黃彭年等纂　清光緒十年（1884）刻本　二百四十冊

230000－0901－0001858　C037485－94

遼金元三史語解四十六卷　（清）□□撰　**元史藝文志四卷元史氏族表三卷**　（清）錢大昕撰　清光緒四年（1878）江蘇書局刻本　十冊

230000－0901－0001859　C021350－61

好雲樓初集二十八卷首一卷二集十六卷　（清）李聯琇撰　清咸豐十一年（1861）恩養堂刻本　十二冊

230000－0901－0001860　C021362－67

庸庵文別集六卷　（清）薛福成撰　清光緒二十九年（1903）石印本　五冊　缺一卷（二）

230000－0901－0001861　C021368－69

林和靖詩集四卷拾遺一卷　（宋）林逋撰　**附錄一卷**　（清）朱孔彰輯　清同治十二年（1873）長洲朱氏刻本　二冊

230000－0901－0001862　C021370－73

排律初津四卷　（清）金鳳沼編注　清同治十年（1871）抱芳閣刻本　四冊

230000－0901－0001863　C021382－85

金文雅十六卷作者考一卷　（清）莊仲方輯　清光緒十七年（1891）江蘇書局刻本　四冊

230000－0901－0001864　C021698－701

是程堂集十四卷　（清）屠倬撰　清嘉慶十九年（1814）眞州官舍刻本　四冊

230000－0901－0001865　C021706－09

葉忠節公遺稿十二卷　（清）葉映榴撰　清乾隆十年（1745）葉芳刻同治五年（1866）葉璋印本　四冊

230000－0901－0001866　C021702－05

開有益齋讀書志六卷　（清）朱緒曾撰　清光緒六年（1880）翁氏茹古閣刻本　四冊

230000－0901－0001867　C011252－011283

重刊宋本十三經注疏附校勘記　（清）阮元輯校　（清）盧宣旬摘句　**校勘記識語四卷**

（清）汪文臺撰　清光緒十三年(1887)上海脈望仙館石印本　三十二冊

230000－0901－0001868　C011284－011299
張文忠公全集　（明）張居正撰　明萬曆四十年(1612)唐國達刻本　十六冊

230000－0901－0001869　C021710－11
李養一先生詩集四卷賦一卷詩餘一卷　（清）李兆洛撰　清光緒八年(1882)曹佳江陰刻本　二冊

230000－0901－0001870　C011300－011309
仲景全書　（漢）張機等撰　清光緒二十年(1894)成都鄧氏崇文齋刻本　十冊

230000－0901－0001871　C011317－011322
痘疹精詳十卷　（清）周冠撰　清嘉慶十五年(1810)富記書莊刻本　六冊

230000－0901－0001872　C011323－011325
痢證滙參十卷　（清）吳道源輯　清刻本　三冊

230000－0901－0001873　C011326－011329
新刻雲林神彀四卷　（明）龔廷賢撰　清陳富記刻本　四冊

230000－0901－0001874　C011330－011349
陳修園醫書二十一種　（清）陳念祖撰　清光緒十八年(1892)上海圖書集成印書局鉛印本　二十冊

230000－0901－0001875　C011370－011393
東醫寶鑑二十三卷　（朝鮮）許浚撰　清嘉慶元年(1796)英德堂刻本　二十四冊

230000－0901－0001876　C011422－011443
竹書紀年集證五十卷首一卷　（清）陳逢衡撰　清嘉慶十八年(1813)裛露軒刻本　二十二冊

230000－0901－0001877　C011315－011316
增補痘疹金鏡錄四卷　（明）翁仲仁撰　清康熙二十九年(1690)刻本　二冊

230000－0901－0001878　C021712－17
□□亭集三十二卷後集十二卷　（清）祁寯藻撰　清咸豐六年至七年(1856－1857)壽陽祁氏刻本　六冊

230000－0901－0001879　C021738－47
十種古逸書　（清）茆泮林輯　清道光十四年(1834)梅瑞軒刻本　十冊

230000－0901－0001880　C021748－67
評論出像水滸傳二十卷七十回　（元）施耐庵撰　（清）王望如評　清同治十四年(1875)刻本　二十冊

230000－0901－0001881　C021864－68
洗冤錄集證六卷　（宋）宋慈撰　（清）王又槐集證　（清）李觀瀾補輯　（清）阮其新補注　清光緒五年(1879)浙江書局刻五色套印本　五冊

230000－0901－0001882　C021778－87
新刻鍾伯敬先生批評封神演義二十九卷一百回　（明）許仲琳撰　（明）鍾惺評　清經綸堂刻本　十冊　存十卷(十至十九)

230000－0901－0001883　C021869－70
補注洗冤錄集證四卷附檢骨圖格一卷　（宋）宋慈撰　（清）王又槐集證　（清）李觀瀾補輯　（清）阮其新補注　**作吏要言一卷**　（清）葉鎮撰　（清）朱椿增　清道光二十三年(1843)鍾淮刻三色套印本　二冊

230000－0901－0001884　C021884－903
水經注四十卷　（北魏）酈道元撰　清乾隆十八年(1753)黃氏槐蔭草堂刻本　二十冊

230000－0901－0001885　C021916－35
明季北略二十四卷南略十八卷　（清）計六奇輯　清道光都城琉璃廠半松居士木活字印本　二十冊

230000－0901－0001886　C021936－59
荊駝逸史　題（清）陳湖逸士輯　題（清）藝柿山人刪補　清道光古槐山房木活字印本　二十四冊

230000－0901－0001887　C039137－46
四書考異七十二卷　（清）翟灝撰　清乾隆三

十四年(1769)翟氏無不宜齋刻本　十冊

230000－0901－0001888　C039195－200
古微書三十六卷　(明)孫㲄輯　清嘉慶二十一年(1816)對山問月樓刻本　六冊

230000－0901－0001889　C039201－12
呂氏家塾讀詩記三十二卷　(宋)呂祖謙撰　清刻本　十二冊

230000－0901－0001890　C039213－47
史記一百三十卷　(漢)司馬遷撰　(南朝宋)裴駰集解　(唐)司馬貞索隱　(唐)張守節正義　(明)徐孚遠　(明)陳子龍測議　史記補一卷　(唐)司馬貞撰　(明)徐孚遠　(明)陳子龍測議　明崇禎十三年(1640)刻本　三十五冊

230000－0901－0001891　C039248－59
文選旁證四十六卷　(清)梁章鉅撰　清光緒八年(1882)吳下刻本　十二冊

230000－0901－0001892　C039260－71
古文辭類纂七十五卷　(清)姚鼐輯　校勘記一卷　(清)李承淵撰　清光緒二十七年(1901)滁州李氏求要堂刻本　十二冊

230000－0901－0001893　C039352－67
曾文正公書劄三十三卷　(清)曾國藩撰　清光緒傳忠書局刻曾文正公全集本　十六冊

230000－0901－0001894　C011492－011496
飲冰室詩話五卷　梁啟超撰　清宣統二年(1910)上海書局石印本　五冊

230000－0901－0001895　C011497－011500
義門先生集十二卷附錄一卷　(清)何焯撰　清宣統三年(1911)中華圖書館影印本　四冊

230000－0901－0001896　C011503－011510
揚州畫舫錄十八卷　(清)李斗撰　清末古今書室石印本　八冊

230000－0901－0001897　C011511－011513
唐人三家集二十八卷　(清)秦恩復輯　清道光十年(1830)江都秦氏石研齋影宋刻本　四冊

230000－0901－0001898　C021179－84

鄭氏遺書五種　(漢)鄭玄撰　(清)王復輯　清嘉慶七年(1802)刻本　六冊

230000－0901－0001899　C021185－93
鐵華館叢書六種　(清)蔣鳳藻輯　清光緒長洲蔣氏刻本　九冊

230000－0901－0001900　C037525－40
守山閣叢書　(清)錢熙祚輯　清道光二十一年至二十二年(1841－1842)金山錢氏刻本　十六冊　存十三種六十一卷(儀禮釋宮一卷、儀禮釋例一卷、禮記訓義擇言八卷、宋季三朝政要六卷、折獄龜鑑八卷、職方外紀五卷首一卷、書敘指南十二卷、推步法解五卷、新儀象法要三卷、圜容較義一卷、簡平儀說一卷、曉庵新法六卷、渾蓋通憲圖說二卷首一卷)

230000－0901－0001901　C021788－803
增評補像全圖金玉緣十五卷首一卷一百二十回　(清)曹雪芹撰　(清)高鶚續撰　(清)護花主人　(清)大漠山民評　清光緒三十四年(1908)求不負齋石印本　十六冊

230000－0901－0001902　C027237－42
定山堂古文小品二卷續集一卷古文補遺三卷　(清)龔鼎孳撰　清光緒十年(1884)龔照瑗刻本　六冊

230000－0901－0001903　C037541－52
王壯武公遺集二十四卷　(清)王鑫撰　年譜二卷　(清)羅正鈞撰　清光緒十八年(1892)刻本　十二冊

230000－0901－0001904　C027243－48
元史紀事本末二十七卷　(明)陳邦瞻撰　(明)臧懋循補輯　(明)張溥論正　清朝宗書室木活字印本　六冊

230000－0901－0001905　C037553－84
南菁書院叢書　王先謙　繆荃孫輯　清光緒十四年(1888)南菁書院刻本　三十二冊

230000－0901－0001906　C027249－50
尊聞居士集八卷　(清)羅有高撰　清光緒八年(1882)彭祖賢刻本　二冊

230000－0901－0001907　C027251－60

陸象山先生文集三十六卷附校勘略一卷
(宋)陸九淵撰　清道光三年(1823)陸邦瑞槐堂書齋刻同治十一年(1872)印本　十冊

230000－0901－0001908　C037611－14

御製文餘集六卷御製詩餘集十二卷　（清)宣宗旻寧撰　清道光武英殿刻本　四冊

230000－0901－0001909　C027503－12

詞綜三十八卷　（清)朱彝尊輯　（清)汪森增輯　（清)王昶續輯　清刻本　十冊

230000－0901－0001910　C037615－26

文選旁證四十六卷　（清)梁章鉅撰　清光緒八年(1882)吳下刻本　十二冊

230000－0901－0001911　C027513－20

二曲全集二十六卷　（清)李顒撰　清咸豐六年(1856)刻本　八冊

230000－0901－0001912　C037627－60

行素草堂金石叢書　（清)朱記榮輯　清光緒吳縣朱氏行素草堂刻本　三十四冊　缺一種十三卷(寰宇訪碑錄十二卷、刊謬一卷)

230000－0901－0001913　C027267－70

古文審八卷　（清)劉心源撰　清光緒十七年(1891)嘉魚劉氏龍江樓刻本　四冊

230000－0901－0001914　C037661－76

鄦齋叢書　徐乃昌輯　清光緒二十六年(1900)南陵徐氏刻江蘇揚州古舊書店補刻印本　十六冊

230000－0901－0001915　C037677－708

湖海樓叢書　（清)陳春輯　清嘉慶蕭山陳氏湖海樓刻本　三十二冊

230000－0901－0001916　C027273－80

隸釋二十七卷隸續二十一卷　（宋)洪适撰
隸釋刊誤一卷　（清)黃丕烈撰　清同治十一年(1872)皖南洪氏晦木齋刻本　八冊

230000－0901－0001917　C027281－90

隸篇十五卷續十五卷再續十五卷　（清)翟云升撰　清道光十七年至十八年(1837－1838)

東萊翟氏五經歲編齋刻本　十冊

230000－0901－0001918　C027387－92

山海經十八卷首一卷　（晉)郭璞傳　清光緒二十年(1894)澹雅書局刻本　六冊

230000－0901－0001919　C027433－68

行水金鑒一百七十五卷首一卷　（清)傅澤洪撰　清雍正三年(1725)淮陽道署刻本　三十六冊

230000－0901－0001920　C027469－96

歷代名臣傳三十五卷續編五卷　（清)朱軾撰　（清)蔡世遠撰　清雍正刻朱文端公藏書本　二十八冊

230000－0901－0001921　C027497－98

七國地理考七卷附國策編年一卷　（清)顧觀光撰　清光緒五年(1879)高桂、高崧刻本　二冊

230000－0901－0001922　C027521－32

水經注四十卷首一卷　（北魏)酈道元撰　清光緒三年(1877)湖北崇文書局刻本　十二冊

230000－0901－0001923　C037709－56

淵鑒類函四百五十卷目錄四卷　（清)張英等撰　清光緒十三年(1887)上海同文書局石印本　四十八冊

230000－0901－0001924　C037757－92

正覺樓叢刻　（清)崇文書局輯　清光緒崇文書局刻本　三十六冊

230000－0901－0001925　C037792－875

小方壺齋輿地叢鈔十二帙補編十二帙再補編十二帙　（清)王錫祺輯　清光緒十七年至二十三年(1891－1897)上海著易堂鉛印本　八十四冊

230000－0901－0001926　C038036－39

唐荊川先生文集十八卷補遺一卷附錄一卷
(明)唐順之撰　清光緒二十一年(1895)武進盛氏思惠齋刻本　四冊

230000－0901－0001927　C027499－502

重修南海普陀山志二十卷首一卷　（清)秦耀

曾撰　清道光二十三年(1843)刻本　四冊

230000－0901－0001928　C038040－42
從野堂存稿八卷補遺一卷附錄一卷　（明）繆
昌期撰　年譜一卷　（清）繆之鎔輯　清光緒
二十一年(1895)武進思惠齋刻朱印本　三冊

230000－0901－0001929　C038043－46
圖繪寶鑑八卷　（元）夏文彥撰　清借綠草堂
刻本　四冊

230000－0901－0001930　C038049－50
[同治]清泉縣志十卷首一卷末一卷　（清）王
開運修　（清）張修府纂　清同治八年(1869)
刻本　二冊

230000－0901－0001931　C038051－56
鈐山堂集四十卷　（明）嚴嵩撰　清刻本
六冊

230000－0901－0001932　C027556－63
懷豳雜俎十二種　徐乃昌輯　清光緒宣統南
陵徐氏刻本　八冊

230000－0901－0001933　C027564－65
點勘記二卷省堂筆記一卷　（清）歐陽泉撰
清光緒四年(1878)江蘇書局刻本　二冊

230000－0901－0001934　C027566－89
御選唐宋文醇五十八卷　（清）允祿等輯　清
光緒二十三年(1897)巴蜀善成堂刻本　二十
四冊

230000－0901－0001935　C027590－613
明鑑紀事本末八十卷　（清）谷應泰撰　清順
治十五年(1658)本衙刻本　二十四冊

230000－0901－0001936　C027624－29
詁經精舍文集十四卷　（清）阮元輯　清嘉慶
六年(1801)揚州阮氏琅嬛僊館刻本　六冊

230000－0901－0001937　C011679－011774
[光緒]山西通志一百八十四卷首一卷　（清）
曾國荃等修　（清）王軒　（清）楊篤纂　清光
緒十八年(1892)刻本　九十六冊

230000－0901－0001938　C011775－011798
文選六十卷　（南朝梁）蕭統輯　（唐）李善等

注　文選考異十卷　（清）胡克家撰　清同治
八年(1869)湖北崇文書局刻本　二十四冊

230000－0901－0001939　C011799－011838
東三省政略十二卷　徐世昌輯　清宣統三年
(1911)鉛印本　四十冊

230000－0901－0001940　C011926－011941
古謠諺一百卷目錄一卷　（清）杜文瀾輯　清
咸豐十一年(1861)曼陀羅華閣刻本　十六冊

230000－0901－0001941　C039368－95
左文襄公書牘二十六卷家書二卷　（清）左宗
棠撰　清末刻本　二十八冊

230000－0901－0001942　C039396－405
白沙子全集十卷首一卷末一卷古詩教解二卷
　（明）陳獻章撰　清乾隆三十六年(1771)碧
玉樓刻本　十冊

230000－0901－0001943　C039406
大乘法界無差別論疏二卷　（唐）釋法藏撰
清光緒二十一年(1895)金陵刻經處刻本
一冊

230000－0901－0001944　C039407－11
佛說阿彌陀經疏鈔四卷附佛說阿彌陀經事義
一卷問辯一卷問答一卷淨土疑辯一卷　（明）
釋袾宏撰　清光緒十八年(1892)金陵刻經處
刻本　五冊

230000－0901－0001945　C039412－14
般若燈論十五卷　（唐）釋波羅頗蜜多羅譯
清光緒二十四年(1898)金陵刻經處刻本
三冊

230000－0901－0001946　C039418－25
首楞嚴經疏二十卷　（宋）釋子璿集　清光緒
三十二年(1906)揚州藏經院刻本　八冊

230000－0901－0001947　C039426－27
大方便佛報恩經七卷　（□）□□譯　清同治
十一年(1872)吳坤修刻本　二冊

230000－0901－0001948　C039432－51
大方廣佛華嚴經八十卷　（唐）釋實叉難陀譯
清末刻本　二十

230000－0901－0001949　C039453－58

眠琴閣詩鈔十二卷續編三卷首一卷末一卷
（清）呂廷煇撰　清同治二年（1863）黔中刻本
　六冊

230000－0901－0001950　C039459－62

七十家賦鈔六卷　（清）張惠言輯　清光緒四
年（1878）宏達堂刻本　四冊

230000－0901－0001951　C011839－011913

槐廬叢書　（清）朱記榮輯　清光緒吳縣朱氏
槐廬家塾刻本　七十五冊　缺三種十六卷
（三編之求古錄一卷,四編之廣川書跋十卷、
金石稱例四卷續一卷）

230000－0901－0001952　C027614－23

林文忠公政書三十七卷　（清）林則徐撰　清
光緒林氏家刻本　十冊

230000－0901－0001953　C027630－52

日下舊聞四十二卷　（清）朱彝尊撰　補遺不
分卷　（清）朱昆田撰　清康熙二十六年至二
十七年（1687－1688）崑山徐氏刻本　二十
三冊

230000－0901－0001954　C027659－74

路史四十七卷　（宋）羅泌撰　清嘉慶六年
（1801）酉山堂刻本　十六冊

230000－0901－0001955　C027675－82

養一齋文集二十卷　（清）李兆洛撰　清光緒
四年（1878）刻本　八冊

230000－0901－0001956　C027683－90

兩漢金石記二十二卷　（清）翁方綱撰　清乾
隆五十四年（1789）南昌使院刻蘇齋叢書本
八冊

230000－0901－0001957　C027694－703

苗防備覽二十二卷　（清）嚴如熤撰　清道光
二十三年（1843）紹義堂刻本　十冊

230000－0901－0001958　C027704－11

武夷山志二十四卷首一卷　（清）董天工撰
清道光二十六年（1846）羅氏尺木軒刻本
八冊

230000－0901－0001959　C027712－23

五洲地理志略三十六卷　王先謙撰　清宣統
二年（1910）湖南學務公所刻本　十二冊

230000－0901－0001960　C027724－33

新疆識略十二卷首一卷　（清）松筠等纂　清
末刻本　十冊

230000－0901－0001961　C038092－99

經典釋文三十卷　（唐）陸德明撰　清康熙十
九年（1680）通志堂刻通志堂經解本　八冊

230000－0901－0001962　C038100－05

韓非子集解二十卷考證佚文一卷　（清）王先
愼撰　清光緒二十二年（1896）刻本　六冊

230000－0901－0001963　C038130－61

欽定禮記義疏八十二卷首一卷　（清）鄂爾泰
等撰　清刻本　三十二冊

230000－0901－0001964　C038316－25

新疆識略十二卷首一卷　（清）松筠等纂　清
末刻本　十冊

230000－0901－0001965　C027734－35

出使奏疏二卷　（清）薛福成撰　清光緒二十
年（1894）刻本　二冊

230000－0901－0001966　C027736－37

殷商貞卜文字考一卷　羅振玉撰　清宣統二
年（1910）石印本　二冊

230000－0901－0001967　C027739－44

楹聯叢話十二卷　（清）梁章鉅輯　清道光二
十年（1840）桂林署齋刻本　六冊

230000－0901－0001968　C044178－79

說文解字十五卷　（漢）許愼撰　清同治十三
年（1874）浦氏刻本　二冊

230000－0901－0001969　C027745－49

萬國通鑑四卷　（美國）謝衛樓口述　（清）趙
如光筆述　清光緒八年（1882）刻本　五冊

230000－0901－0001970　C027750－55

二林居集二十四卷　（清）彭紹升撰　清光緒
七年（1881）刻長洲彭氏家集本　六冊

230000 - 0901 - 0001971　C027765 - 876

[道光]廣東通志三百三十四卷　（清）阮元修　（清）陳昌齊等纂　清同治三年（1864）刻本　一百十二冊

230000 - 0901 - 0001972　C027901 - 54

潛研堂全書　（清）錢大昕撰　清光緒十年（1884）長沙龍氏家塾刻本　五十四冊

230000 - 0901 - 0001973　C027979 - 997

西湖志四十八卷　（清）李衛修　（清）傅王露等纂　清光緒四年（1878）浙江書局刻本　十九冊

230000 - 0901 - 0001974　C027998 - 28009

左傳紀事本末五十三卷　（清）高士奇撰　清光緒二十六年（1900）廣雅書局刻紀事本末彙刻本　十二冊

230000 - 0901 - 0001975　C028010 - 21

遼史一百十五卷　（元）脫脫等撰　**遼史語解十卷**　清同治十二年（1873）江蘇書局刻本　十二冊

230000 - 0901 - 0001976　C011942 - 011953

四書考異七十二卷　（清）翟灝撰　清乾隆三十四年（1769）翟氏無不宜齋刻本　十二冊

230000 - 0901 - 0001977　C012071 - 012072

倚晴樓詩餘四卷　（清）黃燮清撰　清同治六年（1867）刻倚晴樓全集本　二冊

230000 - 0901 - 0001978　C012082 - 012089

素問直解九卷　（清）高世栻註　清光緒十三年（1887）浙江書局刻本　八冊

230000 - 0901 - 0001979　C117890

易緯乾元序制記一卷易緯坤靈圖一卷易緯稽覽圖二卷　（漢）鄭玄注　清乾隆三十八年（1773）木活字印本　一冊

230000 - 0901 - 0001980　C012090 - 012095

溫病條辨六卷首一卷　（清）吳瑭撰　清嘉慶十八年（1813）問心堂刻本　六冊

230000 - 0901 - 0001981　C012100 - 012105

金匱要略淺注十卷　（清）陳念祖集注　清光

緒二十九年（1903）湖南益元書局刻本　六冊

230000 - 0901 - 0001982　C012106 - 012111

讀通鑑綱目條記二十卷　（清）李述來撰　清嘉慶刻本　六冊

230000 - 0901 - 0001983　C012112

煮藥漫抄二卷　（清）葉煒撰　清光緒十七年（1891）金陵刻本　一冊

230000 - 0901 - 0001984　C012113 - 012116

篋中詞六卷續四卷　（清）譚獻輯　清光緒八年（1882）仁和譚氏刻半厂叢書初編本　四冊

230000 - 0901 - 0001985　C039475 - 504

妙法蓮華經文句記三十卷　（後秦）釋鳩摩羅什譯　（隋）釋智者大師說　（隋）釋灌頂記　（唐）釋湛然述　清光緒七年（1881）姑蘇刻經處刻本　三十冊

230000 - 0901 - 0001986　C039507 - 10

大方廣圓覺經大疏十六卷　（唐）釋宗密撰　清宣統元年（1909）金陵刻經處刻本　四冊

230000 - 0901 - 0001987　C039511 - 14

大方廣圓覺經大疏十六卷　（唐）釋宗密撰　清宣統元年（1909）金陵刻經處刻本　四冊

230000 - 0901 - 0001988　C039515

漢音鉤沉一卷敘例一卷附記一卷　（清）胡元玉輯　清光緒十七年（1891）刻鏡珠齋刻本　一冊

230000 - 0901 - 0001989　C039524 - 29

春秋說三十卷　（宋）洪咨夔撰　清光緒十年（1884）晦木齋刻本　六冊

230000 - 0901 - 0001990　C039533 - 34

文字蒙求四卷　（清）王筠撰　清光緒十三年（1887）梁谿浦氏刻本　二冊

230000 - 0901 - 0001991　C039535 - 45

隸釋二十七卷隸續二十一卷　（宋）洪适撰　清同治十一年（1872）皖南洪氏晦木齋刻本　十一冊

230000 - 0901 - 0001992　C039562 - 85

欽定春秋傳說彙纂三十八卷首二卷　（清）王

捄等撰　清尊經閣刻本　二十四冊

230000－0901－0001993　C039586－617
寧都三魏全集　（清）林時益輯　清刻本　三十二冊

230000－0901－0001994　C044180－81
小學鉤沉十九卷　（清）任大椿撰　清光緒十年（1884）龍氏刻本　二冊

230000－0901－0001995　C039618－23
宋黃文節公詩正集十一卷別集一卷外集十一卷　（宋）黃庭堅撰　清乾隆陳氏刻本　六冊

230000－0901－0001996　C044182－85
越縵堂駢體文四卷散體文一卷　（清）李慈銘撰　清光緒二十三年（1897）刻本　四冊

230000－0901－0001997　C044186
孝經一卷　（唐）玄宗李隆基注　清同治九年（1870）揚州書局刻本　一冊

230000－0901－0001998　C044187
蘭臺遺稿一卷續編一卷　（清）彭希涑撰　**附錄一卷**　（清）彭紹開撰　**薈暉小閣吟草一卷**　（清）顧韞玉撰　清光緒二年（1876）刻本　一冊

230000－0901－0001999　C044189－90
八指頭陀詩集十卷述一卷詞一卷褉文一卷　（清）釋敬安撰　清光緒二十四年（1898）葉德輝刻本　二冊

230000－0901－0002000　C044191－94
文史通義八卷　（清）章學誠撰　清道光十二年至十三年（1832－1833）刻光緒浙江書局補刻本　四冊

230000－0901－0002001　C044195
陳一齋先生詩集六卷　（清）陳梓撰　清宣統三年（1911）上海國學扶輪社鉛印本　一冊

230000－0901－0002002　C044198－204
說文段注訂補十四卷　（清）王紹蘭撰　清光緒十四年（1888）胡燏棻刻本　七冊

230000－0901－0002003　C022220－27
惜抱軒文集十六卷詩集十卷　（清）姚鼐撰

清嘉慶刻本　八冊

230000－0901－0002004　C022228－38
壹齋集四十卷　（清）黃鉞撰　清咸豐九年（1859）刻本　十一冊

230000－0901－0002005　C028022－25
輿地廣記三十八卷附錄二卷　（宋）歐陽忞撰　清光緒六年（1880）金陵書局刻本　四冊

230000－0901－0002006　C028026－31
三省邊防備覽十四卷　（清）嚴如熤輯　清刻本　六冊

230000－0901－0002007　C028032－51
海國圖志五十卷　（清）魏源撰　清道光二十三年（1843）木活字印本　二十冊

230000－0901－0002008　C028056－63
五代史七十四卷　（宋）歐陽修撰　（宋）徐無黨注　清同治十一年（1872）湖北崇文書局刻本　八冊

230000－0901－0002009　C028064－69
國朝名臣言行錄十六卷　（清）王炳燮輯　清光緒十一年（1885）廣仁堂刻本　六冊

230000－0901－0002010　C028076－91
南宋文範七十卷外編四卷附作者考二卷　（清）莊仲方輯　清光緒十四年（1888）江蘇書局刻本　十六冊

230000－0901－0002011　C028092－95
青邱高季迪先生詩集十八卷　（明）高啟撰　清雍正寶芸堂刻本　四冊

230000－0901－0002012　C028140－44
盛世危言五卷　（清）鄭觀應撰　清光緒二十年（1894）鉛印本　五冊

230000－0901－0002013　C028145－49
華嶽志八卷首一卷　（清）李榕纂　清道光十一年（1831）刻光緒三十年（1904）補刻本　五冊

230000－0901－0002014　C028154－73
曝書亭集八十卷附錄一卷　（清）朱彝尊撰
笛漁小稿十卷　（清）朱昆田撰　清會稽陶氏

刻本　二十冊　缺六卷(笛漁小稿五至十)

230000－0901－0002015　C028174－93
國朝先正事略六十卷　(清)李元度撰　清同治五年(1866)循陔草堂刻本　二十冊

230000－0901－0002016　C022239－42
清尊集十六卷　(清)汪遠孫輯　清道光十九年(1839)汪氏振綺堂刻本　四冊

230000－0901－0002017　C012117－012122
月令粹編二十四卷　(清)秦嘉謨撰　清嘉慶十七年(1812)江都秦氏琳琅仙館刻本　六冊

230000－0901－0002018　C012123－012125
小謨觴館文集注四卷文續集注二卷　(清)彭兆蓀撰　(清)孫元培　(清)孫長熙注　清光緒十六年(1890)長洲黃氏流芳閣木活字印本　三冊

230000－0901－0002019　C012126－012128
弁服釋例八卷　(清)任大椿撰　清嘉慶元年(1796)望賢家塾刻本　三冊

230000－0901－0002020　C012129－012136
積石文稿十八卷詩存四卷南池唱和詩存一卷繪餘編一卷　(清)張履撰　清光緒二十年(1894)刻本　八冊

230000－0901－0002021　C012137－012142
三魚堂文集十二卷　(清)陸隴其撰　清康熙刻本　六冊

230000－0901－0002022　C012151－012156
醫宗必讀十卷　(明)李中梓撰　清康熙二十五年(1686)金閶同文會刻本　六冊

230000－0901－0002023　C012195－012208
驗方新編十六卷末一卷　(清)鮑相璈輯　清宣統元年(1909)經元書室刻本　十四冊

230000－0901－0002024　C012227
筆花醫鏡四卷　(清)江涵暾撰　清光緒十七年(1891)京都龍光齋刻本　一冊

230000－0901－0002025　C021221－25
庚辰集五卷　(清)紀昀輯　清刻本　五冊

230000－0901－0002026　C022323－62
古今說海　(明)陸楫輯　清道光元年(1821)苕溪邵氏酉山堂刻本　四十冊

230000－0901－0002027　C022363－66
歸盦文藁八卷　(清)葉裕仁撰　清光緒八年(1882)刻本　四冊

230000－0901－0002028　C022367－90
王陽明先生全集二十三卷附年譜一卷　(明)王守仁撰　清康熙十二年(1673)俞嶙敦厚堂刻本　二十四冊

230000－0901－0002029　C028194－207
七經精義　(清)黃淦撰　清嘉慶十二年(1807)令德堂刻本　十四冊

230000－0901－0002030　C022391－402
理學宗傳二十六卷　(清)孫奇逢撰　清道光六年(1826)浙江書局刻本　十二冊

230000－0901－0002031　C028208－11
桐陰論畫二卷首一卷附錄一卷畫訣二卷論畫二編二卷三編二卷　(清)秦祖永撰　清同治至光緒刻套印本　四冊

230000－0901－0002032　C028212－19
畫學心印八卷　(清)秦祖永撰　清光緒四年(1878)刻套印本　八冊

230000－0901－0002033　C028232－91
通志二百卷附考證三卷　(宋)鄭樵撰　清光緒二十七年(1901)上海圖書集成局鉛印九通本　六十冊

230000－0901－0002034　C022403－08
陸宣公集二十二卷　(唐)陸贄撰　清廣東刻本　六冊

230000－0901－0002035　C022409－24
安吳四種三十六卷　(清)包世臣撰　清同治十一年(1872)刻本　十六冊

230000－0901－0002036　C044205－06
校邠廬抗議二卷　(清)馮桂芬撰　清光緒十年(1884)刻本　二冊

230000－0901－0002037　C028292－301

周易述傳十卷 （清）丁裕彦撰 清道光二十三年(1843)丁氏家塾刻本 十冊

230000－0901－0002038 C044207－11
五經歲徧齋校書 （清）翟云升輯 清道光東萊翟氏刻本 五冊

230000－0901－0002039 C044212－17
白田草堂存稿二十四卷 （清）王懋竑撰 行狀一卷 （清）王箴聽等撰 清乾隆本祠刻本 六冊

230000－0901－0002040 C028302－05
易林四卷首一卷 （清）焦贛撰 清嘉慶十年(1805)虞山張氏照曠閣刻學津討原本 四冊

230000－0901－0002041 C044242－57
寒支初集十卷二集六卷李寒支先生歲紀一卷 （清）李世熊撰 清道光七年(1827)木活字印本 十六冊

230000－0901－0002042 C028306－07
文廟通考六卷首一卷 （清）牛樹梅撰 清同治十一年(1872)浙江書局刻本 二冊

230000－0901－0002043 C044258－61
鐵網珊瑚二十卷 （明）都穆撰 清乾隆二十三年(1758)刻本 四冊

230000－0901－0002044 C028308－10
通鑑地理今釋十六卷 （清）吳熙載撰 清光緒八年(1882)江蘇書局刻本 三冊

230000－0901－0002045 C028313－14
九疑山志四卷 （清）吳繩祖撰 清嘉慶退思齋刻本 二冊

230000－0901－0002046 C044262－63
四憶堂詩集六卷遺稿一卷 （清）侯方域撰 (清)賈開宗等選注 清刻本 二冊

230000－0901－0002047 C044264
日餘詩鈔三卷 （清）焦妙蓮撰 清嘉慶五年(1800)刻本 一冊

230000－0901－0002048 C028315－22
遼史拾遺二十四卷 （清）厲鶚撰 清光緒元年(1875)江蘇書局刻本 八冊

230000－0901－0002049 C028392－99
金文雅十六卷 （清）莊仲方輯 清道光活字印本 八冊

230000－0901－0002050 C028400－11
翁山詩外十六卷 （清）屈大均撰 清宣統二年(1910)國學扶輪社鉛印本 十二冊

230000－0901－0002051 C028412－71
天下郡國利病書一百二十卷 （清）顧炎武撰 清光緒五年(1879)刻本 六十冊

230000－0901－0002052 C028550－65
御批歷代通鑑輯覽一百二十卷 （清）傅恆等撰 清光緒九年(1883)同文書局石印本 十六冊

230000－0901－0002053 C028566－75
淵鑑類函四百五十卷 （清）張英等撰 清光緒二十三年(1897)點石齋石印本 十冊

230000－0901－0002054 C028576－695
[光緒]江西通志一百八十卷首五卷 （清）劉坤一等修 （清）劉鐸 （清）趙之謙等纂 清光緒七年(1881)刻本 一百二十冊

230000－0901－0002055 C044265
杭諺詩一卷 （清）邵懿辰輯 清光緒三十四年(1908)刻本 一冊

230000－0901－0002056 C044266
湖山到處吟不分卷 （清）朱棟撰 清刻本 一冊

230000－0901－0002057 C044267
袁忠節公遺詩補刻三卷 （清）袁昶撰 清宣統元年(1909)鉛印本 一冊

230000－0901－0002058 C022425－34
遜學齋詩鈔十卷文鈔十二卷續鈔五卷 （清）孫衣言撰 清同治刻本 十冊

230000－0901－0002059 C044268
孫可之文集十卷 （唐）孫樵撰 清光緒二年(1876)馮氏刻三唐人集本 一冊

230000－0901－0002060 C022435－39
重刊補注洗冤錄集證六卷 （宋）宋慈撰

（清）王又槐集證　（清）李觀瀾補輯　（清）阮其新補注　清光緒三年(1877)浙江書局刻本　五冊

230000－0901－0002061　C044269－70
楚辭集注八卷首一卷　（宋）朱熹撰　清光緒三年(1877)湖北崇文書局刻本　二冊

230000－0901－0002062　C044271－72
諸葛忠侯文集四卷首一卷附錄二卷　（三國蜀）諸葛亮撰　（清）張澍輯　清嘉慶道光刻本　二冊

230000－0901－0002063　C039624－29
御纂性理精義十二卷　（清）李光地等纂　清咸豐二年(1852)維新書局刻本　六冊

230000－0901－0002064　C044369－70
周易四卷卦歌一卷筮儀一卷圖說一卷　（宋）朱熹本義　清嘉慶十六年(1811)揚州刻本　二冊

230000－0901－0002065　C044396－401
國朝六家詩鈔八卷　（清）劉執玉輯　清宣統三年(1911)澄衷學堂石印本　六冊

230000－0901－0002066　C039630－37
曾文正公家書十卷家訓二卷　（清）曾國藩撰　大事記四卷　（清）王定安撰　榮哀錄一卷　清著易堂鉛印本　八冊

230000－0901－0002067　C044406－15
陳忠裕公全集三十卷年譜三卷首一卷末一卷　（明）陳子龍撰　清嘉慶八年(1803)斠山草堂刻同治八年(1869)何長治修補印本　十冊

230000－0901－0002068　C044416－45
宋六十名家詞　（明）毛晉輯　清光緒十四年(1888)錢塘汪氏刻本　三十冊

230000－0901－0002069　C039638－39
煙霞萬古樓文集六卷　（清）王曇撰　清道光二十年(1840)錢泳陳文述刻本　二冊

230000－0901－0002070　C039640－43
家語四卷　（清）沈端蒙集注　清乾隆五十八年(1793)敦化堂刻本　四冊

230000－0901－0002071　C039644－49
古事比五十二卷　（清）方中德輯　清光緒二十一年(1895)石印本　六冊

230000－0901－0002072　C039650
增補醫方一盤珠全集七卷附婦人雜癥一卷　（清）洪金鼎撰　清末刻本　一冊　存六卷（一至六）

230000－0901－0002073　C039651－56
焦氏易林十六卷　（漢）焦贛撰　易林元籥十測一卷　（明）盛如林撰　清敦仁堂刻本　六冊

230000－0901－0002074　C039657－68
增廣文選六種　（清）王毓俊輯　清光緒十五年(1889)上海鴻寶齋石印本　十二冊

230000－0901－0002075　C023132
瘟疫條辨摘要六卷首一卷　（清）楊璿　（清）陳良佐撰　（清）呂田集錄　清光緒十五年(1889)浙江書局刻本　一冊

230000－0901－0002076　C023133－36
南詔野史二卷　（明）楊慎撰　清末刻本　四冊

230000－0901－0002077　C012228－012243
孫眞人備急千金要方九十三卷目錄二卷續刻海上方一卷風藥論枕上方一卷枕中秘拾遺一卷　（唐）孫思邈撰　清同治七年(1868)王培楨刻本　十六冊

230000－0901－0002078　C012244
傷寒醫訣串解六卷　（清）陳念祖撰　（清）陳道著纂集　十藥神書注解一卷　（元）葛乾孫撰　（清）陳念祖注　（清）林壽萱韻　清光緒二年(1876)刻本　一冊

230000－0901－0002079　C012245－012248
金匱玉函經二注二十二卷附補方二卷　（元）趙以德註　（清）周揚俊補註　十藥神書一卷　（元）葛乾孫撰　清同治二年刻本　四冊

230000－0901－0002080　C012249－012296
皇朝藩屬輿地叢書　（清）浦□輯　清光緒二

十九年（1903）金匱浦氏靜寄東軒石印本　四十八冊

230000－0901－0002081　C012439－012462
明詩綜一百卷　（清）朱彝尊輯　清康熙四十四年（1705）刻本　二十四冊

230000－0901－0002082　C012477－012480
[乾隆]回疆志四卷　（清）蘇爾德撰　清乾隆博覽堂抄本　四冊

230000－0901－0002083　C012618
先天集十卷附錄二卷　（宋）許月卿撰　**山屋許先生事錄一卷**　（□）□□撰　清光緒抄本　一冊

230000－0901－0002084　C012619
觀石錄一卷端溪硯石考一卷　（清）高兆撰　**端溪硯石雜錄一卷**　（清）高兆輯　清末抄本　二冊

230000－0901－0002085　C012633
人物志三卷　（三國魏）劉邵撰　（北魏）劉昞注　清末抄本　一冊

230000－0901－0002086　C012654－012659
國朝六家詩鈔八卷　（清）劉執玉輯　清乾隆三十二年（1767）詒燕樓刻本　六冊

230000－0901－0002087　C012683－012686
醫學捷要四卷　（清）尹樂渠輯　清魏建菴馮華齋刻本　四冊

230000－0901－0002088　C023137
玉臺畫史五卷別錄一卷　（清）湯漱玉輯　清道光十七年（1837）錢塘汪氏刻振綺堂遺書本　一冊

230000－0901－0002089　C023124－31
蠶桑粹編十五卷首一卷　（清）衛杰編　清光緒二十六年（1900）浙江書局刻本　八冊

230000－0901－0002090　C023138－49
夢陔堂詩集五十卷　（清）黃承吉撰　清道光二十三年（1843）刻本　十二冊

230000－0901－0002091　C023150－65
吳詩集覽二十卷補注二十卷談藪二卷談藪拾

遺一卷　（清）吳偉業撰　（清）靳榮藩輯注　清乾隆四十年（1775）凌雲亭刻本　十六冊

230000－0901－0002092　C039670
詩品詩課鈔一卷　（清）鍾寶撰　**詩品一卷**　（唐）司空圖撰　清嘉慶小仙巢刻本　一冊

230000－0901－0002093　C039669
理氣三訣四卷　（清）葉泰撰　清嘉慶十八年（1813）刻本　一冊

230000－0901－0002094　C039671
國朝名家史論匯鈔二卷　（清）三知齋主人輯　清光緒二十七年（1901）三知齋刻本　一冊

230000－0901－0002095　C039672
新刻增定邵康節先生梅花觀梅拆字數全集五卷　（宋）邵雍撰　清經元堂刻本　一冊

230000－0901－0002096　C039680－81
史鑑節要便讀七卷　（清）鮑東里輯　清光緒末年鉛印本　二冊

230000－0901－0002097　C039696－707
紀效新書十八卷首一卷練兵實紀九卷雜集六卷　（明）戚繼光撰　清道光二十三年（1843）許乃釗刻本　十二冊

230000－0901－0002098　C039708－19
洋防輯要二十四卷　（清）嚴如熤撰　清道光刻本　十二冊

230000－0901－0002099　C039720－35
欽定春秋傳說彙纂三十八卷首二卷　（清）王掞等撰　清康熙六十年（1721）內府刻本　十六冊

230000－0901－0002100　C039736－42
原富不分卷　（英國）斯密亞丹撰　嚴復譯　清光緒二十八年（1902）南洋公學譯書院鉛印本　七冊

230000－0901－0002101　C039743－45
經義雜記三十卷　（清）臧琳撰　**敘錄一卷**　（清）臧庸輯　清嘉慶四年（1799）臧氏拜經堂刻本　三冊

230000－0901－0002102　C044402－03

葉選醫衡二卷 （清）葉桂輯 清宣統二年(1910)上海文瑞樓石印本 二冊

230000－0901－0002103 C044404－05

葉選醫衡二卷 （清）葉桂輯 清宣統二年(1910)上海文瑞樓石印本 二冊

230000－0901－0002104 C044451－62

匋齋藏石記四十四卷首一卷藏磚記二卷 （清）端方撰 清宣統元年(1909)石印本 十二冊

230000－0901－0002105 C044463－66

溫飛卿詩集七卷別集一卷集外詩一卷 （唐）溫庭筠撰 （明）曾益注 （清）顧予咸補注 （清）顧嗣立續注 清康熙三十六年(1697)顧氏秀野草堂刻本 四冊

230000－0901－0002106 C044467－96

陶文毅公全集六十四卷首一卷末一卷 （清）陶澍撰 清道光二十年(1840)刻本 三十冊

230000－0901－0002107 C044515－30

味餘書室全集定本四十卷隨筆二卷目錄四卷 （清）仁宗顒琰撰 清刻本 十六冊

230000－0901－0002108 C044531－46

天岳山館文鈔四十卷 （清）李元度撰 清光緒六年(1880)刻本 十六冊

230000－0901－0002109 C044549－50

新編算學啓蒙三卷 （元）朱世傑撰 識誤一卷 （清）羅士琳撰 清道光十九年(1839)刻觀我生室彙稿本 二冊

230000－0901－0002110 C044551

讀律心得三卷蜀僚問答二卷 （清）劉衡撰 漁洋山人手鏡一卷 （清）王士禛撰 代直隸總督勸諭牧令文一卷 （清）黃輔辰撰 清同治七年(1868)湖北崇文書局刻本 一冊

230000－0901－0002111 C044554－55

避暑錄話二卷 （宋）葉夢得撰 清道光二十五年(1845)刻本 二冊

230000－0901－0002112 C044556－63

說文解字徐氏繫傳四十卷 （南唐）徐鍇撰

校勘記三卷 （清）祁寯藻撰 清光緒元年(1875)刻本 八冊

230000－0901－0002113 C044564

大學或問二卷 （宋）朱熹撰 清道光五年(1825)刻本 一冊

230000－0901－0002114 C044565－72

經餘必讀八卷續編八卷三編四卷 （清）雷琳等輯 清光緒三年(1877)胡鳳丹刻本 八冊

230000－0901－0002115 C044573－74

竹窗隨筆一卷三筆一卷 （明）釋袾宏撰 清光緒二十四年(1898)金陵刻經處刻本 二冊

230000－0901－0002116 C004743－50

四書考異七十二卷 （清）翟灝撰 清乾隆三十四年(1769)刻本 八冊

230000－0901－0002117 C004751－54

古微書三十六卷 （明）孫瑴輯 清嘉慶二十一年(1816)對山問月樓刻本 四冊

230000－0901－0002118 C004757

寒松閣詞四卷 （清）張鳴珂撰 清光緒十年(1884)刻本 一冊

230000－0901－0002119 C004758－61

毛詩二十卷附考證 （漢）毛亨傳 （漢）鄭玄箋 （唐）陸德明音義 清刻本 四冊

230000－0901－0002120 C004714－19

監本四書十九卷 （宋）朱熹集注 清咸豐二年(1852)刻本 六冊

230000－0901－0002121 C039819－30

詞律二十卷 （清）萬樹撰 詞律拾遺六卷 （清）徐本立撰 詞律補遺一卷韻目一卷詞人姓氏錄一卷 （清）杜文瀾撰 清光緒二年(1876)刻本 十二冊

230000－0901－0002122 C039746－51

困學紀聞二十卷 （宋）王應麟撰 （清）何焯評 （清）閻若璩箋 清汪垕桐華書塾刻本 六冊

230000－0901－0002123 C044575－76

說文檢字二卷 （清）毛謨撰 清光緒九年

（1883）刻本 二冊

230000－0901－0002124 C039752－65
四書或問三十九卷論孟精義三十四卷 （宋）朱熹撰 清同治十二年（1873）劉氏五忠堂刻本 十四冊

230000－0901－0002125 C044577－96
大佛頂首楞嚴經疏解蒙鈔六十卷首一卷 （清）錢謙益撰 清末刻本 二十冊

230000－0901－0002126 C044597－604
尚書後案三十卷辨附一卷 （清）王鳴盛撰 清乾隆四十五年（1780）禮堂刻本 八冊

230000－0901－0002127 C039766－69
己畦詩集十卷殘餘一卷 （清）葉燮撰 清乾隆二十八年（1763）二棄草堂刻本 四冊

230000－0901－0002128 C039770－85
唐文粹一百卷 （宋）姚鉉輯 清光緒九年（1883）江蘇書局刻本 十六冊

230000－0901－0002129 C039787－92
重訂唐詩別裁集二十卷 （清）沈德潛輯 清乾隆二十八年（1763）教忠堂刻本 六冊

230000－0901－0002130 C044605－10
浙江全省輿圖並水路道里記不分卷 （清）宗源瀚等撰 清光緒二十年（1894）浙江輿圖總局石印本 六冊

230000－0901－0002131 C044611－70
子史精華一百六十卷 （清）允祿等纂 清刻本 六十冊

230000－0901－0002132 C044671
唐書西域傳注一卷 （清）沈惟賢撰 清光緒二十四年（1898）刻本 一冊

230000－0901－0002133 C044672－75
續詞綜六十八卷 （清）王昶輯 清嘉慶八年（1803）三泖漁莊刻本 四冊

230000－0901－0002134 C044676－77
姚文敏公遺稿十卷奏議補缺一卷 （明）姚夔撰 清光緒二十四年（1898）水明廔刻本 二冊

230000－0901－0002135 C039795－98
說文解字十五卷 （漢）許慎撰 清嘉慶十二年（1807）長白額勒布藤花榭刻本 四冊

230000－0901－0002136 C044679－90
清容居士集五十卷 （元）袁桷撰 札記一卷 （清）郁松年撰 清道光二十年（1840）上海郁氏刻宜稼堂叢書本 十二冊

230000－0901－0002137 C044691－94
儀禮鄭注句讀十七卷監本正誤一卷石經正誤一卷 （清）張爾岐撰 清同治七年（1868）金陵書局刻本 四冊

230000－0901－0002138 C044731－42
毛詩要義二十卷 （宋）魏了翁撰 清光緒八年（1882）莫氏影宋刻本 十二冊

230000－0901－0002139 C044751－52
文子纘義十二卷 （宋）杜道堅撰 清光緒三年（1877）浙江書局刻二十二子本 二冊

230000－0901－0002140 C044753－54
倉頡篇校正三卷補遺一卷 （清）梁章鉅撰 清光緒五年（1879）刻本 二冊

230000－0901－0002141 C044755－854
佩文韻府一百〇六卷 （清）張玉書等纂 清刻本 一百冊

230000－0901－0002142 C004817－28
文科大辭典十二集 （清）國學扶輪社輯 清宣統三年（1911）鉛印本 十二冊

230000－0901－0002143 C004829－40
明季稗史彙編 題（清）留雲居士輯 清留雲居士活字本 十二冊

230000－0901－0002144 C004841－42
綱目摘注二卷 （清）王永俠撰 清乾隆三十四年（1769）刻本 二冊

230000－0901－0002145 C004870－4909
東三省政略十二卷 徐世昌輯 清宣統三年（1911）鉛印本 四十冊

230000－0901－0002146 C004966－68
元史紀事本末二十七卷 （明）陳邦瞻撰

(明)臧懋循補輯　(明)張溥論正　清光緒十三年(1887)刻本　三冊

230000－0901－0002147　C051651－78
說文通訓定聲十八卷說雅一卷分部檢韻一卷古今韻準一卷　(清)朱駿聲撰　清道光二十八年(1848)黔縣學舍刻同治九年(1870)朱孔彰臨嘯閣重修本　二十八冊　缺一卷(古今韻準一卷)

230000－0901－0002148　C039811－18
琴隱園詩集三十六卷詞集四卷　(清)湯貽汾撰　清曹炳任、吳雲刻本　八冊

230000－0901－0002149　C005083－86
續琉球國志略五卷首一卷　(清)齊鯤　(清)費錫章輯　清嘉慶武英殿木活字印本　四冊

230000－0901－0002150　C051679－93
左海全集　(清)陳壽祺撰　清嘉慶道光刻本　十五冊　缺二種十一卷(左海文集一至九、左海文集乙編二卷)

230000－0901－0002151　C005105－12
[同治]江夏縣志八卷首一卷　(清)王庭楨修　(清)彭崧毓等纂　清同治八年(1869)刻本　八冊

230000－0901－0002152　C018944－45
養蒙鍼度五卷　(清)潘子聲輯　清光緒元年(1875)刻本　二冊

230000－0901－0002153　C005148－55
綏寇紀略十二卷補遺三卷　(清)吳偉業撰　清嘉慶十年(1805)張氏照曠閣刻學津討原本　八冊

230000－0901－0002154　C039799－810
禮經校釋二十二卷附禮經纂疏序一卷　曹元弼撰　清光緒十八年(1892)刻本　十二冊

230000－0901－0002155　C005228－5467
[光緒]畿輔通志三百卷首一卷　(清)李鴻章等修　(清)黃彭年等纂　清光緒十年(1884)刻本　二百四十冊

230000－0901－0002156　C005568－5627

讀史方輿紀要一百三十卷輿圖要覽四卷　(清)顧祖禹撰　清光緒二十五年(1899)刻本　六十冊

230000－0901－0002157　C005628－57
[道光]徽州府志十六卷首一卷　(清)馬步蟾纂　清道光七年(1827)刻本　三十冊

230000－0901－0002158　C005658－61
[光緒]名山縣志十五卷　(清)趙懿纂修　清光緒二十二年(1896)刻本　四冊

230000－0901－0002159　C005682－5701
[道光]遵義府志四十八卷　(清)平翰等修　(清)鄭珍　(清)莫友芝纂　清光緒十八年(1892)刻本　二十冊

230000－0901－0002160　C005742－47
荊州萬城隄志十卷首一卷末一卷　(清)倪文蔚撰　清光緒二年(1876)刻本　六冊

230000－0901－0002161　C028696－815
[雍正]浙江通志二百八十卷首三卷　(清)李衛　(清)嵇曾筠等修　(清)沈翼機　(清)傅王露等纂　清光緒二十五年(1899)浙江書局刻本　一百二十冊

230000－0901－0002162　C028816－95
明史稿三百十卷　(清)王鴻緒撰　清敬慎堂刻本　八十冊

230000－0901－0002163　C028912－23
經典釋文三十卷　(唐)陸德明撰　考證三十卷　(清)盧文弨撰　清同治八年(1869)湖北崇文書局刻本　十二冊

230000－0901－0002164　C051719－20
古音類表九卷　(清)傅壽彤撰　清同治三年(1864)宛南部署刻本　二冊

230000－0901－0002165　C051721－24
說文解字十五卷　(漢)許慎撰　清嘉慶十四年(1809)孫星衍刻本　四冊

230000－0901－0002166　C028924－31
欽定續通典一百五十卷　(清)嵇璜等撰　清光緒二十八年(1902)鴻寶書局石印本　八冊

230000－0901－0002167　C028944－55

貳臣傳十二卷　（清）□□撰　清道光刻本
十二冊

230000－0901－0002168　C051725－34

楊子書繹六卷　（清）楊文彩撰　清光緒二年
（1876）韓懿章文起堂刻本　十冊

230000－0901－0002169　C051735－44

春秋左傳杜注補輯三十卷首一卷　（清）姚培
謙撰　清同治五年（1866）金陵書局刻十三經
讀本本　十冊

230000－0901－0002170　C051749－53

花宜館詩鈔十六卷續存一卷無腔村笛二卷
（清）吳振棫撰　清同治四年（1865）吳文塏京
師刻本　五冊　缺二卷（無腔村笛二卷）

230000－0901－0002171　C051754－65

[光緒]餘姚縣志二十七卷首一卷末一卷
（清）周炳麟修　（清）邵友濂　（清）孫德祖
纂　清光緒二十五年（1899）刻本　十二冊
存一卷（二十四）

230000－0901－0002172　C005836－39

歷代名儒傳八卷　（清）朱軾　（清）蔡世遠輯
清雍正刻本　四冊

230000－0901－0002173　C005840－43

歷代循吏傳八卷　（清）朱軾　（清）蔡世遠輯
清雍正刻本　四冊

230000－0901－0002174　C005807－11

饗喜廬叢書四種　（清）傅雲龍輯　清光緒十
五年（1889）刻本　五冊

230000－0901－0002175　C051703－14

**來瞿唐先生易注十五卷首一卷末一卷圖像一
卷**　（明）來知德撰　清朝爽堂刻本　十二冊

230000－0901－0002176　C051715－18

韻歧五卷　（清）江昱撰　清光緒七年（1881）
刻本　四冊

230000－0901－0002177　C051782－89

三國志六十五卷　（晉）陳壽撰　（南朝宋）裴
松之注　清同治九年（1870）金陵書局刻二十

四史本　八冊

230000－0901－0002178　C051806－11

萬充宗先生經學五書　（清）萬斯大撰　清辨
志堂刻本　六冊

230000－0901－0002179　C051812－21

大清畿輔先哲傳四十卷　徐世昌撰　清末刻
本　十冊　存二十卷（二十一至四十）

230000－0901－0002180　C051825－40

十國春秋一百六十卷　（清）吳任臣撰　清乾
隆五十八年（1793）周昂此宜閣刻本　十六冊

230000－0901－0002181　C029004－38

大清宣統新法令不分卷　（清）商務印書館編
清宣統上海商務印書館鉛印本　三十五冊

230000－0901－0002182　C029039－46

東華錄二十六卷　王先謙等編　清光緒十七
年（1891）鉛印本　八冊

230000－0901－0002183　C029087－146

續資治通鑑二百二十卷　（清）畢沅撰　清鎮
洋畢氏刻嘉慶六年（1801）馮氏續刻同治六年
（1867）永康應氏補刻本　六十冊

230000－0901－0002184　C012687－12718

藕香零拾　繆荃孫輯　清光緒宣統藕香簃刻
本　三十二冊

230000－0901－0002185　C012741－012756

黃氏醫書八種　（清）黃元御撰　清道光十四
年（1834）趙汝毅家塾刻本　十六冊

230000－0901－0002186　C012798－012799

人譜一卷人譜類記二卷　（明）劉宗周撰　清
同治七年（1868）戢山書院刻本　二冊

230000－0901－0002187　C012797

具茨晁先生詩集一卷　（宋）晁沖之撰　清抄
本　一冊

230000－0901－0002188　C012803

皇元征緬錄二卷　（元）□□撰　清道光醉六
堂抄本　一冊

230000－0901－0002189　C012871－012894

[光緒]桐鄉縣志二十四卷首四卷 （清）嚴辰
纂 楊園淵源錄四卷 （清）沈曰富輯 清光
緒十三年(1887)蘇州陶漱藝齋刻本 二十四冊

230000－0901－0002190 C044855－5022

昭代叢書 （清）張潮 （清）張漸輯 （清）
楊復吉 （清）沈楙悳續輯 清道光吳江沈氏
世楷堂刻本 一百六十七冊

230000－0901－0002191 C045084－89

鶴徵錄八卷首一卷後錄十二卷首一卷 （清）
李集輯 清嘉慶十六年(1811)刻本 六冊

230000－0901－0002192 C005898－6017

玉海二百卷詞學指南四卷 （宋）王應麟撰
清光緒九年(1883)刻本 一百二十冊

230000－0901－0002193 C039793－94

隸法匯纂十卷 （清）項懷撰 清乾隆四十五
年(1780)小酉山房刻本 二冊

230000－0901－0002194 C039831－32

嘯古堂文集八卷 （清）蔣敦復撰 清同治十
年(1871)刻本 二冊

230000－0901－0002195 C039833－42

石笥山房文集六卷補遺一卷詩集十一卷詩餘
一卷補遺二卷續補遺二卷 （清）胡天游撰
年譜一卷 （清）胡元琢撰 清咸豐二年
(1852)刻本 十冊

230000－0901－0002196 C029179－90

寄園寄所寄十二卷 （清）趙吉士撰 清姑蘇
文秀堂刻本 十二冊

230000－0901－0002197 C039843

漢魏六朝女子文選二卷 （清）張維輯 清宣
統三年(1911)海鹽朱昆刻本 一冊

230000－0901－0002198 C029191－202

通典二百卷 （唐）杜佑撰 考證一卷 清光
緒二十八年(1902)上海鴻寶書局石印本 十
二冊

230000－0901－0002199 C029260－63

山谷題跋四卷 （宋）黃庭堅撰 清末石印本
四冊

230000－0901－0002200 C029248－59

通鑑類纂二十卷 （清）松椿纂 清光緒二十
三年(1897)石印本 十二冊

230000－0901－0002201 C039844

漢魏六朝女子文選二卷 （清）張維輯 清宣
統三年(1911)海鹽朱昆刻本 一冊

230000－0901－0002202 C039845－52

滄靜齋文鈔八卷詩鈔六卷 （清）龔景瀚撰
清同治八年(1869)龔易圖南郡署刻本 八冊

230000－0901－0002203 C029388－423

元史二百十卷目錄二卷 （明）宋濂等撰 欽
定元史語解二十四卷 清同治十三年(1874)
江蘇書局刻本 三十六冊

230000－0901－0002204 C029328－87

天下郡國利病書一百二十卷 （清）顧炎武撰
清道光十一年(1831)敷文閣刻本 六十冊

230000－0901－0002205 C029596－99

地學淺釋三十八卷 （英國）雷俠兒撰 清同
治十二年(1873)鉛印本 四冊

230000－0901－0002206 C039853－56

醫門初學萬金一統要訣分類八卷首一卷末一
卷 （明）太醫院原本 （明）羅必煒參訂 清
光緒十四年(1888)南京李光明莊刻本 四冊

230000－0901－0002207 C029600－07

皇朝通典一百卷 （清）嵇璜等撰 清光緒二
十八年(1902)鴻寶書局刻本 八冊

230000－0901－0002208 C039857－60

溫病條辨六卷首一卷 （清）吳瑭撰 清鶴臬
葉氏刻本(內有配本) 四冊

230000－0901－0002209 C029512－51

通典二百卷 （唐）杜佑撰 清咸豐九年
(1859)刻本 四十冊

230000－0901－0002210 C006018－6177

函海 （清）李調元輯 清光緒七年至八年
(1881－1882)刻本 一百六十冊

230000－0901－0002211 C029424－511

皇朝續文獻通考三百二十卷 （清）劉錦藻撰

清光緒三十一年(1905)鉛印本　八十八冊

230000－0901－0002212　C039861－76
後漢書九十卷　（南朝宋）范曄撰　（唐）李賢注　**志三十卷**　（晉）司馬彪撰　（南朝梁）劉昭注補　清同治八年(1869)金陵書局刻二十四史本　十六冊

230000－0901－0002213　C062652－55
通藝閣詩續錄八卷三錄八卷　（清）姚椿撰　清咸豐五年(1855)刻本　四冊

230000－0901－0002214　C006178－80
家語疏證六卷　（清）孫志祖撰　清刻本　三冊

230000－0901－0002215　C062656－65
樊榭山房集十卷續集十卷文集八卷集外詩三卷又一卷集外詞四卷又一卷集外曲二卷　（清）厲鶚撰　清光緒十八年(1892)刻本　十冊

230000－0901－0002216　C006181
家語疏證六卷　（清）孫志祖撰　清光緒刻本　一冊

230000－0901－0002217　C039947－48
淳化秘閣法帖考正十二卷　（清）王澍撰　清天都秋水滿花居刻本　二冊

230000－0901－0002218　C062621－24
誠齋詩集十六卷　（宋）楊萬里撰　清嘉慶七年(1802)刻本　四冊

230000－0901－0002219　C006184－87
孔子集語十七卷　（清）孫星衍輯　清光緒三年(1877)刻本　四冊

230000－0901－0002220　C039949－52
庚子銷夏記八卷　（清）孫承澤撰　清乾隆刻本　四冊

230000－0901－0002221　C006188
勸學篇二卷　（清）張之洞撰　清光緒二十四年(1898)石印本　一冊

230000－0901－0002222　C062625－26
詩比興箋四卷　（清）陳沆撰　清光緒九年

(1883)刻本　二冊

230000－0901－0002223　C039953－60
聖武記十四卷　（清）魏源撰　清道光二十二年(1842)古微堂刻本　八冊

230000－0901－0002224　C045101－06
高季迪先生大全集十八卷　（明）高啓撰　清光緒十四年(1888)活字印本　六冊

230000－0901－0002225　C006189－90
儒林宗派十六卷　（清）萬斯同撰　清宣統三年(1911)刻本　二冊

230000－0901－0002226　C039961－80
續檇李詩繫四十卷　（清）胡昌基輯　清宣統三年至民國二年(1911－1913)葛嗣浵等刻本　二十冊

230000－0901－0002227　C045121－44
毛詩後箋三十卷　（清）胡承珙撰　（清）陳奐補　清道光十七年(1837)胡氏求是堂刻本　二十四冊

230000－0901－0002228　C006191－92
新書十卷　（漢）賈誼撰　清光緒元年(1875)湔江書局刻二十二子本　二冊

230000－0901－0002229　C045145－60
方正學先生遜志齋集二十四卷拾補一卷外記一卷　（明）方孝孺撰　**校勘記一卷**　（清）盛朝彥等撰　**年譜一卷**　清同治十二年(1873)刻本　十六冊

230000－0901－0002230　C006217－26
欽定遼金元三史語解四十六卷　清光緒四年(1878)刻本　十冊

230000－0901－0002231　C045161－68
高子遺書十二卷附錄一卷　（明）高攀龍撰　**年譜一卷**　（明）華允誠等撰　清光緒二年(1876)無錫東林書院刻本　八冊

230000－0901－0002232　C045169－78
震川先生集三十卷別集十卷　（明）歸有光撰　清光緒元年(1875)常熟歸氏刻本　十冊

230000－0901－0002233　C045211－42

御製數理精蘊上編五卷下編四十卷表八卷
(清)允祉等撰　清光緒八年(1882)姚覲元刻
本　三十二冊

230000－0901－0002234　C045266－69

[江蘇吳江]分湖柳氏重修家譜十二卷　(清)
柳兆薰　(清)柳以蕾等纂修　清光緒七年
(1881)柳氏勝溪草堂刻養餘齋全集本　四冊

230000－0901－0002235　C045244－45

陶淵明集十卷　(晉)陶潛撰　清光緒五年
(1879)俞秀山刻本　二冊

230000－0901－0002236　C045338－437

資治通鑑二百九十四卷　(宋)司馬光撰
(元)胡三省音注　通鑑釋文辯誤十二卷
(元)胡三省撰　清嘉慶二十年(1815)鄱陽胡
氏刻同治八年(1869)江蘇書局修資治通鑑彙
刻本　一百冊

230000－0901－0002237　C045438－97

續資治通鑑二百二十卷　(清)畢沅撰　清鎮
洋畢氏刻嘉慶六年(1801)馮氏續刻同治六年
(1867)永康應氏補刻本　六十冊

230000－0901－0002238　C062628－30

白虎通四卷　(漢)班固撰　清乾隆四十九年
(1784)刻本　三冊

230000－0901－0002239　C045498－597

全上古三代秦漢三國六朝文七百四十六卷
(清)嚴可均輯　清光緒十三年至二十年
(1887－1894)黃岡王毓藻刻本　一百冊

230000－0901－0002240　C062631－33

周易本義十二卷附首一卷末一卷　(宋)朱熹
撰　清同治四年(1865)刻本　四冊

230000－0901－0002241　C045608－27

五經制典五種　(明)周中度輯　明崇禎刻康
熙五年(1666)朱茂時重修本　二十冊

230000－0901－0002242　C062634－38

紫石泉山房文集十二卷　(清)吳定撰　清光
緒十三年(1887)刻本　五冊

230000－0901－0002243　C062639－42

儀禮彙說十七卷　(清)焦以恕撰　清乾隆三
十七年(1772)焦氏研雨齋刻本　四冊

230000－0901－0002244　C062643－48

朱子古文六卷　(宋)朱熹撰　清道光二十八
年(1848)刻本　六冊

230000－0901－0002245　C062649－51

東嵒艸堂評訂唐詩鼓吹十卷　(金)元好問輯
(元)郝天挺註　(明)廖文炳解　清初刻本
四冊

230000－0901－0002246　C006229－32

養餘齋初集四卷二集四卷三集六卷　(清)柳
樹芳撰　清道光二十七年(1847)刻本　四冊

230000－0901－0002247　C006233

庭訓格言一卷　(清)聖祖玄燁撰　(清)世宗
胤禛編　清吳棠刻本　一冊

230000－0901－0002248　C006234

荀子補注二卷　(清)郝懿行撰　清刻本
一冊

230000－0901－0002249　C006235－36

輶軒語不分卷　(清)張之洞撰　清光緒四年
(1878)刻本　二冊

230000－0901－0002250　C006237－38

二程粹言二卷　(宋)程顥　(宋)程頤撰　清
光緒十八年(1892)刻本　二冊

230000－0901－0002251　C006239－42

日知薈說四卷　(清)高宗弘曆撰　清江南刻
本　四冊

230000－0901－0002252　C006243－44

小學六卷　(宋)朱熹撰　清光緒七年(1881)
刻本　二冊

230000－0901－0002253　C006245－48

小學集注六卷首一卷末一卷　(明)陳選撰
清同治元年(1862)刻本　四冊

230000－0901－0002254　C006249

庭訓格言一卷　(清)聖祖玄燁撰　(清)世宗
胤禛編　清同治元年(1862)刻本　一冊

230000－0901－0002255　C006205

勸學篇二卷　（清）張之洞撰　清光緒二十四年(1898)刻本　一冊

230000－0901－0002256　C006251

近思錄集解十四卷　（宋）葉采撰　清康熙邵仁泓刻本　二冊

230000－0901－0002257　C006252

近思錄十四卷　（宋）朱熹　（宋）呂祖謙輯　清道光刻本　一冊

230000－0901－0002258　C006256－57

鹽鐵論十卷　（漢）桓寬撰　校勘小識一卷　王先謙撰　清光緒十七年(1891)刻本　二十四冊

230000－0901－0002259　C012895－012954

植物名實圖考三十八卷植物名實圖考長編二十二卷　（清）吳其濬撰　清道光二十八年(1848)陸應穀刻本　六十冊

230000－0901－0002260　C012867－68

翰苑群書二卷　（宋）洪遵輯　清末抄本　二冊

230000－0901－0002261　C012974

四庫闕書一卷　（清）徐松編　清末抄本　一冊

230000－0901－0002262　C012975

劉彥昺詩集九卷　（明）劉彥昺撰　清末抄本　一冊

230000－0901－0002263　C012979

孫明復小集一卷　（宋）孫復撰　附錄一卷　（宋）石介撰　清抄本　一冊

230000－0901－0002264　C012983

竹下文存三卷　（清）吳騫撰　清抄本　一冊

230000－0901－0002265　C012988

疑獄集三卷　（五代）和凝父子撰　清抄本　一冊

230000－0901－0002266　C012991

五國故事二卷　（宋）□□撰　清末抄本　一冊

230000－0901－0002267　C012992

薛文清公讀書錄一卷　（明）薛瑄撰　清末抄本　一冊

230000－0901－0002268　C012993

資暇集三卷　（唐）李匡乂撰　南憁紀談一卷　（□）□□撰　清光緒三十四年(1908)抄本　一冊

230000－0901－0002269　C012995

重刊革象新書二卷　（元）趙友欽撰　清末抄本　一冊

230000－0901－0002270　C006258－81

[乾隆]貴州通志四十六卷首一卷　（清）鄂爾泰　（清）張廣泗修　（清）靖道謨　（清）杜詮纂　清乾隆六年(1741)刻本　二十四冊

230000－0901－0002271　C013022

反離騷一卷　（漢）揚雄撰　清末抄本　一冊

230000－0901－0002272　C013048

孔門兩弟子言詩翼不分卷　（明）凌濛初輯　清抄本　一冊

230000－0901－0002273　C006283

書疑九卷　（宋）王栢撰　清康熙十九年(1680)刻本　二冊

230000－0901－0002274　C006284－85

爾雅匡名二十卷　（清）嚴元照撰　清光緒十六年(1890)刻廣雅書局叢書本　二冊

230000－0901－0002275　C006299－6302

北齊書五十卷　（唐）李百藥撰　清同治十三年(1874)金陵書局刻二十四史本　四冊

230000－0901－0002276　C006304－05

人範六卷　（清）蔣元撰　清咸豐五年(1855)刻本　二冊

230000－0901－0002277　C006306－07

揚子法言十三卷　（漢）揚雄撰　（晉）李軌注　音義一卷　（宋）□□撰　清嘉慶二十三年(1818)影宋刻本　二冊

230000－0901－0002278　C006308

明賢蒙正錄二卷　（清）彭定求輯　清同治九

年(1870)刻本　一冊

230000 – 0901 – 0002279　C006322
讀書做人譜不分卷　（清）龍炳垣輯　清同治十一年(1872)刻本　一冊

230000 – 0901 – 0002280　C006323 – 28
呻吟語六卷　（明）呂坤撰　清同治七年(1868)刻本　六冊

230000 – 0901 – 0002281　C006330
秋水軒集不分卷　（清）莊盤珠撰　清光緒二年(1876)刻本　一冊

230000 – 0901 – 0002282　C006333 – 34
文中子中說十卷　（隋）王通撰　（宋）阮逸注　清光緒二年(1876)刻二十二子本　二冊

230000 – 0901 – 0002283　C062762 – 809
通鑑紀事本末二百三十九卷　（宋）袁樞撰　清光緒十三年(1887)廣雅書局刻本　四十八冊

230000 – 0901 – 0002284　C062810 – 27
顧亭林先生遺書十種補遺十種　（清）顧炎武撰　清蓬瀛閣刻本　十八冊

230000 – 0901 – 0002285　C062828 – 29
鄭氏周易三卷　（漢）鄭玄撰　（宋）王應麟撰　（清）惠棟補輯　周易乾鑿度二卷　清乾隆刻本　二冊

230000 – 0901 – 0002286　C051861 – 74
[光緒]武進陽湖縣志三十卷圖一卷　（清）王其淦　（清）吳康壽修　（清）湯成烈纂　清光緒五年(1879)刻本　十四冊　存十九卷(七至八、十三至十四、十六至三十)

230000 – 0901 – 0002287　C039981 – 040013
史記一百三十卷　（漢）司馬遷撰　（南朝宋）裴駰集解　（唐）司馬貞索隱　（唐）張守節正義　（明）陳仁錫評　明崇禎古吳懷德堂刻本　三十三冊

230000 – 0901 – 0002288　C051875 – 77
西夏紀事本末三十六卷首二卷　（清）張鑑撰　清光緒十一年(1885)金陵刻本　三冊

230000 – 0901 – 0002289　C040014 – 25
文選六十卷　（南朝梁）蕭統輯　（唐）李善等注　（清）何焯評　清雙桂堂刻朱墨套印本　十二冊

230000 – 0901 – 0002290　C040026 – 45
欽定周官義疏四十八卷首一卷　（清）鄂爾泰等撰　清紫陽書院刻本　二十冊

230000 – 0901 – 0002291　C051878 – 85
遼史紀事本末四十卷首一卷末一卷　（清）李有棠撰　清光緒二十九年(1903)李杼鄂樓刻本　八冊

230000 – 0901 – 0002292　C040046 – 60
詩毛氏傳疏三十卷釋毛詩音四卷毛詩傳義類一卷鄭氏箋考徵一卷　（清）陳奐撰　清道光二十七年至咸豐元年(1847 – 1851)吳門南園陳氏掃葉山莊刻本　十五冊

230000 – 0901 – 0002293　C006374 – 83
五種遺規　（清）陳宏謀輯　清同治七年(1868)金陵書局刻本　十冊

230000 – 0901 – 0002294　C006384 – 91
闕里述聞十四卷補一卷　（清）鄭曉茹撰　清同治七年(1868)刻本　八冊

230000 – 0901 – 0002295　C040337 – 48
式訓堂叢書初集　（清）章壽康輯　清光緒會稽章氏刻本　十二冊

230000 – 0901 – 0002296　C040349 – 64
半厂叢書初編　（清）譚獻輯　清光緒仁和譚氏刻本　十六冊

230000 – 0901 – 0002297　C062830 – 33
後漢書補表八卷　（清）錢大昭撰　清刻本　四冊

230000 – 0901 – 0002298　C051886 – 94
金史紀事本末五十二卷首一卷末一卷　（清）李有棠撰　清光緒二十九年(1903)李杼鄂樓刻本　九冊

230000 – 0901 – 0002299　C051895 – 903
四書讀注提耳十九卷　（清）耿埰撰　清乾隆

元年(1736)屏山堂刻本　九冊

230000－0901－0002300　C040365－97

木犀軒叢書　李盛鐸輯　清光緒刻本　三十三冊　缺十種二十八卷(爾雅一切注音十卷、爾雅補郭二卷、續方言疏證二卷、漢書音義三卷補遺一卷、續刻：穀梁大義述不分卷、孝經徵文一卷、春秋平議一卷、有不為齋算學四卷、珠神眞經二卷、東潛文稿二卷)

230000－0901－0002301　C062834－45

毛詩傳箋通釋三十二卷　(清)馬瑞辰撰　清光緒十四年(1888)廣雅書局刻本　十二冊

230000－0901－0002302　C062858－61

西泠閨詠十六卷　(清)陳文述撰　清光緒十三年(1887)刻本　四冊

230000－0901－0002303　C062862－69

顧亭林先生遺書十種　(清)顧炎武撰　清蓬瀛閣刻本　八冊

230000－0901－0002304　C051919－36

說文解字注三十卷六書音韻表五卷汲古閣說文訂一卷　(清)段玉裁撰　**部目分韻一卷**　(清)陳奐撰　清宣統元年(1909)刻民國三十八年(1949)印本　十八冊

230000－0901－0002305　C062870－75

實政錄七卷　(明)呂坤撰　清同治十一年(1872)江蘇書局刻本　六冊

230000－0901－0002306　C051937－48

群經評議三十五卷　(清)俞樾撰　清光緒二十五年(1899)刻春在堂全書本　十二冊

230000－0901－0002307　C051949－60

五經類編二十八卷　(清)周世樟輯　清博古堂刻本　十二冊

230000－0901－0002308　C051973－80

詩古微上編三卷中編十卷下編二卷首一卷　(清)魏源撰　清光緒十一年(1885)宜都楊氏飛青閣丁黃岡學署刻本　八冊

230000－0901－0002309　C051981－92

春秋左傳杜注補輯三十卷首一卷　(清)姚培

謙撰　清末李光明莊刻本　十二冊

230000－0901－0002310　C062885－947

讀畫齋叢書　(清)顧修輯　清嘉慶四年(1799)桐川顧氏刻本　六十三冊

230000－0901－0002311　C006411－34

二十四史統紀全表十三卷歷代疆域表三卷圖一卷歷代沿革表三卷　(清)段長基撰　(清)段揩書編注　清嘉慶二十二年(1817)刻本　二十四冊

230000－0901－0002312　C062948－51

庸閑齋筆記八卷　(清)陳其元撰　清同治十三年(1874)刻本　四冊

230000－0901－0002313　C006435－38

歷代輿地沿革圖　楊守敬撰　清刻本　三十四冊

230000－0901－0002314　C006485－96

湖北武學十種　(清)湖北武備學堂編譯　清光緒二十六年(1900)刻本　十二冊

230000－0901－0002315　C006497－98

程氏家塾讀書分年日程三卷　(元)程端禮撰　清同治七年(1868)湖北官書處刻本　二冊

230000－0901－0002316　C006499－6500

伊川經說八卷　(宋)程頤撰　清光緒十八年(1892)刻本　二冊

230000－0901－0002317　C006650

文中子中說一卷　(隋)王通撰　清光緒元年(1875)湖北崇文書局刻本　一冊

230000－0901－0002318　C006651－7042

二十四史　清光緒上海圖書集成公司鉛印本　三百九十二冊

230000－0901－0002319　C066361－428

古經解彙函附小學彙函　(清)鍾謙鈞等輯　清同治十二年(1873)刻本　六十八冊

230000－0901－0002320　C066543－606

東華續錄二百二十卷　(清)朱壽鵬輯　清宣統元年(1909)圖書集成公司鉛印本　六十四冊

230000－0901－0002321　C066607－14
續古文辭類纂三十四卷　王先謙輯　清光緒
八年(1882)虛度堂刻本　八冊

230000－0901－0002322　C062952－83
皕宋樓藏書志一百二十卷續志四卷　(清)陸
心源藏并編　清光緒八年(1882)陸氏十萬卷
樓刻本　三十二冊

230000－0901－0002323　C066615－22
駢體文鈔三十一卷　(清)李兆洛輯　清道光
合河康氏家塾刻同治六年(1867)印本　八冊

230000－0901－0002324　C062984－85
家禮五卷附錄二卷　(宋)朱熹撰　清同治四
年(1865)吳棠望三益齋刻本　二冊

230000－0901－0002325　C066623－46
養正書屋全集定本四十卷目錄四卷　(清)宣
宗旻寧撰　清道光二年(1822)刻本　二十
四冊

230000－0901－0002326　C045628－31
錢牧齋文鈔不分卷　(清)錢謙益撰　清宣統
元年(1909)鉛印本　四冊

230000－0901－0002327　C062986－90
西亭文鈔十二卷首一卷末一卷　(清)王原撰
清光緒十七年(1891)刻本　五冊

230000－0901－0002328　C062991－92
姜堯章先生集十卷　(宋)姜夔撰　清道光二
十三年(1843)刻本　二冊

230000－0901－0002329　C045632
孤唱集一卷　(清)柳樹芳撰　清嘉慶二十五
年(1820)柳氏養餘齋刻本　一冊

230000－0901－0002330　C066647－50
元遺山詩集箋注十四卷補載一卷　(金)元好
問撰　(清)施國祁注　年譜一卷附錄一卷
(清)施國祁輯　清道光二年(1822)南潯蔣氏
瑞松堂刻本　四冊

230000－0901－0002331　C045639－40
瓶廬詩鈔四卷詩餘一卷文一卷　(清)翁同龢
撰　清光緒開文社鉛印本　二冊

230000－0901－0002332　C066651－54
多歲堂詩集四卷載賡集二卷試律詩一卷
(清)成書撰　清道光刻本　四冊

230000－0901－0002333　C062993
欽定重刻淳化閣帖釋文十卷　(清)于敏中等
撰　清末刻本　一冊

230000－0901－0002334　C045641－50
切問齋文鈔三十卷　(清)陸燿輯　清乾隆四
十一年(1776)刻本　十冊

230000－0901－0002335　C045651－54
顏氏學記十卷　(清)戴望撰　清同治十年
(1871)冶城山館刻本　四冊

230000－0901－0002336　C045655－56
求闕齋文鈔八卷　(清)曾國藩撰　清同治十
二年(1873)李鴻章刻本　二冊

230000－0901－0002337　C045600－63
國朝五家詠史詩鈔十卷　(清)孫福清輯　清
光緒四年(1878)嘉善孫氏望雲仙館刻本
四冊

230000－0901－0002338　C045689－93
袁文箋正十六卷補注一卷　(清)袁枚撰
(清)石韞玉箋　增訂袁文箋正四卷　(清)魏
大緒撰　清光緒十四年(1888)上海蜚英館石
印本　五冊

230000－0901－0002339　C045704－07
亭林文集六卷詩集五卷　(清)顧炎武撰　清
宣統元年(1909)掃葉山房石印本　四冊

230000－0901－0002340　C045714－25
詩緝三十六卷　(宋)嚴粲撰　清嘉慶十五年
(1810)刻本　十二冊

230000－0901－0002341　C045726－41
御製曆象考成表十六卷　(清)允祿等撰　清
刻本　十六冊

230000－0901－0002342　C045748－55
詞學叢書六種　(清)秦恩復輯　清嘉慶道光
江都秦氏享帚精舍刻本　八冊

230000－0901－0002343　C045796－801

讀書叢錄二十四卷 （清）洪頤煊撰 清光緒十三年(1887)吳氏醉六堂刻本 六冊

230000－0901－0002344 C045812－17
花宜館詩鈔十六卷續存一卷無腔村笛二卷 （清）吳振棫撰 清同治四年(1865)吳文墇京師刻本 六冊

230000－0901－0002345 C045818－25
本草綱目拾遺十卷 （清）趙學敏輯 清同治十年(1871)張氏刻本 八冊

230000－0901－0002346 C040398
比玉樓詩稿補遺一卷 （清）黃振均撰 清刻朱印本 一冊

230000－0901－0002347 C040409
國朝畫徵錄三卷明人補錄一卷續錄二卷強恕齋國畫精意識一卷 （清）張庚撰 清乾隆刻本 一冊

230000－0901－0002348 C062994
松江竹枝詞一卷 （清）黃霆撰 清光緒元年(1875)思柏廬刻本 一冊

230000－0901－0002349 C040413－15
白鵠山房集十五卷 （清）徐熊飛撰 清嘉慶二十五年(1820)刻本 三冊 存七卷(詩選四卷、附掛笠吟一卷、駢體文續鈔二卷)

230000－0901－0002350 C062995－96
白華絳柎閣詩集十卷 （清）李慈銘撰 清光緒十八年(1892)刻本 二冊

230000－0901－0002351 C045826
急救應驗良方一卷 （清）費山壽輯 清末刻本 一冊

230000－0901－0002352 C062997－998
硯小史四卷 （清）朱棟撰 清嘉慶五年(1800)樓外樓刻本 二冊

230000－0901－0002353 C051995－2021
說文解字注三十卷六書音韻表五卷汲古閣說文訂一卷 （清）段玉裁撰 部目分韻一卷 （清）陳奐撰 清同治十一年(1872)湖北崇文書局刻本 二十七冊

230000－0901－0002354 C052040－51
歐陽文忠公集一百五十三卷首一卷附錄五卷 （宋）歐陽修撰 清嘉慶二十四年(1819)歐陽衡刻本 十二冊 存八十五卷(一至八十五)

230000－0901－0002355 C040416－20
西泠五布衣遺著十七卷 （清）丁丙輯 清同治光緒錢塘丁氏當歸草堂刻本 五冊

230000－0901－0002356 C052052－54
心白日齋集六卷 （清）尹耕雲撰 清光緒十年(1884)刻本 三冊

230000－0901－0002357 C040421－22
小學集解六卷 （明）吳訥撰 清同治八年(1869)江蘇書局刻本 二冊

230000－0901－0002358 C052060－75
讀史兵略四十六卷 （清）胡林翼撰 清咸豐十一年(1861)武昌節署刻本 十六冊

230000－0901－0002359 C052076－81
目耕齋初集不分卷二刻不分卷小題偶編不分卷 （清）沈叔眉選 （清）徐楷評注 清末李光明莊刻本 六冊

230000－0901－0002360 C040423－30
國朝二十四家文鈔二十四卷 （清）徐裵然輯 清乾隆六十年(1795)刻本 八冊

230000－0901－0002361 C052082－85
太上感應篇注訓證四卷首一卷 （清）趙熊詔纂輯 清同治七年(1868)延綠山房刻本 四冊

230000－0901－0002362 C040431－38
思辨錄輯要二十二卷後集十三卷 （明）陸世儀撰 清光緒三年(1877)江蘇書局刻本 八冊

230000－0901－0002363 C040439－42
近思錄集注十四卷考訂朱子世家一卷 （清）江永撰 清咸豐三年(1853)刻本 四冊

230000－0901－0002364 C040443－44
呂子節錄二卷 （明）呂坤撰 （清）陳宏謀評

輯　清嘉慶四年（1799）陳氏培遠堂刻本
二冊

230000 - 0901 - 0002365　C040445 - 60
水師章程十四卷續編六卷　（美國）林樂知口
譯　（清）鄭昌琰筆述　清光緒江南製造總局
刻本　十六冊

230000 - 0901 - 0002366　C052092 - 95
榕村詩選八卷首一卷　（清）李光地輯　清道
光二年（1822）二酉堂刻本　四冊

230000 - 0901 - 0002367　C040461 - 62
維摩詰所說經注八卷　（後秦）釋鳩摩羅什譯
　（後秦）釋僧肇注　清光緒十三年（1887）金
陵刻經處刻本　二冊

230000 - 0901 - 0002368　C052096 - 103
柏蘊皋全稿不分卷　（清）柏謙撰　（清）王鈞
鰲編　（清）汪雲液增輯　清道光二十四年
（1844）掃葉山房刻本　八冊

230000 - 0901 - 0002369　C022498 - 509
新刊五百家注音辯昌黎先生文集四十卷
（唐）韓愈撰　（宋）魏仲舉輯注　清乾隆四十
九年（1784）江西觀樓氏刻本　十二冊

230000 - 0901 - 0002370　C052104 - 06
絳雲軒會藝不分卷　（清）許耀編　清咸豐二
年（1852）刻本　三冊

230000 - 0901 - 0002371　C045827
急救應驗良方一卷　（清）費山壽輯　清光緒
十二年（1886）鏡雪子刻本　一冊

230000 - 0901 - 0002372　C045828 - 51
王文成公全書三十八卷　（明）王守仁撰　清
同治光緒刻本　二十四冊

230000 - 0901 - 0002373　C066667 - 74
周易傳義音訓八卷首一卷末一卷　（宋）程頤
傳　（宋）朱熹本義　（宋）呂祖謙音訓　清光
緒十五年（1889）刻本　八冊

230000 - 0901 - 0002374　C045852 - 91
焦氏遺書二十一種　（清）焦循撰　清光緒二
年（1876）衡陽魏氏刻本　四十冊

230000 - 0901 - 0002375　C066675 - 84
日本國志四十卷首一卷　（清）黃遵憲撰　清
光緒二十四年（1898）浙江書局刻本　十冊

230000 - 0901 - 0002376　C045892 - 907
積學齋叢書　徐乃昌輯　清光緒南陵徐氏刻
本　十六冊

230000 - 0901 - 0002377　C045908 - 19
經典釋文三十卷　（唐）陸德明撰　清康熙十
九年（1680）通志堂刻通志堂經解本　十二冊

230000 - 0901 - 0002378　C045920 - 27
海塘新志六卷續海塘新志四卷　（清）琅玕撰
　清道光刻本　八冊

230000 - 0901 - 0002379　C066685 - 88
石鼓文定本十五卷　（清）沈梧撰　清光緒六
年（1880）古華山館刻本　四冊

230000 - 0901 - 0002380　C045928 - 43
小檀欒室彙刻閨秀詞　徐乃昌輯　清光緒二
十一年至二十二年（1895 - 1896）南陵徐氏刻
本　十六冊　存八集（一至八）

230000 - 0901 - 0002381　C066696 - 707
乾隆府廳州縣圖志五十卷　（清）洪亮吉撰
清乾隆五十三年至嘉慶八年（1788 - 1803）刻
本　十二冊

230000 - 0901 - 0002382　C066708 - 827
續資治通鑑長編五百三十卷　（宋）李燾撰
清光緒七年（1881）刻本　一百二十冊

230000 - 0901 - 0002383　C066828 - 75
御批歷代通鑑輯覽一百二十卷　（清）傅恆等
撰　清同治十年（1871）浙江書局刻朱墨套印
本　四十八冊

230000 - 0901 - 0002384　C066876 - 87
古文辭類纂七十四卷　（清）姚鼐輯　清同治
八年（1869）江蘇書局刻本　十二冊

230000 - 0901 - 0002385　C045944 - 51
幾何原本十五卷首一卷　（希臘）歐幾里德撰
　（意大利）利瑪竇口譯　清同治四年（1865）
曾國藩刻本　八冊

230000－0901－0002386　C066888－911

讀書雜志八十二卷餘編二卷　（清）王念孫撰
清同治九年（1870）刻本　二十四冊

230000－0901－0002387　C045952

許氏說文解字雙聲疊韻譜一卷　（清）鄧廷楨
撰　清光緒七年（1881）常熟鮑氏刻後知不足
齋叢書本　一冊

230000－0901－0002388　C045953－56

四裔編年表四卷　（美國）林樂知　（清）嚴良
勳譯　清同治刻本　四冊

230000－0901－0002389　C045961

［正德］武功縣志三卷首一卷　（明）康海撰
（清）孫景烈評注　清同治十二年（1873）湖北
崇文書局刻本　一冊

230000－0901－0002390　C045962

琴操二卷補遺一卷　（漢）蔡邕撰　**支遁集二
卷補遺一卷**　（晉）釋支遁撰　清光緒邵武徐
氏刻徐氏叢書本　一冊

230000－0901－0002391　C045959－60

儀禮十七卷　（漢）鄭玄注　**校錄一卷續校一
卷**　（清）黃丕烈撰　清同治九年（1870）湖北
崇文書局刻本　二冊

230000－0901－0002392　C013049－013168

欽定續文獻通考二百五十卷　（清）嵇璜等撰
清光緒十三年（1887）浙江書局刻九通本
一百二十冊

230000－0901－0002393　C013169－013368

欽定續通志六百四十卷　（清）嵇璜等撰　清
光緒十二年（1886）浙江書局刻九通本　二
百冊

230000－0901－0002394　C013369－013416

太平廣記五百卷目錄十卷　（宋）李昉等撰
清道光二十六年（1846）文光裕記刻本　四十
八冊

230000－0901－0002395　C013417－013448

事類統編九十三卷首一卷　（清）王鳳喈輯
清道光十九年（1839）柏溪林氏味經堂刻本

三十二冊

230000－0901－0002396　C013449－013455

增評補像全圖金玉緣一百二十回　（清）曹雪
芹撰　（清）高鶚續撰　（清）護花主人
（清）大漠山民評　清末石印本　七冊

230000－0901－0002397　C013494－013498

藝風藏書記八卷續記八卷　繆荃孫撰　清光
緒二十七年（1901）刻民國二年（1913）續刻本
五冊

230000－0901－0002398　C013605－013610

角山樓增補類腋六十七卷　（清）姚培謙輯
（清）趙克宜增輯　清光緒十二年（1886）上海
文瑞樓石印本　六冊

230000－0901－0002399　C013630

離騷草木疏四卷　（宋）吳仁傑撰　清光緒元
年（1875）湖北崇文書局刻本　一冊

230000－0901－0002400　C013632－013635

［咸豐］邠州志二十卷首一卷　（清）董用威
（清）馬軼群修　（清）魯一同纂　清咸豐元年
（1851）刻光緒十八年（1892）善化楊激雲印本
四冊

230000－0901－0002401　C013636

史目表二卷　（清）洪飴孫撰　清光緒三年
（1877）洪用懃授經堂刻本　一冊

230000－0901－0002402　C013637

乳初軒詩選四卷外集一卷　（清）趙基撰　**鶴
汀遺草一卷**　（清）趙齊嶧撰　**莘田遺草一卷**
（清）趙雲球撰　清道光四年（1824）安雅堂
刻本　一冊

230000－0901－0002403　C013638－013639

匋雅二卷　（清）陳瀏撰　清宣統二年（1910）
鉛印寂園叢書本　二冊

230000－0901－0002404　C013640

湯潛菴先生文集節要八卷　（清）湯斌撰　清
康熙三十七年（1698）刻本　一冊

230000－0901－0002405　C013641－013644

司空表聖文集十卷詩集三卷　（唐）司空圖撰

清光緒三十一年（1905）仁和朱氏刻結一廬朱氏賸餘叢書本　四冊

230000－0901－0002406　C040463－65
兵船炮法六卷　（美國）金楷理口譯　（清）朱恩錫筆述　（清）李鳳苞刪潤　清末刻本三冊

230000－0901－0002407　C040466－68
水師操作十八卷首一卷附一卷　（英國）傅蘭雅口譯　（清）徐建寅筆述　清光緒江南製造總局刻本　三冊

230000－0901－0002408　C040469－70
述學內篇三卷補遺一卷外篇一卷別錄一卷（清）汪中撰　清同治八年（1869）揚州書局刻本　二冊

230000－0901－0002409　C040471－72
說文逸字辨證二卷　（清）李楨撰　清宣統元年（1909）思賢書局刻本　二冊

230000－0901－0002410　C040473－504
經學輯要二十四卷　（清）吳澄夫輯　清光緒二十年（1894）上海點石齋石印本　三十二冊

230000－0901－0002411　C040505－06
詩句題解韻編續集六卷　（清）葉蘭纂輯　清咸豐元年（1851）刻本　二冊

230000－0901－0002412　C040507－22
時務通考續編三十一卷　（清）點石齋主人輯　清光緒二十七年（1901）上海點石齋石印本十六冊

230000－0901－0002413　C040523－30
唐人合集四種二十八卷　　清末影印本八冊

230000－0901－0002414　C062999－3002
溫熱經緯五卷　（清）王士雄撰　清同治二年（1863）刻本　四冊

230000－0901－0002415　C063003－05
醫效秘傳三卷溫熱贅言一卷　（清）葉桂撰清道光十一年（1831）刻本　三冊

230000－0901－0002416　C062006－13

濟陰綱目十四卷　（明）武之望輯著　清雍正六年（1728）刻本　八冊

230000－0901－0002417　C063014－16
培遠堂手札節存三卷　（清）陳宏謀撰　清同治三年（1864）射雕山館刻本　三冊

230000－0901－0002418　C063025
佩秋閣詩稿二卷詞稿一卷文稿一卷　（清）吳藻撰　清光緒元年（1875）刻本　一冊

230000－0901－0002419　C063026
俟寧居偶詠二卷　（清）朱休度撰　清刻本一冊

230000－0901－0002420　C063030－33
儀顧堂題跋十六卷　（清）陸心源撰　清光緒十六年（1890）刻潛園總集本　四冊

230000－0901－0002421　C063034－37
湖州詞徵二十四卷　（清）朱祖謀輯　清宣統三年（1911）朱祖謀刻本　四冊

230000－0901－0002422　C063038
綠雪館詩鈔一卷　（清）張鴻卓撰　清同治八年（1869）刻本　一冊

230000－0901－0002423　C063039
道古堂集外詩二卷附錄一卷　（清）杭世駿撰清光緒十三年（1887）錢塘丁氏當歸草堂刻本　二冊

230000－0901－0002424　C063040－44
杜韓詩句集韻二卷　（清）汪文柏集　清康熙四十六年（1707）洞庭麟慶堂刻本　五冊

230000－0901－0002425　C063045
蓮子居詞話四卷　（清）吳衡照撰　清同治九年（1870）退補齋刻本　一冊

230000－0901－0002426　C063046－47
雪鴻偶鈔詩四卷詞一卷　（清）倪世珍輯　清光緒四年（1878）吳縣倪氏刻本　二冊

230000－0901－0002427　C052107－12
時文小題約鈔不分卷　（清）朱兆琦等輯　清咸豐五年（1855）宜家堂刻本　六冊

230000－0901－0002428　C063048

玉鑒堂詩存一卷櫟寄詩存一卷　（清）汪曰楨
撰　清光緒十六年(1890)刻本　一冊

230000－0901－0002429　C040531－32

連章新鵠不分卷　題古桃源小山氏編選　清
同治六年(1867)日新堂刻本　二冊

230000－0901－0002430　C040533－42

九數通考十一卷首一卷末一卷　（清）屈曾發
輯　續集十卷　（清）顧觀光撰　清光緒二十
四年(1898)復古書齋石印本　十冊

230000－0901－0002431　C040543－48

學算筆談十二卷　（清）華蘅芳撰　清光緒二
十二年(1896)刻本　六冊

230000－0901－0002432　C040549－54

四書味根錄三十七卷　（清）金澂撰　清光緒
十八年(1892)鴻寶齋石印本　六冊

230000－0901－0002433　C040589－96

新學偽經考十四卷　康有為撰　清光緒十七
年(1891)武林望雲樓石印本　八冊

230000－0901－0002434　C040598－607

普法戰紀二十卷　（清）張宗良口譯　（清）王
韜撰輯　清光緒十二年(1886)弢園王氏刻本
十冊

230000－0901－0002435　C021320－21

板橋集詩鈔三卷詞鈔一卷小唱一卷家書一卷
題畫一卷　（清）鄭燮撰　清乾隆刻本　二冊

230000－0901－0002436　C021322－23

板橋集七卷　（清）鄭燮撰　清酉山堂刻本　二冊

230000－0901－0002437　C021328－29

板橋全集六卷　（清）鄭燮撰　清宣統元年
(1909)掃葉山房石印本　二冊

230000－0901－0002438　C021324－27

板橋集七卷　（清）鄭燮撰　清清暉書屋刻本
四冊

230000－0901－0002439　C052119－24

味聞堂課鈔六卷　（清）陶然撰　清同治刻本
六冊

230000－0901－0002440　C052125－50

仁在堂全集不分卷　（清）路德評選　清光緒
十年(1884)上海江左書林刻本　二十六冊

230000－0901－0002441　C052151－52

能與集二卷　（清）李秬香輯　清咸豐二年
(1852)常熟珍藝堂刻本　二冊

230000－0901－0002442　C052153－68

船山詩注二十卷　（清）張問陶撰　（清）李岑
注　（清）張海清增注　清同治九年(1870)席
珍山館刻本　十六冊

230000－0901－0002443　C040628－29

疑雨集四卷　（明）王彥泓撰　清宣統元年
(1909)掃葉山房石印本　二冊

230000－0901－0002444　C040630－31

亭林詩稿六卷　（清）顧炎武撰　清光緒幽光
閣鉛印本　二冊

230000－0901－0002445　C040632－33

黃氏日鈔史學類二卷　（宋）黃震撰　清光緒
二十九年(1903)漢石樓主鉛印本　二冊

230000－0901－0002446　C040634－37

亭林文集六卷餘集一卷　（清）顧炎武撰　清
末會稽董氏刻學古齋金石叢書本　四冊

230000－0901－0002447　C040638－77

舊唐書二百卷　（五代）劉昫等撰　清同治十
一年(1872)浙江書局刻二十四史本　四十冊

230000－0901－0002448　C045963－64

西南紀事十二卷　（清）邵廷采撰　清光緒刻
邵武徐氏叢書本　二冊

230000－0901－0002449　C052175

雨村詞話四卷曲話二卷　（清）李調元撰　清
光緒七年至八年(1881－1882)廣漢鍾登甲樂
道齋刻函海本　一冊

230000－0901－0002450　C066912－16

國語二十一卷　（三國吳）韋昭注　札記一卷
（清）黃丕烈撰　考異四卷　（清）汪遠孫撰
清同治八年(1869)湖北崇文書局刻本
五冊

230000－0901－0002451　C066917－20

楚辭十七卷　（漢）王逸章句　（宋）洪興祖補注　清同治十一年（1872）金陵書局刻本　四冊

230000－0901－0002452　C045965

神州古史考殘一卷　（清）倪璠撰　清光緒十五年（1889）丁氏嘉惠堂刻武林掌故叢編本　一冊

230000－0901－0002453　C045966

武林第宅考一卷　（清）柯汝霖撰　清光緒十五年（1889）錢塘丁氏嘉惠堂刻武林掌故叢編本　一冊

230000－0901－0002454　C045967－69

西泠懷古集十卷　（清）陳文述撰　清道光三年（1823）越中刻本　三冊

230000－0901－0002455　C045970

讒書五卷　（唐）羅隱撰　**附校一卷**　（清）吳騫撰　清光緒刻邵武徐氏叢書本　一冊

230000－0901－0002456　C045971－6010

御批資治通鑑綱目正編五十九卷外紀一卷前編十八卷通鑑綱目續編二十七卷　（宋）朱熹等撰　（清）宋犖等編　清康熙刻本　四十冊

230000－0901－0002457　C046021

悔翁詩餘五卷　（清）汪士鐸撰　清光緒九年（1883）合肥張氏味古齋刻本　一冊

230000－0901－0002458　C046020

地藏菩薩本願經二卷　（唐）釋實叉難陀譯　清光緒刻本　一冊

230000－0901－0002459　C046090－189

資治通鑑二百九十四卷　（宋）司馬光撰　（元）胡三省音注　**通鑑釋文辯誤十二卷**　（元）胡三省撰　清嘉慶二十年（1815）鄱陽胡氏刻同治八年（1869）江蘇書局刻資治通鑑彙刻本　一百冊

230000－0901－0002460　C046022－89

古經解彙函附小學彙函　（清）鍾謙鈞等輯　清同治十二年（1873）粵東書局刻本　六十八冊

230000－0901－0002461　C046194－95

明季新樂府二卷　（清）胡介祉撰　**附錄一卷**　（清）李驥撰　清宣統元年（1909）鉛印龍潭室叢書本　二冊

230000－0901－0002462　C052176

南陽集鈔一卷　（宋）韓維撰　清康熙十年（1671）吳氏鑒古堂刻宋詩鈔初集本　一冊

230000－0901－0002463　C046196－201

國朝駢體正宗評本十二卷補編一卷　（清）曾燠選　（清）姚燮評　清光緒十年（1884）花雨樓刻朱墨套印本　六冊

230000－0901－0002464　C046191－94

楚辭集注八卷辨證二卷後語六卷　（宋）朱熹撰　清光緒八年（1882）江蘇書局刻本　四冊

230000－0901－0002465　C046202－05

說文古籀補十四卷補遺一卷附錄一卷　（清）吳大澂撰　清光緒石印本　四冊

230000－0901－0002466　C052195－206

古文辭類纂七十五卷　（清）姚鼐輯　**校勘記一卷**　（清）李承淵撰　清光緒二十七年（1901）滁州李氏求要堂刻本　十二冊

230000－0901－0002467　C052207－14

存研樓文集十六卷　（清）儲大文撰　清光緒元年（1875）靜遠堂刻本　八冊

230000－0901－0002468　C046206－07

弢園尺牘續鈔六卷　（清）王韜撰　清光緒十五年（1889）鉛印本　二冊

230000－0901－0002469　C052215－30

湖海文傳七十五卷　（清）王昶輯　清道光十七年（1837）經訓堂刻同治五年（1866）印本　十六冊

230000－0901－0002470　C046208

海濱酬唱詞一卷　（清）楊稚虹輯　清光緒二十四年（1898）香海閣刻本　一冊

230000－0901－0002471　C046219

學宋齋詞韻一卷　（清）吳烺等輯　清乾隆三十年（1765）刻本　一冊

230000－0901－0002472　C052231－38

杭女表徵錄十六卷首一卷　（清）孫和叔撰
清光緒三十二年(1906)刻本　八冊

230000－0901－0002473　C046246－53

古香齋五經八卷　清光緒九年(1883)南海
孔氏三十有三萬卷堂刻本　八冊

230000－0901－0002474　C046234－45

清河書畫舫十二卷　（明）張丑撰　清乾隆二
十七年(1762)刻本　十二冊

230000－0901－0002475　C046228－33

故友詩錄二編八卷　（清）蔡壽祺輯　清同治
九年(1870)北京嬾嬛別館刻本　六冊

230000－0901－0002476　C063049－50

嵩庵遺集十二卷　（清）莊棫撰　清光緒十二
年(1886)錢塘鄎氏刻本　二冊

230000－0901－0002477　C063051－52

**小安樂窩文集四卷詩存一卷附南池唱和詩存
一卷**　（清）張海珊撰　清道光十一年(1831)
刻本　二冊

230000－0901－0002478　C063053

綠雪館詞鈔一卷　（清）張鴻卓撰　清光緒十
五年(1889)刻本　一冊

230000－0901－0002479　C063054

適可集二卷　（清）顧作球撰　清咸豐八年
(1858)刻光緒六年(1880)印本　一冊

230000－0901－0002480　C063055－56

借秋山居詩鈔八卷吹竹詞一卷　（明）汪大經
撰　清嘉慶刻本　二冊

230000－0901－0002481　C063057－58

中隱堂詩八卷　（清）方炳奎撰　清同治五年
(1866)刻本　二冊

230000－0901－0002482　C063059

初月樓遺編四卷　（清）吳德旋輯　清道光二
十二年(1842)刻本　一冊

230000－0901－0002483　C063060－63

篁村集十二卷　（清）陸錫熊撰　清嘉慶十三
年至十四年(1808－1809)陸循刻本　四冊

230000－0901－0002484　C013645－013652

日本國志四十卷首一卷　（清）黃遵憲撰　清
光緒二十七年(1901)上海書局石印本　八冊

230000－0901－0002485　C013657

嘉應平寇紀略一卷　（清）謝國珍撰　清光緒
五年(1879)仁和葛氏刻嘯園叢書本　一冊

230000－0901－0002486　C013658

唐五代詞選三卷　（清）成肇麐輯　清光緒十
三年(1887)刻蒙香室叢書本　一冊

230000－0901－0002487　C013659－013662

湘軍志十六卷　王闓運撰　清光緒十一年
(1885)養翻舍刻本　四冊

230000－0901－0002488　C013666－013667

宋七家詞選七卷　（清）戈載輯　（清）杜文瀾
校注　清光緒十一年(1885)曼陀羅華閣刻本
二冊　存五卷(一至三、六至七)

230000－0901－0002489　C013669

戊戌奏稿一卷　康有為撰　清宣統三年
(1911)鉛印本　一冊

230000－0901－0002490　C013724－013729

全唐詩話六卷　（宋）尤袤撰　（明）毛晉訂
清宣統三年(1911)朝記書莊石印本　六冊

230000－0901－0002491　C013750－013761

聖武記十四卷　（清）魏源撰　清光緒七年
(1881)粵垣椎署刻本　十二冊

230000－0901－0002492　C013762－013765

四印齋彙刻宋元三十一家詞三十一卷　（清）
王鵬運編　清光緒十九年(1893)刻本　四冊

230000－0901－0002493　C013766－013767

稼軒長短句十二卷　（宋）辛棄疾撰　清光緒
十四年(1888)臨桂王氏家塾刻四印齋所刻詞
本　二冊

230000－0901－0002494　C013775

溺嬰果報全圖一卷　題泗濱澹隱撰　清光緒
十八年(1892)刻本　一冊

230000－0901－0002495　C013780

國山碑攷一卷　（清）吳騫撰　清乾隆五十一

年(1786)拜經樓叢書本　一冊

230000－0901－0002496　C013785－013786
呂語集粹四卷　（明）呂坤撰　（清）陳宏謀評
清光緒五年(1879)龍城官廨刻本　二冊

230000－0901－0002497　C013788
道書抔溪錄三卷　（清）傅金銓撰　清善成書
堂刻證道秘書本　一冊

230000－0901－0002498　C013792
北江詩話六卷　（清）洪亮吉撰　清光緒三年
(1877)洪用懃受經堂刻洪北江全集本　一冊

230000－0901－0002499　C013794－013797
習苦齋畫絮十卷　（清）戴熙撰　清光緒十九
年(1893)刻本　四冊

230000－0901－0002500　C013800－013801
課子隨筆四卷　（清）張師載輯　清乾隆十年
(1745)張氏改過齋刻本　二冊

230000－0901－0002501　C066921－24
李義山詩集三卷　（唐）李商隱撰　（清）朱鶴
齡箋注　**詩譜一卷**　（清）朱鶴齡撰　（清）沈
厚塽輯評　清同治九年(1870)廣州刻三色套
印本　四冊

230000－0901－0002502　C066925－40
宋書一百卷　（南朝梁）沈約撰　清同治十一
年(1872)刻本　十六冊

230000－0901－0002503　C066941－56
虛齋名畫錄十六卷　龐元濟撰　清宣統元年
(1909)烏程龐氏刻本　十六冊

230000－0901－0002504　C066957－66
帶經堂詩話三十卷首一卷　（清）王士禛撰
清同治十二年(1873)刻本　十冊

230000－0901－0002505　C066967－7014
繹史一百六十卷附世系圖一卷年表一卷
（清）馬驌撰　清康熙刻本　四十八冊

230000－0901－0002506　C067015－18
史通削繁四卷　（清）紀昀刪節　清道光十三
年(1833)刻朱墨套印本　四冊

230000－0901－0002507　C052951－54
漢宋易學解不分卷　（清）王希尹撰　清光緒
九年(1883)刻本　四冊

230000－0901－0002508　C052955
孝經一卷　（清）吳大澂書　清光緒十一年
(1885)上海同文書局石印本　一冊

230000－0901－0002509　C067019－50
元史新編九十五卷　（清）魏源撰　清光緒三
十一年(1905)刻本　三十二冊

230000－0901－0002510　C052956－75
群經字詁七十二卷檢字一卷　（清）段諤廷撰
清道光二十九年(1849)黔陽楊氏長沙刻本
二十冊

230000－0901－0002511　C067051－70
山谷詩集注二十卷　（宋）黃庭堅撰　（宋）任
淵注　**別集注二卷**　（宋）黃庭堅撰　（宋）史
季溫注　**外集注十七卷**　（宋）黃庭堅撰
（宋）史容注　清光緒二十五年(1899)影宋刻
本　二十冊

230000－0901－0002512　C067071－110
舊唐書二百卷　（五代）劉昫等撰　清同治十
一年(1872)浙江書局刻二十四史本　四十冊

230000－0901－0002513　C067111－190
**歷代賦彙一百四十卷目錄二卷外集二十卷逸
句二卷補遺二十二卷**　（清）陳元龍輯　清刻
本　八十冊

230000－0901－0002514　C067191－310
海山仙館叢書　（清）潘仕成輯　清咸豐刻光
緒補刻本　一百二十冊

230000－0901－0002515　C067311－430
海山仙館叢書　（清）潘仕成輯　清咸豐刻光
緒補刻本　一百二十冊

230000－0901－0002516　C067431－46
湖海文傳七十五卷　（清）王昶輯　清道光十
七年(1837)經訓堂刻同治五年(1866)印本
十六冊

230000－0901－0002517　C067447－52

石渠餘紀六卷 （清）王慶雲撰 清光緒刻本
六冊

230000－0901－0002518 C040678－709

禮書通故五十卷 （清）黃以周撰 清光緒十
九年（1893）黃氏試館刻本 三十二冊

230000－0901－0002519 C067453－56

養一齋詩話十卷附李杜詩話三卷 （清）潘德
興撰 清道光十六年（1836）刻本 四冊

230000－0901－0002520 C040730－69

經義考三百卷目錄二卷 （清）朱彝尊撰 清
乾隆曝書亭刻嘉慶二十二年（1817）秀水朱氏
重修本 四十冊 存三百卷（一至二百九十
八、目錄二卷）

230000－0901－0002521 C052976－85

重廣補注黃帝內經素問二十四卷遺篇一卷
（唐）王冰注 （宋）林億等校正 （宋）孫兆
重改誤 黃帝內經靈樞十二卷 （宋）史崧音
釋 清光緒三年（1877）浙江書局刻二十二子
本 十冊

230000－0901－0002522 C040802－06

竹崦盦金石目錄五卷 （清）趙魏編 清宣統
元年（1909）長沙刻本 五冊

230000－0901－0002523 C040815－18

惜抱軒遺書三種 （清）姚鼐撰 清光緒五年
（1879）桐城徐宗亮刻本 四冊

230000－0901－0002524 C040807－14

從古堂款識學十六卷 （清）徐同柏撰 清光
緒三十二年（1906）蒙學報館影石印本 八冊

230000－0901－0002525 C040819－30

十三經劄記二十二卷群書劄記十六卷 （清）
朱亦棟撰 清光緒四年（1878）武林竹簡齋刻
本 十二冊

230000－0901－0002526 C040831－34

學算筆談十二卷 （清）華蘅芳撰 清光緒十
一年（1885）金匱華氏刻行素軒算稿本 四冊

230000－0901－0002527 C040835－39

歸愚詩鈔二十卷 （清）沈德潛撰 清乾隆刻

本（卷一至三配抄本） 五冊

230000－0901－0002528 C040880－903

讀書雜志八十二卷餘編二卷 （清）王念孫撰
清同治九年（1870）金陵書局刻本 二十
四冊

230000－0901－0002529 C040904－15

古文辭類纂七十四卷 （清）姚鼐輯 清同治
八年（1869）江蘇書局刻本 十二冊

230000－0901－0002530 C052986－99

易酌十四卷周易雜卦圖一卷 （清）刁包撰
清道光二十三年（1843）祁陽刁懷謹順積樓刻
本 十四冊

230000－0901－0002531 C053006－07

壺園試帖二卷 （清）徐寶善撰 清光緒十六
年（1890）光州吳氏刻本 二冊

230000－0901－0002532 C053008－09

吳越春秋十卷 （漢）趙曄撰 （宋）徐天祐音
注 札記一卷逸文一卷 徐乃昌撰并輯 清
光緒三十二年（1906）刻隨盦徐氏叢書本
二冊

230000－0901－0002533 C053010－13

楚辭十七卷 （漢）王逸章句 （宋）洪興祖補
注 清同治十一年（1872）金陵書局刻本
四冊

230000－0901－0002534 C053014－27

容齋隨筆十六卷續筆十六卷三筆十六卷四筆
十六卷五筆十卷 （宋）洪邁撰 清同治十一
年（1872）新豐洪氏十三公祠刻光緒元年
（1875）印本 十四冊

230000－0901－0002535 C013804

慎疾芻言一卷 （清）徐大椿撰 清同治十三
年（1874）費延釐刻本 一冊

230000－0901－0002536 C013805－013808

恥不逮齋集三卷首一卷附錄一卷補遺一卷
（清）熊其英撰 清光緒十六年（1890）蘇州五
畝園刻本 四冊

230000－0901－0002537 C013810－013811

恆言錄六卷　（清）錢大昕撰　清光緒二十八年(1902)烏程張熙鉛印本　二冊

230000－0901－0002538　C013812

萍因蕉夢二卷附圖一卷松陰詩逸圖題辭一卷　（清）金黼廷輯　（清）何穆山繪圖　清光緒五年(1879)金昌燕金順鴻刻本　一冊

230000－0901－0002539　C013817－013820

寄園寄所寄十二卷　（清）趙吉士撰　清宣統三年(1911)文盛書局石印本　四冊

230000－0901－0002540　C013821－013828

空同詩集三十四卷　（明）李夢陽撰　清光緒十五年(1889)渭南嚴氏刻本　八冊

230000－0901－0002541　C013829

一鐙精舍甲部稿五卷　（清）何秋濤撰　清光緒五年(1879)淮南書局刻本　一冊

230000－0901－0002542　C013830

湖船錄一卷　（清）厲鶚撰　清道光二十七年(1847)錢唐汪氏振綺堂刻本　一冊

230000－0901－0002543　C013831－013833

定鄉小識十六卷　（清）張道撰　清光緒八年(1882)錢塘丁氏嘉惠堂刻武林掌故叢編本　三冊

230000－0901－0002544　C013834

吳山伍公廟志六卷首一卷附溧陽縣志一卷　（清）金文滑等纂輯　清光緒刻本　一冊

230000－0901－0002545　C013835－013842

十駕齋養新錄二十卷餘錄三卷　（清）錢大昕撰　錢辛楣先生［大昕］年譜一卷　（清）錢大昕撰　（清）錢慶曾校注　竹汀居士［錢大昕］年譜續編一卷　（清）錢慶曾撰　清光緒二年(1876)浙江書局刻本　八冊

230000－0901－0002546　C013843－013844

竹齋詩集四卷　（元）王冕撰　清光緒刻邵武徐氏叢書本　二冊

230000－0901－0002547　C046254－61

毛詩稽古編三十卷　（清）陳啓源撰　附考一卷　（清）費雲倬撰　清光緒九年(1883)上海同文書局石印本　八冊

230000－0901－0002548　C046262－77

經義述聞三十卷　（清）王引之撰　清光緒七年(1881)上海文瑞樓鉛印本　十六冊

230000－0901－0002549　C046278－79

說文古籀補十四卷補遺一卷附錄一卷　（清）吳大澂撰　清光緒十二年(1886)點石齋石印本　二冊

230000－0901－0002550　C046286－95

經籍籑詁附補遺一百○六卷首一卷　（清）阮元撰　清光緒九年(1883)上海點石齋石印本　十冊

230000－0901－0002551　C046296－319

蘇文忠公詩編註集成四十六卷編年總案四十五卷蘇海識餘四卷諸家雜綴酌存一卷附牋詩圖一卷　（宋）蘇軾撰　（清）王文誥輯　清光緒二十四年(1898)浙江書局刻本　二十四冊

230000－0901－0002552　C046320－34

御製曆象考成上編十六卷下編十卷　（清）允祿等撰　清光緒二十一年(1895)湖北官書局刻本　十五冊

230000－0901－0002553　C046335－43

元和郡縣志四十卷　（唐）李吉甫撰　闕卷逸文一卷　（清）孫星衍輯　清嘉慶元年(1796)蘭陵孫氏刻岱南閣叢書本　九冊　缺六卷（十九、二十、二十三、二十四、三十五、三十六為原缺）

230000－0901－0002554　C046344－56

脩本堂叢書　（清）林伯桐撰　清道光二十四年(1844)林世戀刻本　十三冊

230000－0901－0002555　C046357－76

漢書注校補五十六卷後漢書注補證八卷三國志注證遺四卷　（清）周壽昌撰　清光緒十年(1884)小竹軒刻本　二十冊

230000－0901－0002556　C046377－80

岳廟志略十卷首一卷　（清）馮培撰　清光緒五年(1879)浙江書局刻本　四冊

230000 - 0901 - 0002557　C046394 - 401

墨子閒詁十五卷目錄一卷附錄一卷後語二卷
（清）孫詒讓撰　清光緒三十三年(1907)瑞
安孫氏刻本　八冊

230000 - 0901 - 0002558　C046445 - 764

欽定全唐文一千卷總目三卷　（清）董誥等輯
清嘉慶二十三年(1818)揚州詩局刻本　三
百二十冊

230000 - 0901 - 0002559　C040926 - 49

**御批資治通鑑綱目正編五十九卷首一卷前編
十八卷舉要三卷外紀一卷續編二十七卷**
（宋）朱熹等撰　清光緒十三年(1887)上海同
文書局石印本　二十四冊

230000 - 0901 - 0002560　C040950 - 041009

硃批諭旨不分卷　（清）鄂爾泰等輯　清光緒
十三年(1887)上海點石齋石印本　六十冊

230000 - 0901 - 0002561　C041010 - 13

廣陵詩事十卷　（清）阮元撰　清嘉慶六年
(1801)浙江節署刻本　四冊

230000 - 0901 - 0002562　C041014 - 17

御纂性理精義十二卷　（清）李光地等纂　清
刻本　四冊

230000 - 0901 - 0002563　C041021 - 22

靖逆記六卷　（清）盛大士撰　清嘉慶二十五
年(1820)刻本　二冊

230000 - 0901 - 0002564　C041023 - 24

涘濱蔡先生語錄二十卷　（明）蔡靉撰　清光
緒五年(1879)刻畿輔叢書本　二冊

230000 - 0901 - 0002565　C041028 - 29

楹聯集錦八卷　（清）胡鳳丹輯　清同治六年
(1867)胡氏退補齋刻本　二冊

230000 - 0901 - 0002566　C041030 - 31

人譜一卷人譜類記二卷　（明）劉宗周撰　清
嘉慶十九年(1814)刻本　二冊

230000 - 0901 - 0002567　C041032

弧矢算術細草圖解一卷　（清）李銳撰　（清）
馮桂芬解　清道光二十七年(1847)鍾文粵海

権署刻本　一冊

230000 - 0901 - 0002568　C041034 - 35

龍文鞭影二卷　（明）蕭良有撰　（清）楊臣諍
增訂　（清）來集之音義　清乾隆五年(1740)
刻本　二冊

230000 - 0901 - 0002569　C041033

亭秋館詩鈔六卷　（清）許禧身撰　**附錄一卷**
（清）許之仙撰　清宣統陳夔龍鉛印本
一冊

230000 - 0901 - 0002570　C067457 - 60

李太白文集三十卷　（唐）李白撰　清康熙五
十六年(1717)刻本　四冊

230000 - 0901 - 0002571　C067461 - 64

白虎通疏證十二卷　（清）陳立撰　清光緒元
年(1875)淮南書局刻本　四冊

230000 - 0901 - 0002572　C067465 - 66

大日本中興先覺志二卷　（日本）岡本監輔撰
清光緒二十七年(1901)開導舍刻本　二冊

230000 - 0901 - 0002573　C067469 - 72

長文襄公自定年譜四卷　（清）長齡撰　清道
光二十一年(1841)桂叢堂刻本　四冊

230000 - 0901 - 0002574　C067479 - 88

春暉堂叢書十二種三十七卷　（清）徐渭仁輯
清道光咸豐上海徐氏刻同治補刻本　十冊

230000 - 0901 - 0002575　C067489 - 528

**曾文正公手書日記不分卷(清道光二十一年
至同治十一年)**　（清）曾國藩撰　清宣統元
年(1909)上海中國圖書公司影印本　四十冊

230000 - 0901 - 0002576　C067547 - 52

直齋書錄解題二十二卷　（宋）陳振孫撰　清
光緒九年(1883)江蘇書局刻本　六冊

230000 - 0901 - 0002577　C067561 - 84

璜川吳氏經學叢書　（清）吳英等輯　清嘉慶
十五年至二十年(1810 - 1815)刻本　二十
四冊

230000 - 0901 - 0002578　C067553 - 60

養一齋文集二十卷　（清）李兆洛撰　清光緒

四年(1878)刻本　八冊

230000－0901－0002579　C067768－69
廣元遺山[好問]年譜二卷　(清)李光廷撰
清同治五年(1866)刻民國二十三年(1934)印
本　二冊

230000－0901－0002580　C067784－99
舊五代史一百五十卷目錄二卷　(宋)薛居正
等撰　清同治十一年(1872)刻本　十六冊

230000－0901－0002581　C067800－19
魏書一百十四卷　(北齊)魏收撰　清同治十
一年(1872)金陵書局刻二十四史本　二十冊

230000－0901－0002582　C067838－49
容城三賢文集　(清)張斐然等輯　清光緒二
十四年(1898)刻本　十二冊

230000－0901－0002583　C067824－37
八史經籍志　(日本)□□輯　清光緒刻本
十四冊

230000－0901－0002584　C067850－51
行素齋劄記二卷　(清)繼昌撰　清光緒二十
七年(1901)刻本　二冊

230000－0901－0002585　C067852－59
欽定明鑑二十四卷　(清)托津等撰　清嘉慶
二十三年(1818)揚州詩局刻本　八冊

230000－0901－0002586　C067774－83
詩毛氏傳疏三十卷釋毛詩音四卷毛詩說一卷
(清)陳奐撰　清道光二十七年(1847)刻本
十冊

230000－0901－0002587　C013845－013848
本事詩十二卷　(清)徐釚輯　清光緒刻邵武
徐氏叢書本　四冊

230000－0901－0002588　C013849
西崑酬唱集二卷　(宋)楊億輯　清光緒刻邵
武徐氏叢書本　一冊

230000－0901－0002589　C013850－013851
東南紀事十二卷　(清)邵廷采撰　清光緒十
年(1884)刻邵武徐氏叢書本　二冊

230000－0901－0002590　C013855
禹貢班義述三卷附漢糜水入尚龍谿考一卷
(清)成蓉鏡撰　清光緒十一年(1885)刻本
一冊

230000－0901－0002591　C013856－013857
授經圖二十卷　(明)朱睦㮮撰　清道光十九
年(1839)李氏刻惜陰軒叢書本　二冊

230000－0901－0002592　C013858
說文疊韻二卷首一卷末一卷　(清)劉熙載
(清)袁康輯　清光緒刻古桐書屋六種本
一冊

230000－0901－0002593　C013869－013876
爾雅義疏二十卷　(清)郝懿行撰　清咸豐六
年(1856)楊以增、胡珽刻本　八冊

230000－0901－0002594　C013892－013897
金湯借箸十二籌十二卷　(明)周鑑撰輯　清
琉璃廠刻本　六冊

230000－0901－0002595　C013898－013905
衍元海鑑八種　(清)李鏐撰　清光緒五年
(1879)刻本　八冊

230000－0901－0002596　C013906－013941
古經解彙函二十三種　(清)鍾謙鈞等輯　清
同治十二年(1873)粵東書局刻本　三十六冊

230000－0901－0002597　C053060－73
辨證錄十四卷脈訣闡微一卷　(清)陳士鐸撰
清咸豐四年(1854)新華齋刻本　十四冊
存十四卷(一至十二、十三殘、脈訣闡微一卷)

230000－0901－0002598　C041037
心經一卷正經一卷附錄一卷　(宋)眞德秀撰
清末江蘇書局刻本　一冊

230000－0901－0002599　C041038－41
近思錄集注十四卷考訂朱子世家一卷　(清)
江永撰　校勘記一卷　(清)王炳撰　清同治
八年(1869)江蘇書局刻本　四冊

230000－0901－0002600　C041042－45
說文段注撰要九卷　(清)馬壽齡撰　清光緒
九年(1883)金陵胡氏愚園刻本　四冊

230000－0901－0002601　C041046－51

二林居集二十四卷　（清）彭紹升撰　清光緒
七年(1881)彭祖賢刻長洲彭氏家集本　六冊

230000－0901－0002602　C041052－55

國語二十一卷　（三國吳）韋昭注　**札記一卷**
（清）黃丕烈撰　清嘉慶五年(1800)吳門黃
氏讀未見書齋影宋刻本　四冊

230000－0901－0002603　C041057－59

易憲四卷附圖說一卷　（明）沈泓撰　（清）沈
權之等增訂　清光緒十四年(1888)卓氏刻本
　三冊

230000－0901－0002604　C041060－64

漢魏二十一家易注　（清）孫堂輯　清嘉慶四
年(1799)平湖孫氏映雪草堂刻本　　五冊

230000－0901－0002605　C041065

易說六卷　（清）惠士奇撰　　清嘉慶十五年
(1810)璜川吳氏真意堂刻本　一冊

230000－0901－0002606　C041071－76

欽定明鑑二十四卷首一卷　（清）托津等撰
清嘉慶二十三年(1818)揚州詩局刻本　六冊

230000－0901－0002607　C041077－84

欽定書經傳說彙纂二十一卷首二卷書序一卷
（清）王頊齡等撰　清刻本　八冊

230000－0901－0002608　C041085－100

永定河志三十二卷　（清）李逢亨纂　清嘉慶
道光刻本　十六冊

230000－0901－0002609　C053074－85

庚子山集十六卷　（北周）庾信撰　（清）倪璠
注　**年譜一卷總釋一卷**　（清）倪璠撰　清道
光十九年(1839)大文堂刻本　十二冊

230000－0901－0002610　C053090－91

評月樓遺詩三卷　（清）陳三陛撰　清嘉慶十
九年(1814)刻本　二冊

230000－0901－0002611　C053092

評月樓遺詩三卷　（清）陳三陛撰　清嘉慶十
九年(1814)刻本　一冊

230000－0901－0002612　C053093－94

澹靜齋詩鈔六卷　（清）龔景瀚撰　清同治八
年(1869)刻本　二冊

230000－0901－0002613　C053111－14

金剛般若波羅蜜經四卷　（後秦）釋鳩摩羅什
譯　（明）釋洪蓮集注　**諸咒一卷**　（□）□□
撰　般若波羅蜜多心經一卷　（唐）釋玄奘譯
（明）釋宗泐　（明）釋如玘注　清同治十三
年(1874)昭慶寺慧空經方刻本　四冊

230000－0901－0002614　C013942－013961

西湖志四十八卷　（清）李衛修　（清）傅王露
等纂　清光緒四年(1878)浙江書局刻本　二
十冊

230000－0901－0002615　C014096－014119

唐宋八大家文分體讀本二十四卷附錄一卷
（清）汪份輯　清康熙五十八年(1719)遄喜齋
刻本　二十四冊

230000－0901－0002616　C014279－014282

長白彙徵錄八卷首一卷　（清）張鳳臺等修
（清）劉龍光　（清）王大經纂　清宣統二年
(1910)鉛印本　四冊

230000－0901－0002617　C014120－014131

經典釋文三十卷　（唐）陸德明撰　**考證三十
卷**　（清）盧文弨撰　清同治八年(1869)湖北
崇文書局刻本　十二冊

230000－0901－0002618　C014155－014156

東觀餘論二卷附錄一卷　（宋）黃伯思撰　清
光緒刻邵武徐氏叢書本　二冊

230000－0901－0002619　C014157－014166

太師誠意伯劉文成公集二十卷首一卷　（明）
劉基撰　清光緒二十六年(1900)浙江書局刻
本　十冊

230000－0901－0002620　C014167－014168

杭州上天竺講寺志十五卷　（明）釋廣賓撰
清光緒二十三年(1897)錢塘丁氏嘉惠堂刻武
林掌故叢編本　二冊

230000－0901－0002621　C014172

詞律校勘記二卷　（清）杜文瀾撰　清咸豐十

一年(1861)秀水杜氏刻曼陀羅華閣叢書本
一冊

230000－0901－0002622　C014175－014180
韓非子二十卷　（戰國）韓非撰　（□）□□注
韓非子識誤三卷　（清）顧廣圻撰　清光緒
元年(1875)浙江書局刻二十二子本　六冊

230000－0901－0002623　C014181
天演論二卷　（英國）赫胥黎撰　嚴復譯　清
光緒二十四年(1898)嗜奇精舍石印本　一冊

230000－0901－0002624　C014182－014183
說文校議十五卷　（清）姚文田　（清）嚴可均
撰　清咸豐二年(1852)李氏半畝園刻小學類
編本　二冊

230000－0901－0002625　C014190－014191
袁海叟詩集四卷補一卷　（明）袁凱撰　清光
緒十九年(1893)徐氏刻觀自得齋叢書本
二冊

230000－0901－0002626　C014192－014199
原富五卷　（英國）斯密亞丹撰　嚴復譯　清
光緒二十七年(1901)南洋公學譯書院鉛印本
八冊

230000－0901－0002627　C014200－014203
唐詩金粉十卷　（清）沈炳震輯　清雍正二年
(1724)冬讀書齋刻本　四冊

230000－0901－0002628　C053115－22
**杜工部草堂詩箋四十卷外集一卷傳序碑銘一
卷**　（唐）杜甫撰　（宋）魯訔編次　（宋）蔡
夢弼會箋　**補遺十卷**　（宋）黃鶴集注　**詩話
二卷**　（宋）蔡夢弼集錄　**年譜二卷**　（宋）趙
子櫟撰　（宋）魯訔撰　清光緒黎氏日本東京
使署刻古逸叢書本　八冊

230000－0901－0002629　C053134－35
容安齋詩集八卷　（清）汪應銓撰　清乾隆刻
民國修補印鐵琴銅劍樓叢書本　二冊

230000－0901－0002630　C053154－57
越縵堂駢體文四卷散體文一卷　（清）李慈銘
撰　（清）曾之撰　清光緒二十三年(1897)刻

本　四冊

230000－0901－0002631　C053158－59
溫飛卿詩集七卷別集一卷集外詩一卷　（唐）
溫庭筠撰　（明）曾益注　（清）顧予咸補注
（清）顧嗣立續注　清光緒十三年(1887)鴻文
書局刻本　二冊

230000－0901－0002632　C053160－69
赤水玄珠三十卷　（明）孫一奎撰　清末抄本
十冊　存十卷（二至九、十一至十二）

230000－0901－0002633　C053176－81
歷代鐘鼎彝器款識法帖二十卷　（宋）薛尚功
撰　清嘉慶二年(1797)阮元刻本　六冊

230000－0901－0002634　C041101－12
李太白文集三十六卷　（唐）李白撰　（清）王
琦輯注　清乾隆王氏寶笏樓刻本　十二冊

230000－0901－0002635　C053260－67
湘軍記二十卷　（清）王定安撰　清光緒十五
年(1889)江南書局刻本　八冊

230000－0901－0002636　C053268－79
國朝詩人徵略六十卷　（清）張維屏撰　清道
光十年(1830)刻本　十二冊

230000－0901－0002637　C053280－303
十七史商榷一百卷　（清）王鳴盛撰　清乾隆
五十二年(1787)洞涇草堂刻本　二十四冊

230000－0901－0002638　C053304－19
明季北略二十四卷南略十八卷　（清）計六奇
輯　清道光都城琉璃廠半松居士木活字印本
十六冊

230000－0901－0002639　C053320－59
列朝詩集六集八十一卷　（清）錢謙益輯　清
宣統二年(1910)鉛印本　四十冊

230000－0901－0002640　C046774－820
御批歷代通鑑輯覽一百二十卷　（清）傅恆等
撰　清同治十年(1871)浙江書局刻朱墨套印
本　四十七冊

230000－0901－0002641　C046821－903
二十二子　（清）浙江書局輯　清光緒浙江書

局刻本　八十三册

230000－0901－0002642　C014184－014189

說文校議十五卷　（清）姚文田　（清）嚴可均
撰　說文答問一卷　（清）錢大昕撰　說文經
字攷一卷　（清）陳壽祺撰　六書說一卷
（清）江聲撰　說文釋例二卷　（清）江沅撰
說文舊音一卷　（清）畢沅撰　清咸豐二年
（1852）李氏半畝園刻小學類編本　六册

230000－0901－0002643　C046904－51

本草綱目五十二卷圖三卷奇經八脈考一卷瀕
湖脈學一卷脈訣考證一卷　（明）李時珍撰
本草綱目拾遺十卷首一卷　（清）趙學敏輯
本草萬方鍼線八卷　（清）蔡烈先輯　清光緒
十一年（1885）合肥張氏味古齋刻本　四十
八册

230000－0901－0002644　C046952－7111

東華錄一百九十四卷續錄二百三十卷　王先
謙等編　清光緒十年（1884）長沙王氏刻本
一百六十册

230000－0901－0002645　C047413－521

欽定平定陝甘新疆回匪方略三百二十卷首一
卷　（清）奕訢等纂　清光緒二十二年（1896）
鉛印本　一百〇九册

230000－0901－0002646　C041113－18

東南水利略六卷　（清）凌介禧撰　清道光十
三年（1833）蕤珠僊館刻本　六册

230000－0901－0002647　C047653－88

植物名實圖考三十八卷植物名實圖考長編二
十二卷　（清）吳其濬撰　清道光二十八年
（1848）陸應穀刻光緒六年（1880）補刻本　三
十六册

230000－0901－0002648　C041119－20

尚書大傳考纂三卷補遺一卷備考一卷　（清）
董豐垣撰　清槐古齋刻本　二册

230000－0901－0002649　C041128－29

說文新附考六卷續考一卷　（清）鈕樹玉撰
清嘉慶六年（1801）非石居刻本　二册

230000－0901－0002650　C047689－806

[宣統]新疆圖志一百十六卷首一卷　袁大化
修　王樹枏等纂　清宣統三年（1911）活字印
本　一百十八册

230000－0901－0002651　C041132

逆黨禍蜀記一卷　（清）汪堃撰　清同治五年
（1866）不懼無悶齋刻本　一册

230000－0901－0002652　C047939－8002

金石萃編一百六十卷　（清）王昶撰　清嘉慶
十年（1805）王氏經訓堂刻同治十年（1871）錢
寶傳補刻本　六十四册

230000－0901－0002653　C041133

楹聯集帖一卷　（清）何紹基集　清同治二年
（1863）蘭亭齋刻本　一册

230000－0901－0002654　C048015－16

韓詩外傳十卷補逸一卷　（漢）韓嬰撰　（清）
周廷寀校注　校注拾遺一卷　（清）周宗杬撰
清光緒元年（1875）盱眙吳縣望三益齋刻本
二册

230000－0901－0002655　C048017－32

欽定書經傳說彙纂二十一卷首二卷書序一卷
（清）王頊齡等撰　清刻本　十六册

230000－0901－0002656　C048038－41

蒙古游牧記十六卷　（清）張穆撰　清同治六
年（1867）壽陽祁氏刻本　四册

230000－0901－0002657　C048044－64

續後漢書九十卷　（元）郝經撰　（元）苟宗道
注　清道光二十一年至二十二年（1841－
1842）上海郁氏刻宜稼堂叢書本　二十一册

230000－0901－0002658　C041134－45

困學紀聞注二十卷　（宋）王應麟撰　（清）翁
元圻注　清道光五年（1825）餘姚翁氏守福堂
刻本　十二册

230000－0901－0002659　C014204

吟紅館詩草一卷雙聲閣詩草一卷古井居詩草
一卷　（清）姚其慶撰　清光緒二十九年
（1903）刻本　一册

230000－0901－0002660　C014205－014208

說文辨字正俗八卷　（清）李富孫撰　清嘉慶
二十三年(1818)嘉興李氏校經廡刻本　四冊

230000－0901－0002661　C014209－014216

說文古本攷十四卷　（清）沈濤撰　清光緒十
年(1884)吳縣潘氏滂喜齋刻本　八冊

230000－0901－0002662　C014217

續華亭百詠一卷　（清）唐天泰撰　清光緒四
年(1878)有穀堂刻本　一冊

230000－0901－0002663　C014220

景詹闇遺文一卷　（清）姚諶撰　清宣統三年
(1911)歸安陸氏刻本　一冊

230000－0901－0002664　C014221

湖塘林館駢體文鈔二卷　（清）李慈銘撰　清
光緒十年(1884)刻本　一冊

230000－0901－0002665　C014223

春燕唱和詩一卷　（清）秦國璋輯　清光緒二
十七年(1901)秦國璋刻本　一冊

230000－0901－0002666　C014224－014227

小謨觴館詩集八卷詩餘一卷文集四卷　（清）
彭兆蓀撰　清嘉慶十一年(1806)韓江寓舍刻
本　四冊

230000－0901－0002667　C014232－014233

艾廬遺稿六卷　（清）邵曾鑑撰　清光緒二十
三年(1897)陳世垣等刻本　二冊

230000－0901－0002668　C014234－014236

食古齋詩錄四卷詩餘一卷文錄一卷　（清）柳
以蕃撰　清光緒十九年(1893)刻本　二冊

230000－0901－0002669　C014237－014260

兩浙輶軒錄四十卷姓氏韻編一卷　（清）阮元
輯　清光緒十六年(1890)浙江書局刻本　二
十四冊

230000－0901－0002670　C014261－014262

悔過齋文集七卷劄記一卷　（清）顧廣譽撰
清光緒刻本　二冊

230000－0901－0002671　C014283－014286

欽定蒙古源流八卷　（清）小徹辰薩囊台吉撰

清刻本　四冊

230000－0901－0002672　C014287－014296

翁松禪手札不分卷　（清）翁同龢撰　清光緒
三十四年至宣統三年(1908－1911)俞鍾鑾石
印本　十冊

230000－0901－0002673　C014297－014302

江左三大家詩鈔九卷　（清）顧有孝　（清）趙
澐輯　清刻本　六冊

230000－0901－0002674　C014303－014306

扶雅堂詩集十四卷　（清）楊炳春撰　清末刻
本　四冊

230000－0901－0002675　C067860－63

淮海集十七卷後集二卷詞一卷　（宋）秦觀撰
補遺一卷　（清）王敬之等輯　清道光十七
年(1837)刻本　四冊

230000－0901－0002676　C067864－73

**石笥山房文集六卷補遺一卷詩集十一卷詩餘
一卷補遺二卷續補遺二卷**　（清）胡天游撰
年譜一卷　（清）胡元琢撰　清咸豐二年
(1852)刻本　十冊

230000－0901－0002677　C067886－67905

水經注四十卷首一卷　（北魏）酈道元撰　**附
錄二卷**　（清）趙一清撰　清光緒二十三年
(1897)新化三味書室刻本　二十冊

230000－0901－0002678　C067906－909

春秋繁露義證十七卷首一卷攷證一卷　（清）
蘇輿撰　清宣統二年(1910)刻本　四冊

230000－0901－0002679　C067910－11

茗柯文初編一卷二編二卷三編一卷四編一卷
（清）張惠言撰　清光緒七年(1881)刻本
二冊

230000－0901－0002680　C067918－23

鑑止水齋集二十卷　（清）許宗彥撰　清咸豐
八年(1858)刻本　六冊

230000－0901－0002681　C067924－33

胡文忠公遺集三十四卷　（清）胡林翼撰　清
末刻本　十冊

230000－0901－0002682　C041146－67

尚友錄二十二卷補遺一卷　（明）廖用賢輯
（清）張伯琮補輯　清刻本　二十二冊

230000－0901－0002683　C041168－77

宛陵先生文集六十卷　（宋）梅堯臣撰　清宣
統二年（1910）影印本　十冊

230000－0901－0002684　C041178－83

御纂周易折中二十二卷首一卷　（清）李光地
等撰　清刻本　六冊

230000－0901－0002685　C041184－87

黃葉邨莊詩集八卷續集一卷後集一卷　（清）
吳之振撰　清光緒刻本　四冊

230000－0901－0002686　C041188－91

**初月樓文鈔十卷詩鈔四卷聞見錄十卷續聞見
錄十卷**　（清）吳德旋撰　**程子香文鈔二卷**
（清）程德資撰　清道光三年（1823）康兆晉刻
本　四冊

230000－0901－0002687　C041202－03

書經六卷　（宋）蔡沈集傳　清同治六年
（1867）浙江撫署刻本　二冊

230000－0901－0002688　C067934－41

三國疆域志補注十九卷首一卷　（清）洪亮吉
撰　（清）謝鍾英補注　清光緒二十四年
（1898）刻本　八冊

230000－0901－0002689　C041204－14

**學詩詳說三十卷正詁五卷悔過齋續集七卷補
遺一卷**　（清）顧廣譽撰　清光緒三年（1877）
顧鴻昇刻本　十一冊　缺三卷（悔過齋續集
二卷、補遺一卷）

230000－0901－0002690　C067942－43

歸震川先生尺牘二卷　（明）歸有光撰　清如
月樓刻本　二冊

230000－0901－0002691　C067952－55

湘綺樓文集八卷　王闓運撰　清光緒二十六
年（1900）刻湘綺樓全書本　四冊

230000－0901－0002692　C041215－22

胡文忠公遺集十卷首一卷　（清）胡林翼撰

清同治五年（1866）山左刻本　八冊

230000－0901－0002693　C067956－58

易義前選五卷　（清）李光地輯　清道光十年
（1830）刻榕村全書本　三冊

230000－0901－0002694　C014228－014231

國朝十家四六文鈔十一卷　王先謙輯　清光
緒十五年（1889）長沙王氏刻本　四冊

230000－0901－0002695　C041223－32

覆瓿集　（清）張文虎撰　清同治光緒刻本
十冊

230000－0901－0002696　C067959－60

林和靖詩集四卷拾遺一卷　（清）林逋撰　**附
錄一卷**　（清）朱孔彰輯　清同治十二年
（1873）長洲朱氏刻本　二冊

230000－0901－0002697　C067961－68

徐騎省集三十卷補遺一卷附錄一卷　（宋）徐
鉉撰　**校勘記一卷**　（清）李英元撰　清光緒
十六年（1890）李氏刻本　八冊

230000－0901－0002698　C041233－34

六朝事迹編類十四卷　（宋）張敦頤撰　清光
緒十三年（1887）寶章閣刻本　二冊

230000－0901－0002699　C041235－42

揅經室文集十八卷　（清）阮元撰　清嘉慶十
二年（1807）刻本　八冊

230000－0901－0002700　C067973－82

熊襄愍公集十卷首一卷末一卷　（明）熊廷弼
撰　清同治三年（1864）刻本　十冊

230000－0901－0002701　C041255－58

金文雅十六卷附作者考一卷　（清）莊仲方輯
清光緒十七年（1891）江蘇書局刻本　四冊

230000－0901－0002702　C041259－64

亭林遺書十種　（清）顧炎武撰　清吳江潘氏
遂初堂刻本　六冊

230000－0901－0002703　C041265－69

**惜抱軒文集十六卷文後集十卷詩集十卷詩後
集一卷**　（清）姚鼐撰　清嘉慶刻本　五冊

125

230000－0901－0002704　C041270－73

八家四六文鈔九卷　（清）吳鼒輯　清校經堂
刻本　四冊

230000－0901－0002705　C041274－78

翁山文外十六卷　（清）屈大均撰　清宣統二
年(1910)上海扶輪社鉛印本　五冊

230000－0901－0002706　C041279－80

尊聞居士集八卷　（清）羅有高撰　清光緒八
年(1882)彭祖賢刻本　二冊

230000－0901－0002707　C067983－84

歷代帝王年表十四卷　（清）齊召南撰　（清）
阮福續撰　帝王廟諡年諱譜一卷　（清）陸費
墀撰　清道光四年(1824)刻本　二冊

230000－0901－0002708　C067985－89

國朝詩人徵略二編六十四卷　（清）張維屏輯
清道光二十二年(1842)刻本　五冊

230000－0901－0002709　C067991

思歸錄一卷　（清）黃宗羲撰　清光緒刻本
一冊

230000－0901－0002710　C067994

磐那室詩存一卷　（清）張亨嘉撰　清宣統三
年(1911)鉛印本　一冊

230000－0901－0002711　C068005－16

左傳事緯十二卷附字釋一卷　（清）馬驌撰
清光緒四年(1878)刻本　十二冊

230000－0901－0002712　C068017－44

左文襄公書牘二十六卷家書二卷　（清）左宗
棠撰　清光緒刻左文襄公全集本　二十八冊

230000－0901－0002713　C068057

意園文略二卷事略一卷　（清）盛昱撰　清宣
統二年(1910)楊鍾羲刻本　一冊

230000－0901－0002714　C068180－81

四書解義七卷　（清）李光地撰　清康熙五十
九年(1720)居業堂刻本　二冊

230000－0901－0002715　C068188

一山文存一卷　章梫撰　清宣統鉛印本
一冊

230000－0901－0002716　C014312－014319

輟耕錄三十卷　（明）陶宗儀撰　明崇禎毛氏
汲古閣刻津逮秘書本刻本　八冊

230000－0901－0002717　C014320

中庸直指一卷　（明）史德清撰　清光緒十年
(1884)金陵刻經處刻本　一冊

230000－0901－0002718　C014321－014326

漁洋山人精華錄箋注十二卷補一卷　（清）王
士禛撰　（清）金榮箋注　（清）徐准纂輯　年
譜一卷　清雍正十三年至乾隆元年(1735－
1736)鳳翥堂刻本　六冊

230000－0901－0002719　C014328－014333

翻譯名義集二十卷　（宋）釋法雲撰　清光緒
四年(1878)金陵刻經處刻本　六冊

230000－0901－0002720　C014334－014341

爾雅正義二十卷　（清）邵晉涵撰　釋文二卷
　（唐）陸德明撰　清乾隆五十三年(1788)餘
姚邵氏家塾刻本　八冊

230000－0901－0002721　C014342－44

子問二卷又問一卷　（清）劉沅撰　清同治二
年(1863)平遙李氏刻本　三冊

230000－0901－0002722　C014345

爾雅疏十卷　（宋）邢昺撰　清光緒四年
(1878)吳興陸氏十萬卷樓刻本　一冊

230000－0901－0002723　C014346－014350

爾雅郭注佚存補訂二十卷　王樹枏撰　清光
緒十八年(1892)文莫室刻本　五冊

230000－0901－0002724　C014351－014356

四書正本十九卷附錄四卷　（宋）朱熹注　清
同治四年(1865)忠恕堂刻本　六冊

230000－0901－0002725　C014357－014370

式訓堂叢書　（清）章壽康輯　清光緒會稽章
氏刻本　十四冊　存初集十五種

230000－0901－0002726　C014379－014390

五燈會元二十卷　（宋）釋普濟撰　清光緒二
十八年至三十二年(1902－1906)貴池劉世珩
玉海堂刻本　十二冊

230000－0901－0002727　C014391

小學韻語一卷　（清）羅澤南撰　清咸豐六年（1856）浙江書局刻本　一冊

230000－0901－0002728　C014392－014393

小學纂注六卷　（清）高愈撰　**文公朱夫子年譜一卷**　清同治十一年（1872）浙江書局刻本　二冊

230000－0901－0002729　C014414－014453

宋元學案一百卷首一卷　（清）黃宗羲撰　（清）全祖望修定　**考略一卷**　（清）王梓材等輯　清光緒五年（1879）長沙寄廬刻本　四十冊

230000－0901－0002730　C014454－014457

韓非子二十卷　（戰國）韓非撰　（□）□□注　清嘉慶九年（1804）姑蘇王氏聚文堂刻十子全書本　四冊

230000－0901－0002731　C014458－014459

鬼谷子三卷篇目考一卷跋附錄一卷　（春秋）王詡撰　（南朝梁）陶弘景注　清嘉慶十年（1805）江都秦氏石研齋刻本　二冊

230000－0901－0002732　C014460

禮記天算釋一卷　（清）孔廣牧撰　清光緒十五年（1889）刻廣雅書局叢書本　一冊

230000－0901－0002733　C014461－014462

開地道轟藥法三卷附圖一卷　（英國）武備工程學堂編　（英國）傅蘭雅口譯　（清）汪振聲筆述　清末江南製造總局刻本　二冊

230000－0901－0002734　C041281－82

物詮八卷　（清）汪烜撰　**校勘書後一卷**　（清）□□撰　清光緒九年（1883）刻本　二冊

230000－0901－0002735　C041283－86

群學肄言十六卷　（英國）斯賓塞爾撰　嚴復譯　清光緒二十九年（1903）上海文明書局鉛印本　四冊

230000－0901－0002736　C041287－90

淮南雜識四卷　（清）聞益撰　清同治十一年（1872）聞維堉刻本　四冊

230000－0901－0002737　C041291－94

曾文正公文鈔四卷　（清）曾國藩撰　清同治十一年（1872）蘇郡刻本　四冊

230000－0901－0002738　C041295

黃梨洲先生[宗羲]年譜三卷　（清）黃炳垕撰　清同治十二年（1873）黃氏留書種閣刻本　一冊

230000－0901－0002739　C041296

古柈秋館文集三卷　（清）侯楨撰　清同治十二年（1873）木活字印本　一冊　存一卷（一）

230000－0901－0002740　C041436－51

御定全唐詩錄一百卷　（清）徐倬等輯　清康熙刻本　十六冊

230000－0901－0002741　C041452－63

四六法海十二卷目錄一卷　（明）王志堅輯　明天啓七年（1627）刻清乾隆二十三年（1758）重修本　十二冊

230000－0901－0002742　C041464－81

四書大全四十二卷　（清）汪份輯　清康熙刻本　十八冊

230000－0901－0002743　C041482－86

蘇盦文錄二卷駢文錄五卷詩錄八卷詞錄一卷　（清）楊葆光撰　清光緒九年（1883）杭州刻本　五冊

230000－0901－0002744　C063064

經畬堂詩集一卷　（清）姚鎮撰　清光緒十六年（1890）姚傑刻本　一冊

230000－0901－0002745　C063065－66

曹集銓評十卷逸文一卷附錄一卷　（三國魏）曹植撰　（清）丁晏評　**陳思王年譜一卷**　（清）丁晏編　清同治十一年（1872）刻本　二冊

230000－0901－0002746　C063068－71

章文毅公詩集一卷　（明）章曠撰　清光緒二十九年（1903）刻本　四冊

230000－0901－0002747　C063072

香南雪北詞一卷　（清）吳藻撰　清光緒十年（1884）刻林下雅音集本　一冊

230000 – 0901 – 0002748　C063073
大野草堂詩八卷白癡詞二卷　（清）張邁撰
清光緒三十年（1904）刻本　一冊

230000 – 0901 – 0002749　C063074
天籟集一卷　（清）鄭旭旦輯　清同治元年
（1862）芝秀軒刻本　一冊

230000 – 0901 – 0002750　C063075 – 78
小重山房詩續錄十二卷　（清）張祥河撰　**年
譜一卷**　（清）張茂新撰　清光緒元年（1875）
張茂新等刻本　四冊

230000 – 0901 – 0002751　C063079
太素齋詞鈔二卷　（清）勒方錡撰　清光緒十
年（1884）刻本　一冊

230000 – 0901 – 0002752　C063080 – 105
經史百家雜鈔三十六卷　（清）曾國藩輯　清
光緒二年（1876）刻本　二十六冊

230000 – 0901 – 0002753　C063107 – 10
西藥畧釋四卷　（清）孔繼良譯撰　（美國）嘉
約翰校正　清光緒十二年（1886）羊城博濟醫
局刻本　四冊

230000 – 0901 – 0002754　C063111 – 18
**李衛公文集二十卷別集十卷外集四卷補遺一
卷**　（唐）李德裕撰　清光緒十六年（1890）常
慊慊齋刻本　八冊

230000 – 0901 – 0002755　C063119 – 21
洗冤錄詳義四卷首一卷　（清）許槤撰　**摭遺
二卷**　（清）葛元煦輯　**摭遺補一卷**　（清）張
開運輯　清光緒三年（1877）湖北藩署刻本
三冊

230000 – 0901 – 0002756　C068189 – 90
遼文存六卷遼藝文志一卷遼金石存目一卷
繆荃孫輯　清光緒二十二年（1896）刻本
二冊

230000 – 0901 – 0002757　C068192
古泉叢話三卷　（清）戴熙撰　清同治十一年
（1872）刻本　一冊

230000 – 0901 – 0002758　C068193 – 97

230000 – 0901 – 0002758　C068193 – 97
東塾讀書記二十五卷　（清）陳澧撰　清光緒
刻本　五冊

230000 – 0901 – 0002759　C068198
水經注圖一卷附錄一卷　（清）汪士鐸撰　清
咸豐十一年（1861）刻本　一冊

230000 – 0901 – 0002760　C068205 – 08
杜工部草堂詩箋二十二卷　（唐）杜甫撰
（宋）魯訔編　（宋）蔡夢弼會箋　**詩話二卷**
（宋）蔡夢弼集錄　**年譜二卷**　（宋）趙子櫟
（宋）魯訔撰　清光緒元年（1875）刻本　四冊

230000 – 0901 – 0002761　C068215 – 18
新刻古列女傳七卷　（漢）劉向撰　（晉）顧愷
之繪圖　**續列女傳一卷**　（□）□□撰　清道
光五年（1825）刻本　四冊

230000 – 0901 – 0002762　C068219 – 24
續古文苑二十卷　（清）孫星衍輯　清光緒九
年（1883）江蘇書局刻本　六冊

230000 – 0901 – 0002763　C063122 – 23
潛吉堂詩錄二卷詞錄一卷雜著一卷　（清）楊
秉桂撰　清道光二十五年（1845）刻本　二冊

230000 – 0901 – 0002764　C041487 – 94
文選六十卷　（南朝梁）蕭統輯　（唐）李善等
注　清同治九年（1870）金陵書局刻本　八冊

230000 – 0901 – 0002765　C068225
恪靖侯盾鼻餘瀋一卷　（清）左宗棠撰　清光
緒八年（1882）刻本　一冊

230000 – 0901 – 0002766　C063124 – 27
鐵橋漫稿八卷　（清）嚴可均撰　清光緒十一
年（1885）長洲蔣氏心矩齋刻本　四冊

230000 – 0901 – 0002767　C068226 – 28
周易觀象十二卷　（清）李光地撰　清刻本
三冊

230000 – 0901 – 0002768　C041495 – 97
扁善齋文存二卷詩存一卷　（清）鄧嘉緝撰
清光緒二十七年（1901）刻本　三冊

230000 – 0901 – 0002769　C068229 – 31
船山詩草二十卷　（清）張問陶撰　清嘉慶二

十年(1815)刻本　三冊

230000－0901－0002770　C068232－33
儀顧堂續跋十六卷　（清）陸心源撰　清光緒
十八年(1892)刻本　二冊　存八卷(一至八)

230000－0901－0002771　C041498－505
吳詩集覽二十卷補注二十卷談藪二卷談藪拾
遺一卷　（清）吳偉業撰　（清）靳榮藩輯注
清乾隆四十年(1775)凌雲亭刻本　八冊

230000－0901－0002772　C041506－09
甌北詩鈔二十卷　（清）趙翼撰　清乾隆五十
六年(1791)湛貽堂刻本　四冊

230000－0901－0002773　C041532－51
唐文粹一百卷　（宋）姚鉉輯　**補遺二十六卷**
　（清）郭麐輯　清光緒十六年(1890)杭州許
氏榆園刻本　二十冊

230000－0901－0002774　C041552－75
宋文鑑一百五十卷目錄三卷　（宋）呂祖謙輯
　清光緒十二年(1886)江蘇書局刻本　二十
四冊

230000－0901－0002775　C041581－92
御纂周易折中二十二卷首一卷　（清）李光地
等撰　清刻本　十二冊

230000－0901－0002776　C068243
吳地記一卷　（唐）陸廣微撰　**附後集一卷**
（□）□□撰　清同治十二年(1873)刻本
一冊

230000－0901－0002777　C010475
家塾準繩一卷　（清）莊毓鋐摘編　清同治十
三年(1874)狀元第莊刻本　一冊

230000－0901－0002778　C014173
采香詞四卷　（清）杜文瀾撰　清咸豐十一年
(1861)秀水杜氏刻曼陀羅華閣叢書本　一冊
　存二卷(一至二)

230000－0901－0002779　C068244－45
大山詩集七卷　（清）劉巖撰　清宣統二年
(1910)鉛印本　二冊

230000－0901－0002780　C068246－49
成均課士錄不分卷　（□）□□撰　清末刻本
四冊

230000－0901－0002781　C010603－06
金石三例十五卷　（清）盧見曾輯　（清）王芑
孫評　清光緒四年(1878)南海馮氏讀有用書
齋刻套印本　四冊

230000－0901－0002782　C068250－77
天下郡國利病書一百二十卷　（清）顧炎武撰
　清光緒二十七年(1901)鉛印本　二十八冊

230000－0901－0002783　C068278－285
朔方備乘六十八卷首十二卷　（清）何秋濤撰
　清末石印本　八冊

230000－0901－0002784　C068302－365
明史稿三百十卷目錄三卷　（清）王鴻緒撰
清雍正刻本　六十四冊

230000－0901－0002785　C068366－85
蘇文忠詩合注五十卷首一卷　（宋）蘇軾撰
（清）馮應榴輯　清嘉慶二十四年(1819)馮氏
踵息齋刻本　二十冊

230000－0901－0002786　C068386－481
欽定四庫全書總目二百卷首四卷　（清）紀昀
等撰　清同治七年(1868)廣東書局刻本　九
十六冊

230000－0901－0002787　C068482－602
曾文正公全集十五種　（清）曾國藩撰　清同
治光緒傳忠書局刻本　一百二十一冊　存十
三種一百七十卷(首一卷、曾文正公奏稿三十
卷、十八家詩鈔二十八卷、經史百家雜鈔二十
六卷、經史百家簡編二卷、鳴原堂論文二卷、
曾文正公詩集四卷文集四卷、曾文正公書札
三十三卷、曾文正公批牘六卷、曾文正公雜著
四卷、求闕齋讀書錄十卷、求闕齋日記類鈔二
卷、曾文正公年譜十二卷、孟子要略五卷附錄
一卷)

230000－0901－0002788　C053360－63
史記探源八卷　崔適撰　清宣統二年(1910)
禪廬刻本　四冊

230000 – 0901 – 0002789　C053364 – 83

蛾術編八十二卷　（清）王鳴盛撰　　清道光二十二年(1842)世楷堂沈懋德刻本　　二十冊

230000 – 0901 – 0002790　C053635 – 36

[嘉慶]新修宜興縣志四卷首一卷　（清）阮升基修　（清）寧楷纂　清嘉慶二年(1797)刻本　　二冊

230000 – 0901 – 0002791　C053637 – 42

北固山志十四卷首一卷　（清）周伯義纂　清光緒三十年(1904)京口三山志刻本　　六冊

230000 – 0901 – 0002792　C063128 – 31

泰雲堂文集二卷駢體文集二卷詩集十八卷詞集三卷　（清）孫爾準撰　清同治九年(1870)周巨漣刻本　　四冊

230000 – 0901 – 0002793　C063132

花簾詞一卷　（清）吳藻撰　清道光十年(1830)刻本　　一冊

230000 – 0901 – 0002794　C063133 – 34

倦圃曹先生尺牘二卷　（清）曹溶撰　清含暉閣刻本　　二冊

230000 – 0901 – 0002795　C063135 – 36

洗冤錄義證四卷　（清）剛毅輯　**經驗方一卷歌訣一卷**　清光緒十七年(1891)江蘇書局刻本　　二冊

230000 – 0901 – 0002796　C053642

和珠玉詞一卷　（清）張祥齡　（清）王鵬運撰　　清光緒二十七年(1901)刻本　　一冊

230000 – 0901 – 0002797　C014467 – 014486

儀禮正義四十卷　（清）胡培翬撰　（清）楊大堉補　清咸豐二年(1852)陸建瀛刻同治七年(1868)陸光祖木犀香館家塾補刻本　　二十冊

230000 – 0901 – 0002798　C014497 – 014516

通雅五十二卷首三卷　（明）方以智輯　清康熙五年(1666)立教館刻本　　二十冊

230000 – 0901 – 0002799　C014517 – 014518

改亭集十六卷　（清）計東撰　清乾隆計璸、計嘉禾刻本　　二冊　存八卷(一至八)

230000 – 0901 – 0002800　C014519

先聖生卒年月日考二卷　（清）孔廣牧撰　清光緒十九年(1893)浙江書局刻本　　一冊

230000 – 0901 – 0002801　C014526 – 014531

篆字彙十二卷　（清）佟世男編　清康熙三十年(1691)多山堂刻本　　六冊

230000 – 0901 – 0002802　C014532 – 014537

綏寇紀略十二卷補遺三卷　（清）吳偉業撰　清嘉慶十年(1805)張氏照曠閣刻學津討原本　　六冊

230000 – 0901 – 0002803　C014538 – 014549

陔餘叢考四十三卷　（清）趙翼撰　（清）乾隆五十五年(1790)湛貽堂刻本　　十二冊

230000 – 0901 – 0002804　C014550 – 014561

義門讀書記五十八卷　（清）何焯撰　清乾隆三十四年(1769)蔣維鈞刻本　　十二冊

230000 – 0901 – 0002805　C014562 – 014569

隸辨八卷　（清）顧藹吉撰　清乾隆八年(1743)黃晟刻本　　八冊

230000 – 0901 – 0002806　C014570 – 014577

[光緒]吳江縣續志四十卷首一卷　（清）金福曾等修　（清）熊其英等纂　清光緒五年(1879)刻本　　八冊

230000 – 0901 – 0002807　C063138 – 42

六書通十卷　（明）閔齊伋撰　清基聞堂刻本　　五冊

230000 – 0901 – 0002808　C063144

七榆草堂詞一卷　（清）何其章撰　清道光八年(1828)刻本　　一冊

230000 – 0901 – 0002809　C063145 – 46

山中白雲詞八卷　（宋）張炎撰　**附錄一卷**　（宋）張樞撰　清光緒八年(1882)娛園刻本　　二冊

230000 – 0901 – 0002810　C063147

紅蕉詞一卷　（清）江標撰　**鶴緣詞一卷**　（清）呂耀斗撰　清末元和江氏師鄬堂刻本　　一冊

230000－0901－0002811　C063148

佩蘅詞一卷補遺一卷　（清）金泰撰　清光緒
十一年(1885)刻本　一冊

230000－0901－0002812　C063149

二熊君詩賸二卷　（清）□□輯　清光緒刻本
　一冊

230000－0901－0002813　C063150－51

虛一齋集五卷　（清）莊培因撰　清光緒九年
(1883)刻本　二冊

230000－0901－0002814　C063152－53

白香詞譜箋四卷　（清）舒夢蘭輯　清光緒十
一年(1885)刻本　二冊

230000－0901－0002815　C063154

詞學集成八卷　（清）江順詒輯　清光緒七年
(1881)刻本　一冊

230000－0901－0002816　C063155

湘瑟詞四卷　（清）錢芳標撰　清康熙五十五
年(1716)刻本　一冊

230000－0901－0002817　C063156－59

玉谿生詩詳注三卷首一卷　（唐）李商隱撰
（清）馮浩注　清乾隆四十五年(1780)刻本
四冊

230000－0901－0002818　C063170－71

水流雲在館詩鈔六卷　（清）宋晉撰　清光緒
十二年(1886)宋頤刻本　二冊

230000－0901－0002819　C063172

松壺畫贅二卷　（清）錢杜撰　清嘉慶十七年
(1812)刻本　一冊

230000－0901－0002820　C063173

知止軒文草二卷辛壬雜筆一卷　（清）朱鎮撰
　清宣統二年(1910)存右學社刻本　一冊

230000－0901－0002821　C063174

復堂詩四卷詞一卷文一卷　（清）譚獻撰　清
咸豐九年(1859)刻本　一冊

230000－0901－0002822　C063175－76

鳴鶴堂文集二卷　（清）任源祥撰　清同治十
二年(1873)澹和堂刻本　二冊

230000－0901－0002823　C021217－20

詠物詩選八卷　（清）俞琰輯　清雍正三年
(1725)沈又彭刻本　四冊

230000－0901－0002824　C041595－600

禹貢錐指二十卷圖一卷　（清）胡渭撰　清康
熙四十四年(1705)漱六軒刻本　六冊

230000－0901－0002825　C041593－94

東萊先生古文關鍵二卷　（宋）呂祖謙評選
（宋）蔡文子注　（清）徐樹屏考異　清冠山堂
刻本　二冊

230000－0901－0002826　C063177－81

詩經八卷　（宋）朱熹集傳　清同治五年
(1866)金陵書局刻十三經讀本本　五冊

230000－0901－0002827　C063182－83

春秋穀梁傳十二卷　（晉）范甯集解　清同治
七年(1868)金陵書局刻十三經讀本本　二冊

230000－0901－0002828　C063184－89

管子二十四卷　（春秋）管仲撰　（唐）房玄齡
注　（明）劉績補注　清光緒二年(1876)浙江
書局刻本　六冊

230000－0901－0002829　C063198－205

尚書古文疏證八卷附朱子古文書疑一卷
（清）閻若璩撰　清乾隆眷西堂刻同治六年
(1867)汪氏振綺堂補刻本　八冊

230000－0901－0002830　C063206－10

詩集傳二十卷綱領一卷末一卷　（宋）朱熹撰
　清光緒七年(1881)江蘇書局刻本　五冊

230000－0901－0002831　C063211－18

廣雅疏證十卷音釋一卷　（清）王念孫撰　清
光緒五年(1879)刻本　八冊

230000－0901－0002832　C063219－50

說文解字義證五十卷　（清）桂馥撰　清同治
九年(1870)刻本　三十二冊

230000－0901－0002833　C063251－58

稱謂錄三十二卷　（清）梁章鉅撰　清光緒十
年(1884)刻本　八冊

230000－0901－0002834　C063259－60

詩傳蒙求分韻二卷　（清）黄中輯　清咸豐九年(1859)尚友齋刻光緒十六年(1890)修補本　二冊

230000－0901－0002835　C048901－49259

皇清經解一千四百〇八卷　（清）阮元輯　清道光九年(1829)廣東學海堂刻咸豐十一年(1861)補刻本　三百五十八冊

230000－0901－0002836　C063261－84

香樹齋文集二十八卷續鈔五卷詩集十八卷續集三十六卷　（清）錢陳群撰　清光緒十一年(1885)刻本　二十四冊

230000－0901－0002837　C049400－516

曾文正公全集十五種一百八十卷　（清）曾國藩撰　清同治光緒傳忠書局刻本　一百十七冊

230000－0901－0002838　C049527－46

明史紀事本末八十卷　（清）谷應泰撰　清光緒二十四年(1898)湖南思賢書局刻紀事本末五種本　二十冊

230000－0901－0002839　C063285－94

求古錄禮說十六卷補遺一卷　（清）金鶚撰　校勘記三卷　（清）王士駿撰　清光緒二年(1876)刻本　十冊

230000－0901－0002840　C049547－50

元史紀事本末二十七卷　（明）陳邦瞻撰　（明）臧懋循補輯　（明）張溥論正　清光緒二十四年(1898)湖南思賢書局刻紀事本末五種本　四冊

230000－0901－0002841　C049551－70

宋史紀事本末一百〇九卷　（明）馮琦撰　（明）陳邦瞻補　（明）張溥論正　清光緒二十四年(1898)湖南思賢書局刻紀事本末五種本　二十冊

230000－0901－0002842　C063295－98

霜紅龕詩七卷樂府一卷霜紅龕文補遺五卷　（清）傅山撰　清宣統元年(1909)刻本　四冊

230000－0901－0002843　C063299－300

金樓子六卷　（南朝梁）元帝蕭繹撰　清光緒元年(1875)湖北崇文書局刻本　二冊

230000－0901－0002844　C063301－06

讀禮叢鈔　（清）李輔燿輯　清光緒十七年(1891)湘西李氏鞠園懷翼草廬刻本　六冊

230000－0901－0002845　C063317－18

劉葆眞太史遺稿二卷　（清）劉可毅撰　清宣統二年(1910)刻本　二冊

230000－0901－0002846　C063319－20

六朝文絜四卷　（清）許槤評選　清光緒七年(1881)刻朱墨套印本　二冊

230000－0901－0002847　C041601

論語補注三卷　（清）劉開撰　清同治七年(1868)桐城劉氏刻本　一冊

230000－0901－0002848　C041602

爾雅三卷　（宋）鄭樵注　清培風堂刻本　一冊

230000－0901－0002849　C041603－04

字鑒五卷　（元）李文仲撰　清康熙四十八年(1709)吳郡張氏刻澤存堂五種本　二冊

230000－0901－0002850　C041605－06

倉頡篇三卷附洪亮吉倉頡篇序一篇　（清）孫星衍輯　倉頡篇續本一卷　（清）任大椿輯　倉頡篇補本二卷　（清）陶方琦輯　清光緒十六年(1890)江蘇書局刻本　二冊

230000－0901－0002851　C041607

倉頡篇三卷附燕丹子三卷　（清）孫星衍輯　清乾隆五十年(1785)大梁撫署刻本　一冊

230000－0901－0002852　C041608－09

兵垣奏議不分卷　（明）陳子龍撰　清光緒二十三年(1897)陳邁聲融齋精舍刻本　二冊

230000－0901－0002853　C041610

棠陰比事一卷　（宋）桂萬榮撰　清光緒三十年(1904)刻本　一冊

230000－0901－0002854　C041627－30

高陶堂遺集八卷　（清）高心夔撰　清光緒八年(1882)平湖朱氏經注經齋刻本　四冊

230000－0901－0002855　C041631－32

韻學驪珠二卷　（清）沈乘麐輯　清光緒十八年（1892）華亭顧文善齋刻本　二冊

230000－0901－0002856　C041633－36

鐵橋漫稿八卷　（清）嚴可均撰　清光緒十一年（1885）長洲蔣氏心矩齋刻本　四冊

230000－0901－0002857　C049571－602

康熙字典三十六卷總目一卷檢字一卷辨似一卷等韻一卷補遺一卷備考一卷　（清）張玉書等撰　清道光七年（1827）刻本　三十二冊

230000－0901－0002858　C049664－79

文選六十卷　（南朝梁）蕭統輯　（唐）李善等注　考異十卷　（清）胡克家撰　清宣統三年（1911）上海會文堂書局石印本　十六冊

230000－0901－0002859　C049712－55

史緯三百三十卷　（清）陳允錫編　清光緒二十九年（1903）上海英商順成書局石印本　四十四冊

230000－0901－0002860　C049756－78

藝苑捃華（祕書四十八種）　（清）顧之逵輯　清同治七年（1868）務本堂刻本　二十三冊　缺二種（小爾雅、西京雜記）

230000－0901－0002861　C049779－892

武英殿聚珍版書一百三十八種　清乾隆浙江刻本　一百十四冊

230000－0901－0002862　C050121－201

稗海　（明）商濬輯　明萬曆商氏刻清嘉慶十六年（1811）五峰閣印本　八十一冊

230000－0901－0002863　C082090－91

新編女科指掌五卷　（清）葉其蓁撰　清江左書局石印本　二冊

230000－0901－0002864　C082109－28

本草綱目五十二卷圖三卷附奇經八脈考一卷瀕胡脈學一卷脈訣考證一卷　（明）李時珍撰　本草綱目拾遺十卷　（清）趙學敏輯　本草萬方鍼線八卷　（清）蔡烈先輯　清光緒十九年（1893）鴻寶齋石印本　二十冊

230000－0901－0002865　C082129－34

古經解鈎沉三十卷　（清）余蕭客輯　清乾隆六十年（1795）刻本　六冊

230000－0901－0002866　C082135－38

漢學商兌三卷　（清）方東樹撰　清光緒二十六年（1900）浙江書局刻本　四冊

230000－0901－0002867　C082139－41

惜抱軒九經說十七卷　（清）姚鼐撰　清嘉慶元年至十五年（1796－1810）刻本　三冊

230000－0901－0002868　C082142－43

述學內篇三卷外篇一卷補遺一卷別錄一卷　（清）汪中撰　清同治八年（1869）揚州書局刻本　二冊

230000－0901－0002869　C082144－47

焦氏易林四卷　（漢）焦贛撰　清光緒元年（1875）湖北崇文書局刻子書百家本　四冊

230000－0901－0002870　C082148

水經注圖一卷附錄一卷　（清）汪士鐸撰　清咸豐十一年（1861）益陽胡林益刻本　一冊

230000－0901－0002871　C082149－50

容安齋詩集八卷　（清）汪應銓撰　清乾隆刻民國修補鐵琴銅劍樓叢書本　二冊

230000－0901－0002872　C082151

重文二卷　（清）丁午撰　清光緒八年（1882）錢塘丁氏刻朱印田園雜著本　一冊

230000－0901－0002873　C082159

學宮志一卷　清光緒二十五年（1899）溧陽志書局刻本　一冊

230000－0901－0002874　C082161

朱子論語集注訓詁考二卷　（清）潘衍桐撰　清光緒十七年（1891）浙江書局刻本　一冊

230000－0901－0002875　C082162

後漢書補表六卷　（清）錢大昭撰　清嘉慶三年至四年（1798－1799）秦氏刻本　一冊

230000－0901－0002876　C082163

孟子七卷　（宋）朱熹集注　清刻本　一冊

230000－0901－0002877　C041637－38

方言疏證十三卷　（清）戴震撰　清乾隆曲阜
孔氏刻微波榭叢書本　二冊

230000－0901－0002878　C041639－42

庾子山全集十卷　（北周）庾信撰　（清）吳兆
宜箋注　清刻本　四冊

230000－0901－0002879　C041643

割圓密率捷法四卷　（清）明安圖撰　（清）陳
際新等續　清道光十九年（1839）石梁岑建功
刻觀我生室彙稿本　一冊

230000－0901－0002880　C041644

段氏說文注訂八卷　（清）鈕樹玉撰　清道光
四年（1824）刻本　一冊

230000－0901－0002881　C041645－46

行軍測繪十卷首一卷　（英國）連提撰　（英
國）傅蘭雅口譯　（清）趙元益筆述　（清）趙
宏繪圖　清末刻本　二冊

230000－0901－0002882　C041647－52

漢隸字源五卷碑目一卷　（宋）婁機撰　清光
緒三年（1877）歸安姚覲元刻本　六冊

230000－0901－0002883　C041653－54

小琅嬛園詩錄七卷集句一卷詞錄一卷　（清）
張修府撰　清光緒七年（1881）長沙刻本
二冊

230000－0901－0002884　C041655－56

董方立遺書　（清）董祐誠撰　清道光十年
（1830）董基誠刻本　二冊

230000－0901－0002885　C041657

弟子職集解一卷　（清）莊述祖撰　**句讀一卷
考證一卷補音一卷**　（清）黃彭年撰　清光緒
十四年（1888）江蘇書局刻本　一冊

230000－0901－0002886　C041658

周官祿田考三卷　（清）沈彤撰　清乾隆十七
年（1752）吳江沈氏刻果堂全集本　一冊

230000－0901－0002887　C041659

說文答問疏證六卷　（清）薛傳均撰　清道光
十八年（1838）寶應劉寶楠等刻本　一冊

230000－0901－0002888　C041660

公羊問答二卷　（清）凌曙撰　清道光元年
（1821）刻蜚雲閣凌氏叢書本　一冊

230000－0901－0002889　C041661

公羊傳一卷穀梁傳一卷　（清）王源評訂　清
康熙五十五年（1716）柳衣園刻本　一冊

230000－0901－0002890　C041662

春秋左氏古義六卷　（清）臧壽恭撰　清同治
十三年（1874）吳縣潘氏刻滂善齋叢書本
一冊

230000－0901－0002891　C041663－70

五代史七十四卷　（宋）歐陽修撰　（宋）徐無
黨注　清同治十一年（1872）湖北崇文書局刻
二十四史本　八冊

230000－0901－0002892　C053644－67

**樊山集二十八卷續集二十八卷公牘三卷批判
十四卷**　（清）樊增祥撰　**二家詠古詩一卷二
家試帖二卷**　（清）張之洞　（清）樊增祥撰
二家詞鈔五卷　（清）李慈銘　（清）樊增祥撰
清光緒十九年（1893）渭南縣署刻續集二十
八年（1902）西安皋署刻本　二十四冊

230000－0901－0002893　C063313－16

從野堂存稿八卷補遺一卷　（明）繆昌期撰
年譜一卷　（清）繆之鎔輯　清光緒二十一年
（1895）刻本　四冊

230000－0901－0002894　C063307－12

詞綜三十六卷　（清）朱彝尊輯　（清）汪森增
輯　清康熙十七年（1678）裘杼樓刻本　六冊

230000－0901－0002895　C063331

算式集要四卷　（英國）哈司韋輯　（英國）傅
蘭雅口譯　（清）江衡筆述　清光緒二十四年
（1898）石印本　一冊

230000－0901－0002896　C063344－45

說文佚字通正不分卷　（清）劉慶崧撰　清玉
華盦刻本　二冊

230000－0901－0002897　C063346－49

故友詩錄初編六卷　（清）蔡壽祺輯　清同治

八年(1869)刻本　四冊

230000－0901－0002898　C063376－81
湖山便覽十二卷附圖　(清)翟灝　(清)翟瀚輯　清光緒元年(1875)刻本　六冊

230000－0901－0002899　C063358－63
袁文箋正十六卷補注一卷　(清)袁枚撰　(清)石韞玉箋　清松壽山房刻本　六冊

230000－0901－0002900　C063367－68
自怡園屏錦詩集二卷詞集二卷　(清)葉珪輯　清咸豐六年(1856)刻本　二冊

230000－0901－0002901　C063369－72
焦氏易林十六卷　(漢)焦贛撰　易林元籥十測一卷　(明)盛如林撰　清知白齋刻本　四冊

230000－0901－0002902　C063382－87
小知錄十二卷　(清)陸鳳藻輯　清嘉慶九年(1804)刻本　六冊

230000－0901－0002903　C063388－95
冷廬雜識八卷　(清)陸以湉撰　清咸豐六年(1856)刻本　八冊

230000－0901－0002904　C063396－403
說文解字通釋四十卷　(南唐)徐鍇撰　清乾隆五十九年(1794)刻本　八冊

230000－0901－0002905　C063404－11
兩般秋雨盦隨筆八卷　(清)梁紹壬撰　清道光十七年(1837)刻本　八冊

230000－0901－0002906　C063412－13
爾雅音圖三卷　(晉)郭璞注　(後蜀)毋昭裔音　(□)□□繪圖　清石印本　二冊

230000－0901－0002907　C063414－15
說文續字彙二種二十三卷　(清)靜觀齋主人輯　清光緒十二年(1886)石印本　二冊

230000－0901－0002908　C063416－23
四書味根錄三十七卷　(清)金澂撰　清光緒二十六年(1900)石印本　八冊

230000－0901－0002909　C063319－20

六朝文絜四卷　(清)許槤評選　清光緒七年(1881)刻朱墨套印本　二冊

230000－0901－0002910　C053668－79
春秋左傳三十卷首一卷　(晉)杜預注　(唐)陸德明音義　(宋)林堯叟附注　(清)馮李驊集解　清同治七年(1868)湖北崇文書局刻本　十二冊

230000－0901－0002911　C053686
司馬法古注一卷　(五代)曹元忠輯　音義一卷　(五代)曹元忠撰　清光緒二十年(1894)曹氏刻箋經室叢書本　一冊

230000－0901－0002912　C053693－96
小學集解六卷輯說一卷　(清)張伯行撰　清末石芥園刻本　四冊

230000－0901－0002913　C053697－702
古唐詩合解十六卷　(清)王堯衢注　清末刻本　六冊

230000－0901－0002914　C053703－06
經餘必讀續編八卷　(清)雷琳等輯　清嘉慶十年(1805)大中堂刻本　四冊

230000－0901－0002915　C053707－08
淮南天文訓補注二卷　(清)錢塘撰　清道光八年(1828)刻本　二冊

230000－0901－0002916　C053709
墨子斠注補正二卷　王樹枬撰　清光緒王氏刻陶廬叢書本　一冊

230000－0901－0002917　C053710－16
管子二十四卷　(春秋)管仲撰　(唐)房玄齡注　(明)劉績補注　清嘉慶九年(1804)寶慶經綸堂刻本　七冊

230000－0901－0002918　C053717－18
求闕齋文鈔八卷　(清)曾國藩撰　清同治十二年(1873)李鴻章刻本　二冊

230000－0901－0002919　C053726－29
說文外編十六卷　(清)雷浚撰　說文辨疑一卷　(清)顧廣圻撰　清光緒刻本　四冊

230000－0901－0002920　C053730－45

讀史兵略四十六卷 （清）胡林翼撰 清咸豐
十一年(1861)武昌節署刻本 十六冊

230000－0901－0002921 C053746－53

詞學叢書六種 （清）秦恩復輯 清嘉慶道光
江都秦氏享帚精舍刻本 八冊

230000－0901－0002922 C053754－69

小萬卷樓叢書 （清）錢培名輯 清光緒四年
(1878)金山錢氏刻本 十六冊

230000－0901－0002923 C053784－87

李義山詩集三卷 （唐）李商隱撰 （清）朱鶴
齡箋注 詩譜一卷 （清）朱鶴齡撰 （清）沈
厚塽輯評 清同治九年(1870)廣州倅署刻三
色套印本 四冊

230000－0901－0002924 C053788－89

白香詞譜箋四卷 （清）舒夢蘭輯 （清）謝朝
徵箋 清光緒十一年(1885)刻本 二冊

230000－0901－0002925 C053830－31

說文新附考六卷 （清）鄭珍撰 清光緒歸安
姚氏刻咫進齋叢書本 二冊

230000－0901－0002926 C053833－36

皇清經解敬修堂編目十六卷 （清）陶治元編
清光緒十二年(1886)石印本 四冊

230000－0901－0002927 C053837－42

代數術二十五卷首一卷 （英國）華里司輯
（英國）傅蘭雅口譯 （清）華蘅芳筆述 清同
治十二年(1873)石印本 六冊

230000－0901－0002928 C041671－74

司馬溫公稽古錄二十卷 （宋）司馬光撰 校
勘記一卷 清光緒五年(1879)江蘇書局刻資
治通鑑彙刻本 四冊

230000－0901－0002929 C053843－45

求己錄三卷 （清）陶葆廉撰 清光緒刻本
三冊

230000－0901－0002930 C053846

說文管見三卷 （清）胡秉虔撰 清光緒七年
(1881)上海望益山房刻本 一冊

230000－0901－0002931 C053847－94

宋本十三經注疏附經典釋文校勘記 （清）阮
元輯校 清嘉慶十三年(1808)揚州阮氏文選
樓刻本 四十八冊

230000－0901－0002932 C041675－78

北齊書五十卷 （唐）李百藥撰 清同治十三
年(1874)金陵書局刻二十四史本 四冊

230000－0901－0002933 C041679－84

南齊書五十九卷 （南朝梁）蕭子顯撰 清同
治十三年(1874)金陵書局刻二十四史本
六冊

230000－0901－0002934 C053895－900

爾雅郭注補正九卷 （晉）郭璞注 （清）戴鎣
補正 清光緒十一年(1885)海陽韓氏刻本
六冊

230000－0901－0002935 C041685－700

舊五代史一百五十卷目錄二卷 （宋）薛居正
等撰 清同治十一年(1872)湖北崇文書局刻
二十四史本 十六冊

230000－0901－0002936 C083589－90

從政遺規二卷 （清）陳宏謀輯 清光緒十四
年(1888)贊臣刻本 二冊

230000－0901－0002937 C041701－04

陳書三十六卷 （唐）姚思廉撰 清同治十一
年(1872)金陵書局刻二十四史本 四冊

230000－0901－0002938 C082165－70

唐陸宣公集二十二卷 （唐）陸贄撰 清同治
五年(1866)楊岳斌問竹軒家塾刻本 六冊

230000－0901－0002939 C082173－74

東晉疆域志四卷 （清）洪亮吉撰 清乾隆五
十四年(1789)刻本 二冊

230000－0901－0002940 C041705－09

梁書五十六卷 （唐）姚思廉撰 清同治十三
年(1874)金陵書局刻二十四史本 五冊

230000－0901－0002941 C082177－88

東華錄三十二卷 （清）蔣良騏撰 清京都琉
璃廠鉛印本 十二冊

230000－0901－0002942 C082189－200

聖武記十四卷　（清）魏源撰　清道光二十二年(1842)古微堂刻本　十二冊

230000－0901－0002943　C041710－17

水心先生文集二十九卷補遺一卷　（宋）葉適撰　（明）黎諒編　清光緒八年(1882)瑞安孫氏刻本　八冊

230000－0901－0002944　C082201－80

香豔叢書　（清）張廷華輯　清宣統元年至三年(1909－1911)國學扶輪社鉛印本　八十冊

230000－0901－0002945　C083491－96

無聲詩史七卷　（清）姜紹書輯　清宣統二年(1910)杭州雲林閣石印本　六冊

230000－0901－0002946　C041718－49

胡文忠公遺集八十六卷首一卷　（清）胡林翼撰　清同治三年(1864)武昌節署刻本　三十二冊

230000－0901－0002947　C083507－10

有正味齋駢體文二十四卷首一卷　（清）吳錫麒撰　（清）王廣業　（清）葉聯芬注　清光緒十五年(1889)上海蜚英館石印本　四冊

230000－0901－0002948　C041750－51

昌黎先生詩集注十一卷　（唐）韓愈撰　（清）顧嗣立刪補　年譜一卷　清康熙三十八年(1699)顧氏秀野草堂刻本　二冊　存四卷(一至四)

230000－0901－0002949　C083511－26

二十五子彙函　（清）鴻文書局輯　清光緒十九年(1893)上海鴻文書局石印本　十六冊

230000－0901－0002950　C041752－59

感舊集十六卷　（清）王士禛輯　（清）盧見曾補傳　清乾隆十七年(1752)刻本　八冊

230000－0901－0002951　C068603－81

醫統正脈全書四十四種二百〇六卷　（明）王肯堂輯　清光緒刻民國十二年(1923)重修本　七十九冊

230000－0901－0002952　C068682－729

本草綱目五十二卷圖三卷奇經八脈考一卷脈

學一卷脈訣考證一卷　（明）李時珍撰　清乾隆四十九年(1784)書業堂刻本　四十八冊

230000－0901－0002953　C041768－75

邵子湘全集三十卷　（清）邵長蘅撰　清康熙刻本　八冊

230000－0901－0002954　C083527

俄國志略一卷　題（□）鷺江奇跡人譯纂　清光緒四年(1878)中華印務總局鉛印本　一冊

230000－0901－0002955　C068754－65

少室山房筆叢四十八卷　（明）胡應麟撰　清光緒二十二年(1896)廣雅書局刻本　十二冊

230000－0901－0002956　C083546－47

胡文忠公手翰二卷　（清）胡林翼撰　群公手翰一卷　（清）駱秉章等撰　清光緒十九年(1893)江陰金氏刻本　二冊

230000－0901－0002957　C068781－800

元詩選初集一百十五卷　（清）顧嗣立輯　清康熙顧氏秀野草堂刻本　二十冊

230000－0901－0002958　C083556－61

此宜閣增訂金批西廂四卷首一卷末一卷　（元）王實甫撰　（清）金人瑞評　清此宜閣刻朱墨套印本　六冊

230000－0901－0002959　C041776－875

春在堂全書　（清）俞樾撰　清光緒九年(1883)重修本　一百冊

230000－0901－0002960　C041886－913

雅雨堂叢書　（清）盧見曾輯　清乾隆二十一年(1756)德州盧氏刻本　二十八冊

230000－0901－0002961　C068801－02

小敩答問不分卷　章炳麟撰　清宣統元年(1909)刻本　二冊

230000－0901－0002962　C083562－67

分類詳注飲香尺牘不分卷　題（清）飲香居士輯　題（清）慵隱子箋釋　清大經堂刻本　六冊

230000－0901－0002963　C041914－32

道園學古錄五十卷　（元）虞集撰　清乾隆四

十一年(1776)賜書堂刻本　十九冊

230000－0901－0002964　C068803－12
六書通十卷　（明）閔齊伋撰　清光緒四年
(1878)留耕堂刻本　十冊

230000－0901－0002965　C068839
王無功集三卷補遺二卷　（唐）王績撰　（清）
孫星衍補　校勘記一卷　羅振玉撰　清光緒
三十二年(1906)羅振玉刻本　一冊

230000－0901－0002966　C041971－84
顧端文公遺書十四種　（明）顧憲成撰　清光
緒三年(1877)涇里宗祠刻本　十四冊

230000－0901－0002967　C083572－76
詩韻合璧五卷分韻文選題解釋要一卷　（清）
湯文潞輯　清咸豐九年(1859)梁溪經德堂刻
本　五冊

230000－0901－0002968　C083577
彊恕齋公牘一卷　（清）惲祖翼撰　清光緒刻
本　一冊

230000－0901－0002969　C083581－82
遊歷加納大圖經八卷　（清）傅雲龍撰　清光
緒二十八年(1902)石印本　二冊

230000－0901－0002970　C083583－84
遊歷秘魯圖經四卷　（清）傅雲龍撰　清光緒
二十八年(1902)石印本　二冊

230000－0901－0002971　C083585－88
曾文正公文鈔四卷奏疏二卷　（清）曾國藩撰
　清同治十二年(1873)金陵書局刻本　四冊

230000－0901－0002972　C083591
詩序一卷　（宋）朱熹撰　詩考一卷　（宋）王應
麟撰　明崇禎毛氏汲古閣刻津逮祕書本　一冊

230000－0901－0002973　C068840
藤陰雜記十二卷　（清）戴璐撰　清光緒三年
(1877)沈鋐刻本　一冊

230000－0901－0002974　C063424－27
續復古編四卷　（元）曹本撰　清光緒十二年
(1886)歸安姚氏咫進齋刻邃雅堂全書朱印本
四冊

230000－0901－0002975　C063428－38
琴學叢書三十二卷　楊宗稷編　清宣統三年
(1911)至民國十四年(1925)刻本　十一冊

230000－0901－0002976　C053901－24
禮書綱目八十五卷　（清）江永撰　清嘉慶十
五年(1810)鏤思堂刻本　二十四冊

230000－0901－0002977　C053925－28
南宋雜事詩七卷　（清）沈嘉轍等撰　清同治
十一年(1872)淮南書局刻本　四冊

230000－0901－0002978　C063450－51
遼文存六卷　繆荃孫輯　清光緒二十二年
(1896)來青閣影印本　二冊

230000－0901－0002979　C053977－88
聖武記十四卷　（清）魏源撰　清道光二十六
年(1846)古微堂刻本　十二冊

230000－0901－0002980　C063447
六友山房外集一卷　（清）闞鳳樓撰　清光緒
五年(1879)吳門刻本　一冊

230000－0901－0002981　C063452－57
毛詩傳箋二十卷鄭氏詩譜一卷毛詩音義一卷
　（漢）鄭玄箋　毛詩音義一卷　（唐）陸德明
撰　清刻本　六冊

230000－0901－0002982　C083592－94
四史發伏十卷　（清）洪亮吉撰　清光緒八年
(1882)常熟顧氏小石山房刻本　三冊

230000－0901－0002983　C083595
鬻子一卷補鬻子七則一卷　（西周）鬻熊撰
（唐）逢行珪注　（明）楊之森輯補　計倪子一
卷　（春秋）計然撰　於陵子一卷　（戰國）田
仲撰　子華子二卷　（春秋）程本撰　清光緒
元年(1875)湖北崇文書局刻子書百家本
一冊

230000－0901－0002984　C083596－97
適安廬詩鈔二卷詞鈔一卷　（清）王汝鼎撰
清光緒二十三年(1897)王師楨、王師楷刻本
二冊

230000－0901－0002985　C083598

留雲借月盦詞四卷　（清）劉炳照撰　清光緒
二十年(1894)刻本　一冊

230000－0901－0002986　C083599－600
泰西教育史二卷　（日本）能勢榮撰　（清）葉
瀚譯　清光緒二十七年(1901)金粟齋譯書社
鉛印本　二冊

230000－0901－0002987　C083601－04
張仲景傷寒論貫珠集八卷　（清）尤怡集注
清嘉慶十五年(1810)蘇州會文堂木活字印本
四冊

230000－0901－0002988　C083609－12
晏子春秋七卷　（春秋）晏嬰撰　音義二卷
（清）孫星衍撰　校勘記二卷　（清）黃以周撰
清光緒元年(1875)浙江書局刻二十二子本
四冊

230000－0901－0002989　C083613
保甲書輯要四卷　（清）徐棟原編　（清）丁日昌
選評　清同治十年(1871)黔陽官署刻本　一冊

230000－0901－0002990　C083616－19
說文引經考異十六卷　（清）柳榮宗撰　清咸
豐二年(1852)刻本　四冊

230000－0901－0002991　C083620－23
詩韻集成十卷　（清）余照輯　清末李光明莊
刻本　四冊

230000－0901－0002992　C083624－25
三千字文音釋不分卷　（清）劉志中校正　清
光緒二十七年(1901)京口善化堂刻本　二冊

230000－0901－0002993　C083626－36
五經類編二十八卷　（清）周世樟輯　清穀詒
堂刻本　十一冊

230000－0901－0002994　C083637－38
唐人萬首絕句選七卷　（宋）洪邁原本　（清）
王士禛選　清康熙洪氏松花屋刻同治九年
(1870)金陵書局重修本　二冊

230000－0901－0002995　C083639－42
易經精義彙條四卷　（清）林長扶輯　清光緒
三年(1877)茶峰居刻本　四冊

230000－0901－0002996　C083643－58
胡文忠公政書十四卷　（清）胡林翼撰　（清）
但湘良輯　清光緒二十五年(1899)湖南糧儲
道署刻本　十六冊

230000－0901－0002997　C083672－74
澄衷蒙學堂字課圖說四卷檢字一卷類字一卷
（清）劉樹屏撰　清光緒二十七年(1901)澄
衷蒙學堂石印本　三冊

230000－0901－0002998　C042186－201
古文約選不分卷　（清）方苞輯　清同治八年
(1869)盱眙吳氏望三益齋刻本　十六冊

230000－0901－0002999　C041985－94
春暉堂叢書十二種三十七卷　（清）徐渭仁輯
清道光咸豐上海徐氏刻同治補刻本　十冊

230000－0901－0003000　C041995－42018
漢書疏證三十六卷　（清）沈欽韓撰　清道光
二十六年(1846)浙江書局刻本　二十四冊

230000－0901－0003001　C042019－34
後漢書疏證三十卷　（清）沈欽韓撰　清道光
二十六年(1846)浙江書局刻本　十六冊

230000－0901－0003002　C042035－83
古逸叢書　（清）黎庶昌輯　清光緒遵義黎氏
日本東京使署刻本　四十九冊

230000－0901－0003003　C042084－107
文選六十卷　（南朝梁）蕭統輯　（唐）李善等
注　文選考異十卷　（清）胡克家撰　清嘉慶
十四年(1809)鄱陽胡氏刻本　二十四冊

230000－0901－0003004　C042108－31
駢文類纂四十六卷　王先謙輯　清光緒二十
八年(1902)思賢書局刻本　二十四冊

230000－0901－0003005　C042132－57
學古堂日記　（清）雷浚　（清）汪之昌輯　清
光緒十六年(1890)刻二十二年(1896)續刻本
二十六冊

230000－0901－0003006　C042158－60
六書正譌五卷　（元）周伯琦編注　清同治五
年(1866)邵氏惜古齋刻本　三冊

230000－0901－0003007　C042161－63

漸西村人詩十三卷　（清）袁昶撰　清光緒十六年（1890）鉛印本　三冊

230000－0901－0003008　C042164－69

三角數理十二卷　（英國）海麻士輯　（英國）傅蘭雅口譯　（清）華蘅芳筆述　清光緒江南製造總局刻本　六冊

230000－0901－0003009　C042170－73

復古編二卷附錄一卷　（宋）張有撰　復古編校正一卷　（清）葛雲峰撰　清光緒十八年（1892）香山劉氏小蘇齋刻本　四冊

230000－0901－0003010　C042175

無線電報一卷補編一卷　（英國）克爾撰（美國）衛理口述　（清）范熙庸筆述　清光緒二十六年（1900）製造局刻本　一冊

230000－0901－0003011　C042176－77

古籀餘論三卷　（清）孫詒讓撰　清光緒二十九年（1903）籀經樓刻本　二冊

230000－0901－0003012　C042178－80

大廣益會玉篇三十卷　（南朝梁）顧野王撰（宋）陳彭年等重修　清康熙四十三年（1704）吳郡張氏刻澤存堂五種本　三冊

230000－0901－0003013　C042181－85

大宋重修廣韻五卷　（宋）陳彭年等重修　清康熙四十三年（1704）吳郡張氏刻澤存堂五種本　五冊

230000－0901－0003014　C063458－63

毛詩復古錄十二卷　（清）吳懋清撰　清光緒二十年（1894）刻本　六冊

230000－0901－0003015　C063481－85

論語注疏解經二十卷附校勘記二十卷　（三國魏）何晏集解　（宋）邢昺疏　清嘉慶二十年（1815）南昌府學刻本　五冊

230000－0901－0003016　C063514－17

曾文正公文集三卷詩集三卷　（清）曾國藩撰　清宣統元年（1909）上海著易堂書局鉛印本　四冊

230000－0901－0003017　C063526－27

爾雅音圖三卷　（晉）郭璞注　（後蜀）毋昭裔音　（□）□□□繪圖　清光緒八年（1882）石印本　二冊

230000－0901－0003018　C063528－35

小倉山房詩集三十一卷補遺一卷附錄一卷（清）袁枚撰　清刻本　八冊

230000－0901－0003019　C063536

佩文詩韻五卷　（清）張玉書等纂　清同治九年（1870）刻本　一冊

230000－0901－0003020　C042202－05

靖節先生集十卷諸本序錄一卷評陶彙集一卷年譜考異二卷　（晉）陶潛撰　（清）陶澍集注　清光緒九年（1883）江蘇書局刻本　四冊

230000－0901－0003021　C063537－40

歷代鐘鼎彝器款識法帖二十卷　（宋）薛尚功撰　清光緒八年（1882）點石齋影印本　四冊

230000－0901－0003022　C042206－07

晴嵐詩存六卷　（清）張若靄撰　清光緒張邵華刻本　二冊

230000－0901－0003023　C042215－18

嘉樹山房集二十卷外集二卷　（清）張士元撰清嘉慶二十四年（1819）震澤張氏家刻本　四冊

230000－0901－0003024　C063571－75

種痘新書十二卷　（清）張琰撰　清寶慶祥隆刻本　五冊

230000－0901－0003025　C063546－47

疑雨集四卷　（明）王彥泓撰　清宣統元年（1909）石印本　二冊

230000－0901－0003026　C042219－24

半農先生春秋說十五卷　（清）惠士奇撰　清乾隆十四年（1749）刻嘉慶十五年（1810）璜川書屋印本　六冊

230000－0901－0003027　C042233－38

凝香室鴻雪因緣圖記三集六卷　（清）麟慶撰清道光二十九年（1849）崇實、崇厚揚州刻本　六冊

230000－0901－0003028　C063548

韻篁仙館殘稿一卷小隱山房遺稿一卷 （清）
趙光彌撰　清同治八年(1869)吳子述刻本
一冊

230000－0901－0003029　C042239－42

禮記或問八卷 （清）汪紱撰　清光緒二十二
年(1896)刻汪雙池先生叢書本　四冊

230000－0901－0003030　C063558－67

四書味根錄三十七卷 （清）金澂撰　清光緒
六年(1880)刻本　十冊

230000－0901－0003031　C042243－46

六禮或問十二卷首一卷末一卷 （清）汪紱撰
　清光緒二十一年(1895)刻汪雙池先生叢書
本　四冊

230000－0901－0003032　C042247－48

校刊史記集解索隱正義札記五卷 （清）張文
虎撰　清同治十一年(1872)金陵書局刻本
二冊

230000－0901－0003033　C063576－95

韻府拾遺一百〇六卷 （清）張廷玉等纂　清
刻本　二十冊

230000－0901－0003034　C042249

佩觿三卷 （宋）郭忠恕撰　清康熙四十九年
(1710)張氏澤存堂刻澤存堂五種本　一冊

230000－0901－0003035　C063602－09

顯志堂集十二卷 （清）馮桂芬撰　清光緒二
年(1876)刻本　八冊

230000－0901－0003036　C042260－61

感發集五卷圖一卷 （清）黃振均等撰　清光
緒二十五年(1899)刻本　二冊

230000－0901－0003037　C063610－15

天籟軒詞選六卷 （清）葉申薌輯　清道光刻
本　六冊

230000－0901－0003038　C063647－50

甌香館集十三卷補遺二卷附錄一卷 （清）惲
格撰　清光緒七年(1881)刻本　四冊

230000－0901－0003039　C042262

學治臆說二卷續說一卷說贅一卷 （清）汪輝
祖撰　清咸豐二年(1852)長沙鄭敦謹刻本
一冊

230000－0901－0003040　C063655－56

文廟通考六卷首一卷 （清）牛樹梅撰　清同
治十一年(1872)浙江書局刻本　二冊

230000－0901－0003041　C063651－54

說文引經考異十六卷 （清）柳榮宗撰　清同
治六年(1867)刻本　四冊

230000－0901－0003042　C063670－73

說文審音十六卷 （清）張行孚撰　清光緒二
十四年(1898)刻漸西村舍彙刊本　四冊

230000－0901－0003043　C063674－75

陸清獻公讀禮志疑 （明）陸隴其撰　清嘉慶
十九年(1814)書三味樓刻本　二冊

230000－0901－0003044　C063676－77

說文五翼八卷 （清）王煦撰　清嘉慶十三年
(1808)芮鞠山莊刻本　二冊

230000－0901－0003045　C063678－83

劉禮部集十二卷 （清）劉逢祿撰　清光緒十
八年(1892)延暉承慶堂刻本　六冊

230000－0901－0003046　C063684

五經小學述二卷 （清）莊述祖撰　清光緒九
年(1883)刻本　一冊

230000－0901－0003047　C063685－90

論語正義二十四卷 （清）劉寶楠　（清）劉恭
冕撰　清同治五年(1866)刻本　六冊

230000－0901－0003048　C063691－96

顯志堂稿十二卷夢奈詩稿一卷 （清）馮桂芬
撰　清光緒二年(1876)馮氏校邠廬刻本
六冊

230000－0901－0003049　C063697－700

黎里志十六卷首一卷 （清）徐達源纂　清嘉
慶十年(1805)刻本　四冊

230000－0901－0003050　C063703－06

春秋董氏學八卷附傳一卷 康有為撰　清光
緒上海大同譯書局刻本　四冊

230000－0901－0003051　　C063707－10
六書轉注録十卷　（清）洪亮吉撰　清光緒四年(1878)授經堂刻本　四冊

230000－0901－0003052　　C063726－31
歷代史表五十九卷　（清）萬斯同撰　清光緒十五年(1889)廣雅書局刻本　六冊

230000－0901－0003053　　C063744－47
四裔編年表四卷　（美國）林樂知　（清）嚴良勳譯　清同治刻本　四冊

230000－0901－0003054　　C068848－55
湘軍記二十卷　（清）王定安撰　清光緒十五年(1889)江南書局刻本　八冊

230000－0901－0003055　　C063748
經文彙編不分卷　（美國）芳泰瑞編　清宣統二年(1910)鉛印本　一冊

230000－0901－0003056　　C063749－51
秦漢瓦當文字二卷續一卷　（清）程敦輯　清光緒影印本　三冊

230000－0901－0003057　　C063764－90
讀史方輿紀要一百三十卷　（清）顧祖禹撰　清末石印本　二十七冊

230000－0901－0003058　　C064153－55
西夏紀事本末三十六卷首一卷　（清）張鑑撰　清光緒十一年(1885)刻本　三冊

230000－0901－0003059　　C064156－57
面城精舍雜文甲編一卷乙編一卷　羅振玉撰　清光緒二十年(1894)刻本　二冊

230000－0901－0003060　　C064158－60
儀禮圖六卷　（宋）楊復撰　清同治九年(1870)刻本　三冊

230000－0901－0003061　　C064136
中庸直指一卷　（明）史德清撰　清光緒十年(1884)金陵刻經處刻本　一冊

230000－0901－0003062　　C068856－67
施注蘇詩四十二卷總目二卷　（宋）蘇軾撰（宋）施元之注　（清）邵長蘅刪補　**續補遺二卷**　（清）馮景補注　**東坡先生年譜一卷**

（清）王宗稷撰　清康熙三十八年(1699)宋犖刻本　十二冊

230000－0901－0003063　　C064139－42
敬孚類稿十六卷　（清）蕭穆撰　清光緒三十三年(1907)刻本　四冊

230000－0901－0003064　　C064143－52
鄭氏佚書　（漢）鄭玄撰　（清）袁鈞輯　清光緒十四年(1888)浙江書局刻本　十冊

230000－0901－0003065　　C064163－68
癸巳存稿十五卷　（清）俞正燮撰　清光緒十年(1884)李宗煝等刻本　六冊

230000－0901－0003066　　C064169－73
甘泉鄉人稿二十四卷曝書雜記三卷　（清）錢泰吉撰　清同治十一年(1872)刻本　五冊

230000－0901－0003067　　C068874－79
思益堂詩鈔六卷古文二卷詞鈔一卷日札十卷　（清）周壽昌撰　清光緒十四年(1888)刻本　六冊

230000－0901－0003068　　C068882
韓子粹言一卷　（唐）韓愈撰　（清）李光地輯　清刻本　一冊

230000－0901－0003069　　C068886－87
尚書讀本二卷　（清）吳闓生輯　清光緒三十四年(1908)鉛印本　二冊

230000－0901－0003070　　C068888－89
周易通論四卷　（清）李光地撰　清道光李維迪刻榕村全書本　二冊

230000－0901－0003071　　C068890
鐵畫樓詩續鈔二卷　（清）張蔭桓撰　清光緒刻本　一冊

230000－0901－0003072　　C068891－92
紅樹山莊詩草四卷附一卷　（清）劉家奎撰　清光緒刻本　二冊

230000－0901－0003073　　C068893－94
後漢書辨疑十一卷　（清）錢大昭撰　清光緒十四年(1888)刻本　二冊

230000－0901－0003074　C068895－96

白華絳柎閣詩集十卷　（清）李慈銘撰　清光緒十八年(1892)刻本　二冊

230000－0901－0003075　C068899－901

九曜齋筆記三卷松崖筆記三卷　（清）惠棟撰　清光緒劉世衍刻聚學軒叢書本　三冊

230000－0901－0003076　C070586－71365

九通二千三百五十卷　（清）□□輯　清光緒浙江書局刻本　七百八十冊

230000－0901－0003077　C071417－31

通俗編三十八卷　（清）翟灝撰　清乾隆十六年(1751)無不宜齋刻本　十五冊

230000－0901－0003078　C083676－81

范忠宣公集二十卷奏議二卷遺文一卷附錄一卷補編一卷　（宋）范純仁撰　清宣統二年(1910)刻本　六冊

230000－0901－0003079　C042263－64

大生要旨六卷　（清）唐千頃撰　清光緒十九年(1893)刻本　二冊

230000－0901－0003080　C042265

培遠堂手札節存三卷　（清）陳宏謀撰　清同治十一年(1872)江蘇書局刻本　一冊

230000－0901－0003081　C042266

勸學篇內篇一卷外篇一卷　（清）張之洞撰　清光緒二十四年(1898)中江書院刻本　一冊

230000－0901－0003082　C042268－71

同岑五家詩抄十四卷　（清）曾燠輯　清道光九年(1829)刻本　四冊

230000－0901－0003083　C042274

皇朝武功紀盛四卷　（清）趙翼撰　清乾隆五十七年(1792)湛貽堂刻甌北全集本　一冊

230000－0901－0003084　C042280

勝溪竹枝詞一卷　（清）柳樹芳撰　清道光四年(1824)勝溪草堂刻養餘齋全集本　一冊

230000－0901－0003085　C042282－86

吳摯甫文集四卷附鈔深州風土記四篇　（清）吳汝綸撰　清宣統二年(1910)國學扶輪社石

印本　五冊

230000－0901－0003086　C042288

意園文略二卷事略一卷　（清）盛昱撰　清宣統二年(1910)楊鍾羲刻本　一冊

230000－0901－0003087　C042289

印人傳三卷　（清）周亮工撰　清宣統順德鄧氏鉛印風雨樓叢書本　一冊

230000－0901－0003088　C042291－94

夢梁錄二十卷　（宋）吳自牧撰　清光緒十六年(1890)錢塘丁氏嘉惠堂刻武林掌故叢編本　四冊

230000－0901－0003089　C083707－19

禹貢錐指二十卷圖一卷　（清）胡渭撰　清康熙四十四年(1705)漱六軒刻本　十三冊

230000－0901－0003090　C064175

王文敏公奏疏一卷　（清）王懿榮撰　清宣統三年(1911)鉛印本　一冊

230000－0901－0003091　C083720－29

廣東新語二十八卷　（清）屈大均撰　清康熙三十九年(1700)水天閣刻本　十冊

230000－0901－0003092　C064176－85

大雲山房文藁初集四卷二集四卷言事二卷　(清)惲敬撰　清同治二年(1863)惲世臨刻本　十冊

230000－0901－0003093　C083730－31

林和靖詩集四卷拾遺一卷　（宋）林逋撰　**附錄一卷**　（清）朱孔彰輯　清同治十二年(1873)長洲朱氏刻本　二冊

230000－0901－0003094　C042295

綠竹詞二種二卷　（清）□□輯　清同治刻本　一冊

230000－0901－0003095　C064188－95

天咫偶聞十卷　（清）唐宴撰　清光緒三十三年(1907)刻本　八冊

230000－0901－0003096　C064267－70

語石十卷　葉昌熾撰　清宣統元年(1909)長洲葉氏刻本　四冊

230000 - 0901 - 0003097　C083732 - 33
歷代史論一編四卷　（明）張溥撰　清光緒十
八年（1892）學海堂刻本　二冊

230000 - 0901 - 0003098　C064271 - 74
溫飛卿詩集七卷別集一卷集外詩一卷　（唐）
溫庭筠撰　（明）曾益注　（清）顧予咸補注
（清）顧嗣立續注　清刻本　四冊

230000 - 0901 - 0003099　C083734 - 51
西堂全集五十六卷　（清）尤侗撰　清兩儀堂
刻本　十八冊

230000 - 0901 - 0003100　C071767 - 78
毛詩後箋三十卷　（清）胡承珙撰　（清）陳奐
補　清光緒十六年（1890）廣雅書局刻本　十
二冊

230000 - 0901 - 0003101　C071779 - 98
明紀六十卷　（清）陳鶴　（清）陳克家撰　清
同治十年（1871）江蘇書局刻本　二十冊

230000 - 0901 - 0003102　C083572
華野郭公[琇]年譜一卷　（清）郭廷翼撰　清
道光二十一年（1841）勝溪草堂刻本　一冊

230000 - 0901 - 0003103　C064275 - 84
駱文忠公奏稿十卷　（清）駱秉章撰　**張大司
馬奏稿四卷**　（清）張亮基撰　清光緒十七年
（1891）刻本　十冊

230000 - 0901 - 0003104　C083756
**焦南浦先生[袁熹]年譜一卷附錄一卷增附一
卷**　（清）焦以敬　（清）焦以恕編　清光緒二
十三年（1897）雲間木活字印本　一冊

230000 - 0901 - 0003105　C083757 - 58
陸清獻公[隴其]年譜定本二卷附錄一卷
（清）吳光酉編　清光緒八年（1882）津河廣仁
堂刻津河廣仁堂所刻書本　二冊

230000 - 0901 - 0003106　C064291 - 306
紀文達公遺集文十六卷詩十六卷　（清）紀昀
撰　（清）紀樹馨編　清嘉慶十七年（1812）紀
樹馨刻本　十六冊

230000 - 0901 - 0003107　C071799 - 818

230000 - 0901 - 0003107　C071799 - 818
史記一百三十卷　（漢）司馬遷撰　（南朝宋）
裴駰集解　（唐）司馬貞索隱　（唐）張守節正
義　清同治五年至九年（1866 - 1870）金陵書
局刻本　二十冊

230000 - 0901 - 0003108　C083759 - 62
養餘齋初集四卷二集四卷三集六卷　（清）柳
樹芳撰　清道光二十七年（1847）勝溪草堂刻
本　四冊

230000 - 0901 - 0003109　C083763 - 66
史忠正公集四卷首一卷末一卷　（明）史可法
撰　清同治十年（1871）繡谷趙承恩麗澤書屋
刻本　四冊

230000 - 0901 - 0003110　C064307 - 22
欽定書經圖說五十卷　（清）孫家鼐等撰　清
光緒三十一年（1905）武英殿石印本　十六冊

230000 - 0901 - 0003111　C071819 - 28
資治通鑑外紀十卷目錄五卷　（宋）劉恕撰
（清）胡克家注補　清同治十年（1871）江蘇書
局刻資治通鑑彙刻本　十冊

230000 - 0901 - 0003112　C083768 - 71
湛園未定稿六卷　（清）姜宸英撰　清二老閣
刻本　四冊

230000 - 0901 - 0003113　C071829 - 52
國朝先正事略六十卷　（清）李元度撰　清同
治五年（1866）循陔草堂刻本　二十四冊

230000 - 0901 - 0003114　C083772 - 75
李義山詩集十六卷　（唐）李商隱撰　（清）姚
培謙箋注　清乾隆四年（1739）松桂讀書堂刻
本　四冊

230000 - 0901 - 0003115　C064425 - 32
十駕齋養新錄二十卷餘錄三卷　（清）錢大昕
撰　**錢辛楣先生[大昕]年譜一卷**　（清）錢大
昕撰　（清）錢慶曾校注　**竹汀居士[錢大昕]
年譜續編一卷**　（清）錢慶曾撰　清光緒二年
（1876）刻本　八冊

230000 - 0901 - 0003116　C083776
育嬰彙講一卷　（清）陳宗彝輯　清光緒三十

144

一年(1905)松郡育嬰堂刻本　一冊

230000－0901－0003117　C064395－402

子史精華一百六十卷　(清)允祿等纂　清光緒十二年(1886)上海同文書局石印本　八冊

230000－0901－0003118　C083777

金山姚氏二先生集四卷　(清)張文虎輯　清光緒二年(1876)松韻草堂刻本　一冊

230000－0901－0003119　C083780－83

韓詩外傳十卷補逸一卷　(漢)韓嬰撰　(清)周廷寀校注　**校注拾遺一卷**　(清)周宗杬撰　清光緒元年(1875)盱眙吳氏望三益齋刻本　四冊

230000－0901－0003120　C064323－24

半巖廬遺集二卷　(清)邵懿辰撰　清光緒三十四年(1908)邵氏刻本　二冊

230000－0901－0003121　C064411－20

禮記訓纂四十九卷　(清)朱彬撰　清影印本　十冊

230000－0901－0003122　C064381－86

聚珍堂四書　(宋)朱熹集注　清光緒四年(1878)刻本　六冊

230000－0901－0003123　C071903－982

古經解彙函附小學彙函　(清)鍾謙鈞等輯　清光緒十五年(1889)湘南書局刻本　八十冊

230000－0901－0003124　C064517－24

五代史七十四卷　(宋)歐陽修撰　(宋)徐無黨注　清同治十一年(1872)湖北崇文書局刻本　八冊

230000－0901－0003125　C064475－82

元和郡縣圖志四十卷　(唐)李吉甫撰　**闕卷逸文一卷**　(清)孫星衍輯　**元和郡縣補志九卷**　(清)嚴觀輯補　清光緒六年(1880)刻本　八冊

230000－0901－0003126　C064525－36

國朝漢學師承記八卷經師經義目錄一卷宋學淵源記二卷附記一卷　(清)江藩撰　清光緒九年(1883)刻本　十二冊

230000－0901－0003127　C064537－44

水道提綱二十八卷　(清)齊召南撰　清霞城精舍刻本　八冊

230000－0901－0003128　C064487－90

儀禮十七卷　(漢)鄭玄注　(唐)陸德明音義　清同治七年(1868)湖北崇文書局刻本　四冊

230000－0901－0003129　C064545－64

西湖志四十八卷　(清)李衛修　(清)傅王露等纂　清光緒四年(1878)浙江書局刻本　二十冊

230000－0901－0003130　C064566－71

論語古注集箋十卷附考一卷　(清)潘維城撰　清光緒七年(1881)江蘇書局刻本　六冊

230000－0901－0003131　C064576－78

桐城吳先生文集四卷　(清)吳汝綸撰　清光緒三十年(1904)王恩綬等刻桐城吳先生全書本　三冊

230000－0901－0003132　C064599

論語十卷　(宋)朱熹集注　清末刻本　一冊

230000－0901－0003133　C064606－09

四裔編年表四卷　(美國)林樂知　(清)嚴良勳譯　清光緒二十三年(1897)石印本　四冊

230000－0901－0003134　C042296－305

熊襄愍公集十卷首一卷末一卷　(明)熊廷弼撰　清同治三年(1864)刻本　十冊

230000－0901－0003135　C064610－13

司馬溫公稽古錄二十卷　(宋)司馬光撰　清同治十一年(1872)湖北崇文書局刻本　四冊

230000－0901－0003136　C064614－17

北齊書五十卷　(唐)李百藥撰　清同治十三年(1874)金陵書局刻二十四史本　四冊

230000－0901－0003137　C042308

製火藥法三卷　(英國)利稼孫　(英國)華得斯輯　(英國)傅蘭雅口譯　(清)丁樹棠筆述　清末刻本　一冊

230000－0901－0003138　C042306－07

聲學八卷　（英國）田大里撰　（英國）傅蘭雅
口譯　（清）徐建寅筆述　清末刻本　二冊

230000－0901－0003139　C064618－37

北堂書鈔一百六十卷　（隋）虞世南輯　（清）
孔廣陶校注　清光緒十四年(1888)南海孔氏
三十有三萬卷堂刻本　二十冊

230000－0901－0003140　C064638

說文逸字二卷　（清）鄭珍撰　附錄一卷
（清）鄭知同撰　清末湖南經濟書堂刻本
一冊

230000－0901－0003141　C042309

四聲切韻表一卷凡例一卷　（清）江永撰　清
宣統二年(1910)清麓精舍刻本　一冊

230000－0901－0003142　C064639－40

秋茄集八卷補遺一卷　（清）吳兆騫撰　清衍
厚堂刻本　二冊

230000－0901－0003143　C042310－26

四書凝道錄十九卷　（清）劉紹攽撰　清光緒
二十年(1894)涇陽劉氏文在堂刻本　十七冊

230000－0901－0003144　C042327

岑嘉州集八卷　（唐）岑參撰　清刻本　一冊

230000－0901－0003145　C064641

儀禮識誤三卷　（宋）張淳撰　清刻本　一冊

230000－0901－0003146　C042328－29

唐人萬首絕句選七卷　（宋）洪邁原本　（清）
王士禛選　清刻王漁洋遺書本　二冊

230000－0901－0003147　C064642－49

邊事匯鈔十二卷續鈔八卷　（清）朱克敬輯
清光緒六年(1880)長沙刻本　八冊

230000－0901－0003148　C064650

抱潤軒文集十卷　（清）馬其昶撰　清宣統元
年(1909)安徽官紙印刷局石印本　一冊

230000－0901－0003149　C042330－33

無近名齋文集十卷　（清）彭翊撰　清光緒十
年(1884)彭祖賢刻本　四冊

230000－0901－0003150　C064651－54

高陶堂遺集八卷　（清）高心夔撰　清光緒八
年(1882)平湖朱氏經注經齋刻本　四冊

230000－0901－0003151　C042334－43

張氏適園叢書初集七種三十二卷　張均衡輯
清宣統三年(1911)上海國學扶輪社鉛印本
十冊

230000－0901－0003152　C042344－49

說文解字十五卷　（漢）許慎撰　清同治十三
年(1874)浦氏刻本　六冊

230000－0901－0003153　C064655－62

遜學齋文鈔十二卷文續鈔五卷詩鈔十卷詩續
鈔五卷　（清）孫衣言撰　清同治三年至十二
年(1864－1873)刻本　八冊

230000－0901－0003154　C083785－86

瀛壖雜志六卷　（清）王韜撰　清光緒元年
(1875)刻本　二冊

230000－0901－0003155　C083793－98

鐵華館叢書六種　（清）蔣鳳藻輯　清光緒長
洲蔣氏刻本　六冊

230000－0901－0003156　C083800

御製巡幸盛京詩一卷　（清）宣宗旻寧撰　清
刻本　一冊

230000－0901－0003157　C083803

秋夢盦詞鈔二卷續一卷　（清）葉衍蘭撰　清
光緒十六年(1890)羊城刻本　一冊

230000－0901－0003158　C083805

三國志辨疑三卷　（清）錢大昭撰　清光緒十
五年(1889)廣雅書局刻廣雅書局叢書本
一冊

230000－0901－0003159　C083812

詩考一卷　（宋）王應麟撰　明崇禎虞山毛氏
汲古閣刻津逮祕書本　一冊

230000－0901－0003160　C083813

日知錄之餘四卷　（清）顧炎武撰　清宣統二
年(1910)鄒福保吳中刻本　一冊

230000－0901－0003161　C083814

二李唱和集　（宋）李昉　（宋）李至撰　清光

緒十五年(1889)貴陽陳氏日本影宋刻本　一
冊　存一卷(殘)

230000 – 0901 – 0003162　C083815
心鏡一卷　(明)范銘撰　清同治十三年
(1874)保易官舍刻本　一冊

230000 – 0901 – 0003163　C083816 – 17
溫飛卿詩集七卷別集一卷集外詩一卷　(唐)
溫庭筠撰　(明)曾益注　(清)顧予咸補注
(清)顧嗣立續注　清康熙三十六年(1697)顧
氏秀野草堂刻本　二冊

230000 – 0901 – 0003164　C083820 – 23
儀顧堂題跋十六卷　(清)陸心源撰　清光緒
十六年(1890)刻潛園總集本　四冊

230000 – 0901 – 0003165　C083825 – 26
晦闇齋筆語六卷　(清)董沛撰　清光緒刻正
誼堂全集本　二冊

230000 – 0901 – 0003166　C083827
一鐙精舍甲部稿五卷　(清)何秋濤撰　清光
緒五年(1879)淮南書局刻本　一冊

230000 – 0901 – 0003167　C083828 – 29
鳴鶴堂文集二卷　(清)任源祥撰　(清)瞿源
洙集評　清同治十二年(1873)任重光澹和堂
刻本　二冊

230000 – 0901 – 0003168　C071983 – 94
宋名臣言行錄前集十卷後集十四卷　(宋)朱
熹撰　**續集八卷別集二十六卷外集十七卷**
(宋)李幼武撰　清同治七年(1868)臨川桂氏
刻本　十二冊

230000 – 0901 – 0003169　C071995 – 2035
郝氏遺書三十二種　(清)郝懿行撰　清嘉慶
至光緒刻本　四十一冊

230000 – 0901 – 0003170　C072036 – 115
六科證治準繩四十四卷　(明)王肯堂撰　清
光緒十八年(1892)石經堂刻本　八十冊

230000 – 0901 – 0003171　C072116 – 90
崇文書局彙刻書　(清)崇文書局編　清光緒
三年(1877)湖北崇文書局刻本　七十五冊

230000 – 0901 – 0003172　C072191 – 202
C081769 – 88
醒世姻緣傳一百回　(清)西周生撰　清刻本
三十二冊

230000 – 0901 – 0003173　C072203 – 58
C072263 – 82
香豔叢書　(清)張廷華輯　清宣統元年至三
年(1909 – 1911)國學扶輪社鉛印本　七十六
冊　缺第十五集

230000 – 0901 – 0003174　C072283 – 321
**資治通鑑綱目五十九卷前編二十五卷續編二
十七卷補編一卷**　(宋)朱熹等撰　(明)陳仁
錫評閱　清康熙六十一年(1722)刻本　三十
九冊

230000 – 0901 – 0003175　C064663 – 68
南齊書五十九卷　(南朝梁)蕭子顯撰　清同
治十三年(1874)金陵書局刻二十四史本
六冊

230000 – 0901 – 0003176　C064669 – 73
章氏遺書　(清)章學誠撰　清道光十二年至
十三年(1832 – 1833)章華紱刻光緒浙江書局
重修本　五冊

230000 – 0901 – 0003177　C083830 – 33
詩經增訂旁訓四卷　(□)□□撰　清匠門書
屋刻墨潤堂重修本　四冊

230000 – 0901 – 0003178　C083840 – 41
檀弓論文二卷　(清)孫濩孫撰　清光緒七年
(1881)常州狀元第莊刻本　二冊

230000 – 0901 – 0003179　C083843 – 44
昭代名人尺牘小傳二十四卷　(清)吳修輯
清光緒七年(1881)杭州亦鹵齋刻本　二冊

230000 – 0901 – 0003180　C083845 – 46
定盦文集補編四卷　(清)龔自珍撰　清光緒
十二年(1886)湖北朱氏刻本　二冊

230000 – 0901 – 0003181　C053989 – 92
退補齋文存十二卷　(清)胡鳳丹撰　清同治
十二年(1873)鄂州寓廬刻本　四冊

230000－0901－0003182　C064684－99

欽定書經傳說彙纂二十一卷首二卷書序一卷
　（清）王頊齡等撰　清刻本　十六冊

230000－0901－0003183　C083848

聖門諸賢輯傳一卷　（清）查光泰輯　清光緒
十三年(1887)刻本　一冊

230000－0901－0003184　C053997－4002

爾雅注疏十一卷　（晉）郭璞注　（宋）邢昺疏
　清同治十三年(1874)西德書局刻本　六冊

230000－0901－0003185　C083850－64

**曬書堂文集十二卷時文一卷筆錄六卷筆記二
卷詩鈔二卷外集二卷別集一卷閨中文存一卷**
　（清）郝懿行撰　清光緒十年(1884)東路廳
署刻本　十五冊

230000－0901－0003186　C064702－07

唐陸宣公集二十二卷　（唐）陸贄撰　清雍正
元年(1723)年羹堯刻本　六冊

230000－0901－0003187　C072360－83

法苑珠林一百卷　（唐）釋道世撰　清道光七
年(1827)刻本　二十四冊

230000－0901－0003188　C083865

先聖生卒年月日考二卷　（清）孔廣牧撰　清
光緒十五年(1889)廣雅書局刻廣雅書局叢書
本　一冊

230000－0901－0003189　C083866－69

拙尊園叢稿六卷　（清）黎庶昌撰　清光緒刻
本　四冊

230000－0901－0003190　C072384－88

五洲圖考不分卷　（清）龔柴　（清）許彬撰
清光緒二十四年(1898)鉛印本　五冊

230000－0901－0003191　C083870－73

心盦詩存三卷詩外一卷　（清）何兆瀛撰　清
光緒二年至八年(1876－1882)武林刻本
四冊

230000－0901－0003192　C054013－32

[光緒]上虞縣志四十八卷首一卷末一卷
（清）唐煦春修　（清）朱士黻纂　清光緒十七

年(1891)刻本　二十冊

230000－0901－0003193　C081737

蓮宗必讀一卷　（清）釋古崑輯　清同治七年
(1868)刻本　一冊

230000－0901－0003194　C054033－41

平定粵匪紀略十八卷附記四卷　（清）杜文瀾
撰　清同治群玉齋木活字印本　九冊

230000－0901－0003195　C083874

魏鶴山先生渠陽詩一卷　（宋）魏了翁撰　清
光緒二十八年(1902)貴池劉氏影宋刻本
一冊

230000－0901－0003196　C054042－43

增補蘇批孟子二卷　（宋）蘇洵批　（清）趙大
浣增補　**孟子年譜一卷**　清嘉慶二十年
(1815)醉徑樓刻朱墨套印本　二冊

230000－0901－0003197　C081738

玉皇本行集經三卷　（□）□□撰　清末刻本
一冊

230000－0901－0003198　C054052

朱子論語集注訓詁考二卷　（清）潘衍桐撰
清光緒十七年(1891)浙江書局刻本　一冊

230000－0901－0003199　C064708－36

學海堂初集十六卷　（清）阮元輯　**二集二十
二卷**　（清）吳蘭修輯　**三集二十八卷**　（清）
張維屏輯　**四集二十八卷**　（清）金錫齡輯
清道光五年(1825)刻本　二十九冊

230000－0901－0003200　C064737－56

明史紀事本末八十卷　（清）谷應泰撰　清同
治十三年(1874)刻本　二十冊

230000－0901－0003201　C083875

仿唐寫本說文解字木部箋異一卷　（清）莫友
芝撰　清同治三年(1864)刻本　一冊

230000－0901－0003202　C064757－875

全唐詩九百卷　（清）彭定求等輯　清刻本
一百十九冊

230000－0901－0003203　C083877

越中先賢祠目序例一卷　（清）李慈銘撰　清

光緒十一年（1885）北京虎坊橋越祠刻本
一冊

230000－0901－0003204　C064876－85
文獻徵存錄十卷　（清）錢林輯　清咸豐八年
（1858）有嘉樹軒刻本　十冊

230000－0901－0003205　C081740
紫光朝謝科儀一卷　（清）林復科輯　清同治
十年（1871）刻本　一冊

230000－0901－0003206　C054053
聲韻考四卷　（清）戴震撰　清西湖樓刻本
一冊

230000－0901－0003207　C081742－49
慈悲寶懺十卷首一卷　（□）□□撰　清道光
刻本　八冊

230000－0901－0003208　C042350－69
說文釋例二十卷附補正二十卷　（清）王筠撰
　清同治王氏中江家塾刻本　二十冊

230000－0901－0003209　C042370－81
唐宋八家文讀本三十卷　（清）沈德潛輯評
清嘉慶十八年（1813）刻本　十二冊

230000－0901－0003210　C042382－97
南菁講舍文集六卷二集六卷　（清）黃以周輯
　三集十六卷　（清）丁立均輯　清光緒十五
年（1889）刻本　十六冊

230000－0901－0003211　C042398－407
春秋五傳十七卷首一卷附春秋年表一卷
（明）張岐然原本　（清）張璞編次并注　清乾
隆五十九年（1794）同文堂刻本　十冊

230000－0901－0003212　C081812
聖教四規一卷　（意大利）潘國光撰　清道光
二十九年（1849）刻本　一冊

230000－0901－0003213　C081815－16
地理辨正疏五卷首一卷末一卷　（清）張心言
撰　清光緒四年（1878）文盛堂刻本　二冊

230000－0901－0003214　C081816之二
釋疑彙編二卷　（清）杜鼎如輯　清光緒十年
（1884）刻本　一冊

230000－0901－0003215　C081817
盛世芻蕘五卷首一卷　（□）□□撰　清同治
二年（1863）刻本　一冊　存二卷（首、溯源
篇）

230000－0901－0003216　C042408－10
龍龕手鑑四卷　（遼）釋行均撰　清刻本
三冊

230000－0901－0003217　C081818
心箴一卷　（□）□□撰　清光緒三十一年
（1905）鉛印本　一冊

230000－0901－0003218　C081819－26
杜詩鏡銓二十卷附錄一卷年譜一卷　（清）楊
倫撰　清同治十一年（1872）望三益齋刻本
八冊

230000－0901－0003219　C081852－57
湖海樓詩集十二卷補遺一卷　（清）陳維崧撰
　清乾隆六十年（1795）浩然堂刻本　六冊

230000－0901－0003220　C042411－16
淮海集十七卷後集二卷詞一卷　（宋）秦觀撰
　淮海集補遺一卷續補遺一卷攷證一卷
（清）王敬之等輯　重編淮海先生年譜節要一
卷　（清）秦瀛撰　清道光十七年（1837）王敬
之刻本　六冊

230000－0901－0003221　C042417－28
庚子山集十六卷　（北周）庚信撰　（清）倪璠
注　年譜一卷總釋一卷　（清）倪璠撰　清道
光十九年（1839）大文堂刻本　十二冊

230000－0901－0003222　C042429－40
**小萬卷齋詩稿三十二卷續稿十二卷經進稿四
卷**　（清）朱琦撰　清光緒十一年（1885）朱臧
成嘉樹山房刻本　十二冊

230000－0901－0003223　C081868－71
庚子海外記事四卷　（清）呂海寰撰　清光緒
二十七年（1901）鉛印本　四冊

230000－0901－0003224　C042441－42
寫韻樓詩集五卷首一卷末一卷　（清）吳瓊仙
撰　清道光十二年（1832）刻本　二冊

230000 - 0901 - 0003225　C081883 - 902

喻氏遺書三種　（清）喻昌撰　清光緒三十一年（1905）經元書室刻本　二十冊

230000 - 0901 - 0003226　C042443

華泉先生集選四卷　（明）邊貢撰　（清）王士禛選　清康熙三十九年（1700）刻王漁洋遺書本　一冊

230000 - 0901 - 0003227　C042444 - 49

張忠敏公遺集十卷首一卷附錄六卷　（明）張國維撰　清光緒五年（1879）江蘇書局刻本　六冊

230000 - 0901 - 0003228　C083879

返生香一卷　（明）葉小鸞撰　清光緒二十二年（1896）葉衍蘭刻本　一冊

230000 - 0901 - 0003229　C083880 - 81

黑龍江外記八卷　（清）西清撰　清末刻本　二冊

230000 - 0901 - 0003230　C083882

古泉叢話三卷藏泉記一卷　（清）戴熙撰　清同治十一年（1872）澄喜齋刻本　一冊

230000 - 0901 - 0003231　C083883

歷代帝王系圖一卷　（□）□□撰　清宣統二年（1910）石印本　一冊

230000 - 0901 - 0003232　C083885

歷代都江堰功小傳二卷　（清）王人文等輯　清宣統三年（1911）成都刻本　一冊

230000 - 0901 - 0003233　C083888 - 89

夢窗甲稿一卷乙稿一卷丙稿一卷丁稿一卷補遺一卷　（宋）吳文英撰　**札記一卷**　（清）王鵬運撰　清光緒二十五年（1899）王氏四印齋刻本　二冊

230000 - 0901 - 0003234　C083891 - 92

小學集注六卷　（明）陳選撰　清同治六年（1867）金陵書局刻本　二冊

230000 - 0901 - 0003235　C083893

橋西襍記一卷　（清）葉名澧撰　清同治十年（1871）澄喜齋刻澄喜齋叢書本　一冊

230000 - 0901 - 0003236　C083896

骨董十三說一卷　（明）董其昌撰　**玉紀一卷**　（清）陳性撰　清光緒二十三年（1897）楊氏海香閣刻本　一冊

230000 - 0901 - 0003237　C083894

持志塾言二卷　（清）劉熙載撰　清同治光緒刻古桐書屋六種本　一冊

230000 - 0901 - 0003238　C083895

曾惠敏公使西日記二卷　（清）曾紀澤撰　清光緒二十年（1894）上海鉛印曾惠敏公全集本　一冊

230000 - 0901 - 0003239　C083899 - 902

宋遼金元菁華錄十卷　（清）納蘭常安選評　清光緒二十六年（1900）上海書局石印本　四冊

230000 - 0901 - 0003240　C083905 - 06

說文繫傳校錄三十卷　（清）王筠撰　清咸豐七年（1857）王彥侗刻王菉友九種本　二冊

230000 - 0901 - 0003241　C083915 - 17

易經八卷　（宋）程頤傳　清光緒九年（1883）江南書局刻本　三冊

230000 - 0901 - 0003242　C083970 - 79

昌黎先生集四十卷外集十卷遺文一卷附集傳一卷　（唐）韓愈撰　**韓集點勘四卷**　（清）陳景雲撰　清宣統三年（1911）上海鴻文書局千頃堂書局石印本　十冊

230000 - 0901 - 0003243　C083984 - 89

大清一統輿圖三十一卷　（清）胡林翼　（清）嚴樹森等編　清光緒二十四年（1898）石印本　六冊

230000 - 0901 - 0003244　C084022 - 25

陶詩彙評四卷　（清）溫汝能纂訂　清宣統二年（1910）掃葉山房石印本　四冊

230000 - 0901 - 0003245　C084026 - 29

陶淵明文集十卷　（晉）陶潛撰　清宣統元年（1909）石印本　四冊

230000 - 0901 - 0003246　C083907 - 14

[嘉慶]衛藏通志十六卷首一卷 （清）和琳撰
校字彙一卷 清光緒二十二年（1896）桐廬
袁氏刻本 八冊

230000－0901－0003247 C084086－91

唐賢三昧集三卷 （清）王士禛輯 （清）吳煊
等注 （清）黃培芳評 清宣統二年（1910）淵
古齋石印本 六冊

230000－0901－0003248 C085066－165

李文忠公全集一百六十五卷首一卷 （清）李
鴻章撰 清光緒三十一年至三十四年（1905
－1908）金陵刻本 一百冊

230000－0901－0003249 C086782－7468

二十四史 清光緒十年（1884）上海同文書
局影印本 六百八十七冊

230000－0901－0003250 C090511－26

史姓韻編六十四卷 （清）汪輝祖編 清光緒
十年（1884）慈谿耕餘樓鉛印本 十六冊

230000－0901－0003251 C090527－46

名醫類案十二卷 （明）江瓘輯 （明）江應宿
增補 續三名醫類案三十六卷 （清）魏之琇
撰 清光緒二十二年（1896）耕餘堂鉛印本
二十冊

230000－0901－0003252 C090547－606

二十四史九通政典類要合編三百二十卷
（清）黃書霖輯 清光緒二十八年（1902）黃氏
約雅堂石印本 六十冊

230000－0901－0003253 C090607－08

人罪至重三卷 （比利時）衛方濟撰 清同治
十二年（1873）上海慈母堂刻本 二冊

230000－0901－0003254 C090618

西歸直至四卷 （清）周夢顏輯 清光緒十二
年（1886）金陵刻本 一冊

230000－0901－0003255 C054054－56

大中講義三卷 （清）朱用純撰 清光緒二年
（1876）江蘇書局刻本 三冊

230000－0901－0003256 C054057

初月樓詩鈔四卷 （清）吳德旋撰 清光緒八

年（1882）刻張氏花雨樓叢鈔本 一冊

230000－0901－0003257 C054058

五經文字三卷 （唐）張參撰 九經字樣一卷
（唐）唐玄度撰 五經文字疑一卷九經字樣
疑一卷 （清）孔繼涵撰 清乾隆三十三年
（1768）曲阜孔氏紅櫚書屋刻本 一冊

230000－0901－0003258 C054059

戴氏注論語二十卷 （清）戴望撰 清同治十
年（1871）刻本 一冊

230000－0901－0003259 C090620

西湖夢尋五卷 （清）張岱撰 清光緒九年
（1883）刻本 一冊

230000－0901－0003260 C090621－24

曝書亭集詞注七卷 （清）朱彝尊撰 （清）李
富孫注 清校經廎刻本 四冊

230000－0901－0003261 C054060－63

一切經音義二十五卷 （唐）釋元應撰 （清）
莊炘等校 清同治八年（1869）武林張氏寶晉
齋刻本 四冊

230000－0901－0003262 C054064－66

萃錦唅十八卷 （清）奕訢集唐 清光緒十一
年（1885）刻本 三冊 存六卷（一至六）

230000－0901－0003263 C090627

羅鄂州小集六卷 （宋）羅願撰 羅郫州遺文
一卷 （宋）羅頌撰 清康熙五十二年（1713）
程氏七略書堂刻本 一冊

230000－0901－0003264 C081903－32

三通考輯要二十四卷 （清）湯壽潛輯 清光
緒二十五年（1899）圖書集成局鉛印本 三
十冊

230000－0901－0003265 C082007－14

春秋左繡三十卷 （晉）杜預撰 （宋）林堯叟
注 （唐）陸德明音義 （清）馮李驊增訂
（清）馮李驊 （清）陸浩評輯 清宣統三年
（1911）上海會文堂石印本 八冊 存十四卷
（一至十四）

230000－0901－0003266 C090636－44

攈古錄金文三卷 （清）吳式芬輯 清光緒刻本 九冊

230000－0901－0003267 C090645－52

繡像古今賢女傳九卷 （清）魏息園輯 清光緒三十四年(1908)上海圖書公司點石齋石印本 八冊

230000－0901－0003268 C092414－21

太上寶筏圖說不分卷 （□）□□撰 清光緒石印本 八冊

230000－0901－0003269 C054067

花影吹笙詞鈔二卷小遊仙詞一卷 （清）葉英華撰 清光緒三年(1877)羊城刻本 一冊

230000－0901－0003270 C090653－58

晨風閣叢書 沈宗畸輯 清宣統元年(1909)番禺沈氏刻本 十六冊

230000－0901－0003271 C092520－25

兩當軒集二十二卷附錄四卷考異二卷 （清）黃景仁撰 清宣統二年(1910)石印本 六冊

230000－0901－0003272 C092549－50

三湖水利本末二卷 （□）□□輯 清光緒三年(1877)活字印本 二冊

230000－0901－0003273 C090669－748

玉函山房輯佚書 （清）馬國翰輯 清刻同治十年(1871)濟南皇華館書局補刻本 八十冊

230000－0901－0003274 C064886－97

郭侍郎奏議十二卷 （清）郭嵩壽撰 清光緒十八年(1892)刻本 十二冊

230000－0901－0003275 C092551－52

名賢尺牘四卷 （清）王元勳 （清）程化騄輯 清光緒二十四年至二十六年(1898－1900)許氏榆園刻本 二冊

230000－0901－0003276 C090751－62

五洲地理志略三十六卷 王先謙撰 清宣統二年(1910)湖南學務公所刻本 十二冊

230000－0901－0003277 C090813－16

復堂類集文四卷詩九卷詞二卷 （清）譚獻撰 清同治四年至光緒十一年(1865－1885)刻

本 四冊

230000－0901－0003278 C090817－18

食古齋詩錄四卷詩餘一卷文錄一卷 （清）柳以蕃撰 清光緒十九年(1893)刻本 二冊

230000－0901－0003279 C054068－69

六經奧論六卷首一卷 （宋）鄭樵撰 清康熙通志堂刻通志堂經解本 二冊

230000－0901－0003280 C092553

駱文忠公輓言錄一卷 （清）陳興輯 清同治十年(1871)刻本 一冊

230000－0901－0003281 C092554

笠澤叢書四卷補遺一卷續補遺一卷 （唐）陸龜蒙撰 清刻本 一冊

230000－0901－0003282 C092555

西湖三祠名賢考略一卷首一卷 （清）戴啓文纂輯 清光緒三十年(1904)刻本 一冊

230000－0901－0003283 C054072

熊先生經說七卷 （元）熊朋來撰 清康熙十九年(1680)通志堂刻通志堂經解本 一冊

230000－0901－0003284 C092556

半壁山水戰圖一卷 （清）馮煦等撰 清光緒二十九年(1903)刻本 一冊

230000－0901－0003285 C090819－34

南宋文範七十卷外編四卷附作者考二卷 （清）莊仲方輯 清光緒十四年(1888)江蘇書局刻本 十六冊

230000－0901－0003286 C092564－65

國朝湖州府科第表不分卷 （清）戴璐原輯 (清)沈鋐補輯 清同治十一年(1872)刻本 二冊

230000－0901－0003287 C064904－15

梅村詩集箋注十八卷 （清）吳偉業撰 （清）吳翌鳳箋注 清嘉慶十九年(1814)嚴榮滄浪吟榭刻本 十二冊

230000－0901－0003288 C064916－17

詩比興箋四卷 （清）陳沆撰 清光緒九年(1883)彭祖賢刻本 二冊

230000－0901－0003289　C064918－29
二林居集二十四卷　（清）彭紹升撰　清嘉慶
四年(1799)刻本　十二冊

230000－0901－0003290　C064964－95
欽定春秋傳說彙纂三十八卷　（清）王掞等撰
　清康熙六十年(1721)內府刻本　三十二冊

230000－0901－0003291　C065028－29
逸周書集訓校釋十卷逸文一卷　（清）朱右曾
撰　清光緒三年(1877)湖北崇文書局刻本
二冊

230000－0901－0003292　C054073
十一經問對五卷　（元）何異孫撰　清康熙十
九年(1680)通志堂刻通志堂經解本　一冊

230000－0901－0003293　C042485－90
萬國史記二十卷　（日本）岡本鑒輔撰　清光
緒二十七年(1901)上海兩宜齋石印本　六冊

230000－0901－0003294　C054074－75
五經蠡測六卷　（明）蔣悌生撰　清康熙十九
年(1680)通志堂刻通志堂經解本　二冊

230000－0901－0003295　C042497－98
中亞洲俄屬遊記二卷　（英國）蘭士德撰
（清）莫鎮藩譯　清光緒二十年(1894)鉛印本
二冊

230000－0901－0003296　C090835
切音捷訣一卷幼學切音便讀一卷　（清）酈珩
輯　清光緒六年(1880)諸暨摭古堂刻本
一冊

230000－0901－0003297　C042515
春秋內外傳筮辭考證三卷　（清）章末撰　清
光緒九年(1883)刻本　一冊

230000－0901－0003298　C054076－80
C054088－92
顨軒孔氏所著書　（清）孔廣森撰　清嘉慶刻
本　十冊

230000－0901－0003299　C054081－83
陶淵明文集十卷　（晉）陶潛撰　清光緒五年
(1879)俞秀山刻本　三冊

230000－0901－0003300　C042516－25
欽定篆文六經四書　（清）李光地等編　清光
緒九年(1883)上海同文書局影印本　十冊

230000－0901－0003301　C054084－87
平浙紀略十六卷　（清）秦緗業　（清）陳鍾英
撰　清同治十三年(1874)刻本　四冊

230000－0901－0003302　C042540－43
高陶堂遺集八卷　（清）高心夔撰　清光緒八
年(1882)平湖朱氏經注經齋刻本　四冊

230000－0901－0003303　C042544－49
剡源集三十卷　（元）戴表元撰　劄記一卷
（清）郁松年撰　清道光二十年(1840)上海郁
氏刻宜嫁堂叢書本　六冊

230000－0901－0003304　C042552－54
詩經二十卷　（漢）毛亨傳　（漢）鄭玄箋
（唐）陸德明音義　詩譜一卷　（漢）鄭玄撰
明崇禎永懷堂刻清同治八年(1869)浙江書局
重修十三經古注本　三冊

230000－0901－0003305　C054093－95
欽定康濟錄四卷　（清）倪國璉撰　清同治三
年(1864)浙江撫署刻本　三冊

230000－0901－0003306　C042555－60
酉陽雜俎二十卷續集十卷　（唐）段成式撰
清光緒三年(1877)湖北崇文書局刻本　六冊

230000－0901－0003307　C054096－115
北堂書鈔一百六十卷首一卷　（隋）虞世南輯
　（清）孔廣陶校注　清光緒十四年(1888)南
海孔氏三十有三萬卷堂刻本　二十冊

230000－0901－0003308　C042561－64
東塾讀書記二十五卷　（清）陳澧撰　清光緒
刻本　四冊　存十五卷(一至十二　十五、十
六、二十一)

230000－0901－0003309　C042577－78
景定嚴州續志十卷　（宋）鄭瑤　（宋）方仁榮
撰　清光緒刻本　二冊

230000－0901－0003310　C054116－19
樊榭山房集十卷續集十卷　（清）厲鶚撰　清

153

乾隆刻本　四冊

230000－0901－0003311　C042579－80
寰宇訪碑錄十二卷　（清）孫星衍　（清）邢澍撰　清嘉慶七年(1802)刻本　二冊

230000－0901－0003312　C054120－27
履園叢話二十四卷　（明）錢泳撰　清道光十八年(1838)述德堂刻本　八冊

230000－0901－0003313　C042581－82
兩當軒詩鈔十四卷　（清）黃景仁撰　清嘉慶四年(1799)趙希璜刻本　二冊

230000－0901－0003314　C054141－46
周易洗心十卷　（清）任啓運撰　清襲芳軒刻本　六冊

230000－0901－0003315　C042583－84
青萍軒文錄二卷詩錄一卷　（清）薛福保撰　清光緒八年(1882)薛福成刻本　二冊

230000－0901－0003316　C042585
小蝸廬文存二卷　（清）吳其泰撰　清咸豐九年(1859)固始吳氏刻本　一冊

230000－0901－0003317　C042587
金山衛廟學紀略一卷　（清）翁淳輯　清光緒九年(1883)灑埽局刻本　一冊

230000－0901－0003318　C042588
潘江贈行集一卷　（清）葉佐清輯　清同治六年(1867)松陽葉氏刻本　一冊

230000－0901－0003319　C042589－92
研六室文鈔十卷補遺一卷　（清）胡培翬撰　清光緒四年(1878)世澤樓刻本　四冊

230000－0901－0003320　C054147－49
周易集解十七卷　（唐）李鼎祚撰　清光緒十五年(1889)湘南書局刻古經解彙函本　三冊

230000－0901－0003321　C042593－98
栝蒼金石志十二卷續四卷　（清）李遇孫輯（清）鄒柏森校補　清同治十三年(1874)浙江處州府署刻本　六冊

230000－0901－0003322　C042599

宋詩三百首一卷　（清）許耀輯　清道光二十五年(1845)春水草堂刻本　一冊

230000－0901－0003323　C054150－59
古經解鉤沉三十卷　（清）余蕭客輯　清乾隆六十年(1795)刻本　十冊

230000－0901－0003324　C054160－63
正經字蒙八卷十三經集字分畫便查一卷　（清）李文沂編　清光緒十一年(1885)博文軒刻本　四冊

230000－0901－0003325　C054164－69
呂氏春秋二十六卷附考一卷　（秦）呂不韋撰　（漢）高誘注　（清）畢沅校　清光緒元年(1875)浙江書局刻二十二子本　六冊

230000－0901－0003326　C054170－93
揅經室一集十四卷二集八卷三集五卷四集二卷四集詩十一卷續集十一卷再續七卷　（清）阮元撰　清道光阮氏文選樓刻本　二十四冊

230000－0901－0003327　C054194－209
重訂楊園先生全集　（清）張履祥撰　清同治十年(1871)江蘇書局刻本　十六冊

230000－0901－0003328　C054210－15
梅村詩集箋注十八卷　（清）吳偉業撰　（清）吳翌鳳箋注　清嘉慶十九年(1814)嚴榮滄浪吟榭刻本　六冊

230000－0901－0003329　C054216－19
儀顧堂集十六卷　（清）陸心源撰　清同治十三年(1874)福州刻本　四冊

230000－0901－0003330　C054220－29
遂初堂集四十卷　（清）潘耒撰　清康熙刻本　十冊

230000－0901－0003331　C054230－41
文選旁證四十六卷　（清）梁章鉅撰　清光緒八年(1882)吳下刻本　十二冊

230000－0901－0003332　C054242－51
說文分韻易知錄十卷首一卷　（清）徐巽行撰　清光緒五年(1879)刻本　十冊

230000－0901－0003333　C054252－67

說文解字句讀三十卷補正三十卷 （清）王筠撰 清同治四年(1865)刻本 十六冊

230000－0901－0003334 C054268－87

山谷詩內集注二十卷 （宋）黃庭堅撰 （宋）任淵注 外集詩注 （宋）黃庭堅撰 （宋）史容注 別集詩注 （宋）黃庭堅撰 （宋）史季溫撰 外集補四卷別集補一卷 （清）謝啓昆注 年譜十四卷 （宋）黃𥲅編 清乾隆五十三年(1788)謝啓昆樹經堂刻本 二十冊

230000－0901－0003335 C054296－305

龍川文集三十卷附錄二卷 （宋）陳亮撰 辨譌考異二卷 （清）胡鳳丹撰 清同治七年(1868)永康胡氏退補齋刻金華叢書本 十冊

230000－0901－0003336 C054306－13

毛詩稽古編三十卷 （清）陳啓源撰 附考一卷 （清）黃雲倬撰 清嘉慶十八年(1813)龐佑清刻本 八冊

230000－0901－0003337 C054559－74

日講四書解義二十六卷 （清）喇沙里等撰 清康熙內府刻本 十六冊

230000－0901－0003338 C054575－84

震川先生集三十卷 （明）歸有光撰 清光緒六年(1880)常熟歸氏刻本 十冊

230000－0901－0003339 C054743－50

古文釋疑十八卷 （明）方中履撰 清汗青閣刻本 八冊

230000－0901－0003340 C054751

漢學商兌四卷 （清）方東樹撰 清光緒二十六年(1900)浙江書局刻本 一冊

230000－0901－0003341 C054752－56

十科策略箋釋十卷 （明）劉定之撰 （清）劉作楪注 清福文堂刻本 五冊

230000－0901－0003342 C054757－66

禮記集說十卷 （元）陳澔撰 清末李光明莊刻本 十冊

230000－0901－0003343 C054774－81

十駕齋養新錄二十卷餘錄三卷 （清）錢大昕撰 錢辛楣先生[大昕]年譜一卷 （清）錢大昕撰 （清）錢慶曾校注 竹汀居士[錢大昕]年譜續編一卷 （清）錢慶曾撰 清光緒二年(1876)浙江書局刻本 八冊

230000－0901－0003344 C065008－27

晉書一百三十卷 （唐）房玄齡等撰 音義三卷 （唐）何超撰 清同治十年(1871)金陵書局刻本 二十冊

230000－0901－0003345 C064996－65007

隋書八十五卷 （唐）魏徵等撰 清同治十年(1871)淮南書局刻本 十二冊

230000－0901－0003346 C065062－69

宸垣識略十六卷 （清）吳長元輯 清光緒二年(1876)寶林堂刻本 八冊

230000－0901－0003347 C065041－50

釋氏十三經三十六卷 （□）□□撰 清同治金陵刻經處刻本 十冊

230000－0901－0003348 C065144－55

文選注六十卷 （南朝梁）蕭統輯 （唐）李善等注 清乾隆三十七年(1772)海錄軒刻朱墨套印本 十二冊

230000－0901－0003349 C065160－69

南史識小錄十四卷北史識小錄十四卷 （清）沈名蓀 （清）朱昆田輯 清同治十年(1871)武林吳氏清樂堂刻本 十冊

230000－0901－0003350 C065170－93

王文成公全書三十八卷 （明）王守仁撰 清同治光緒刻本 二十四冊

230000－0901－0003351 C065196－215

史記一百三十卷 （漢）司馬遷撰 （南朝宋）裴駰集解 （唐）司馬貞索隱 （唐）張守節正義 清光緒二年(1876)刻本 二十冊

230000－0901－0003352 C065216－35

小學考五十卷 （清）謝啓昆撰 清光緒十四年(1888)刻本 二十冊

230000－0901－0003353 C065244－48

蔡中郎集十卷外集四卷末一卷 （漢）蔡邕撰

清光緒十六年(1890)番禺陶氏愛廬刻本
五冊

230000－0901－0003354　C065236－43
柏梘山房文集十六卷續集一卷詩集十卷續集二卷駢體文二卷　(清)梅曾亮撰　清咸豐六年(1856)刻本　八冊

230000－0901－0003355　C065281－92
台州叢書　(清)宋世犖輯　清光緒六年(1880)徐士鑾刻本　十二冊

230000－0901－0003356　C065293－98
皖學編十三卷首三卷　(清)徐定文纂輯　清宣統元年(1909)萬卷樓刻本　六冊

230000－0901－0003357　C054767
五經蠡測六卷　(明)蔣悌生撰　清康熙十九年(1680)通志堂刻通志堂經解本　一冊

230000－0901－0003358　C054768－73
愧納集十二卷柏廬外集四卷　(清)朱永純撰　清光緒八年(1882)津河廣仁堂刻津河廣仁堂所刻叢書本　六冊

230000－0901－0003359　C065251－64
史記志疑三十六卷　(清)梁玉繩撰　清光緒十三年(1887)刻本　十四冊

230000－0901－0003360　C054782－813
朱子全書六十六卷　(宋)朱熹撰　清刻本三十二冊

230000－0901－0003361　C054814－17
書經六卷首一卷末一卷　(宋)蔡沈集傳　清光緒七年(1881)金陵書局刻本　四冊

230000－0901－0003362　C054818－19
桑蠶實濟六卷　(清)□□撰　清光緒八年(1882)津河廣仁堂刻津河廣仁堂所刻叢書本二冊

230000－0901－0003363　C054820－31
詩毛氏傳疏三十卷釋毛詩音四卷毛詩說一卷毛詩傳義類一卷鄭氏箋考徵一卷　(清)陳奐撰　清道光二十七年至咸豐元年(1847－1851)吳門南園陳氏掃葉山莊刻本　十二冊

230000－0901－0003364　C090836－51
安吳四種三十六卷　(清)包世臣撰　清同治十一年(1872)刻本　十六冊

230000－0901－0003365　C054832－63
仿宋相臺五經附考證　清光緒二年(1876)江南書局刻本　三十二冊

230000－0901－0003366　C065331－40
張氏叢書　(清)張澍輯　清道光元年(1821)武威張氏二酉堂刻本　十冊

230000－0901－0003367　C090873
辛丑各國和約一卷附件一卷　(□)□□撰　清光緒刻本　一冊

230000－0901－0003368　C065317－30
晨風閣叢書　沈宗畸輯　清宣統元年(1909)番禺沈氏刻本　十四冊

230000－0901－0003369　C054874－75
冬暄草堂遺詩二卷　(清)陳豪撰　清宣統三年(1911)陳叔通刻朱印本　二冊

230000－0901－0003370　C065305－16
遼史一百十五卷　(元)脫脫等撰　清同治十二年(1873)江蘇書局刻本　十二冊

230000－0901－0003371　C090874－75
史鑑節要便讀六卷　(清)鮑東里輯　清同治七年(1868)善成堂刻本　二冊

230000－0901－0003372　C054876－77
楊忠愍公全集不分卷　(明)楊繼盛撰　清嘉慶二十五年(1820)何以善刻本　二冊

230000－0901－0003373　C054878－79
絕妙好詞七卷　(宋)周密輯　清康熙三十七年(1698)高士奇清吟堂刻本　二冊

230000－0901－0003374　C090876－87
春秋紀傳五十一卷學耨堂詩一卷　(清)李鳳雛輯　清光緒二十一年(1895)古大化里刻本十二冊

230000－0901－0003375　C054880
酌雅堂駢體文集二卷　(清)徐壽基撰　清光緒十一年(1885)武進徐氏刻志學齋集本　一冊

230000－0901－0003376　C090888－901

御案五經　（清）聖祖玄燁案　清嘉慶十六年(1811)揚州十笏堂刻本　十四冊

230000－0901－0003377　C054881－86

後山先生集二十四卷　（宋）陳師道撰　清光緒十一年(1885)刻本　六冊

230000－0901－0003378　C054887－90

朱九江先生集十卷首一卷　（清）朱次琦撰　清光緒二十三年(1897)讀書草堂刻本　四冊

230000－0901－0003379　C090902

西招圖略一卷　（清）松筠撰　清道光二十七年(1847)王師道刻本　一冊

230000－0901－0003380　C090903－18

全浙詩話五十四卷　（清）陶之藻輯　清嘉慶元年(1796)怡雲閣刻本　十六冊

230000－0901－0003381　C054891－92

白香亭詩三卷　（清）鄧輔綸撰　清光緒十九年(1893)東河督署刻本　二冊

230000－0901－0003382　C054895－96

周易通義十六卷　（清）莊忠棫撰　清光緒六年(1880)儀徵劉壽曾冶城山館刻本　二冊

230000－0901－0003383　C054897－98

錢南園先生遺集　（清）錢灃撰　清同治十一年(1872)星沙刻本　二冊

230000－0901－0003384　C054904

般若波羅蜜多心經注解一卷　（唐）釋玄奘譯　（明）釋宗泐　（明）釋如玘注　金剛般若波羅蜜經注解一卷　（後秦）釋鳩摩羅什譯　（明）釋宗泐　（明）釋如玘注　清光緒二年(1876)長沙刻經處刻本　一冊

230000－0901－0003385　C090919－22

雲樣集八卷　（清）高陳謨編　清嘉慶八年(1803)刻本　四冊

230000－0901－0003386　C090923－24

未學齋集十卷　（清）仇養正撰　清嘉慶二年(1797)仇晉刻本　二冊

230000－0901－0003387　C090938

頤道堂文鈔四卷　（清）陳文述撰　清嘉慶刻本　一冊　存二卷(一至二)

230000－0901－0003388　C090939

鳧藻集五卷　（明）高啓撰　清末民國石印本　一冊　存四卷(二至五)

230000－0901－0003389　C090940

四禮翼一卷　（明）呂坤撰　清同治二年(1863)品蓮書屋刻本　一冊

230000－0901－0003390　C090942－43

霞綺集三卷　（清）陳溥撰　清光緒八年(1882)邛州伍肇齡刻本　二冊

230000－0901－0003391　C054905

禹貢讀本二卷　（清）陳士魁撰　清刻本　一冊

230000－0901－0003392　C054913－26

容齋隨筆十卷續筆十六卷三筆十六卷四筆十六卷五筆十卷　（宋）洪邁撰　清乾隆五十九年(1794)掃葉山房刻本　十四冊

230000－0901－0003393　C090944－46

荒政輯要九卷首一卷　（清）汪志伊纂　清道光二十一年(1841)許乃釗刻敏果齋七種本　三冊

230000－0901－0003394　C054927－30

松陵見聞錄十卷首一卷　（清）王琨撰　清道光刻本　四冊

230000－0901－0003395　C090947－50

松源經說四卷　（清）孫之騄撰　清乾隆三十一年(1766)春草園刻本　四冊

230000－0901－0003396　C090964

日本丙午議會四卷　（□）□□撰　清光緒三十四年(1908)政治官報局鉛印本　一冊

230000－0901－0003397　C054931

鄭志三卷附錄一卷　（漢）鄭玄撰　（三國魏）鄭小同編　清嘉慶三至四年(1798－1799)嘉定秦氏刻汗筠齋叢書本　一冊

230000－0901－0003398　C065341－44

山海經箋疏十八卷圖讚一卷　（晉）郭璞傳

（清）郝懿行箋疏　**訂譌一卷敘錄一卷**　（清）郝懿行撰　清嘉慶十四年(1809)阮元琅嬛僊館刻光緒七年(1881)印郝氏遺書本　四冊

230000－0901－0003399　C065345－48

文心雕龍十卷　（南朝梁）劉勰撰　（清）黃叔琳注　（清）紀昀評　清道光十三年(1833)兩廣節署刻朱墨套印本　四冊

230000－0901－0003400　C042600－03

覆瓿集　（清）張文虎撰　清同治光緒刻本　四冊

230000－0901－0003401　C065349－53

戰國策三十三卷　（漢）高誘注　**札記三卷**　(清)黃丕烈撰　清同治八年(1869)崇文書局刻本　五冊

230000－0901－0003402　C065388－95

安吳四種三十六卷　（清）包世臣撰　清同治十一年(1872)刻光緒十四年(1888)印本　八冊

230000－0901－0003403　C042604－07

曝書亭集詞注七卷　（清）朱彝尊撰　（清）李富孫注　清校經廎刻本　四冊

230000－0901－0003404　C042608－17

思綺堂文集十卷　（清）章藻功撰并注　清聚錦堂刻本　十冊

230000－0901－0003405　C042618－29

愛日精廬藏書志三十六卷續志四卷　（清）張金吾撰　清道光七年(1827)張氏愛日精廬刻本　十二冊

230000－0901－0003406　C065396－98

詩說二卷詩拾遺一卷　（清）郝懿行撰　清光緒八年(1882)東路廳署刻郝氏遺書本　三冊

230000－0901－0003407　C065376－87

四書集注直解二十七卷　（明）張居正撰　清光緒八旗經正書院刻本　十二冊

230000－0901－0003408　C042630－31

算式解法十四卷　（美國）好敦司　（美國）開奈利撰　（英國）傅蘭雅口譯　（清）華蘅芳筆述　清光緒二十四年(1898)江南製造局刻本　二冊

230000－0901－0003409　C042632－35

古微堂詩集十卷　（清）魏源撰　清同治九年(1870)鄒漢池長沙寶慶郡館刻本　四冊

230000－0901－0003410　C042636－39

同治中興京外奏議約編八卷　（清）陳弢編　清光緒元年(1875)篋劍囊琴之室刻本　四冊

230000－0901－0003411　C042640－43

明詩別裁集十二卷　（清）沈德潛　（清）周準輯　清乾隆四年(1739)刻本　四冊

230000－0901－0003412　C042676－83

經問十八卷　（清）毛奇齡撰　清康熙李塨等刻西河合集本　八冊

230000－0901－0003413　C042684

食舊惪齋雜著二卷　（清）劉嶽雲撰　清光緒二十二年(1896)刻本　一冊　存一卷(二)

230000－0901－0003414　C042685

松漠紀聞一卷續一卷補遺一卷　（宋）洪皓撰　**考異一卷**　（清）洪佩聲撰　清同治十二年(1873)涇縣洪氏三瑞堂刻洪氏晦木齋叢書本　一冊

230000－0901－0003415　C042686－87

悔過齋文集七卷劄記一卷　（清）顧廣譽撰　清光緒刻本　二冊

230000－0901－0003416　C042688－89

推拿廣意三卷　（清）熊應雄輯　清刻本　二冊

230000－0901－0003417　C042690－705

曝書亭集八十卷附錄一卷　（清）朱彝尊撰　**笛漁小稿十卷**　（清）朱昆田撰　清光緒十五年(1889)寒梅館刻本　十六冊

230000－0901－0003418　C042706

佩文詩韻釋要五卷　（清）周兆基輯　清光緒十八年(1892)浙江書局刻本　一冊

230000－0901－0003419　C042707－13

賞雨茅屋詩集二十二卷外集一卷　（清）曾燠

撰　清道光刻本　七冊

230000－0901－0003420　C042716
新樂府詞一卷　（清）萬斯同撰　清同治八年
(1869)刻本　一冊

230000－0901－0003421　C042717
鄧林唱和集一卷　（清）鄧廷楨　（清）林則徐
撰　清宣統元年(1909)江浦陳氏刻本　一冊

230000－0901－0003422　C042718－21
筠心堂存稿八卷　（清）張孝時撰　清光緒五
年(1879)刻本　四冊

230000－0901－0003423　C042722－37
鹿洲全集八種四十三卷　（清）藍鼎元撰　清
雍正刻光緒六年(1880)藍佐重修本　十六冊
　缺二十五卷(鹿洲初集一至二十、棉陽學準
一至五)

230000－0901－0003424　C042739－43
顧亭林先生遺書十種　（清）顧炎武撰　清蓬
瀛閣刻本　五冊

230000－0901－0003425　C042746－53
陶庵集二十二卷首一卷末一卷　（明）黃淳耀
撰　清光緒五年(1879)刻本　八冊

230000－0901－0003426　C042754－59
雪門詩草十四卷　（清）許瑤光撰　清同治十
三年(1874)刻本　六冊

230000－0901－0003427　C042776－79
復堂類集二十七卷　（清）譚獻撰　清光緒刻
本　四冊　存十五卷(一至三集十五卷)

230000－0901－0003428　C042784－91
劍南詩鈔不分卷　（宋）陸游撰　清康熙二十
四年(1685)楊大鶴刻本　八冊

230000－0901－0003429　C042792－97
唐確慎公集十卷首一卷末一卷　（清）唐鑑撰
　清光緒元年(1875)普化賀瑗刻本　六冊

230000－0901－0003430　C042798－801
岳忠武王文集八卷首一卷末一卷　（宋）岳飛
撰　清光緒二年(1876)孫士達刻本　四冊

230000－0901－0003431　C042802－03
金詩選四卷　（清）顧奎光選輯　（清）陶玉禾
評　清乾隆十六年(1751)刻本　二冊

230000－0901－0003432　C042804－15
國朝杭郡詩輯三十二卷附姓氏韻編一卷
(清)吳振棫輯　清同治十三年(1874)錢塘丁
氏刻本　十二冊

230000－0901－0003433　C054932－33
詩誦五卷　（清）陳僅撰　清光緒十一年
(1885)四明文則樓木活字印本　二冊

230000－0901－0003434　C054934－45
霜紅龕集四十卷附錄三卷　（清）傅山撰　年
譜一卷　（清）丁寶銓輯　清宣統三年(1911)
山陰丁氏刻本　十二冊

230000－0901－0003435　C054986－5013
欽定儀禮義疏四十八卷首二卷　（清）允祿等
撰　清末刻本　二十八冊

230000－0901－0003436　C055028－33
東洲草堂詩鈔二十七卷詞一卷　（清）何紹基
撰　清同治六年(1867)何氏長沙無園刻本
六冊

230000－0901－0003437　C055044－49
讀史兵略十二卷　（清）胡林翼撰　清光緒二
十五年(1899)上海紹先書局石印本　六冊

230000－0901－0003438　C055050－65
欽定詩經傳說彙纂二十一卷首二卷詩序二卷
　（清）王鴻緒等纂　清同治七年(1868)馬新
貽刻本　十六冊

230000－0901－0003439　C055066－73
孫淵如先生全集二十二卷　（清）孫星衍撰
長離閣集一卷　（清）王采薇撰　清光緒十一
年(1885)長沙王氏刻本　八冊

230000－0901－0003440　C055074－80
史論五種十一卷　（清）李祖陶撰　清同治十
一年(1872)敖陽李氏尚友樓刻本　七冊

230000－0901－0003441　C055081－88
歷代史論十二卷宋史論三卷元史論一卷

（明）張溥撰　**明史論四卷**　（清）谷應泰撰　**左傳史論二卷**　（清）高士奇撰　清光緒五年（1879）西江裴氏刻本　八冊

230000－0901－0003442　C055089－92
唐鑑二十四卷　（宋）范祖禹撰　（宋）呂祖謙注　清刻本　四冊

230000－0901－0003443　C055093
列女傳七卷　（漢）劉向撰　（清）梁端校注　**續列女傳一卷**　（□）□□撰　清道光十七年（1837）錢塘汪氏振綺堂刻同治十三年（1874）重修本　一冊

230000－0901－0003444　C065403－08
日本維新三十年史十二卷附錄一卷　（日本）東京博文館編輯　清光緒二十八年（1902）上海廣智書局鉛印本　六冊

230000－0901－0003445　C065409－32
國朝先正事略六十卷　（清）李元度撰　清同治五年（1866）循陔草堂刻本　二十四冊

230000－0901－0003446　C065473－82
國朝詩人徵略六十卷　（清）張維屏輯　清道光十年（1830）刻本　十冊

230000－0901－0003447　C065483－502
明紀六十卷　（清）陳鶴撰　（清）陳克家撰　清同治十年（1871）江蘇書局刻本　二十冊

230000－0901－0003448　C065525－44
史記一百三十卷　（漢）司馬遷撰　（南朝宋）裴駰集解　（唐）司馬貞索隱　（唐）張守節正義　清同治五年至九年（1866－1870）金陵書局刻本　二十冊

230000－0901－0003449　C065517－24
三國志六十五卷　（晉）陳壽撰　（南朝宋）裴松之注　清同治九年（1870）金陵書局刻本　八冊

230000－0901－0003450　C065503－04
李長吉集四卷外集一卷　（唐）李賀撰　（清）黃陶庵評　清光緒十八年（1892）葉衍蘭刻朱墨套印本　二冊

230000－0901－0003451　C065509－16
綏寇紀略十二卷補遺三卷　（清）吳偉業撰　清嘉慶十年（1805）張氏照曠閣刻學津討原本　八冊

230000－0901－0003452　C065682－781
李文忠公全集一百六十五卷首一卷　（清）李鴻章撰　（清）吳汝綸編錄　清光緒三十一年至三十四年（1905－1908）金陵刻本　一百冊

230000－0901－0003453　C065545－655
硃批諭旨不分卷　（清）鄂爾泰等輯　清刻朱墨套印本　一百十一冊

230000－0901－0003454　C065782－901
重刊宋本十三經注疏附校勘記　（清）阮元輯校　（清）盧宣旬摘錄　清嘉慶二十年（1815）南昌府學刻本　一百二十冊

230000－0901－0003455　C065902
制服成誦篇一卷制服表一卷喪服通釋一卷　（清）周保珪撰　清光緒十三年（1887）武林紅幅山房刻本　一冊

230000－0901－0003456　C065903
讀說文雜識一卷　（清）許槤撰　清光緒七年（1881）許學叢書本　一冊

230000－0901－0003457　C055118－19
自鏡齋詩鈔一卷補遺一卷文鈔一卷閑雜錄一卷　（清）潘曾瑋撰　清光緒十三年（1887）刻本　二冊

230000－0901－0003458　C065904－05
虹橋老屋遺集六卷　（清）秦緗業撰　清光緒十五年（1889）湘煙閣刻本　二冊

230000－0901－0003459　C065929－30
詩經音訓不分卷　（清）楊國楨撰　清光緒三年（1877）湖北崇文書局刻十一經音訓本　二冊

230000－0901－0003460　C065932
謫麐堂遺集四卷　（清）戴望撰　清宣統三年（1911）歸安陸樹聲刻本　一冊　存二卷（一至二）

230000－0901－0003461　C065933－35

悔過齋文集七卷續集七卷補遺一卷劄記一卷
（清）顧廣譽撰　清光緒刻本　三冊　缺五
卷（續集一至五）

230000－0901－0003462　C065941

二李唱和集□卷　（宋）李昉　（宋）李至撰
清光緒十五年(1889)貴陽陳氏日本影宋刻本
一冊

230000－0901－0003463　C065943

禮箋三卷　（清）金榜撰　清乾隆五十九年
(1794)方啓泰、胡國輔刻本　一冊

230000－0901－0003464　C065944－49

梁書五十六卷　（唐）姚思廉撰　清同治十三
年(1874)金陵書局刻二十四史本　六冊

230000－0901－0003465　C055130－31

陳氏易說六卷附錄一卷　（清）陳壽熊撰　清
光緒二十一年(1895)刻本　二冊　存五卷
（一至五）

230000－0901－0003466　C042816－31

國朝杭郡詩續輯四十六卷附姓氏韻編一卷
（清）吳振棫輯　清光緒二年(1876)錢塘丁氏
刻本　十六冊

230000－0901－0003467　C042832－35

金忠節公文集八卷　（明）金聲撰　清道光七
年(1827)嘉魚官署刻本　四冊

230000－0901－0003468　C042836－38

古詩源十四卷　（清）沈德潛選　清竹嘯軒刻
本　三冊

230000－0901－0003469　C042839－44

松陵文錄二十四卷　（清）凌淦輯　清同治十
三年(1874)凌氏刻本　六冊

230000－0901－0003470　C042846－47

選注六朝唐賦不分卷　（清）馬傳庚注　清光
緒十八年(1892)希樸齋刻本　二冊

230000－0901－0003471　C042848－49

楹聯錄存三卷　（清）俞樾撰　清光緒二十年
(1894)補刻本　二冊

230000－0901－0003472　C042850－53

玉臺新詠十卷　（南朝陳）徐陵輯　（清）吳兆
宜注　清乾隆三十九年(1774)刻本　四冊

230000－0901－0003473　C042872－77

存素堂文稿四卷補遺一卷存素堂續編四卷
（清）錢寶琛撰　清同治九年(1870)刻本
六冊

230000－0901－0003474　C042878－81

止止堂集五卷　（明）戚繼光撰　清光緒十四
年(1888)山東書局刻本　四冊

230000－0901－0003475　C055132－33

敩經筆記一卷　（清）陳倬撰　清同治刻本
二冊

230000－0901－0003476　C055134

公是先生七經小傳三卷　（宋）劉敞撰　清康
熙十九年(1680)通志堂刻通志堂經解本
一冊

230000－0901－0003477　C055135－44

焦山志二十六卷首一卷　（清）吳雲輯　續志
八卷　（清）陳任暘輯　清同治十三年(1874)
刻光緒三十一年(1905)續刻本　十冊

230000－0901－0003478　C055145－48

四書摭餘說七卷　（清）曹之升撰　清嘉慶三
年(1798)刻本　四冊

230000－0901－0003479　C055149－52

華陽國志十二卷　（晉）常璩撰　補華陽國志
三州郡縣目錄一卷　（清）廖寅撰　清光緒十
六年(1890)刻本　四冊

230000－0901－0003480　C055153－56

習苦齋詩集八卷文集四卷　（清）戴熙撰　清
同治五年(1866)刻本　四冊

230000－0901－0003481　C055169－169
之一

倉頡篇三卷　（清）孫星衍輯　倉頡續本一卷
附洪亮吉倉頡篇續一卷　（清）任大椿輯　倉
頡補本二卷　（清）陶方琦輯　清光緒十六年
(1890)江蘇書局刻本　二冊

230000－0901－0003482　C066023－25

江邨銷夏錄三卷　（清）高士奇撰　清康熙三十二年(1693)寶雲堂刻本　三冊

230000－0901－0003483　C055170－71

六經奧論六卷首一卷　（宋）鄭樵撰　清康熙十九年(1680)通志堂刻通志堂經解本　二冊

230000－0901－0003484　C055172

九經韻補一卷附錄一卷　（宋）楊伯嵒撰（清）錢侗考證　清嘉慶四年(1799)嘉定秦氏刻汗筠齋叢書本　一冊

230000－0901－0003485　C066030－31

雲左山房詩鈔八卷附卷一卷詩餘一卷試貼一卷　（清）林則徐撰　清光緒十二年(1886)林氏家刻本　二冊

230000－0901－0003486　C066032－35

漁洋山人精華錄十卷　（清）王士禎撰　清康熙三十九年(1700)刻漁洋遺書本　四冊

230000－0901－0003487　C066036－45

龍川文集三十卷首一卷附錄二卷辨誤考異二卷　（宋）陳亮撰　清同治七年(1868)永康胡氏退補齋刻金華叢書本　十冊

230000－0901－0003488　C066046－55

白香山詩長慶集二十卷後集十七卷別集一卷補遺二卷　（唐）白居易撰　清康熙四十二年(1703)一隅草堂刻本　十冊

230000－0901－0003489　C066072－87

求闕齋弟子記三十二卷　（清）王定安撰　清末刻本　十六冊

230000－0901－0003490　C066056－67

霜紅龕集四十卷詩餘三卷年譜一卷　（清）傅山撰　清宣統三年(1911)刻本　十二冊

230000－0901－0003491　C065950－55

義門先生集十二卷家書四卷　（清）何焯撰　清宣統元年(1909)刻本　六冊

230000－0901－0003492　C065956－67

四六叢話三十三卷選詩叢話一卷　（清）孫梅輯　清光緒七年(1881)刻本　十二冊

230000－0901－0003493　C065982－91

論語後案二十卷　（清）黃式三撰　清光緒九年(1883)浙江書局本　十冊

230000－0901－0003494　C065992－99

懷幽雜俎十二種　徐乃昌輯　清宣統三年(1911)南陵徐氏刻本　八冊

230000－0901－0003495　C066004－09

楹聯叢話十二卷續話四卷　（清）梁章鉅輯　清道光二十年(1840)刻本　六冊

230000－0901－0003496　C066010－13

積古齋鐘鼎彝器款識十卷　（清）阮元輯　清嘉慶九年(1804)刻本　四冊

230000－0901－0003497　C066017－20

白田草堂存稿二十四卷　（清）王懋竑撰　行狀一卷　（清）王箴聽等撰　清乾隆刻本　四冊

230000－0901－0003498　C066289－360

弘簡錄二百五十四卷　（明）邵經邦撰　續弘簡錄元史類編四十二卷　（清）邵遠平撰　清康熙二十七年(1688)邵遠平刻本　七十二冊

230000－0901－0003499　C019132－37

新刊增補萬病回春原本八卷　（明）龔廷賢撰　清嘉慶二十一年(1816)經餘堂刻本　六冊

230000－0901－0003500　C042894－909

本經疏證十二卷續疏六卷本經序疏要八卷（清）鄒澍撰　清道光二十九年(1849)湯用和等刻本　十六冊

230000－0901－0003501　C042910－12

落落齋遺集十卷　（明）李應昇撰　清光緒二十二年(1896)武進盛氏刻本　三冊

230000－0901－0003502　C042920－23

王孟詩評九卷　（宋）劉辰翁評　清光緒五年(1879)巴陵方氏碧琳琅館刻朱墨套印本　四冊

230000－0901－0003503　C042934－3093

淵鑑類函四百五十卷目錄四卷　（清）張英等撰　清刻本　一百六十冊

230000－0901－0003504　C043094－453

皇清經解一千四百卷　（清）阮元輯　清道光
九年(1829)廣東學海堂刻本　三百六十冊

230000－0901－0003505　C043454－613

重刊宋本十三經注疏附校勘記　（清）阮元輯
校　（清）盧宣旬摘錄　清嘉慶二十年(1815)
刻道光六年(1826)重修本　一百六十冊

230000－0901－0003506　C014578－014583

新訂四書補注備旨十卷　（明）鄧林撰　（清）
杜定基增訂　清宣統元年(1909)京都文成堂
刻本　六冊

230000－0901－0003507　C043632－43

蘇文忠公詩集五十卷目錄二卷　（宋）蘇軾撰
（清）紀昀評點　清同治八年(1869)翰墨園
刻朱墨套印本　十二冊

230000－0901－0003508　C043693－704

韓昌黎詩集編年箋注十二卷　（清）方世舉撰
清宣統二年(1910)石印本　十二冊

230000－0901－0003509　C043705－14

詞林紀事二十二卷　（清）張宗橚輯　**樂府指
迷一卷**　（宋）張炎撰　**詞旨一卷**　（宋）陸輔
撰　**詞韻考略一卷**　（清）許昂霄撰　清末掃
葉山房石印本　十冊

230000－0901－0003510　C014590－014593

于湖題襟集十卷　（清）袁昶輯　清光緒二十
一年(1895)桐廬袁氏刻漸西村舍彙刊本
四冊

230000－0901－0003511　C043726－33

識小類編八卷　（清）夏大觀輯　清嘉慶四年
(1799)巴陵李大玠刻本　八冊

230000－0901－0003512　C043735－40

隨園詩話十六卷補遺十卷　（清）袁枚撰　清
袁氏刻隨園三十種本　六冊　存十六卷(一
至三、七至八、十二至十六、補遺一至六)

230000－0901－0003513　C043741－42

毛詩品物圖考七卷　（日本）岡元鳳纂輯　清光
緒十二年(1886)上海積山書局石印本　二冊

230000－0901－0003514　C014595

山海經圖讚二卷附爾雅圖讚一卷　（晉）郭璞
撰　清光緒二十一年(1895)長沙葉氏郎園刻
觀古堂所刊書本　一冊

230000－0901－0003515　C043759－74

明儒學案六十二卷師說一卷　（清）黃宗羲撰
清康熙三十二年(1693)賈氏紫筼齋刻光緒
十二年(1886)賈敦忭重修本　十六冊

230000－0901－0003516　C014596

論語發疑四卷　（清）顧成章撰　清光緒十八
年(1892)木活字印本　一冊

230000－0901－0003517　C014601－014603

莊子集解八卷　王先謙撰　清宣統元年
(1909)思賢書局刻本　三冊

230000－0901－0003518　C090965

浙江省州縣額徵地丁核定徵數一卷　（□）
□□撰　清末疆恕齋刻本　一冊

230000－0901－0003519　C014604－014609

癸巳存稿十五卷　（清）俞正燮撰　清光緒十
年(1884)李宗煜等刻本　六冊

230000－0901－0003520　C014610

漢碑徵經一卷　（清）朱百度撰　清光緒十五
年(1889)廣雅書局刻廣雅書局叢書本　一冊

230000－0901－0003521　C014612－014615

浙志便覽七卷　（清）李應珏撰　清光緒十七
年(1891)杭城吏隱齋刻本　四冊

230000－0901－0003522　C014616－014617

**桐陰論畫二卷首一卷附錄一卷續一卷畫訣一
卷**　（清）秦祖永撰　清同治三年(1864)刻套
印本　二冊

230000－0901－0003523　C014674－014683

**籜石齋文集二十六卷十國詞箋略一卷詩集五
十卷**　（清）錢載撰　清光緒四年(1878)錢卿
和蘇州府署刻本　十冊

230000－0901－0003524　C055173

五經小學述二卷　（清）莊述祖撰　**校勘記一
卷**　（清）王銘西撰　（清）薛紹元撰　清光緒

九年（1883）刻本　一册

230000－0901－0003525　C014684－014693

日本國志四十卷首一卷　（清）黃遵憲編　清光緒二十四年（1898）浙江書局刻本　十册

230000－0901－0003526　C055174－77

說文解字注匡謬八卷　（清）徐承慶撰　清光緒歸安姚氏咫進齋刻本　四册

230000－0901－0003527　C055178－81

古文審八卷　（清）劉心源撰　清光緒十七年（1891）嘉魚劉氏龍江樓刻本　四册

230000－0901－0003528　C014695

清霞館論畫絕句一百首一卷　（清）吳修撰　清道光四年（1824）刻本　一册

230000－0901－0003529　C055182－87

省軒考古類編十二卷　（清）柴紹炳纂　（清）姚廷謙評　清雍正三年（1725）澹成堂刻本　六册

230000－0901－0003530　C055191－96

靈谷禪林志十五卷首一卷　（清）得鎧撰　（清）謝元福增輯　清光緒十三年（1887）謝元福刻本　六册

230000－0901－0003531　C055197－201

辛丑銷夏記五卷　（清）吳榮光撰　清光緒三十一年（1905）刻本　五册

230000－0901－0003532　C055202－05

文心雕龍十卷　（南朝梁）劉勰撰　（清）黃叔琳注　（清）紀昀評　清道光十三年（1833）兩廣節署刻朱墨套印本　四册

230000－0901－0003533　C055206－09

文心雕龍十卷　（南朝梁）劉勰撰　（清）張松孫輯注　（明）楊慎批點　清乾隆五十六年（1791）刻本　四册

230000－0901－0003534　C014696

晉書地理志新補正五卷　（清）畢沅撰　清光緒二十年（1894）刻廣雅書局叢書本　一册

230000－0901－0003535　C014697－014704

春秋穀梁經傳補注二十四卷首一卷末一卷

（清）鍾文烝撰　清光緒二年（1876）鍾氏信美室刻本　八册

230000－0901－0003536　C055216－21

三十家詩鈔六卷　（清）曾國藩輯　（清）王安定增輯　清同治十三年（1874）傳忠書局刻本　六册

230000－0901－0003537　C055222－41

唐文粹一百卷　（宋）姚鉉輯　**補遺二十六卷**　（清）郭麐輯　清光緒九年至十年（1883－1884）江蘇書局刻本　二十册

230000－0901－0003538　C014705

船塢論略一卷　（英國）傅蘭雅輯譯　（清）鍾天緯筆述　清末江南製造總局鉛印本　一册

230000－0901－0003539　C014729－014730

航海簡法四卷　（英國）那麗撰　（美國）金楷理口譯　（清）王德均筆述　清末刻本　二册

230000－0901－0003540　C014731－014734

生齋詩稿九卷　（清）方坰撰　清道光十七年（1837）刻本　四册

230000－0901－0003541　C014735－014738

萬國公法四卷　（美國）丁韙良譯　清同治三年（1864）京都崇實館刻本　四册

230000－0901－0003542　C014739

繪地法原一卷　（英國）□□撰　（美國）金楷理口譯　（清）王德均筆述　清末江南機器製造總局刻本　一册

230000－0901－0003543　C014742－014743

海軍調度要言三卷　（英國）擎核甫撰　（清）舒高第　（清）鄭昌棪譯　清末鉛印本　二册

230000－0901－0003544　C014744－014747

前敵須知四卷　（英國）克利賴撰　（清）舒高第　（清）鄭昌棪譯　清末江南製造總局鉛印本　四册

230000－0901－0003545　C014748－014749

開煤要法十二卷　（英國）士密德輯　（英國）傅蘭雅口譯　（清）王德均筆述　清末江南機器製造總局鉛印本　二册

230000－0901－0003546　C014750－014751

南宋雜事詩七卷　（清）沈嘉轍等撰　清同治十一年（1872）淮南書局刻本　二冊

230000－0901－0003547　C014764－014823

古經解彙函　（清）鍾謙鈞等輯　清同治十二年（1873）粤東書局刻本　六十冊

230000－0901－0003548　C043777

璇璣碎錦二卷　（清）萬樹撰　清光緒十四年（1888）似靜齋刻本　一冊

230000－0901－0003549　C043779

碧湖集二卷　（清）釋永光撰　清末萃錦園刻本　一冊

230000－0901－0003550　C043780

啓禎宮詞合刻二卷　（清）瞿紹基輯　清嘉慶十六年（1811）瞿氏鐵琴銅劍樓刻本　一冊

230000－0901－0003551　C043782－83

蘇子美文集十卷　（宋）蘇舜欽撰　清同治六年（1867）刻本　二冊

230000－0901－0003552　C043784－87

簡易醫訣四卷　（清）周雲章撰　清宣統元年（1909）周祖祐、周琛刻本　四冊

230000－0901－0003553　C043788

禊湖詩拾八卷首一卷　（清）徐達源輯　清嘉慶十五年（1810）孚遠堂刻本　一冊

230000－0901－0003554　C092571－76

敦艮齋時文不分卷　（清）徐潤第撰　清道光三十年（1850）刻本　六冊

230000－0901－0003555　C043789－92

毋自欺室文集十卷　（清）王炳燮撰　清光緒十一年（1885）津河廣仁堂刻本　四冊

230000－0901－0003556　C043793

唐書釋音二卷　（宋）董衝撰　清末刻本　一冊

230000－0901－0003557　C092577－82

唐陸宣公集二十二卷附陸宣公年譜輯略一卷　（唐）陸贄撰　清同治五年（1866）刻本　六冊

230000－0901－0003558　C043794

緝雅堂詩話二卷　（清）潘衍桐撰　清光緒十七年（1891）杭州刻本　一冊

230000－0901－0003559　C092583

天然和尚梅花詩一卷　（清）釋函罡撰　清刻本　一冊

230000－0901－0003560　C043795

新定三禮圖二十卷　（宋）聶崇義集注　清康熙十九年（1680）刻通志堂經解本　一冊

230000－0901－0003561　C092591

丹崖詩選三卷　（清）鄒光第撰　清末刻本　一冊

230000－0901－0003562　C092596

十八空論一卷　（後秦）釋鳩摩羅什譯　**百論二卷**　（唐）釋玄奘譯　**廣百論一卷**　（南朝陳）釋眞諦譯　清宣統三年（1911）刻本　一冊

230000－0901－0003563　C092597

發菩提心論二卷　（後秦）釋鳩摩羅什譯　清光緒十四年（1888）刻本　一冊

230000－0901－0003564　C014826－014827

錢南園先生遺集五卷　（清）錢灃撰　清光緒十九年（1893）浙江書局刻本　二冊

230000－0901－0003565　C092598

大乘法界無差別論疏二卷　（唐）釋法藏撰　清光緒二十一年（1895）刻本　一冊

230000－0901－0003566　C092599

靈峰蕅益大師梵室偶談一卷徹悟禪師語錄二卷　（明）釋智旭撰　清同治十年（1871）南京刻本　一冊

230000－0901－0003567　C014948－014951

札迻十二卷　（清）孫詒讓撰　清光緒二十年（1894）刻本　四冊

230000－0901－0003568　C014958－014963

數學精詳十一卷首一卷末一卷　（清）屈曾發撰　清同治十一年（1872）刻本　六冊

230000－0901－0003569　C014964－014983

說文解字注三十卷六書音韻表二卷　（清）段玉裁撰　清嘉慶十三年（1808）段氏經韻樓刻本　二十冊

230000－0901－0003570　C014984－014987

儀禮鄭注句讀十七卷監本正誤一卷石經正誤一卷　（清）張爾岐撰　清同治七年（1868）金陵書局刻本　四冊

230000－0901－0003571　C014988－014992

通商各國條約不分卷　（清）□□撰　清末鉛印本　五冊

230000－0901－0003572　C014993－014998

愚一錄十二卷　（清）鄭獻甫撰　清光緒四年（1878）仁和葛氏刻嘯園叢書本　六冊

230000－0901－0003573　C014999－015004

庸盦筆記六卷　（清）薛福成撰　清光緒二十三年至二十四年（1897－1898）蕭山陳光淞刻本　六冊

230000－0901－0003574　C015005－015012

代數通藝錄十六卷　（清）方愷撰　札記二卷（清）潘應祺撰　清光緒二十四年至二十七年（1898－1901）上海石印本　八冊

230000－0901－0003575　C015013－015020

明儒學案十六卷師說一卷　（清）黃宗羲撰　清光緒二十八年（1902）上海文瀾書局石印本　八冊

230000－0901－0003576　C015021－015044

鹿洲全集四十三卷　（清）藍鼎元撰　清雍正刻光緒六年（1880）藍佐修補本　二十四冊

230000－0901－0003577　C092600

大般涅槃經玄義二卷　（隋）釋灌頂撰　清光緒八年（1882）刻本　一冊

230000－0901－0003578　C092601

三論玄義二卷　（隋）釋吉藏撰　清光緒二十五年（1899）刻本　一冊

230000－0901－0003579　C092608－09

餘園詞稿四卷　（清）陸文鍵撰　清光緒十年（1884）刻本　二冊

230000－0901－0003580　C092613－20

恥躬堂文鈔十卷詩鈔十六卷　（清）彭士望撰　清咸豐二年（1852）刻本　八冊

230000－0901－0003581　C092621－24

師竹堂文集十四卷補遺一卷　（清）莫樹春撰　清道光二十八年（1848）至咸豐二年（1852）師竹堂刻本　四冊

230000－0901－0003582　C092625－30

松風閣詩鈔二十六卷　（清）彭蘊章撰　清同治七年（1868）刻本　六冊

230000－0901－0003583　C092631－50

大方廣佛華嚴經八十卷　（唐）釋實叉難陀譯　普賢行願品七十四卷　（唐）釋般若譯　清末刻本　二十冊

230000－0901－0003584　C090966－68

富國策三卷　（英國）法恩德撰　（清）汪鳳藻譯　清光緒八年（1882）上海美華書館鉛印本　三冊

230000－0901－0003585　C090975－83

針灸大成十卷　（明）楊繼洲撰　清光緒六年（1880）校經山房成記刻本　九冊

230000－0901－0003586　C090985－88

慈航集四卷　（清）王勛撰　清光緒十一年（1885）吳文祐等刻本　四冊

230000－0901－0003587　C092651－80

古文淵鑒六十四卷　（清）聖祖玄燁選　（清）徐乾學等編注　清尊經閣刻本　三十冊

230000－0901－0003588　C090991

文殊師利所說摩訶般若波羅蜜經一卷　（南朝梁）釋曼陀羅仙譯　清光緒元年（1875）江北刻經處刻本　一冊

230000－0901－0003589　C092681－86

[同治]景寧縣志十四卷首一卷末一卷　（清）周杰修　（清）嚴用光等纂　清同治十二年（1873）刻本　六冊

230000－0901－0003590　C092703－12

唐荊川先生文集十二卷外集三卷補遺五卷

（唐）唐順之撰　清光緒三十年（1904）刻本
十冊

230000－0901－0003591　C090992－95
大方廣佛華嚴經普賢行願品別行疏鈔十二卷
（唐）釋宗密撰　清末刻本　四冊

230000－0901－0003592　C092732－33
六藝綱目二卷附錄二卷　（元）舒天民撰
（元）舒恭注　（明）趙宜中附注　**札記一卷**
（清）管禮耕撰　清光緒七年（1881）汪氏籍書
移刻本　二冊

230000－0901－0003593　C090998
觀音十二圓覺經一卷　（□）□□撰　清宣統
元年（1909）翼化堂刻本　一冊

230000－0901－0003594　C090999
觀音十二圓覺經一卷　（□）□□撰　清光緒
九年（1883）刻本　一冊

230000－0901－0003595　C091000
頓悟入道要門論二卷　（唐）釋慧海撰　清宣
統二年（1910）刻本　一冊

230000－0901－0003596　C091001
三山論學記一卷　（意大利）艾儒略撰　清道
光二十七年（1847）刻本　一冊

230000－0901－0003597　C091002
三山論學記一卷　（意大利）艾儒略撰　清道
光二十七年（1847）刻本　一冊

230000－0901－0003598　C091007－08
文始眞經言外經旨二卷　（宋）陳顯微注　清
光緒五年（1879）終南山古樓觀說經臺刻本
二冊

230000－0901－0003599　C091009－10
四教義六卷　（隋）釋智顗撰　清末刻本
二冊

230000－0901－0003600　C091011
請觀音經疏一卷　（隋）釋智者大師說　（隋）
釋頂法師記　清末刻本　一冊

230000－0901－0003601　C091012
佛頂尊勝陀羅尼經一卷　（唐）釋佛陀波列譯

佛說佛頂尊勝陀羅尼經一卷　（唐）釋義淨
譯　**最勝佛頂陀羅尼淨除業障經一卷**　（唐）
釋地婆訶羅譯　**佛頂尊勝陀羅尼經一卷**
（唐）杜行顗譯　**佛頂最勝陀羅尼經一卷**
（唐）釋地婆訶羅譯　清末刻本　一冊

230000－0901－0003602　C091090
石洞貽芳集一卷　（明）郭鈇輯　（清）郭鍾儒
重輯　清行素齋刻本　一冊

230000－0901－0003603　C092734－43
禮記十卷　（元）陳澔集說　清光緒十九年
（1893）江南書局刻本　十冊

230000－0901－0003604　C092744－47
琴臺正續合刻　（清）汪守正輯　清嘉慶刻本
四冊

230000－0901－0003605　C092748－51
宛鄰書屋古詩錄十二卷　（清）張琦輯　清同
治八年（1869）刻宛鄰書屋叢書本　四冊

230000－0901－0003606　C092752－59
古文翼八卷　（清）唐德宜編　清光緒十九年
（1893）湖南經國書局刻本　八冊

230000－0901－0003607　C015057－015068
詩毛氏傳疏三十卷釋毛詩音四卷毛詩說一卷
毛詩傳義類一卷鄭氏箋考徵一卷　（清）陳奐
撰　清光緒九年（1883）徐子靜等刻本　十
二冊

230000－0901－0003608　C015069－015072
石笥山房文集四卷補遺一卷　（清）胡天游撰
清宣統元年（1909）國學扶輪社鉛印本
四冊

230000－0901－0003609　C015076－015115
欽定續通志六百四十卷　（清）嵇璜等撰　清
末石印本　四十冊

230000－0901－0003610　C015135－015136
詩傳旁通十五卷　（元）梁益撰　**三續千字文**
注一卷　（宋）葛剛正撰　清光緒二十三年
（1897）武進盛氏思惠齋刻常州先哲遺書本
二冊

230000－0901－0003611　C015196－015227

皇朝文獻通考三百卷　（清）嵇璜等撰　清光緒二十八年(1902)上海鴻寶書局石印九通本　三十二冊

230000－0901－0003612　C015228－015239

通典二百卷　（唐）杜佑撰　**考證一卷**　清光緒二十八年(1902)上海鴻寶書局石印九通本　十二冊

230000－0901－0003613　C015244－015252

新增說文韻府群玉二十卷　（元）陰時夫輯　(元)陰中夫注　清元亨堂刻本　九冊

230000－0901－0003614　C015253－015300

淵鑑類函四百五十卷目錄四卷　（清）張英等撰輯　清光緒十三年(1887)上海同文書局石印本　四十八冊

230000－0901－0003615　C043734

分隸偶存二卷　（清）萬經輯　清光緒八年(1882)刻本　一冊

230000－0901－0003616　C043797

新雕校證大字白氏諷諫一卷　（唐）白居易撰　清光緒十九年(1893)刻本　一冊

230000－0901－0003617　C043798

禹貢便讀二卷　（清）吳堃撰　清道光七年(1827)師善堂刻本　一冊

230000－0901－0003618　C043799－800

孟子篇敘七卷　（清）姜兆翀撰　清嘉慶五年(1800)漱芳書塾刻本　二冊

230000－0901－0003619　C043801－02

音通二卷　（清）陳宗彝撰　清宣統三年(1911)陳文麒影印本　二冊

230000－0901－0003620　C043803－04

周禮節訓六卷　（清）黃叔琳撰　清乾隆三十二年(1767)姚氏家塾刻本　二冊

230000－0901－0003621　C043805

周禮節訓六卷　（清）黃叔琳纂　清刻本　一冊

230000－0901－0003622　C043808－10

爾雅三卷　（晉）郭璞注　（唐）陸德明音義　清嘉慶清芳閣刻本　三冊

230000－0901－0003623　C043811

泥雪錄一卷附老學後盦憶語一卷　（清）何兆瀛撰　清光緒十四年(1888)武林刻本　一冊

230000－0901－0003624　C055243

韻字同異考辨二卷　（清）郭鑑庚輯　清道光刻本　一冊

230000－0901－0003625　C055244－45

爾雅蒙求二卷　（清）李拔式撰　清光緒十四年(1888)湖南崇德書局刻本　二冊

230000－0901－0003626　C055247

犢山類稿　（清）周鎬撰　清刻本　一冊　存三卷(課易存商一卷、讀書雜記一卷、隨筆雜記一卷)

230000－0901－0003627　C092760－67

阮亭選古詩三十二卷　（清）王士禎選　清同治五年(1866)金陵書局刻王漁洋遺書本　八冊

230000－0901－0003628　C092768－79

唐宋八家文讀本三十卷　（清）沈德潛輯評　清嘉慶十八年(1813)刻本　十二冊

230000－0901－0003629　C092780－85

清虛山房集十一卷　（清）王太岳撰　清光緒十九年(1893)刻本　六冊

230000－0901－0003630　C055248－49

徐孝穆全集六卷　（南朝陳）徐陵撰　（清）吳兆宜箋注　清揚州藝古堂刻本　二冊

230000－0901－0003631　C055250－53

說文韻譜校五卷　（清）王筠撰　清光緒歸安姚氏咫進齋刻本　四冊

230000－0901－0003632　C055254－55

六書準不分卷　（清）馮調鼎撰　清康熙十年(1671)刻本　二冊

230000－0901－0003633　C092786－93

陸陳二先生詩文鈔二十九卷　（清）葉裕仁輯　清同治九年(1870)光緒二年(1876)刻本　八冊

230000－0901－0003634　C092794－805

宋王忠公全集五十卷　（宋）王十朋撰　清光緒二年(1876)刻本　十二冊

230000－0901－0003635　C092806－13

水心先生文集二十九卷補遺一卷　（宋）葉適撰　清光緒八年(1882)刻本　八冊

230000－0901－0003636　C092814－37

御定全唐詩錄一百卷　（清）徐倬等輯　清石印本　二十四冊

230000－0901－0003637　C092838－42

禮記約編十卷　（清）汪基撰　清莘田家塾刻本　五冊

230000－0901－0003638　C066153－76

揅經室一集十四卷二集八卷三集五卷四集二卷四集詩十一卷續集十一卷外集五卷　（清）阮元撰　清道光三年(1823)文選樓刻本　二十四冊

230000－0901－0003639　C092857－64

妙法蓮華經臺宗會議十六卷　（明）釋智旭撰　清光緒十九年(1893)刻本　八冊

230000－0901－0003640　C066209－28

周禮正義八十六卷　（清）孫詒讓撰　清光緒三十一年(1905)鉛印本　二十冊

230000－0901－0003641　C092865－80

李太白文集三十六卷　（唐）李白撰　（清）王琦輯注　清寶笏樓刻本　十六冊

230000－0901－0003642　C092881

旅遊小草二卷　（清）華振撰　清光緒刻本　一冊

230000－0901－0003643　C092883－85

禪林僧寶三十卷續補一卷附錄一卷　（宋）釋惠洪撰　清光緒六年(1880)刻本　三冊

230000－0901－0003644　C092886－93

摩訶般若波羅蜜經三十卷　（後秦）釋鳩摩羅什　（後秦）僧叡譯　清光緒十一年(1885)刻本　八冊

230000－0901－0003645　C092894－99

禮記庭訓十二卷　（清）潘炳綱輯　清乾隆五十六年(1791)刻本　六冊

230000－0901－0003646　C092906－17

繡虎軒尺牘一集八卷二集八卷三集八卷　（清）曹煜撰　清傅萬堂刻本　十二冊

230000－0901－0003647　C092918－25

杜工部集二十卷　（唐）杜甫撰　（清）錢謙益箋注　清宣統三年(1911)鉛印本　八冊

230000－0901－0003648　C066261－72

李氏五種合刻　（清）李兆洛撰　清光緒十四年(1888)掃葉山房刻本　十二冊

230000－0901－0003649　C092940－3044

資治通鑑二百九十四卷　（宋）司馬光撰（元）胡三省音注　**通鑑釋文辯誤十二卷**（元）胡三省撰　清嘉慶二十一年(1816)胡克家刻本　一百〇五冊

230000－0901－0003650　C066273－88

前漢書一百卷　（漢）班固撰　（唐）顏師古注　清光緒十三年(1887)金陵書局刻本　十六冊

230000－0901－0003651　C102515－38

御製數理精蘊上編五卷下編四十卷表八卷（清）允祉等撰　清光緒二十二年(1896)上海博文書局石印本　二十四冊

230000－0901－0003652　C055256－57

東原文集十卷　（清）戴震撰　清乾隆曲阜孔氏刻微波榭叢書本　二冊

230000－0901－0003653　C102482

通天秘書要覽五卷　（清）纕堂偶編　清光緒三十二年(1906)上海書局石印本　一冊

230000－0901－0003654　C055258－69

唐文粹補遺二十六卷　（清）郭麐輯　清嘉慶二十四年(1819)金勇刻本　十二冊

230000－0901－0003655　C102466－81

五經味根錄三十八卷首五卷　題（清）竹林偘主人輯　清光緒十四年(1888)同文書局石印本　十六冊

230000 – 0901 – 0003656　C055270 – 94

劉武愼公遺書二十五卷　（清）劉長佑撰　清光緒二十六年（1900）鉛印本　二十五冊

230000 – 0901 – 0003657　C055295 – 302

何大復先生集三十八卷　（明）何景明撰　**附錄一卷**　（明）喬世寧等撰　清乾隆十五年（1750）賜策堂刻本　佚名批校圈點　八冊

230000 – 0901 – 0003658　C102135 – 46

四庫書目略二十卷附錄一卷　（清）費莫文良編　清同治九年（1870）刻本　十二冊

230000 – 0901 – 0003659　C055303 – 04

于肅愍公集八卷拾遺一卷　（明）于謙撰　**附錄一卷**　（明）李賓等撰　清光緒錢塘丁氏嘉惠堂刻武林往哲遺著本　二冊

230000 – 0901 – 0003660　C102493 – 514

御製曆象考成上編十六卷下編十卷　（清）允祿等撰　清光緒二十三年（1897）雙梧書局石印本　二十二冊

230000 – 0901 – 0003661　C055305 – 10

少保于公奏議十卷　（明）于謙撰　清光緒錢塘丁氏嘉惠堂刻武林往哲遺著本　六冊

230000 – 0901 – 0003662　C055323

八指頭陀詩集四卷　（清）釋敬安撰　清光緒十四年（1888）刻本　一冊

230000 – 0901 – 0003663　C102095 – 134

欽定四庫全書總目二百卷　（清）紀昀等撰　**四庫未收書目五卷**　（清）阮元撰　清光緒十四年（1888）石印本　四十冊

230000 – 0901 – 0003664　C055326 – 27

乖崖先生文集十二卷附錄一卷　（宋）張詠撰　清光緒八年（1882）獨山莫祥芝刻本　二冊

230000 – 0901 – 0003665　C102091 – 94

欽定四庫全書簡明目錄二十卷　（清）紀昀等撰　清光緒十四年（1888）石印本　四冊

230000 – 0901 – 0003666　C055777 – 808

說文通訓定聲十八卷分部檢韻一卷說雅一卷古今韻準一卷　（清）朱駿聲撰　清道光二十

八年（1848）黔縣學舍刻本　三十二冊

230000 – 0901 – 0003667　C055809 – 32

說文通訓定聲十八卷分部檢韻一卷說雅一卷古今韻準一卷　（清）朱駿聲撰　清道光二十八年（1848）黔縣學舍刻同治九年（1870）朱孔彰重修本　二十四冊

230000 – 0901 – 0003668　C055833 – 44

隋書八十五卷　（唐）魏徵　（唐）長孫無忌撰　**考異**　（清）薛壽撰　清同治十年（1871）淮南書局刻本　十二冊

230000 – 0901 – 0003669　C091091

濟上鴻泥圖題冊一卷　（清）張士珩輯　清宣統二年（1910）淞雲精舍鉛印本　一冊

230000 – 0901 – 0003670　C055845 – 56

國朝學案小識十四卷首一卷末一卷　（唐）唐鑑撰　清光緒十年（1884）刻本　十二冊

230000 – 0901 – 0003671　C015410 – 015411

蓬萊閣詩錄四卷　（清）陳克家撰　清同治二年（1863）刻朱印本　二冊

230000 – 0901 – 0003672　C055857 – 84

杜詩詳注二十五卷首一卷附編二卷　（唐）杜甫撰　（清）仇兆鰲輯注　清大文堂刻本　二十八冊

230000 – 0901 – 0003673　C055885 – 96

閱微草堂筆記二十四卷　（清）紀昀撰　清道光十五年（1835）紀樹馥刻本　十二冊

230000 – 0901 – 0003674　C055897 – 912

詞律二十卷　（清）萬樹撰　**詞律拾遺六卷**（清）徐本立撰　**詞律補遺一卷韻目一卷詞人姓氏錄一卷**　（清）杜文瀾撰　清光緒二年（1876）刻本　十六冊

230000 – 0901 – 0003675　C055913 – 34

春秋大事表五十卷輿圖一卷附錄一卷　（清）顧棟高撰　清乾隆十二年（1747）萬卷樓刻本　二十二冊

230000 – 0901 – 0003676　C056137 – 52

皇朝經世文續編一百二十卷　（清）葛士濬輯

清光緒二十二年(1896)寶善書局石印本
十六冊

230000－0901－0003677　C056065－136
**皇朝經世文編一百二十卷姓名總目二卷生存
姓名一卷**　（清）賀長齡輯　清咸豐元年
(1851)刻本　七十二冊

230000－0901－0003678　C056153－92
東三省政略十二卷　徐世昌輯　清宣統三年
(1911)鉛印本　四十冊

230000－0901－0003679　C015412－015414
續東軒遺集三卷　（清）高均儒撰　清光緒七
年(1881)刻本　三冊

230000－0901－0003680　C015415－015422
大雲山房文稾初集四卷二集四卷言事二卷
（清）惲敬撰　清同治二年(1863)惲世臨刻本
八冊

230000－0901－0003681　C015423－015429
隸釋二十七卷隸續二十一卷　（宋）洪适撰
隸釋刊誤一卷　（清）黃丕烈撰　清同治十年
(1871)皖南洪氏晦木齋刻本　七冊

230000－0901－0003682　C015430－015445
欽定書經圖說五十卷　（清）孫家鼐等撰　清
光緒三十一年(1905)武英殿石印本　十六冊

230000－0901－0003683　C015446－015495
策學備纂三十二卷　（清）蔡啓盛　（清）吳穎
炎輯　清光緒二十年(1894)上海點石齋石印
本　五十冊

230000－0901－0003684　C015496－015543
增補事類統編九十三卷首一卷　（清）黃葆眞
輯　清咸豐十年(1860)丹陽黃氏刻本　四十
八冊

230000－0901－0003685　C109419－109423
增廣廿二史策案十二卷首一卷補一卷　（清）
王鎔輯　清光緒二年(1876)刻本　五冊

230000－0901－0003686　C109424－109431
楹聯叢話十二卷續話四卷巧對錄八卷　（清）
梁章鉅輯　清道光二十年至二十九年(1840

－1849)刻本　八冊

230000－0901－0003687　C109473－109474
讀史論略二卷　（清）杜詔撰　清光緒二十八
年(1902)大學堂刻本　二冊

230000－0901－0003688　C109488
經略洪承疇奏對筆記二卷　（清）洪承疇撰
清光緒九年(1883)刻新刻奏對合編本　一冊

230000－0901－0003689　C109490－109493
莊子因六卷　（清）林雲銘撰　清康熙二十七
年(1688)刻本　四冊

230000－0901－0003690　C109494－109499
艮齋先生薛常州浪語集三十五卷　（宋）薛季
宣撰　清同治十年(1871)瑞安孫氏治善祠塾
刻永嘉叢書本　六冊

230000－0901－0003691　C109500－109503
欽定四庫全書附存目錄十卷　（清）胡虔撰
清刻本　四冊

230000－0901－0003692　C109504
竹軒雜著六卷　（宋）林季仲撰　清光緒二年
(1876)瑞安孫氏治善祠塾刻永嘉叢書本
一冊

230000－0901－0003693　C109505－109514
廣雁蕩山志二十六卷　（清）曾唯輯　清刻本
十冊

230000－0901－0003694　C109515
楊監筆記一卷　（明）楊德澤撰　清宣統二年
(1910)上虞羅氏刻玉簡齋叢書本　一冊

230000－0901－0003695　C109516
**天子肆獻祼饋食禮纂三卷朝廟宮室攷一卷田
賦攷一卷**　（清）任啓運撰　清光緒十四年
(1888)任道鎔家塾刻本　一冊

230000－0901－0003696　C021386－465
明史稿三百十卷目錄三卷　（清）王鴻緒撰
清雍正敬慎堂刻本　八十冊

230000－0901－0003697　C022243－322
洪北江全集　（清）洪亮吉撰　清光緒刻本
八十冊

230000－0901－0003698　C055490－609

國朝古文彙鈔初集一百七十六卷首一卷二集一百卷首一卷　（清）朱琦輯　清道光二十六年（1846）吳江沈氏世美堂刻本　一百二十冊

230000－0901－0003699　C052287－334

御批歷代通鑑輯覽一百二十卷　（清）傅恆等撰　清同治十年（1871）浙江書局刻朱墨套印本　四十八冊

230000－0901－0003700　C052355－402

子史精華一百六十卷　（清）允祿等撰　清乾隆五十五年（1790）張松孫刻本　四十八冊

230000－0901－0003701　C052239－86

子史精華一百六十卷　（清）允祿等撰　清刻本　四十八冊

230000－0901－0003702　C052518－77

欽定續通志六百四十卷　（清）嵇璜等撰　清光緒二十七年（1901）上海圖書集成局鉛印九通本　六十冊

230000－0901－0003703　C052578－707

九通全書　（清）□□輯　清光緒二十七年（1901）貫吾齋石印本　一百三十冊

230000－0901－0003704　C052708－68

南巡盛典一百二十卷　（清）高晉纂　清乾隆刻本　六十一冊　存一百十七卷（二至四十九、五十一至八十五、八十七至一百二十）

230000－0901－0003705　C052769－848

隨園三十種　（清）袁枚撰　清乾隆嘉慶刻本　八十冊

230000－0901－0003706　C053218－41

司馬溫公文集八十二卷　（宋）司馬光撰　明天啓七年（1627）吳時亮刻清康熙十六年（1677）林芃四十七年（1708）蔣起龍同治四年（1865）戴儒珍遞修本　二十四冊

230000－0901－0003707　C053420－619

淵鑑類函四百五十卷目錄四卷　（清）張英等撰　清清吟堂刻本　二百冊

230000－0901－0003708　C109522－109533

聖武記十四卷　（清）魏源撰　清道光二十六年（1846）古微堂刻本　十二冊

230000－0901－0003709　C109534－109593

御批歷代通鑑輯覽一百二十卷　（清）傅恆等撰　清同治十一年（1872）湖北崇文書局刻本　六十冊

230000－0901－0003710　C109641－109647

靈樞經九卷　（清）張志聰集注　清光緒十六年（1890）浙江書局刻本（卷七補配）　八冊

230000－0901－0003711　C109652－109653

皇朝謚法考五卷續編一卷補編一卷　（清）鮑康輯　清光緒三年（1877）永康胡鳳丹退補齋刻本　二冊

230000－0901－0003712　C109654

武林新年雜詠一卷　（清）舒紹言等撰　清光緒七年（1881）丁氏嘉惠堂刻武林掌故叢編本　一冊

230000－0901－0003713　C109655

魏書校勘記一卷　王先謙撰　清光緒九年（1883）長沙王氏刻王益吾所刻書本　一冊

230000－0901－0003714　C109656－109658

金華文萃書目提要八卷　（清）胡鳳丹編　清同治八年（1869）胡氏退補齋刻本　三冊

230000－0901－0003715　C109663－109710

十萬卷樓叢書初編　（清）陸心源輯　清光緒歸安陸氏刻本　四十八冊

230000－0901－0003716　C109711－109713

秦漢瓦當文字二卷續一卷　（清）程敦輯　清光緒影印本　三冊

230000－0901－0003717　C109742－109753

欽定四庫全書簡明目錄二十卷首一卷　（清）紀昀等撰　清同治七年（1868）廣東書局刻本　十二冊

230000－0901－0003718　C109795－109796

枝山文集四卷　（明）祝枝山撰　清同治十三年（1874）元和祝氏刻本　二冊

230000－0901－0003719　C053680－85

春秋穀梁注疏二十卷　（晉）范甯集解　（唐）陸德明音義　（唐）楊士勛疏　清乾隆四年(1739)刻本　六冊

230000－0901－0003720　C053929－76

經籍纂詁一百○六卷補遺一百○六卷首一卷　（清）阮元等撰　清同治十二年(1873)淮南書局補刻本　四十八冊

230000－0901－0003721　C054519－58

武林掌故叢編　（清）丁丙輯　清光緒錢塘丁氏嘉惠堂刻本　四十冊　存十集(一至十)

230000－0901－0003722　C054623－702

資治通鑑補二百九十四卷　（宋）司馬光撰　（元）胡三省音注　（明）嚴衍補　清光緒二年(1876)武進盛康思補樓木活字印本　八十冊

230000－0901－0003723　C054585－96

西堂全集　（清）尤侗撰　清康熙刻本　十二冊

230000－0901－0003724　C054597－612

詞綜三十八卷　（清）朱彝尊輯　（清）汪森增輯　（清）王昶續輯　清嘉慶八年(1803)三泖漁莊刻本　十六冊

230000－0901－0003725　C054613－16

古文苑二十一卷　（宋）章樵注　清光緒九年至十二年(1883－1886)江蘇書局刻本　四冊

230000－0901－0003726　C055330－489

欽定全唐文一千卷總目三卷　（清）董誥等輯　清嘉慶二十三年(1818)揚州詩局刻本　一百六十冊

230000－0901－0003727　C055665－776

硃批諭旨不分卷　（清）鄂爾泰等輯　清刻朱墨套印本　一百十二冊

230000－0901－0003728　C091093

學堂日記故事圖說一卷　（清）晦齋氏輯　清同治七年(1868)刻本　一冊

230000－0901－0003729　C091094

學部奏酌量變通初等小學章程摺一卷變通中學堂課程分為文科實科摺一卷　（清）□□撰

清宣統三年(1911)鉛印本　一冊

230000－0901－0003730　C091095

官書錄二卷　（清）武陽志書局輯　清光緒六年(1880)武陽志書局刻本　一冊

230000－0901－0003731　C091096

守岐公牘彙存一卷　（清）張兆棟撰　清光緒四年(1878)木活字印本　一冊

230000－0901－0003732　C091097

趙文毅公奏疏五卷遼事疏附錄一卷　（明）趙用賢撰　清光緒二十二年(1896)常熟趙氏承啟堂刻本　一冊

230000－0901－0003733　C091100－03

易堂問目四卷　（清）吳鼎撰　清乾隆三十七年(1772)鄒容成刻本　四冊

230000－0901－0003734　C091104－14

庚子山集十六卷　（北周）庾信撰　（清）倪璠注　年譜一卷集總釋一卷　（清）倪璠撰　清光緒六年(1880)廣州經史閣刻本　十一冊

230000－0901－0003735　C091126－51

杜詩詳注二十五卷諸家詠杜附錄二卷首一卷　（唐）杜甫撰　（清）仇兆鰲輯注　清康熙刻本　二十六冊

230000－0901－0003736　C091190－207

宋詩鈔初集一百○八卷　（清）吳之振等輯　清康熙刻本　十八冊　缺十五卷(秋崖小稿鈔一卷、清儁集鈔一卷、晞髮集鈔一卷晞髮近稿鈔一卷附天地間集一卷、文山詩鈔一卷、先天集鈔一卷、白石樵唱鈔一卷、山民詩鈔一卷、水雲詩鈔一卷、隆吉詩鈔一卷、潛齋詩鈔一卷、參寥詩鈔一卷、石門詩鈔一卷、花蕊詩鈔一卷)

230000－0901－0003737　C091208－13

唐詩選六卷　王闓運輯　清光緒二年(1876)成都尊經書局刻本　六冊

230000－0901－0003738　C091234－44

去偽齋集十卷附錄一卷闕疑一卷　（明）呂坤撰　清道光七年(1827)刻本　十一冊

230000－0901－0003739　C102059－90

欽定四庫全書總目二百卷　（清）紀昀等撰
清宣統二年（1910）石印本　三十二冊

230000－0901－0003740　C102027－38
中西匯通醫書五種　（清）唐宗海撰　清光緒
三十四年（1908）上海千頃堂書局刻本　十
二冊

230000－0901－0003741　C102021－26
南天痕二十六卷附錄一卷　（清）西亭凌雪撰
清宣統二年（1910）上海新學會社鉛印本
六冊

230000－0901－0003742　C109806－109885
玉函山房輯佚書　（清）馬國翰輯　清刻同治
十年（1871）濟南皇華館書局補刻本　八十冊

230000－0901－0003743　C101735－2014
武英殿聚珍版全書一百四十八種　（清）□□
撰　清乾隆四十二年（1777）福建刻道光二十
七年（1847）修補增刻本　二百八十冊

230000－0901－0003744　C110033－110040
籌濟編三十二卷首一卷　（清）楊景仁輯　清
道光九年（1829）仁和費丙章刻本　八冊

230000－0901－0003745　C110046
四禮翼一卷　（明）呂坤撰　（清）朱軾評點
清光緒八年（1882）津河廣仁堂刻本　一冊

230000－0901－0003746　C110049－110112
欽定禮記義疏八十二卷首一卷　（清）鄂爾泰
等撰　清乾隆紫陽書院刻本　六十四冊

230000－0901－0003747　C110113－110160
儀禮經傳通解六十九卷目錄一卷　（宋）朱熹
撰　清乾隆聚錦堂刻本　四十八冊

230000－0901－0003748　C110190－110197
日本訪書志十六卷　楊守敬撰　清光緒二十
三年（1897）蘇園刻本　八冊

230000－0901－0003749　C110208
秦蜀驛程後記二卷　（清）王士禎撰　清刻王
漁洋遺書本　一冊

230000－0901－0003750　C043817－22
管城碩記三十卷　（清）徐文靖撰　清乾隆九

年（1744）志寧堂刻本　六冊　存二十二卷
（一至十四、二十三至三十）

230000－0901－0003751　C110212－110216
攜雪堂文集一卷詩集一卷罔極編一卷時文一
卷試帖一卷　（清）吳可讀撰　清光緒十九年
（1893）刻本　五冊

230000－0901－0003752　C110217－110218
八宅明鏡二卷　（清）箬冠道人撰　陰符玄解
一卷　（清）范宜賓注　清乾隆五十五年
（1790）善成堂刻本　二冊

230000－0901－0003753　C110222－110233
故唐律疏議三十卷　（唐）長孫無忌等撰　清
光緒十七年（1891）沈家本等刻本　十二冊

230000－0901－0003754　C043823－28
定盦文集三卷續集四卷續錄一卷古今體詩二
卷雜詩一卷詞選一卷詞錄一卷　（清）龔自珍
撰　清同治七年（1868）吳煦刻本　六冊

230000－0901－0003755　C101673－722
廬陵周益國文忠公集一百六十二卷　（宋）周
必大撰　清道光二十八年（1848）刻本　五
十冊

230000－0901－0003756　C102539－42
御纂周易折中二十二卷　（清）李光地等撰
清光緒十四年（1888）上海點石齋石印本
四冊

230000－0901－0003757　C102543－45
欽定書經傳說彙纂二十一卷　（清）王頊齡等
撰　清光緒十四年（1888）上海點石齋石印本
三冊

230000－0901－0003758　C102546－49
欽定詩經傳說彙纂二十一卷　（清）王鴻緒等
撰　清光緒十四年（1888）上海點石齋石印本
四冊

230000－0901－0003759　C102550－559
欽定禮記義疏八十二卷　（清）鄂爾泰等撰
清光緒十四年（1888）上海點石齋石印本
十冊

230000－0901－0003760　C043829－30

御製圓明園詩二卷　（清）高宗弘曆撰　（清）
鄂爾泰等注　清光緒十三年(1887)天津石印
書屋石印本　二冊

230000－0901－0003761　C102560－64

欽定春秋傳說彙纂三十八卷　（清）王掞等撰
清光緒十四年(1888)上海點石齋石印本
五冊

230000－0901－0003762　C102566－67

濟陰綱目十四卷　（明）武之望輯著　清光緒
三十三年(1907)上海文瑞樓石印本　二冊

230000－0901－0003763　C043831

**德國海軍條議一卷創設海軍條議一卷附錄三
卷**　（清）徐建寅譯　清光緒十三年(1887)石
印本　一冊

230000－0901－0003764　C043832

餐鞠軒詩草一卷附祭文一卷　（清）伍淡如撰
清光緒十四年(1888)刻本　一冊

230000－0901－0003765　C091245

二亭詩鈔六卷　（清）朱篔撰　清嘉慶十三年
(1808)朱慎履等刻本　一冊

230000－0901－0003766　C102575－82

梁氏筆記三種　（清）梁章鉅撰　清宣統三年
(1911)上海掃葉山房石印本　八冊

230000－0901－0003767　C043835－36

方孩未先生集十六卷　（明）方震孺撰　清嘉
慶二十二年(1817)樹德堂刻本　二冊　存七
卷(一至七)

230000－0901－0003768　C102586

寶生編一卷附慈幼編一卷　題（清）亟齋居士
撰　清道光四年(1824)刻本　一冊

230000－0901－0003769　C091246－47

硯壽堂詩鈔八卷詩餘一卷詩續鈔二卷　（清）
吳存楷撰　清嘉慶二十三年(1818)刻道光三
年(1823)續刻錢塘吳氏合集本　二冊

230000－0901－0003770　C091249

三君遺稿四卷　（清）謝光綺輯　清光緒二十

六年(1900)謝光綺刻本　一冊

230000－0901－0003771　C102666－71

史記菁華錄六卷　（清）姚苧田輯　清光緒八
年(1882)刻朱墨套印本　六冊

230000－0901－0003772　C043841－44

白華山人詩集十六卷詩說二卷　（清）厲志撰
清光緒九年(1883)厲學潮刻民國二十五年
(1936)重修本　四冊

230000－0901－0003773　C091250

孫可之文集十卷　（唐）孫樵撰　清光緒二年
(1876)馮氏刻三唐人集本　一冊

230000－0901－0003774　C081251－93

**晦庵先生朱文公文集一百卷目錄二卷續集五
卷別集七卷**　（宋）朱熹撰　清康熙刻本(卷
四十四至四十五、五十三配清末本)　四十
三冊

230000－0901－0003775　C102674－79

杜詩鏡銓二十卷　（清）楊倫撰　**讀書堂杜工
部文集注解二卷**　（清）張潯評注　清光緒十
八年(1892)鉛印本　六冊

230000－0901－0003776　C091294－317

文選六十卷　（南朝梁）蕭統輯　（唐）李善等
注　**文選考異十卷**　（清）胡克家撰　清同治
八年(1869)湖北崇文書局刻本　二十四冊

230000－0901－0003777　C043845－49

徐州二遺民集十卷　（清）馮煦輯　清光緒十
九年(1893)臨川桂中行刻本　五冊

230000－0901－0003778　C102680－81

德意志全史二卷　（日本）河上清撰　褚嘉猷
譯　清光緒二十九年(1903)鉛印本　二冊

230000－0901－0003779　C043850－52

缶廬詩九卷　（清）吳俊卿撰　清光緒十九年
(1893)刻本　三冊

230000－0901－0003780　C091318－333

**吳詩集覽二十卷補注二十卷談藪二卷談藪拾
遺一卷**　（清）吳偉業撰　（清）靳榮藩輯注
清乾隆四十年(1775)凌雲亭刻本　十六冊

175

230000－0901－0003781　C043854

映盦詞一卷　（清）夏敬觀撰　清光緒三十三年(1907)刻本　一冊

230000－0901－0003782　C043855－62

駢體文鈔三十一卷　（清）李兆洛輯　清光緒八年(1882)刻本　八冊

230000－0901－0003783　C091334－35

西圃集十卷　（清）潘遵祁撰　清光緒二十三年(1897)刻本　二冊

230000－0901－0003784　C043863－65

爾雅三卷　（晉）郭璞撰　（唐）陸德明音義　清光緒二十一年(1895)金陵書局刻本　三冊

230000－0901－0003785　C091341－46

汪龍莊先生遺書　（清）汪輝祖撰　清同治元年(1862)吳氏望三益齋刻本　六冊

230000－0901－0003786　C043911－42

皇朝五經彙解二百七十卷　（清）抉經心室主人輯　清光緒十四年(1888)鴻文書局石印本　三十二冊

230000－0901－0003787　C091373－84

讀書紀數略五十四卷　（清）宮夢仁編　清光緒六年(1880)山陰宋氏刻十三年(1887)懺花盦叢書本　十二冊

230000－0901－0003788　C091385－88

東萊博議四卷　（宋）呂祖謙撰　清光緒二十四年(1898)尚友堂刻本　四冊

230000－0901－0003789　C091394－99

養晦堂文集十卷詩集二卷　（清）劉蓉撰　清光緒三年(1877)思賢精舍刻本　六冊

230000－0901－0003790　C091400－19

金華詩錄六十卷外集六卷別集四卷書後一卷　（清）朱琰編　清乾隆三十八年(1773)金華府學刻本　二十冊

230000－0901－0003791　C091429－32

重訂李義山詩集箋注三卷集外詩箋注一卷年譜一卷　（清）朱鶴齡撰　（清）程夢星刪補　清乾隆九年(1744)江都汪增寧東柯草堂刻本　四冊

230000－0901－0003792　C091442－45

齊莊中正堂詩鈔十五卷　（清）殷兆鏞撰　清光緒五年(1879)刻本　四冊

230000－0901－0003793　C091446－47

新刊合併官板音義評注淵海子平五卷　（宋）徐升編　明崇禎七年(1634)刻本　二冊

230000－0901－0003794　C091457－66

尚絅堂詩集五十二卷詞集二卷駢體文二卷　（清）劉嗣綰撰　清同治八年(1869)刻宣統二年(1910)印本　十冊

230000－0901－0003795　C091467－78

梅村詩集箋注十八卷　（清）吳偉業撰　（清）吳翌鳳箋注　清嘉慶十九年(1814)嚴榮滄浪吟榭刻本　十二冊

230000－0901－0003796　C091479－86

南村草堂文鈔二十卷　（清）鄧顯鶴撰　清咸豐元年(1851)刻本　八冊

230000－0901－0003797　C091487－98、98之一

古書隱樓藏書　（清）閔苕旉輯　清道光吳興金蓋山純陽宮刻本　十三冊

230000－0901－0003798　C091499

曾文正公詩集四卷　（清）曾國藩撰　清同治十三年(1874)傳忠書局刻曾文正公全集本　一冊

230000－0901－0003799　C102696－703

昌黎先生集四十卷　（唐）韓愈撰　清宣統三年(1911)千頃堂石印本　八冊

230000－0901－0003800　C102716－17

東社讀史隨筆二卷　（清）獨醒主人撰　清光緒三十一年(1905)鑄記書局石印本　二冊

230000－0901－0003801　C102958－61

四書講義續困勉錄六卷　（清）陸隴其撰　清刻本　四冊

230000－0901－0003802　C102962－67

四書訓解參證十二卷補遺四卷續補編四卷　（清）張定鋆撰　清咸豐二年(1852)刻本　六冊

230000－0901－0003803　C102968－73

周禮六卷　（漢）鄭玄注　（唐）陸德明音義
清嘉慶十一年(1806)張青選清芬閣刻本
六冊

230000－0901－0003804　C102974－97

金文最一百二十卷首一卷　（清）張金吾輯
清光緒八年(1882)刻本　二十四冊

230000－0901－0003805　C102998－3021

聖武記十四卷　（清）魏源撰　清道光二十二
年(1842)刻本　二十四冊

230000－0901－0003806　C091505－10

瑞芝山房文鈔八卷　（清）戴變元輯　清光緒
三年(1877)刻丹徒戴氏叢刻本　六冊

230000－0901－0003807　C103022－41

湖海文傳七十五卷　（清）王昶輯　清道光十
七年(1837)刻本　二十冊

230000－0901－0003808　C091511－14

瑞芝山房詩鈔八卷　（清）戴變元輯　清光緒
元年(1875)刻本　四冊

230000－0901－0003809　C091515－31

黃巖集三十二卷首一卷黃巖集續錄二卷
(清)王棻　（清）王蜆輯　黃巖志校義一卷
(清)王棻撰　清光緒三年(1877)刻本　十
七冊

230000－0901－0003810　C103042－45

樊川文集二十卷外集一卷別集一卷　（唐）杜
牧撰　清光緒二十二年(1896)刻本　四冊

230000－0901－0003811　C103062－85

鹿洲全集四十二卷　（清）藍鼎元撰　清雍正
刻光緒六年(1880)修補本　二十四冊

230000－0901－0003812　C091535

盛世芻蕘三卷　（□）□□撰　清同治二年
(1863)刻本　一冊

230000－0901－0003813　C091537－42

三魚堂文集十二卷外集六卷　（清）陸隴其撰
　賸言十二卷　（清）陳濟輯　清同治七年
(1868)武林薇署刻本　六冊

230000－0901－0003814　C103086－159

崇文書局彙刻書　（清）崇文書局輯　清光緒
崇文書局刻本　七十四冊

230000－0901－0003815　C091543－52

義停山館集七種二十八卷　（□）□□撰　清
同治十三年(1874)刻本　十冊　缺一卷(溺
女警心錄一)

230000－0901－0003816　C103046－61

唐人五十家小集　（清）江標輯　清光緒靈鶼
閣影印本　十六冊

230000－0901－0003817　C103200－249

平津館叢書　（清）孫星衍輯　清嘉慶孫氏刻
本　五十冊

230000－0901－0003818　C103160－99

元書一百〇二卷首一卷　（清）曾廉撰　清宣
統三年(1911)刻本　四十冊

230000－0901－0003819　C091553－54

經史百家簡編二卷　（清）曾國藩輯　清同治
十三年(1874)傳忠書局刻曾文正公全集本
二冊

230000－0901－0003820　C103250－55

四書集注十九卷　（宋）朱熹撰　清臨桂毓蘭
書屋刻本　六冊

230000－0901－0003821　C103256－59

四書說約三十三卷　（明）鹿善繼撰　清道光
二十八年(1848)刻本　四冊

230000－0901－0003822　C103260－63

初唐四傑文集二十一卷　（清）□□輯　清光
緒五年(1879)淮南書局刻本　四冊

230000－0901－0003823　C103264－69

顯志堂稿十二卷　（清）馮桂芬撰　清光緒刻
本　六冊

230000－0901－0003824　C103270－73

岳忠武王文集八卷首一卷末一卷　（宋）岳飛
撰　清光緒二年(1876)刻本　四冊

230000－0901－0003825　C103274－76

于湖小集六卷附金陵雜事詩一卷　（清）袁昶

撰　清光緒刻本　三冊

230000－0901－0003826　C103277－96

春融堂集六十八卷　（清）王昶撰　清光緒十八年（1892）刻本　二十冊

230000－0901－0003827　C103297－320

雲自在龕叢書　繆荃孫輯　清光緒十七年（1891）江陰繆氏刻本　二十四冊

230000－0901－0003828　C091555－74

經史百家雜鈔二十六卷　（清）曾國藩輯　清光緒二年（1876）傳忠書局刻曾文正公全集本　二十冊

230000－0901－0003829　C091575－82

潛庵先生遺稿五卷志學會約一卷洛學編五卷疏稿一卷家書一卷　（清）湯斌撰　清康熙乾隆貽安書堂刻本　八冊

230000－0901－0003830　C091583－602

樂善堂全集四十卷目錄四卷日知薈說四卷（清）高宗弘曆撰　清刻本　二十冊

230000－0901－0003831　C091603

粗粗話一卷　（清）陳良漢撰　清光緒二十年（1894）奉化縣署刻本　一冊

230000－0901－0003832　C091605

般若波羅蜜多心經一卷　（唐）釋玄奘譯　**金剛般若波羅蜜經一卷**　（後秦）釋鳩摩羅什譯　**佛說無量壽經二卷**　（三國魏）釋康僧鎧譯　**佛說觀無量壽佛經一卷**　（南朝宋）釋畺良耶舍譯　清同治十二年（1873）金陵刻經處刻本　一冊

230000－0901－0003833　C043948－49

國朝名人小簡二卷　吳曾祺輯　清宣統元年（1909）商務印書館鉛印本　二冊

230000－0901－0003834　C043950

小謨觴館文集四卷　（清）彭兆蓀撰　清光緒七年（1881）近性慶刻本　一冊

230000－0901－0003835　C091644－49

花宜館詩鈔十六卷續存一卷無腔村笛二卷（清）吳振棫撰　清同治四年（1865）吳文墕京

師刻本　六冊

230000－0901－0003836　C043952

漫游紀略四卷　（清）王澐撰　清光緒鉛印申報館叢書本　一冊

230000－0901－0003837　C043954－59

昌黎先生全集四十卷外集十卷遺文一卷集傳一卷　（唐）韓愈撰　明末葛氏永懷堂刻本　六冊

230000－0901－0003838　C091650－55

兩當軒集二十二卷附錄四卷　（清）黃景仁撰　**考異二卷**　（清）黃志述輯　清光緒二年（1876）家塾刻本　六冊

230000－0901－0003839　C043960－63

國朝漢學師承記八卷附國朝經師經義目錄一卷　（清）江藩撰　清光緒二十二年（1896）修竹山房刻本　四冊　存八卷（一至八）

230000－0901－0003840　C091671

率性闡微一卷　題（清）玄洲老人素陽子撰（清）日新氏自然子注解　清道光咸豐刻本　一冊

230000－0901－0003841　C043964－65

比雅十九卷　（清）洪亮吉撰　清咸豐七年（1857）刻粵雅堂叢書本　二冊

230000－0901－0003842　C043975－76

小滄浪筆談四卷　（清）阮元撰　清光緒二十六年（1900）江蘇書局刻本　二冊

230000－0901－0003843　C043977－80

定香亭筆談四卷　（清）阮元撰　清光緒二十五年（1899）浙江書局刻本　四冊

230000－0901－0003844　C091672

無量壽經起信論三卷觀無量壽佛經約論一卷阿彌陀經約論一卷　（清）彭際清撰　清同治十一年（1872）如皋刻經處刻本　一冊

230000－0901－0003845　C043981－82

病榻夢痕錄二卷　（清）汪輝祖撰　清嘉慶刻本　二冊

230000－0901－0003846　C110245－110284

康熙字典三十六卷總目一卷檢字一卷辨似一卷等韻一卷補遺一卷備考一卷 （清）張玉書等撰 清刻本 四十冊

230000－0901－0003847 C043983

爾雅三卷 （晉）郭璞注 （唐）陸德明音義 清同治金陵書局刻十三經讀本本 一冊

230000－0901－0003848 C091673

無量壽經起信論三卷觀無量壽佛經約論一卷阿彌陀經約論一卷 （清）彭際清撰 清同治十一年（1872）如皋刻經處刻本 一冊

230000－0901－0003849 C091674

無量壽經起信論三卷觀無量壽佛經約論一卷阿彌陀經約論一卷 （清）彭際清撰 清同治十一年（1872）如皋刻經處刻本 一冊

230000－0901－0003850 C110295－110298

山洋指迷四卷 （明）周景一撰 （清）俞歸璞 （清）吳卿瞻增注 清康熙五十二年（1713）刻本 四冊

230000－0901－0003851 C110308－110309

大方廣圓覺修多羅了義經直解二卷 （唐）釋佛陀多羅譯 （明）釋德清解 清光緒十年（1884）杭城昭慶寺慧空經房刻本 二冊

230000－0901－0003852 C110311

西游錄注一卷 （元）耶律楚材撰 （清）李文田注 清宣統二年（1910）上虞羅氏刻玉簡齋叢書本 一冊

230000－0901－0003853 C110312

異語十九卷 （清）錢坫撰 清宣統二年（1910）上虞羅氏刻玉簡齋叢書本 一冊

230000－0901－0003854 C111356－111359

古玉圖攷不分卷 （清）吳大澂撰 清季上海同文書局石印本 四冊

230000－0901－0003855 C110813－111347

二十四史 清同治光緒五省官書局刻光緒五年（1879）湖北書局彙印本 五百三十五冊

230000－0901－0003856 C111380

泰西事物起原一卷 （日本）澀江保撰 （清）

廣智書局譯述 清光緒二十八年（1902）廣智書局鉛印本 一冊

230000－0901－0003857 C111385－111386

鐵橋漫稿八卷 （清）嚴可均撰 清光緒十一年（1885）蔣氏心矩齋刻本 二冊 存四卷（五至八）

230000－0901－0003858 C111387

彭游行紀一卷重游五斗山行紀一卷中川行紀一卷 （清）黃雲鵠撰 清光緒刻蜀游編本 一冊

230000－0901－0003859 C111388

鄭氏詩譜攷正一卷 （清）丁晏撰 清光緒刻邵武徐氏叢書本 一冊

230000－0901－0003860 C091683

茶夢盦爐餘詞一卷劫後稿一卷 （清）高祖曾撰 寫糜樓遺詞一卷 （清）陳嘉撰 清同治九年（1870）刻本 一冊

230000－0901－0003861 C091628

輕世金書四卷 （明）陽瑪諾譯 清道光二十八年（1848）刻本 一冊

230000－0901－0003862 C091684

松石齋詩集六卷 （明）趙用賢撰 清光緒二十二年（1896）常熟趙氏承啓堂刻本 一冊

230000－0901－0003863 C091685－88

思貽堂書簡八卷 （清）黃文琛撰 清同治十二年（1873）張楫刻本 四冊

230000－0901－0003864 C091689－98

柏梘山房文集十六卷續集一卷詩集十卷續集二卷駢體文二卷 （清）梅曾亮撰 清咸豐六年（1856）刻本 十冊

230000－0901－0003865 C091699

三字經訓詁一卷 （清）王相撰 千字文釋義一卷 （南朝梁）周興嗣撰 （清）孫謙益注 百家姓考略一卷 （清）王相箋注 清徐士葉刻本 一冊

230000－0901－0003866 C091702－05

經韻集字析解二卷拾遺補注一卷經有韻無字

一卷補遺一卷全韻字數一卷 (清)彭良敞集注 (清)熊守謙參訂 清刻本 四册

230000－0901－0003867 C091710－15
戴東原集十二卷 (清)戴震撰 **戴東原先生年譜一卷覆校劄記一卷** (清)段玉裁撰 清宣統二年(1910)渭南嚴氏孝義家塾刻本 六册

230000－0901－0003868 C091716
汶民遺文一卷 (清)孫傳鳳撰 清光緒二十一年(1895)江氏師鄦室刻本 一册

230000－0901－0003869 C056207－10
字典考證不分卷 (清)王引之撰 清愛日堂刻本 四册

230000－0901－0003870 C056211－18
駢雅訓纂十六卷序目一卷附補遺 (清)魏茂林撰 清道光二十五年(1845)魏氏有不為齋刻咸豐元年(1851)補刻本 八册

230000－0901－0003871 C056219－26
春秋左傳杜注補輯三十卷 (清)姚培謙撰 清同治五年(1866)金陵書局刻十三經讀本本 八册

230000－0901－0003872 C056227－34
有正味齋駢體文箋二十四卷 (清)吳錫麒撰 (清)王廣業箋 清咸豐九年(1859)青箱塾刻本 八册

230000－0901－0003873 C056235－39
音韻闡微十八卷 (清)李光地等撰 清光緒七年(1881)淮南書局刻本 五册

230000－0901－0003874 C091717
倫敦竹枝詞一卷 題(清)局中門外漢撰 清光緒十四年(1888)刻觀自得齋叢書本 一册

230000－0901－0003875 C091718
汶民叢稿一卷 (清)孫傳鳳撰 清光緒味經廬刻本 一册

230000－0901－0003876 C091719－22
大雲山房文稾初集四卷二集四卷言事二卷 (清)惲敬撰 清同治二年(1863)惲世臨刻本 四册

230000－0901－0003877 C091723－24
童蒙記誦編二卷 (清)周保璋撰 清光緒二十三年(1897)刻本 二册

230000－0901－0003878 C091436－39
小學弦歌八卷 (清)李元度編 清光緒五年(1879)刻本 四册

230000－0901－0003879 C091751－66
虚齋名畫錄十六卷 龐元濟撰 清宣統元年(1909)烏程龐氏刻本 十六册

230000－0901－0003880 C091767－72
袁文合箋十六卷 (清)袁枚撰 (清)王廣業集箋 清光緒八年(1882)青箱塾刻本 六册

230000－0901－0003881 C091773－76
潛研堂詩集十卷續集十卷 (清)錢大昕撰 清嘉慶十一年(1806)潛研堂全書本 四册

230000－0901－0003882 C091777－84
柏梘山房文集十六卷續集一卷詩集十卷續集二卷駢體文二卷 (清)梅曾亮撰 清咸豐六年(1856)刻本 八册

230000－0901－0003883 C091785－86
列女傳七卷續列女傳一卷 (漢)劉向撰 (清)梁端校注 清道光十七年(1837)振綺堂刻同治十三年(1874)重修本 二册

230000－0901－0003884 C091796
令德堂增定課兒鑑略妥注善本五卷 (明)李廷機撰 (清)鄒聖脈增訂 清大興堂刻本 一册

230000－0901－0003885 C091804－07
古文筆法百篇二十卷首一卷 (清)李扶九編 (清)黃仁黼評 清光緒八年(1882)滇南書局刻本 四册

230000－0901－0003886 C091808－09
東萊先生古文關鍵二卷 (宋)呂祖謙評選 清光緒元年(1875)番禺韓氏經畬草堂刻本 二册

230000－0901－0003887 C091810－14
定盦文集三卷續集四卷補編四卷雜詩一卷詞

選一卷詞錄一卷 （清）龔自珍撰 清光緒二十三年(1897)萬本書堂刻本 五冊

230000－0901－0003888 C091815－18

儀禮易讀十七卷 （清）馬駉輯 清悅六齋刻本 四冊

230000－0901－0003889 C091819

繪圖周禮便蒙課本六卷 （清）黃叔琳撰 （清）南洋官書局增訂 清光緒三十二年(1906)南洋官書局石印本 一冊

230000－0901－0003890 C091820

儀禮約編三卷 （清）汪基撰 清康熙刻本 一冊

230000－0901－0003891 C091823

陶靖節詩集四卷 （晉）陶潛撰 東坡和陶詩集一卷 （宋）蘇軾撰 清乾隆二年(1737)刻本 一冊

230000－0901－0003892 C091827

半舫齋古文八卷 （清）夏之蓉撰 （清）戴祖啓批點 清乾隆五十年(1785)刻本 一冊 存二卷(七至八)

230000－0901－0003893 C091828

杜詩集吟二卷 （明）楊光溥集句 明楊東野刻本 一冊

230000－0901－0003894 C091829

五經文字三卷 （唐）張參撰 九經字樣一卷 （唐）唐玄度撰 五經文字疑一卷九經字樣疑一卷 （清）孔繼涵撰 清乾隆三十三年(1768)曲阜孔氏紅櫚書屋刻本 一冊

230000－0901－0003895 C091830－35

養晦堂詩集二卷文集十卷 （清）劉蓉撰 清光緒三年(1877)思賢精舍刻本 六冊

230000－0901－0003896 C056240－45

廣事類賦四十卷 （清）華希閔輯 清乾隆五十八年(1793)繡谷周氏令德堂刻本 六冊

230000－0901－0003897 C056246－49

白虎通疏證十二卷 （清）陳立撰 清光緒元年(1875)淮南書局刻本 四冊

230000－0901－0003898 C056250－52

述學內篇三卷外篇一卷補遺一卷別錄一卷 （清）汪中撰 清道光汪喜孫刻本 三冊

230000－0901－0003899 C056253－54

詩義擇從四卷 （清）易佩紳撰 清光緒十四年(1888)刻本 二冊

230000－0901－0003900 C056255－56

因明入正理論疏八卷 （唐）釋窺基撰 清光緒二十二年(1896)金陵刻經處刻本 二冊

230000－0901－0003901 C056257－59

有正味齋駢體文二十四卷 （清）吳錫麒撰 清嘉慶刻本(目錄抄配) 三冊

230000－0901－0003902 C056260

呂東萊先生文集四卷 （宋）呂祖謙撰 （□）□□校注 清康熙五十年(1711)正誼堂刻本 一冊

230000－0901－0003903 C111418－111419

女四書二卷 （清）王相箋注 清光緒十一年(1885)刻本 二冊

230000－0901－0003904 C056261－62

游定夫先生集六卷首一卷末一卷 （宋）游酢撰 清同治六年(1867)和州官舍刻本 二冊

230000－0901－0003905 C056263－67

陸氏傳家集 （清）陸乃普撰 清同治十一年(1872)義經堂刻本 五冊

230000－0901－0003906 C111420－111421

通鑑論二卷 （宋）司馬光撰 （清）季時亮編輯 （清）孫同潞校補 清光緒二十七年(1901)常昭排印局木活字印本 二冊

230000－0901－0003907 C056268－79

當湖文系初編二十八卷 （清）朱壬林輯 清光緒十五年(1889)朱仁積刻本 十二冊

230000－0901－0003908 C111423

胡繩集詩鈔三卷 （明）范壺貞撰 清乾隆天游閣刻光緒五年(1879)印本 一冊

230000－0901－0003909 C111424

湖南百詠一卷 （清）吳萃恩撰 清光緒四年

(1878)小瓠庵刻本　一冊

230000－0901－0003910　C111436

吳中舊事一卷　（元）陸友仁撰　**平江記事一卷**　（元）高德基撰　**燼餘錄二卷**　（元）城北遺民撰　清光緒吳縣謝氏刻望炊樓叢書本一冊

230000－0901－0003911　C111462

浙西六家詞十一卷　（清）龔翔麟輯　清康熙錢塘龔氏玉玲瓏閣刻本　一冊　存六卷（耒邊詞一至二、黑蝶齊詞一、紅藕莊詞一至三卷）

230000－0901－0003912　C111471－111474

玉谿生詩詳注三卷首一卷　（唐）李商隱撰（清）馮浩注　清光緒德聚堂刻本　四冊

230000－0901－0003913　C111480－111485

周禮六卷　（漢）鄭玄注　（唐）陸德明音義清宣統元年（1909）學部圖書局石印本　六冊

230000－0901－0003914　C056280－87

寶綸堂集十卷拾遺一卷　（明）陳洪綬撰　清光緒十四年（1888）會稽董氏取斯堂木活字印本　八冊

230000－0901－0003915　C111486－111490

論語不分卷　清光緒三十三年（1907）學部圖書局石印本　五冊

230000－0901－0003916　C111493－111498

六經補疏二十卷　（清）焦循撰　清道光六年（1826）半九書塾刻焦氏叢書本　六冊

230000－0901－0003917　C056288－93

南軒先生文集四十四卷　（宋）張栻撰　清刻本　六冊

230000－0901－0003918　C056294－320

三蘇全集　（宋）蘇洵　（宋）蘇軾　（宋）蘇轍撰　清道光十二年（1832）眉州三蘇祠刻本二十七冊

230000－0901－0003919　C056321－44

法苑珠林一百卷　（唐）釋道世撰　清道光七年（1827）燕園蔣氏刻光緒三年（1877）常熟三

峰寺釋照塵重修本　二十四冊

230000－0901－0003920　C056345－54

斯文精粹不分卷　（清）尹繼善輯　清乾隆二十九年（1764）尹繼善刻本　十冊

230000－0901－0003921　C056355－66

憺園文集三十五卷　（清）徐乾學撰　清康熙三十六年（1697）刻本　十二冊

230000－0901－0003922　C056367－68

白華絳柎閣詩集十卷　（清）李慈銘撰　清光緒十六年（1890）王繼香刻本　二冊

230000－0901－0003923　C056369－72

國朝駢體正宗十二卷　（清）曾燠輯　清嘉慶十一年（1806）賞雨茅屋刻本　四冊

230000－0901－0003924　C056377－84

望溪集不分卷　（清）方苞撰　清乾隆十一年（1746）程崟刻本　八冊

230000－0901－0003925　C056385－86

古小賦鈔二卷　（清）鄭掄才　（清）蔣承志輯清嘉慶十七年（1812）刻本　二冊

230000－0901－0003926　C043988－95

士禮居藏書題跋記六卷　（清）黃丕烈撰　清光緒八年（1882）刻本　八冊

230000－0901－0003927　C044003

說文雙聲二卷　（清）劉熙載　（清）陳宗彝輯清光緒刻本　一冊

230000－0901－0003928　C044004

夢鷗閣詩鈔一卷　（清）許銓撰　**夢鷗閣題詞一卷**　（清）許銓編　清道光刻民國九年（1920）印本　一冊

230000－0901－0003929　C044012－15

未灰齋文集八卷外集一卷　（清）徐鼒撰　清咸豐十一年（1861）刻本　四冊

230000－0901－0003930　C044024－26

求己錄三卷　（清）陶葆廉撰　清光緒二十七年（1901）志強書舍影印本　三冊

230000－0901－0003931　C044027－34

古文辭類纂七十五卷　（清）姚鼐輯　清同治
八年(1869)問竹軒刻本　八冊

230000－0901－0003932　C044035

四明近體樂府十四卷附卷一卷　（清）袁鈞編
　清刻本　一冊

230000－0901－0003933　C044036－175

御纂七經　　清光緒十四年(1888)戶部刻本
　一百四十冊

230000－0901－0003934　C056388－91

倚晴樓詩集十二卷續集四卷詩餘四卷　（清）
黃燮清撰　清咸豐七年至同治九年(1857－
1870)刻倚晴樓集本　四冊

230000－0901－0003935　C056392－97

柏梘山房文集十六卷續集一卷詩集十卷續集
二卷駢體文二卷　（清）梅曾亮撰　清咸豐六
年(1856)刻本　六冊

230000－0901－0003936　C056398

眉綠樓詞一卷　（清）顧文彬撰　清光緒五年
(1879)刻本　一冊

230000－0901－0003937　C111518－111521

全史宮詞二十卷　（清）史夢蘭撰　清咸豐六
年(1856)史氏家刻本　四冊

230000－0901－0003938　C111534－111549

荊駝逸史　題(清)陳湖逸士輯　清宣統三年
(1911)中國圖書館石印本　十六冊

230000－0901－0003939　C111594－111607

孟子十四卷　（戰國）孟軻撰　清光緒三十四
年(1908)學部圖書局石印本　十四冊

230000－0901－0003940　C111608－111611

重訂全唐詩話八卷　（宋）尤袤撰　（清）孫濤
訂　清宣統三年(1911)三樂堂石印本　四冊

230000－0901－0003941　C111628－111633

醫方集解三卷　（清）汪昂撰　清初文盛堂刻
本　六冊

230000－0901－0003942　C111674－111679

明季稗史彙編二十七卷　題(清)留雲居士輯
　清光緒二十二年(1896)上海圖書集成印書

局鉛印本　六冊

230000－0901－0003943　C111687－111692

鴻雪因緣圖記六卷　（清）麟慶撰　清光緒十
二年(1886)上海點石齋刻本　六冊

230000－0901－0003944　C093045－50

國語二十一卷　（三國吳）韋昭注　札記一卷
　（清）黃丕烈撰　考異四卷　（清）汪遠孫撰
　清嘉慶五年(1800)刻本　六冊

230000－0901－0003945　C093051－55

戰國策三十三卷　（漢）高誘注　札記三卷
（清）黃丕烈撰　清光緒三年(1877)刻本
五冊

230000－0901－0003946　C093057－61

論語十卷孟子七卷　（宋）朱熹集注　清同治
十三年(1874)刻朱墨套印本　五冊

230000－0901－0003947　C093062－63

史鑑節要便讀六卷　（清）鮑東里輯　清同治
六年(1867)刻本　二冊

230000－0901－0003948　C093064

斷腸詞一卷　（宋）宋淑眞撰　簫臺公餘詞一
卷　（宋）姚述堯撰　清光緒十三年(1887)刻
本　一冊

230000－0901－0003949　C093101－106

范文正公集二十卷別集四卷政府奏議二卷尺
牘二卷年譜一卷　（宋）范仲淹撰　清歲寒堂
刻本　六冊

230000－0901－0003950　C093136－37

弦詩塾詩六卷　（清）姚清華撰　清光緒六年
(1880)刻十九年(1893)金山程氏補讀書齋彙
印金山姚程三先生遺集本刻　二冊

230000－0901－0003951　C093138

味無味齋駢文二卷　（清）董兆熊撰　清同治
十三年(1874)刻本　一冊

230000－0901－0003952　C093139－47

禮記十卷　（元）陳澔集說　清同治七年
(1868)崇文書局刻本　十冊

230000－0901－0003953　C093148－53

阿毗達磨俱舍論三十卷　（印度）釋世親撰（唐）釋玄奘譯　清宣統三年（1911）常州天寧寺刻本　六冊

230000－0901－0003954　C093154－65
大方廣佛華嚴經著述集要二十二種　（□）□□撰　清同治九年至光緒二十五年（1870－1899）刻本　十二冊

230000－0901－0003955　C093166－70
梵網經心地品菩薩戒義疏發隱五卷事義一卷問辯一卷　（明）釋袾宏撰　清光緒二十二年至二十四年（1896－1898）金陵刻經處刻本　五冊

230000－0901－0003956　C056399
日湖漁唱一卷補遺一卷續補遺一卷　（宋）陳允平撰　清道光九年（1829）秦氏享帚精舍刻詞學叢書本　一冊

230000－0901－0003957　C056400－03
唐駢體文鈔十七卷　（清）陳均輯　清同治十二年（1873）陳古樵刻本　四冊

230000－0901－0003958　C093171－78
大方等大集經三十卷　（北涼）釋曇無讖譯　清光緒七年至八年（1881－1882）常熟刻經處刻本　八冊

230000－0901－0003959　C093180
金剛般若波羅蜜經直解一卷　（□）□□撰　清嘉慶十八年（1813）青浦客安刻本　一冊

230000－0901－0003960　C093181－83
金剛般若波羅蜜經注解一卷　（後秦）釋鳩摩羅什譯　（明）釋宗泐　（明）釋如玘注　附般若波羅蜜多心經注解一卷　（唐）釋玄奘譯（明）釋宗泐　（明）釋如玘注　清光緒二年（1876）長沙刻經處刻本　三冊

230000－0901－0003961　C093186－201
考信錄三十七卷　（清）崔述撰　清陳履和、孔廣沅刻本　十六冊

230000－0901－0003962　C093202－03
因明入正理論疏八卷　（唐）釋窺基撰　清光

緒二十二年（1896）金陵刻經處刻本　二冊

230000－0901－0003963　C093204
表孝錄一卷　（清）沈翼清等撰　清光緒十三年（1887）刻本　一冊

230000－0901－0003964　C093214－16
顯揚聖教論二十卷　（唐）釋玄奘譯　清宣統元年（1909）揚州藏經院刻本　三冊

230000－0901－0003965　C093217－19
宗範八卷首一卷　（清）錢伊庵輯　清光緒十二年（1886）金陵刻經處刻本　三冊

230000－0901－0003966　C093222
仁王護國般若波羅蜜多經二卷　（後秦）釋鳩摩羅什譯　清末刻本　一冊

230000－0901－0003967　C056414－23
陔餘叢考四十三卷　（清）趙翼撰　清乾隆五十六年（1791）湛貽堂刻本　十冊

230000－0901－0003968　C056424－33
學詩詳說三十卷正詁五卷　（清）顧廣譽撰　清光緒三年（1877）顧鴻昇刻本　十冊

230000－0901－0003969　C056434－35
西澗草堂集四卷詩集四卷　（清）閻循觀撰　清乾隆三十八年（1773）樹滋堂刻西澗草堂全集本　二冊

230000－0901－0003970　C056436
因勉齋私記四卷　（清）閻循觀撰　清乾隆三十八年（1773）樹滋堂刻西澗草堂全集本　一冊

230000－0901－0003971　C056437
尚書讀記一卷春秋一得一卷　（清）閻循觀撰　清乾隆三十八年（1773）樹滋堂刻本　一冊

230000－0901－0003972　C056438－42
王荊文公詩五十卷補遺一卷　（宋）王安石撰（宋）李璧箋注　清乾隆六年（1741）張宗松刻本　五冊

230000－0901－0003973　C056445－52
復初齋文集三十五卷　（清）翁方綱撰　（□）□□批點　清光緒三年（1877）李以恆刻本　八冊

230000－0901－0003974　C093224

八楞伽心玄義一卷　（唐）釋法藏撰　清光緒
十八年(1892)金陵刻經處刻本　一冊

230000－0901－0003975　C111732－111741

繪圖增像西游記一百回　（明）吳承恩撰
（清）陳士斌詮解　清光緒十五年(1889)上海
廣百宋齋鉛印本　十冊

230000－0901－0003976　C111774－111777

詩集傳八卷　（宋）朱熹撰　清光緒三十四年
(1908)學部圖書局石印本　四冊

230000－0901－0003977　C093225

楞嚴咒疏　（清）續法大師撰　清刻本　一冊

230000－0901－0003978　C093226－29

高僧傳初集十五卷首一卷　（南朝梁）釋慧皎
撰　清光緒十年(1884)金陵刻經處刻本
四冊

230000－0901－0003979　C093230－43

御選語錄十九卷　（清）世宗胤禛輯　清光緒
四年(1878)金陵刻經處刻本　十四冊

230000－0901－0003980　C093244

十二門論宗教義記三卷　（唐）釋法藏撰　清
光緒二十一年(1895)金陵刻經處刻本　一冊

230000－0901－0003981　C093255

欲海回狂集三卷　（清）周安士撰　清光緒三
年(1877)比丘妙然刻本　一冊

230000－0901－0003982　C112137－112138

周易四卷　清錫山二酉堂刻本　二冊

230000－0901－0003983　C112139

重訂合聲簡字譜一卷　（清）勞乃宣撰　清光
緒三十二年(1906)江寧刻本　一冊

230000－0901－0003984　C112140－112145

四書或問三十九卷　（宋）朱熹撰　清同治十
二年(1873)霍山劉氏五忠堂刻本　六冊

230000－0901－0003985　C112146－112149

顯志堂稿十二卷　（清）馮桂芬撰　清光緒二
年(1876)馮氏校邠廬刻本　四冊

230000－0901－0003986　C112150－112153

古唐詩合解十二卷　（清）王堯衢註　清光緒
九年(1883)溧陽德潤鉎刻本　四冊

230000－0901－0003987　C112154－112157

天一閣見存書目四卷首一卷末一卷　（清）薛
福成編　清光緒十五年(1889)無錫薛氏刻本
四冊

230000－0901－0003988　C112158－112163

中西紀事二十四卷　（清）夏燮撰　清同治四
年(1865)刻本　六冊

230000－0901－0003989　C112164

澄懷園語四卷　（清）張廷玉撰　清光緒六年
(1880)刻本　一冊

230000－0901－0003990　C112165

韻山堂詩集七卷補遺一卷　（清）王文誥撰
清光緒十四年(1888)浙江書局刻本　一冊

230000－0901－0003991　C112166－112167

疑年錄四卷　（清）錢大昕撰　**疑年錄續四卷**
（清）吳修撰　清嘉慶刻本　二冊

230000－0901－0003992　C112168－112169

文廟通考六卷首一卷　（清）牛樹梅撰　清同
治十一年(1872)浙江書局刻本　二冊

230000－0901－0003993　C112170

韓非子錄要一卷　（清）沈保靖撰　清宣統元
年(1909)刻怡雲堂全集本　一冊

230000－0901－0003994　C111742－111757

佩文齋書畫譜一百卷　（清）孫岳頒等輯　清光
緒九年(1883)上海同文書局石印本　十六冊

230000－0901－0003995　C093267

佛說觀彌勒菩薩王上生兜率陀天經一卷
（南朝宋）釋沮渠京聲譯　**佛說彌勒下生經一
卷**　（後秦）釋鳩摩羅什譯　清光緒三年
(1877)金陵刻經處刻本　一冊

230000－0901－0003996　C093270－73

靈峰蕅益大師選定淨土十要十卷　（□）□□
撰　清光緒二十年(1894)廣陵藏經禪院刻本
四冊

230000－0901－0003997　C093283－84

大佛頂如來密因修證了義諸菩薩萬行首楞嚴
經十卷　（唐）釋般刺蜜帝譯　清宣統元年
(1909)文室書局石印本　二冊

230000－0901－0003998　C093286

大乘起信論直解二卷疏二卷　（明）釋馬明撰
（明）釋德清直解　（唐）釋法藏疏　清光緒
十六年(1890)刻本　三冊

230000－0901－0003999　C093296－97

大乘中觀釋論十卷　（宋）釋惟淨等譯　清光
緒三十四年(1908)金陵刻經處刻本　二冊

230000－0901－0004000　C093298－99

林間錄二卷後集一卷　（宋）釋惠洪撰　清光
緒二十七年(1901)刻本　二冊

230000－0901－0004001　C093302－03

維摩詰所說經注八卷　（後秦）釋鳩摩羅什譯
（後秦）釋僧肇注　清光緒十三年(1887)金
陵刻經處刻本　二冊

230000－0901－0004002　C056461－67

養晦堂詩集二卷文集十卷　（清）劉蓉撰　清
光緒三年(1877)思賢精舍刻本　七冊

230000－0901－0004003　C056468－69

論語話解十卷　（清）陳澧撰　清光緒刻廣仁
堂所刻書本　二冊

230000－0901－0004004　C056470－71

唐韻考五卷　（清）紀容舒撰　清光緒六年
(1880)定州王氏謙德堂刻畿輔叢書朱印本
二冊

230000－0901－0004005　C056472

明賢蒙正錄二卷　（清）彭定求輯　清同治九
年(1870)刻長洲彭氏家集本　一冊

230000－0901－0004006　C056475－76

遊志續編一卷　（元）陶宗儀輯　清光緒十二
年(1886)新陽趙氏刻新陽趙氏叢刻本　二冊

230000－0901－0004007　C056477－81

格致古微六卷　（清）王仁俊撰　清光緒二十
二年(1896)吳縣王氏刻本　五冊

230000－0901－0004008　C056498－521

魏書一百十四卷附考證　（北齊）魏收撰　清
光緒十年(1884)上海同文書局影印二十四史
本　二十四冊

230000－0901－0004009　C056522－45

北史一百卷附考證　（唐）李延壽撰　清光緒
二十九年(1903)五洲同文書局影印二十四史
本　二十四冊

230000－0901－0004010　C056546－55

隨園詩話十六卷補遺十卷　（清）袁枚撰　清
乾隆十四年(1749)隨園刻本　十冊

230000－0901－0004011　C056556－63

新學偽經考十四卷　康有為撰　清光緒十七
年(1891)武林望雲樓石印本　八冊

230000－0901－0004012　C056564－79

聊齋志異新評十六卷　（清）蒲松齡撰　（清）
王士禎評　（清）但明倫新評　清道光二十二
年(1842)廣順但氏刻朱墨套印本　十六冊

230000－0901－0004013　C114431－46

史記一百三十卷　（漢）司馬遷撰　（南朝宋）
裴駰集解　（唐）司馬貞索隱　（唐）張守節正
義　清光緒四年(1878)金陵書局刻本　十
六冊

230000－0901－0004014　C114447－62

前漢書一百卷　（漢）班固撰　（唐）顏師古注
清同治八年(1869)金陵書局刻本　十六冊

230000－0901－0004015　C114463－78

後漢書一百卷　（南朝宋）范曄撰　（唐）李賢
注　志三十卷　（晉）司馬彪撰　（南朝梁）劉
昭注補　清同治八年(1869)金陵書局刻本
十六冊

230000－0901－0004016　C114479－86

三國志六十五卷　（晉）陳壽撰　（南朝宋）裴
松之注　清同治九年(1870)金陵書局刻本
八冊

230000－0901－0004017　C114487－506

晉書一百三十卷　（唐）房玄齡等撰　音義三

卷 （唐）何超撰 清同治十年(1871)金陵書局刻本 二十冊

230000－0901－0004018 C112187

大學辨業四卷 （清）李塨撰 清康熙四十年(1701)刻本 一冊

230000－0901－0004019 C112188

宋金仁山先生大學疏義一卷 （宋）金履祥撰 清雍正七年(1729)婺郡東藕塘賢祠義學刻率祖堂叢書本 一冊

230000－0901－0004020 C112189

算學書目提要三卷 丁福保撰 清光緒二十五年(1899)無錫竢實學堂刻疇隱廬叢書本 一冊

230000－0901－0004021 C112190

易漢學八卷 （清）惠棟撰 清光緒二十二年(1896)彙文軒刻本 一冊 存三卷(一至三)

230000－0901－0004022 C112191

尚書繹聞一卷 （清）史致準撰 清光緒刻史伯平先生所著書本 一冊

230000－0901－0004023 C112195

蕉雪山房詩鈔三卷詩餘一卷 （清）張寶璵撰 清嘉慶二十四年(1819)張期書三味樓刻本 一冊

230000－0901－0004024 C112198

官話合聲字母一卷 （清）王照撰 清光緒二十九年(1903)裱褙胡同義塾刻本 一冊

230000－0901－0004025 C112201－112202

節本泰西新史攬要八卷 （英國）李提摩太譯文 （清）周慶雲節錄 清光緒二十七年(1901)夢坡室刻本 二冊

230000－0901－0004026 C112205

于湖小集六卷 （清）袁昶撰 清末民國水明樓刻本 一冊 存三卷(一至三)

230000－0901－0004027 C112206

雪鴻小稾一卷 （清）吳樹芳撰 清光緒二十七年(1901)刻本 一冊

230000－0901－0004028 C112209－112214

詩經集注八卷 （宋）朱熹撰 清末李光明莊刻本 六冊

230000－0901－0004029 C112215－112216

爾雅直音二卷 （清）孫侃撰 清光緒六年(1880)常熟抱芳閣刻本 二冊

230000－0901－0004030 C112217

泰雲堂駢體文集二卷 （清）孫爾準撰 清同治九年(1870)周巨連刻泰雲堂集本 一冊

230000－0901－0004031 C112219

筆算便覽五卷 （清）紀大奎撰 清嘉慶十三年(1808)刻紀慎齋先生全集本 一冊

230000－0901－0004032 C112220

漢官儀三卷 （宋）劉攽撰 清道光四年(1824)揚州穆西堂影宋刻本 一冊

230000－0901－0004033 C112221

詩經拾遺一卷 （清）郝懿行撰 清光緒八年(1882)東路廳署刻郝氏遺書本 一冊

230000－0901－0004034 C112222

孟子編年四卷 （清）狄子奇撰 清光緒十三年(1887)浙江書局刻孔孟編年本 一冊

230000－0901－0004035 C112223

論語發隱一卷孟子發隱一卷 （清）楊文會注 清刻本 一冊

230000－0901－0004036 C112224

歐美政體通覽一卷 （日本）上野貞吉撰 （清）出洋學生編輯所譯述 清光緒二十九年(1903)上海商務印書館鉛印政學叢書本 一冊

230000－0901－0004037 C112226

書目答問四卷 （清）張之洞撰 清光緒刻本 一冊

230000－0901－0004038 C112227－112232

孫子十家注十三卷 （宋）吉天保輯 **遺說一卷** （宋）鄭友賢撰 **敘錄一卷** （清）畢以珣撰 清光緒三年(1877)浙江書局刻二十二子本 六冊

230000－0901－0004039 C112234－112235

儀禮易讀十七卷　（清）馬駧輯　清乾隆二十年(1755)山陰縣學刻本　二冊

230000－0901－0004040　C091836

小有齋自娛集一卷　（清）徐鈞撰　清光緒六年(1880)刻徐遯齋先生全集本　一冊

230000－0901－0004041　C091837

遲鴻軒詩棄四卷　（清）楊峴撰　清光緒十一年至十九年(1885－1893)汪煦刻本　一冊

230000－0901－0004042　C091838

退思軒詩集一卷　（清）張惟赤撰　賦閒樓詩集一卷　（清）張晊撰　篔谷詩選一卷　（清）張芳湄撰　清宣統三年(1911)鉛印海鹽張氏涉園叢刻本　一冊

230000－0901－0004043　C091839－42

宋葉文康公禮經會元四卷　（宋）葉時撰　清乾隆五十年(1785)桐柏山房刻本　四冊

230000－0901－0004044　C091843

考工記車製圖解二卷　（清）阮元撰　清刻本　一冊

230000－0901－0004045　C091844

溪園詩稿九卷　（明）駱象賢撰　清木活字印本　一冊

230000－0901－0004046　C091845－46

禮記體注大全四卷　（元）陳澔集說　（清）曹士瑋纂輯　清乾隆十八年(1753)文翰樓刻本　二冊

230000－0901－0004047　C091847

六朝文絜四卷　（清）許槤評選　清古潭州錫美堂刻本　一冊

230000－0901－0004048　C091848

學計館程規一卷　（清）孫詒讓等撰　清光緒二十二年(1896)刻本　一冊

230000－0901－0004049　C091849

學計館程規一卷　（清）孫詒讓等撰　清光緒二十二年(1896)刻本　一冊

230000－0901－0004050　C091850

府廳州縣地方自治制講義八章　（清）于國禎編　清宣統浦陽同文書屋活字印本　一冊

230000－0901－0004051　C091851

浙省新定茶餉捐釐章程一卷　（□）□□撰　清光緒刻本　一冊

230000－0901－0004052　C114507－22

宋書一百卷　（南朝梁）沈約撰　清末金陵書局刻本　十六冊

230000－0901－0004053　C114523－28

南齊書五十九卷　（南朝梁）蕭子顯撰　清末金陵書局刻本　六冊

230000－0901－0004054　C114529－34

梁書五十六卷　（唐）姚思廉撰　清金陵書局刻本　六冊

230000－0901－0004055　C114535－38

陳書三十六卷　（唐）姚思廉撰　清末金陵書局刻本　四冊

230000－0901－0004056　C114539－570

唐書二百二十五卷　（宋）歐陽修等撰　清末浙江書局刻本　三十二冊

230000－0901－0004057　C114571－618

舊唐書二百卷　（五代）劉昫等撰　清末浙江書局刻本　四十八冊

230000－0901－0004058　C114619－26

五代史記七十四卷　（宋）歐陽修撰　（宋）徐無黨注　清末湖北崇文書局刻本　八冊

230000－0901－0004059　C114627－42

舊五代史一百五十卷目錄二卷附考證　（宋）薛居正等撰　清同治十一年(1872)湖北崇文書局刻本　十六冊

230000－0901－0004060　C093304－14

大般涅槃經四十卷　（北涼）釋曇無讖譯　大般涅槃經後分二卷　（唐）釋若那跋陀羅等譯　清光緒五年(1879)刻本　十一冊

230000－0901－0004061　C091852－53

助字辨略五卷　（清）劉淇撰　清康熙五十九年(1720)海城盧承琰刻本　二冊

230000－0901－0004062　C093315－22

大方廣佛華嚴經疏鈔玄談二十八卷首一卷
（唐）釋澄觀撰　清光緒二十三年(1897)金陵
刻經處刻本　八冊

230000－0901－0004063　C091855－56

論語集注考證十卷　（宋）金履祥撰　清乾隆
金華金氏刻光緒十三年(1887)鎮海謝氏補刻
率祖堂叢書本　二冊

230000－0901－0004064　C091857

鄭氏詩譜一卷　（漢）鄭玄撰　清寶山縣學堂
刻本　一冊

230000－0901－0004065　C091858－63

鄉黨圖考十卷　（清）江永撰　清富裕堂刻本
六冊

230000－0901－0004066　C091864

說文疊韻二卷首一卷末一卷　（清）劉熙載
（清）袁康輯　清光緒刻本　一冊

230000－0901－0004067　C093326－30

大方廣佛華嚴經普賢行願品別行疏鈔十五卷
（唐）釋宗密撰　清光緒三十二年(1906)金
陵刻經處刻本　五冊

230000－0901－0004068　C091865

說文雙聲二卷　（清）劉熙載　（清）陳宗彝輯
清光緒刻本　一冊

230000－0901－0004069　C091868

維摩詰所說經三卷　（後秦）釋鳩摩羅什譯
清同治九年(1870)金陵刻經處刻本　一冊

230000－0901－0004070　C091869

維摩詰所說經三卷　（後秦）釋鳩摩羅什譯
清同治九年(1870)金陵刻經處刻本　一冊

230000－0901－0004071　C093332－34

斷易大全四卷　（清）余興國輯　清刻本
三冊

230000－0901－0004072　C091870－73

書經六卷首一卷末一卷　（宋）蔡沈集傳　清
光緒七年(1881)金陵書局刻本　四冊

230000－0901－0004073　C091874－76

孟子七卷　（宋）朱熹集注　清末刻本　三冊

230000－0901－0004074　C093335－40

[同治]醴陵縣志十四卷首一卷末一卷　（清）
徐淦等修　（清）江普光等纂　清同治十年
(1871)刻本　六冊

230000－0901－0004075　C093348－53

新訂四書補注備旨十卷　（明）鄧林撰　（清）
杜定基增訂　清光緒三十年至三十一年
(1904－1905)天津翠文魁刻本　六冊

230000－0901－0004076　C093354

百家姓考略二卷　（清）王相箋注　清光緒三
十一年(1905)刻本　一冊

230000－0901－0004077　C093355

三字經訓詁一卷　（清）王相撰　清刻本
一冊

230000－0901－0004078　C093356－65

成唯識論觀心法要十卷　（明）釋智旭撰　清
光緒二十六年(1900)揚州藏經院刻本　十冊

230000－0901－0004079　C093369－70

徑中徑又徑　（清）張師誠輯　清光緒二十九
年(1903)刻本　二冊

230000－0901－0004080　C093374－75

大乘止觀法門釋要六卷　（明）釋智旭撰　清
光緒二十二年(1896)刻本　二冊

230000－0901－0004081　C093376－78

大乘阿毗達摩雜集論十六卷　（唐）釋玄奘譯
清宣統三年(1911)刻本　三冊

230000－0901－0004082　C093384－88

佛說梵網經菩薩心地品合注七卷附雜集六卷
（後秦）釋鳩摩羅什譯　（明）釋智旭注　**玄
義一卷**　（明）釋智旭撰　清同治十三年
(1874)金陵刻經處刻本　五冊

230000－0901－0004083　C057430－827

**欽定大清會典八十卷圖一百三十二卷事例九
百二十卷目錄八卷**　（清）托津等纂修　清嘉
慶二十五年(1820)刻本　三百九十八冊

230000－0901－0004084　C057828－51

宋文鑑一百五十卷目錄三卷　（宋）呂祖謙輯
　清光緒十二年（1886）江蘇書局刻本　二十
四冊

230000－0901－0004085　C112238
南園集二卷　（清）李光榮撰　清咸豐十一年
（1861）刻本　一冊

230000－0901－0004086　C112241
皖江同聲集十卷　（清）李文森等撰　清同治
八年（1869）退補齋刻本　一冊

230000－0901－0004087　C112242－112243
西洋史要不分卷　（日本）小川銀次郎撰
（清）樊炳清　（清）薩端譯　清光緒二十七年
（1901）陝西大成書局鉛印本　二冊

230000－0901－0004088　C112244
舒嘯樓詩稿二卷　（清）李曾裕撰　清同治九
年（1870）刻本　一冊

230000－0901－0004089　C112245
蔣濂詩集六卷　（清）李正馥撰　清刻本
一冊

230000－0901－0004090　C112246
爾雅直音二卷　（清）孫侃撰　清光緒六年
（1880）常熟抱芳閣刻本　二冊

230000－0901－0004091　C112248
說文統釋自序一卷　（清）錢大昭撰　音同義
異辨一卷　（清）畢沅撰　清光緒八年（1882）
郭氏刻金峩山館叢書本　一冊

230000－0901－0004092　C112249－112258
西湖遊覽志二十四卷志餘二十六卷　（清）田
汝成撰　清光緒二十二年（1896）錢塘丁氏嘉
惠堂刻本　十冊

230000－0901－0004093　C112259－112260
唐石經校文十卷　（清）嚴可均撰　清嘉慶九
年（1804）香山書院刻四錄堂類集本　二冊

230000－0901－0004094　C112261
帳墨居詩鈔一卷　（清）范其駿撰　清光緒十
六年（1890）刻本　一冊

230000－0901－0004095　C112264

經籍舉要一卷附錄一卷家塾課程一卷　（清）
龍啓瑞撰　（清）袁昶增訂　清光緒十九年
（1893）袁氏刻漸西村舍彙刊本　一冊

230000－0901－0004096　C112263
汲古閣說文訂一卷　（清）段玉裁撰　清同治
十一年（1872）湖北崇文書局刻本　一冊

230000－0901－0004097　C112265－112272
湯子遺書十卷年譜一卷附錄一卷　（清）湯斌
撰　清康熙四十二年（1703）王廷燦刻本
八冊

230000－0901－0004098　C112274
說文解字五百四十部目一卷　（清）胡澍書
清同治五年（1866）王晉玉刻本　一冊

230000－0901－0004099　C112277
篷吟集一卷　（清）謝光綺撰　清光緒十九年
（1893）刻本　一冊

230000－0901－0004100　C057852－65
河南程氏全書　（宋）程顥　（宋）程頤撰
（宋）朱熹輯　清康熙石門呂氏寶誥堂刻本
十四冊

230000－0901－0004101　C057866－71
月令粹編二十四卷圖說一卷　（清）秦嘉謨撰
　清嘉慶十七年（1812）江都秦氏琳琅仙館刻
本　六冊

230000－0901－0004102　C057872－79
高子遺書十二卷　（明）高攀龍撰　高子錄一
卷　（明）錢士升等撰　高忠獻公年譜一卷
（明）華允誠撰　清光緒二年（1876）刻本
八冊

230000－0901－0004103　C057880－81
濂亭文集八卷　（清）張裕釗撰　清光緒八年
（1882）查氏木漸齋刻本　二冊

230000－0901－0004104　C057882－85
松陽講義十二卷　（清）陸隴其撰　（□）□□
批評　清同治十年（1871）公善堂刻本　四冊

230000－0901－0004105　C057886－89
薛文清公讀書錄十一卷續錄十二卷　（明）薛

瑄撰　清乾隆十一年(1746)刻本　四冊

230000－0901－0004106　C057890－91
新書十卷　(漢)賈誼撰　清光緒元年(1875)
浙江書局刻二十二子本　二冊

230000－0901－0004107　C057892－95
正學編八卷　(清)潘世恩輯　(清)潘會瑋疏
解　清同治六年(1867)刻本　四冊

230000－0901－0004108　C057896－97
**小學纂注六卷朱子小學總論一卷文公朱夫子
年譜一卷**　(清)高愈撰　清同治八年(1869)
江蘇書局刻本　二冊

230000－0901－0004109　C057898－900
呻吟語六卷　(明)呂坤撰　清嘉慶八年
(1803)雲間知足齋刻本　三冊

230000－0901－0004110　C114643－762
宋史四百九十六卷　(元)脫脫等撰　清光緒
元年(1875)浙江書局刻本　一百二十冊

230000－0901－0004111　C114763－78
遼史一百十五卷附考證　(元)脫脫等撰　**遼
史拾遺二十四卷**　(清)厲鶚撰　清同治十二
年(1873)江蘇書局刻本　十六冊

230000－0901－0004112　C114779－94
金史一百三十五卷附考證　(元)脫脫等撰
清同治十三年(1874)江蘇書局刻本　十六冊

230000－0901－0004113　C114795－826
元史二百十卷目錄二卷附考證　(明)宋濂等
撰　清同治十三年(1874)江蘇書局刻本　三
十二冊

230000－0901－0004114　C114827－90
明史三百三十二卷目錄四卷　(清)張廷玉等
撰　清末崇文書局刻本　六十四冊

230000－0901－0004115　C114891－96
周易兼義九卷　(三國魏)王弼　(晉)韓康伯
注　(唐)孔穎達正義　**音義一卷**　(唐)陸德
明撰　**校勘記十卷**　(清)阮元撰　清嘉慶二
十年(1815)南昌府學刻重刊宋本十三經注疏
本　六冊

230000－0901－0004116　C057901－03
求己錄三卷　(清)陶葆廉撰　清光緒二十六
年(1900)刻本　三冊

230000－0901－0004117　C057904－09
吳學士文集四卷詩集五卷　(清)吳蕭撰　清
光緒八年(1882)江寧藩署刻本　六冊

230000－0901－0004118　C057910－14
地理辨正五卷　(清)蔣珂撰　(清)姜垚辨正
(清)無心道人增補　**心眼指要四卷**　(清)
無心道人集　清道光十六年(1836)可人堂刻
本　五冊

230000－0901－0004119　C057915
教諭語四卷　(清)謝金鑾撰　(清)徐棟輯
(清)陳崇砥增輯　清同治四年(1865)陳崇砥
拙修齋刻本　一冊

230000－0901－0004120　C057917－18
韓詩外傳十卷　(漢)韓嬰撰　清光緒三年
(1877)湖北崇文書局刻本　二冊

230000－0901－0004121　C057921
借閒生詩三卷詞一卷　(清)汪遠孫撰　清道
光二十年(1840)錢塘振綺堂刻本　一冊

230000－0901－0004122　C057928－31
荀子二十卷校勘補遺一卷　(戰國)荀況撰
(唐)楊倞注　清乾隆五十一年(1786)嘉善謝
氏安雅堂刻本　四冊

230000－0901－0004123　C057972－79
歷代名臣錄二十四卷　(明)朱桓輯　清光緒
二十四年(1898)掃葉山房石印本　八冊

230000－0901－0004124　C057980－8003
**皇朝經世文編一百二十卷姓名總目二卷生存
姓名一卷**　(清)賀長齡輯　清光緒十三年
(1887)廣百宋齋鉛印本　二十四冊

230000－0901－0004125　C058004－27
**皇朝經世文編一百二十卷姓名總目二卷生存
姓名一卷**　(清)賀長齡輯　清光緒十三年
(1887)廣百宋齋鉛印本　二十四冊

230000－0901－0004126　C058028－59

全唐詩九百卷 （清）彭定求等輯 清光緒十三年(1887)上海同文書局石印本 三十二冊

230000－0901－0004127 C058101－495

粵雅堂叢書 （清）伍崇曜輯 清道光至光緒南海伍氏刻本 三百九十五冊 缺四種六卷（第九集宋板書目一、廿一集孝經今文音義一、廿五集梅邊吹笛譜一至二補錄一、廿六集群書治要十四）

230000－0901－0004128 C112284－112285

陶淵明文集十卷 （晉）陶潛撰 清光緒五年(1879)會稽章氏刻本 二冊

230000－0901－0004129 C112286

登瀛券一卷 （清）王同愈等書 清光緒十八年(1892)吳天游石印本 一冊

230000－0901－0004130 C112289

地形都邑圖一卷附紀年帝系名號歸一圖二卷 （清）雷學淇編繪 清末刻本 一冊

230000－0901－0004131 C112290

最樂編二卷 （清）高道淳輯 續集一卷 （清）錢煐撰 清康熙四十八年(1709)刻本 一冊

230000－0901－0004132 C112291

依舊草堂遺稿一卷 （清）費丹旭撰 劫餘存稿一卷 （清）吳受藻撰 清同治七年(1868)錢塘汪氏振綺堂刻本 一冊

230000－0901－0004133 C112295－112300

四書體注十九卷 （清）范翔撰 清嘉慶十年(1805)刻本 六冊

230000－0901－0004134 C112304－112367

佩文齋詠物詩選不分卷 （清）張玉書 （清）汪霦等輯 清康熙四十六年(1707)刻本 六十四冊

230000－0901－0004135 C112375－112472

文獻通考三百四十八卷 （元）馬端臨撰 清咸豐九年(1859)崇仁謝氏刻三通本 九十八冊

230000－0901－0004136 C112473－112576

左文襄公全集 （清）左宗棠撰 清光緒刻本 一百〇四冊 缺三種十四卷

230000－0901－0004137 C112579－112582

詩集傳八卷 （宋）朱熹撰 清光緒二十五年(1899)上海文政堂刻本（卷三補配） 四冊

230000－0901－0004138 C112583－112586

詩集傳八卷 （宋）朱熹撰 清刻本 四冊

230000－0901－0004139 C112587－112588

靈芬館詩二集十卷 （清）郭麐撰 清嘉慶九年(1804)刻靈芬館集本 二冊

230000－0901－0004140 C112589

老子道德經二卷 （三國魏）王弼注 清光緒元年(1875)湖北崇文書局刻子書百家本 一冊

230000－0901－0004141 C112591－112594

廿二史攷異一百卷 （清）錢大昕撰 清刻本 四冊 存十七卷(六至二十二)

230000－0901－0004142 C112595－112598

白雨齋詞話八卷詩鈔一卷詞存一卷 （清）陳廷焯撰 清光緒二十年(1894)包榮翰、許正詩等刻本 四冊

230000－0901－0004143 C112603－112612

禮記十卷 （元）陳澔集說 清桐華書屋刻本 十冊

230000－0901－0004144 C093408

楚辭集注八卷首一卷 （宋）朱熹撰 清光緒三年(1877)刻本 一冊

230000－0901－0004145 C093409

勸學篇內篇一卷外篇一卷 （清）張之洞撰 清光緒二十四年(1898)刻本 一冊

230000－0901－0004146 C093410－13

小學纂注六卷總論一卷文公朱子年譜一卷 （清）高愈撰 清咸豐七年(1857)刻本 四冊

230000－0901－0004147 C093414－15

海東逸史十八卷 題（清）翁洲老民撰 清光緒十年(1884)刻本 二冊

230000－0901－0004148　C093416

說文提要一卷　（清）陳建侯撰　清同治十二年(1873)湖北崇文書局刻本　一冊

230000－0901－0004149　C093417

仿唐寫本說文解字木部箋異一卷　（清）莫友芝撰　清同治二年(1863)刻本　一冊

230000－0901－0004150　C114897－906

附釋音尚書注疏二十卷　（漢）孔安國傳　（唐）陸德明音義　（唐）孔穎達疏　**校勘記二十卷**　（清）阮元撰　（清）盧宣旬摘錄　清嘉慶二十年(1815)南昌府學刻重刊宋本十三經注疏本　十冊

230000－0901－0004151　C093418－19

廣陵詩事十卷　（清）阮元撰　清光緒十六年(1890)刻本　二冊

230000－0901－0004152　C114907－26

附釋音毛詩注疏二十卷　（漢）毛亨傳　（漢）鄭玄箋　（唐）陸德明音義　（唐）孔穎達疏　**校勘記二十卷**　（清）阮元撰　（清）盧宣旬摘錄　清嘉慶二十年(1815)南昌府學刻重刊宋本十三經注疏本　二十冊

230000－0901－0004153　C114927－46

附釋音周禮注疏四十二卷　（漢）鄭玄注　（唐）陸德明音義　（唐）賈公彥疏　**校勘記四十二卷**　（清）阮元撰　（清）盧宣旬摘錄　清嘉慶二十年(1815)南昌府學刻重刊宋本十三經注疏本　二十冊

230000－0901－0004154　C093423－42

天岳山館文鈔四十卷　（清）李元度撰　清光緒六年(1880)刻本　二十冊

230000－0901－0004155　C114947－66

儀禮注疏五十卷　（漢）鄭玄注　（唐）陸德明音義　（唐）賈公彥疏　**校勘記五十卷**　（清）阮元撰　（清）盧宣旬摘錄　清嘉慶二十年(1815)南昌府學刻重刊宋本十三經注疏本　二十冊

230000－0901－0004156　C093447－49

惜抱軒今體詩選十八卷　（清）姚鼐輯　清同治七年(1868)刻本　三冊

230000－0901－0004157　C093450－51

陶淵明集八卷首一卷末一卷　（晉）陶潛撰　清光緒五年(1879)刻朱墨套印本　二冊

230000－0901－0004158　C114967－90

附釋音禮記注疏六十三卷　（秦）鄭玄注　（唐）陸德明音義　（唐）孔穎達疏　**校勘記六十三卷**　（清）阮元撰　清嘉慶二十年(1815)南昌府學刻重刊宋本十三經注疏本　二十四冊

230000－0901－0004159　C093454－55

侯鯖詞　（清）吳唐林輯　清光緒十一年(1885)杭州刻本　二冊

230000－0901－0004160　C093456－61

朱文端公文集四卷補編四卷年譜一卷　（清）朱軾撰　（清）朱周令撰　清同治十年(1871)古唐朱氏古歡齋刻本　六冊

230000－0901－0004161　C093462－65

詠物詩選八卷　（清）俞琰撰　清寧儉堂刻本　四冊

230000－0901－0004162　C093466

九葉薈香館吟草一卷　（清）孫式榮撰　清同治二年(1863)刻本　一冊

230000－0901－0004163　C093467－76

五子近思錄發明十四卷　（清）施璜撰　清康熙英秀堂刻本　十冊

230000－0901－0004164　C093477－78

詩比興箋四卷　（清）陳沆撰　清咸豐五年(1855)刻本　二冊

230000－0901－0004165　C093483

崇祀錄一卷　（□）□□撰　清末刻本　一冊

230000－0901－0004166　C093484

御製李文忠鴻章碑祭文一卷　（清）□□撰　清光緒二十九年(1903)石印本　一冊

230000－0901－0004167　C112614－112615

湖東集四卷　（清）范凌霨撰　清咸豐十一年(1861)刻本　二冊

230000－0901－0004168　C112616－112617

脈簡補義二卷　（清）周學海撰　清光緒二十二年（1896）池陽周氏刻周氏醫學叢書本　二冊

230000－0901－0004169　C112618－112633

李太白文集三十六卷　（唐）李白撰　（清）王琦輯注　清乾隆二十三年（1758）王氏寶笏樓刻本　十六冊

230000－0901－0004170　C112634－112641

新訂四書補注備旨十卷　（明）鄧林撰　（清）杜定基增訂　清光緒七年（1881）壽春棣萼堂刻本　八冊

230000－0901－0004171　C112642－112645

鄉黨文補編不分卷　（清）江永選輯　清山帶樓刻本　四冊

230000－0901－0004172　C112650－112651

測海集六卷　（清）彭紹升撰　清光緒二年（1876）彭毓菜成都刻本　二冊

230000－0901－0004173　C112653－112655

爾雅十一卷　（晉）郭璞注　明崇禎十二年（1639）永懷堂刻清同治八年（1869）浙江書局補刻十三經古注本　三冊

230000－0901－0004174　C112656－112657

爾雅直音二卷　（清）孫侃撰　清光緒六年（1880）福山王氏刻天壤閣叢書本　二冊

230000－0901－0004175　C112658－112661

潛書四卷　（清）唐甄撰　清光緒九年（1883）中江李氏刻本　四冊

230000－0901－0004176　C112933－112940

壹是紀始二十二卷目錄一卷補遺一卷　（清）魏崧撰　清光緒十四年（1888）甬北寄廬刻本　八冊

230000－0901－0004177　C112951－112953

素問靈樞類纂約注三卷　（清）汪昂撰　清光緒六年（1880）尚德堂刻本　三冊

230000－0901－0004178　C112954－112959

變法賞新集十二卷　（清）俞陛雲輯　清光緒

二十九年（1903）京都琉璃廠刻本　六冊

230000－0901－0004179　C112960－112965

巴山七種二十二卷　（清）王侃撰　清同治四年（1865）光裕堂刻本　六冊

230000－0901－0004180　C113125－113436

皇清經解續編一千四百三十卷　王先謙輯　清光緒十四年（1888）南菁書院刻本　三百二十冊　存一千二百九十九卷（一至三百六十七、三百八十二至四百三十五、四百四十三至四百五十三、四百五十七至四百五十九、四百六十四至一千二百九十八、一千三百〇二至一千三百三十）

230000－0901－0004181　C113445－113446

紀元編三卷末一卷　（清）李兆洛撰　清同治十年（1871）合肥李氏刻本　二冊

230000－0901－0004182　C113447

修身第一書一卷　（清）沈文燥輯　清仁和沈氏刻本　一冊

230000－0901－0004183　C113448

友蓮詩稿二卷詞稿一卷　（清）黃景濂撰　清嘉慶二十四年（1819）刻本　一冊

230000－0901－0004184　C113449－113550

曾文正公全集十五種一百八十卷　（清）曾國藩撰　清同治光緒傳忠書局刻本　一百〇二冊

230000－0901－0004185　C113553

論學酬答四卷　（清）陸世儀撰　清同治十三年（1874）虞山顧氏刻小石山房叢書本　一冊

230000－0901－0004186　C114991－5000

監本附釋音春秋公羊注疏二十八卷　（漢）何休撰　（唐）陸德明音義　**校勘記二十八卷**（清）阮元撰　（清）盧宣旬摘錄　清嘉慶二十年（1815）南昌府學刻重刊宋本十三經注疏本　十冊

230000－0901－0004187　C115001

孝經注疏九卷　（唐）玄宗李隆基注　（宋）邢昺校　**校勘記九卷**　（清）阮元撰　（清）盧宣旬摘錄　清嘉慶二十年（1815）南昌府學刻重

刊宋本十三經注疏本　一冊

230000－0901－0004188　C005002－32
大清一統輿圖三十一卷首一卷　（清）胡林翼
（清）嚴樹森等編　清同治二年（1863）湖北
撫署刻本　三十一冊　缺一卷（北二十）

230000－0901－0004189　C115033－37
詩經八卷詩序辨說二卷　（宋）朱熹集傳　清
同治十一年（1872）山東書局刻光緒十七年
（1891）重修民國十四年（1925）印十三經讀本
本　五冊

230000－0901－0004190　C115038－47
禮記十卷　（元）陳澔集說　清同治十一年
（1872）山東書局刻民國十四年（1925）印十三
經讀本本　十冊

230000－0901－0004191　C115048
大學一卷中庸一卷　（宋）朱熹章句　清同治
十一年（1872）山東書局刻民國十四年（1925）
印十三經讀本本　一冊

230000－0901－0004192　C115049－54
**儀禮鄭注句讀十七卷監本正誤一卷石經正誤
一卷**　（清）張爾岐撰　清同治十一年（1872）
山東書局刻民國十四年（1925）印十三經讀本
本　六冊

230000－0901－0004193　C115055－60
周禮六卷　（漢）鄭玄注　（唐）陸德明音義
清同治十一年（1872）山東書局刻光緒十七年
（1891）補刻民國十四年（1925）張宗昌印十三
經讀本本　六冊

230000－0901－0004194　C115063－85
**蘇文忠公詩編註集成編年總案四十五卷編年
古今體詩四十六卷蘇海識餘四卷諸家雜綴酌
存一卷附賤詩圖一卷**　（宋）蘇軾撰　（清）王
文誥輯　清光緒二十四年（1898）浙江書局刻
本　二十三冊

230000－0901－0004195　C115086－87
易經四卷　（宋）程頤傳　清同治十一年
（1872）山東書局刻民國十四年（1925）印十三
經讀本本　二冊

230000－0901－0004196　C115088
孝經不分卷　（唐）玄宗李隆基注　清同治十
一年（1872）山東書局刻民國十四年（1925）印
十三經讀本本　一冊

230000－0901－0004197　C124757－64
五知齋琴譜八卷　（清）徐祺撰　（清）周魯封
彙纂　清乾隆十一年（1746）懷德堂刻本
八冊

230000－0901－0004198　C124765－70
琴譜諧聲六卷　（清）周顯祖撰　清嘉慶二十
五年至道光元年（1820－1821）聽眞軒刻本
六冊

230000－0901－0004199　C091881－86
御纂性理精義十二卷　（清）李光地等纂　清
刻本　六冊

230000－0901－0004200　C091887－914
史傳三編五十六卷　（清）朱軾　（清）蔡世遠
輯　清同治三年（1864）刻本　二十八冊

230000－0901－0004201　C124771－82
自遠堂琴譜十二卷　（清）吳灯輯　清嘉慶六
年（1801）自遠堂刻本　十二冊

230000－0901－0004202　C124783－86
增刪算法統宗十一卷首一卷末一卷　（明）程
大位編輯　（清）梅轂成增刪　清石印本
四冊

230000－0901－0004203　C125627
鬱華閣遺集四卷　（清）盛昱撰　清光緒二十
八年（1902）楊鍾羲武昌刻朱印本　一冊

230000－0901－0004204　C125629－32
新序十卷　（漢）劉向撰　清刻本　四冊

230000－0901－0004205　C125732－63
仿宋相臺五經附考證　清光緒二年（1876）江
南書局刻本　三十二冊

230000－0901－0004206　C125954－59
詩星閣賦鈔二卷　（清）孟繼坤撰　**青照草堂
賦鈔四卷**　（清）劉鍾英撰　**湘帆剩稿一卷**
（清）劉希愈撰　清光緒二十一年（1895）天津

義合堂刻本　六冊

230000 - 0901 - 0004207　C125966

唐書直筆四卷　（宋）呂夏卿撰　**申鑒五卷**
（漢）荀悅撰　**札記一卷**　（清）錢培名撰　清
光緒四年(1878)金山錢氏刻小萬春樓叢書本
一冊

230000 - 0901 - 0004208　C125973 - 75

泊宅編十卷又三卷　（宋）方勺撰　清嘉慶四
年(1799)桐州顧氏刻讀畫齋叢書本　三冊

230000 - 0901 - 0004209　C125976 - 77

三餘偶筆八卷　（清）左暄撰　清嘉慶十四年
(1809)趙紹祖刻本　二冊

230000 - 0901 - 0004210　C113598 - 113603

易經八卷　（宋）程頤傳　清宣統元年(1909)
學部圖書局影印本　六冊

230000 - 0901 - 0004211　C113604 - 113609

書經六卷　（宋）蔡沈集傳　清光緒三十四年
(1908)學部圖書局石印本　六冊

230000 - 0901 - 0004212　C113658 - 113659

增訂臨文便覽不分卷　（清）龍啓瑞撰　清光
緒二年(1876)怡雲僊館刻本　二冊

230000 - 0901 - 0004213　C113661

杜工部詩話一卷　（清）劉鳳誥撰　清宣統元
年(1909)掃葉山房石印本　一冊

230000 - 0901 - 0004214　C113665

同館經進賦鈔一卷　（清）潘錫恩等撰　清光
緒十三年(1887)上海蜚英館石印本　一冊

230000 - 0901 - 0004215　C113719 - 113724

名文前選六卷　（清）李光地輯　清道光十年
(1830)刻榕村全書本　六冊

230000 - 0901 - 0004216　C113725

說文辨疑一卷附條記一卷　（清）顧廣圻撰
清光緒三年(1877)湖北崇文書局刻本　一冊

230000 - 0901 - 0004217　C113726

三才略三卷　（清）蔣德鈞輯　清光緒十四年
(1888)刻求實齋叢書本　一冊

230000 - 0901 - 0004218　C113729 - 113730

欽定大清刑律不分卷　沈家本等修　清宣統
三年(1911)刻本　二冊

230000 - 0901 - 0004219　C113735 - 113740

鐵琴銅劍樓藏書目錄二十四卷　（清）瞿鏞藏
并編　清光緒二十四年(1898)常熟瞿氏罟里
家塾刻本　六冊

230000 - 0901 - 0004220　C113742

安溪先生解義三種　（清）李光地撰　清李玉
融刻居業堂本　一冊

230000 - 0901 - 0004221　C091916 - 18

桐城吳先生尺牘五卷補遺一卷諭兒書一卷
（清）吳汝綸撰　清光緒二十九年(1903)刻桐
城吳先生全書本　三冊

230000 - 0901 - 0004222　C091919 - 22

讀爾雅日記不分卷　（清）陸錦燧撰　清光緒
十六年(1890)刻學古堂日記本　四冊

230000 - 0901 - 0004223　C115089 - 91

爾雅三卷　（晉）郭璞注　（唐）陸德明音義
清同治十一年(1872)山東書局刻民國十四年
(1925)印十三經讀本本　三冊

230000 - 0901 - 0004224　C091924 - 33

妙法蓮華經玄義十卷　（隋）釋智者撰　清宣
統二年(1910)江北刻經處刻本　十冊

230000 - 0901 - 0004225　C091934 - 35

大乘中觀釋論十卷　（宋）釋惟淨等譯　清光
緒三十四年(1908)金陵刻經處刻本　二冊

230000 - 0901 - 0004226　C115092 - 95

春秋穀梁傳十二卷　（晉）范甯集解　（唐）陸
德明音義　清同治十一年(1872)山東書局刻
民國十四年(1925)印十三經讀本本　四冊

230000 - 0901 - 0004227　C091938

靜娛樓詠史詩一卷　（清）劉咸榮撰　清光緒
三十年(1904)吳興儒等刻本　一冊

230000 - 0901 - 0004228　C115096 - 99

春秋公羊傳十一卷　（漢）何休撰　（唐）陸德
明音義　清同治十一年(1872)山東書局刻民

國十四年(1925)印十三經讀本本　四冊

230000－0901－0004229　C091940－47
北山文集三十卷首一卷末一卷　(宋)鄭剛中撰　清同治十二年(1873)永康胡氏退補齋刻金華叢書本　八冊

230000－0901－0004230　C115100－01
論語十卷　(宋)朱熹集注　清同治六年(1867)湖北崇文書局刻本　二冊

230000－0901－0004231　C091948－51
聽雨山房試帖四卷　(清)李德良撰　清光緒元年(1875)刻本　四冊

230000－0901－0004232　C091952－59
盧忠肅公集十二卷首一卷　(明)盧象昇撰　清光緒元年(1875)施惠刻本　八冊　存十二卷(一至十一、首)

230000－0901－0004233　C115102－04
孟子七卷　(宋)朱熹集注　清同治六年(1867)湖北崇文書局刻本　三冊

230000－0901－0004234　C115105－07
爾雅三卷　(晉)郭璞注　(唐)陸德明音義　清同治七年(1868)湖北崇文書局刻本　三冊

230000－0901－0004235　C091960－71
武侯全書二十卷首一卷　(三國蜀)諸葛亮撰　(清)趙承恩編訂　清光緒十年(1884)紅杏山房刻本　十二冊

230000－0901－0004236　C115134－39
四書集注十九卷　(宋)朱熹撰　清宣統元年(1909)上海掃葉山房石印本　六冊

230000－0901－0004237　C091972－2031
大方廣佛華嚴經疏鈔會本二百二十卷　(唐)釋實叉難陀譯　(唐)釋澄觀撰述　清光緒九年(1883)常昭刻經處刻本　六十冊

230000－0901－0004238　C115146－51
全唐詩話六卷　(宋)尤袤撰　清宣統三年(1911)上海朝記書莊石印本　六冊

230000－0901－0004239　C092033
鶴僑詩存一卷　(清)柳恂撰　清光緒三十二年(1906)刻本　一冊

230000－0901－0004240　C092034－35
補松廬詩錄六卷　吳慶坻撰　清宣統三年(1911)湖南學務公所鉛印本　二冊

230000－0901－0004241　C092036
三家詞三卷　(清)吳翌鳳等撰　清刻本　一冊

230000－0901－0004242　C092038
拙修集補編一卷　(清)吳廷棟撰　清光緒九年(1883)兩疆勉齋補刻本　一冊

230000－0901－0004243　C092039
琴軒鼠璞四卷　(清)張可宇撰　清道光二十九年(1849)過雲樓刻本　一冊

230000－0901－0004244　C092040
常州賦一卷　(清)褚邦慶編注　清光緒四年(1878)刻本　一冊

230000－0901－0004245　C092043－58
施注蘇詩四十二卷總目二卷　(宋)蘇軾撰　(宋)施元之注　(清)邵長蘅刪補　**續補遺二卷**　(清)宋犖輯　(清)馮景補注　清康熙刻本　十六冊

230000－0901－0004246　C093487－96
梅村詩集箋注十八卷　(清)吳偉業撰　(清)吳翌鳳箋注　清嘉慶十九年(1814)嚴榮滄浪吟榭刻本　十冊

230000－0901－0004247　C093497－502
入幕須知五種十卷　(清)張廷驤輯　清光緒十八年(1892)刻本　六冊

230000－0901－0004248　C093503
寄鷗游草十一卷　(清)任道鎔撰　清光緒十三年(1887)刻本　一冊

230000－0901－0004249　C093504－06
爾雅三卷　(晉)郭璞注　(唐)陸德明音義　清末刻本　三冊

230000－0901－0004250　C093507－10
湘軍志十六卷　王闓運撰　清光緒十二年(1886)刻本　四冊

230000－0901－0004251　C093513－19

綏寇紀略十二卷補遺三卷　（清）吳偉業撰
清嘉慶十年(1805)張氏照曠閣刻學津討原本
七冊

230000－0901－0004252　C093520－35

八家四六文注八卷首一卷　（清）吳鼒輯
（清）許貞幹注　清光緒十七年(1891)刻本
十六冊

230000－0901－0004253　C093536－41

顧亭林先生詩箋注十七卷首一卷校補一卷
（清）顧炎武撰　（清）徐嘉注　清光緒二十三
年至二十七年(1897－1901)徐氏味靜齋刻本
六冊

230000－0901－0004254　C093554－58

東嵒艸堂評訂唐詩鼓吹十卷　（金）元好問輯
（元）郝天挺註　（明）廖文炳解　清康熙二
十七年(1688)刻本　五冊

230000－0901－0004255　C093561－76

杜詩鏡銓二十卷附錄一卷年譜一卷　（清）楊
倫撰　**讀書堂杜工部文集注解二卷**　（清）張
溍評注　清同治十一年(1872)望三益齋刻本
十六冊

230000－0901－0004256　C113746

文中子中說一卷　（隋）王通撰　清光緒元年
(1875)湖北崇文書局刻子書百家本　一冊

230000－0901－0004257　C113757

許氏說文解字雙聲疊韻譜一卷　（清）鄧廷楨
撰　清光緒七年(1881)常熟鮑氏刻後知不足
齋叢書本　一冊

230000－0901－0004258　C113762

**徐烈婦詩鈔二卷同心梔子圖讀法一卷附年譜
一卷**　（清）吳宗愛撰　（清）王崇炳編
（清）許楣評　清光緒雲鶴仙館刻本　一冊

230000－0901－0004259　C113763

新疆遣犯壅滯改發條例一卷　（清）□□撰
清咸豐七年(1857)刻本　一冊

230000－0901－0004260　C113765

唐女郎魚玄機詩一卷附錄一卷　（唐）魚玄機
撰　清光緒三十三年(1907)刻本　一冊

230000－0901－0004261　C113766

存古學堂經史詞章學不分卷　（清）□□撰
清光緒三十三年(1907)存古學堂刻本　一冊

230000－0901－0004262　C113769

笛漁小稿十卷　（清）朱昆田撰　清乾隆刻本
一冊

230000－0901－0004263　C113770

陰陽寶海三元玉鏡奇書三卷　（元）釋幕講禪
師集　（明）江之棟輯　（明）吳公遂訂　清初
尚白齋刻本　一冊

230000－0901－0004264　C113772

蘇詩續補遺二卷　（宋）蘇軾撰　（清）馮景補
注　清康熙刻施注蘇詩本　一冊

230000－0901－0004265　C113773

學詩津逮一卷　（清）朱琰輯　清乾隆刻本
一冊

230000－0901－0004266　C113774

青霞館論畫絕句一百首一卷　（清）吳修撰
清光緒二年(1876)葛元煦嘯園刻本　一冊

230000－0901－0004267　C092059－60

大學衍義輯要六卷　（清）陳宏謀撰　清乾隆
元年(1736)陳氏培遠堂刻本　二冊

230000－0901－0004268　C092061－62

地球韻言四卷　（清）張士瀛撰　清光緒二十
七年(1901)李光明莊刻本　二冊

230000－0901－0004269　C092063

繡鐙問字圖題詞一卷　（清）畢方瀛編　清同
治十三年(1874)刻本　一冊

230000－0901－0004270　C092064－71

止齋先生文集五十二卷附錄一卷　（宋）陳傅
良撰　清光緒五年(1879)瑞安孫氏詒善祠塾
刻本　八冊

230000－0901－0004271　C005168－73

天籟軒詞選六卷　（清）葉申薌輯　清道光刻
本　六冊

230000－0901－0004272　C115186－93

隸辨八卷　（清）顧藹吉撰　清同治十二年
（1873）聚賢齋刻本　八冊

230000－0901－0004273　C115194－201

春秋經傳集解三十卷　（晉）杜預撰　（唐）陸
德明音義　（宋）林堯叟注　（清）馮李驊增訂
　左繡三十卷　（清）馮李驊　（清）陸浩評輯
清光緒六年（1880）上海掃葉山房刻本　八
冊　存十五卷（一至十五）

230000－0901－0004274　C115202－13

唐宋八家詩五十二卷　（清）姚培謙輯　清雍
正五年（1727）遂安堂刻本　十二冊

230000－0901－0004275　C115247－50

詩經融注大全體要八卷　（清）高朝纓定
（清）沈世楷輯　清光緒十二年（1886）上洋江
左書林刻本　四冊

230000－0901－0004276　C115278－373

尺木堂綱鑑易知錄九十二卷明鑑易知錄十五
卷　（清）吳乘權等輯　清同治八年（1869）京
都文貴堂木活字印本　九十六冊

230000－0901－0004277　C115380－95

詳注經史百家雜鈔二十六卷　（清）曾國藩輯
　清末上海會文堂書局石印本　十六冊

230000－0901－0004278　C092072

夢奈詩稿一卷　（清）馮桂芬撰　清光緒二年
（1876）馮氏校邠廬刻本　一冊

230000－0901－0004279　C092073－74

知止堂詩錄十二卷　（清）朱綬撰　清道光二
十年（1840）刻本　二冊

230000－0901－0004280　C092075－88

大佛頂首楞嚴經脈疏四十卷　（明）釋眞鑑撰
　清光緒二十二年（1896）金陵刻經處刻本
十四冊

230000－0901－0004281　C092105－12

塾課小題正鵠初集二卷二集二卷三集三卷附
訓蒙草一卷養正草一卷　（清）李元度編　清
光緒八年（1882）文昌書局刻本　八冊

230000－0901－0004282　C092113

佛說梵網經二卷　（後秦）釋鳩摩羅什譯　清
光緒十年（1884）金陵刻經處刻本　一冊

230000－0901－0004283　C092115－20

重訂教乘法數十二卷　（明）釋圓瀞集　（清）
釋超海等重訂　清光緒三十四年（1908）刻本
　六冊

230000－0901－0004284　C092121－22

唯識二十論述記四卷　（唐）釋窺基撰　清宣
統二年（1910）江西刻經處刻本　二冊

230000－0901－0004285　C092123

大乘起信論纂注二卷　（明）釋眞界撰　清光
緒十一年（1885）金陵刻經處刻本　一冊

230000－0901－0004286　C092124

維摩詰所說經三卷　（後秦）釋鳩摩羅什譯
清末刻本　一冊

230000－0901－0004287　C092129－40

國朝詞綜四十八卷二集八卷　（清）王昶輯
清嘉慶三泖漁莊刻本　十二冊

230000－0901－0004288　C092141－64

王文成公全書三十八卷　（明）王守仁撰　清
同治光緒刻本　二十四冊

230000－0901－0004289　C092165－66

本草經三卷　（魏）吳普等述　（清）孫星衍
（清）孫馮翼輯　清光緒十七年（1891）池陽周
氏刻周澂之校刻醫學叢書本　二冊

230000－0901－0004290　C092183－92

庾子山集十六卷　（北周）庾信撰　（清）倪璠
注　年譜一卷總釋一卷　（清）倪璠撰　清崇
岫堂刻本　十冊

230000－0901－0004291　C092193－200

廣雅疏證十卷　（清）王念孫撰　博雅音十卷
　（隋）曹憲撰　（清）王念孫校　清光緒五年
（1879）淮南書局刻本　八冊

230000－0901－0004292　C092201－03

易經精華六卷末一卷　（□）□□撰　清光緒
二十年（1894）學庫山房刻四經精華本　三冊

230000 – 0901 – 0004293　C126067

兵法入門集要三卷　（清）知非子撰　清咸豐
十年（1860）望雲草廬刻本　一冊

230000 – 0901 – 0004294　C126075 – 89

古文十六卷　（清）孟保編譯　清咸豐元年
（1851）刻本　十五冊

230000 – 0901 – 0004295　C126090 – 101

清文匯書十二卷　（清）李延基纂　清四合堂
刻本　十二冊

230000 – 0901 – 0004296　C126102 – 09

閑閑老人滏水集二十卷　（金）趙秉文撰　**附
錄一卷**　（金）元好問撰　**滏水集校札記二卷**
（清）吳重憙撰　清光緒二十九年（1903）海
豐吳氏刻本　八冊

230000 – 0901 – 0004297　C092204 – 05

大宋重修廣韻六卷附札記一卷　（宋）陳彭年
等重修　清道光三十年（1850）新化鄧氏邵州
東山精舍刻本　二冊　存二卷（一至二）

230000 – 0901 – 0004298　C126110 – 13

盤山志十卷補遺四卷首一卷　（清）釋智樸纂
清同治十一年（1872）刻本　四冊

230000 – 0901 – 0004299　C126133 – 38

郵傳部奏議類編不分卷　（清）郵傳部參議廳
編核科輯　清宣統鉛印本　六冊

230000 – 0901 – 0004300　C126139 – 40

三元記二卷　（明）沈受先撰　明毛氏汲古閣
刻六十種曲本　二冊

230000 – 0901 – 0004301　C126141 – 44

百美新詠一卷　（清）顏希源撰　**圖傳一卷**
（清）王翽繪圖　**集詠一卷**　（清）袁枚撰　清
嘉慶十年（1805）集腋軒刻本　四冊

230000 – 0901 – 0004302　C126146

教女遺規三卷　（清）陳宏謀輯　清同文堂刻
本　一冊

230000 – 0901 – 0004303　C126147

四憶堂詩集六卷　（清）侯方域撰　清同治十
三年（1874）刻本　一冊　存三卷（一至三）

230000 – 0901 – 0004304　C113775 – 113777

史通削繁四卷　（清）紀昀刪節　清道光十三
年（1833）涿州盧坤兩廣節署刻朱墨套印本
三冊

230000 – 0901 – 0004305　C113778 – 113781

紅樓夢評贊十種十卷　（清）王貽燕撰　清光
緒刻本　四冊

230000 – 0901 – 0004306　C113788

京音字彙不分卷附音表　王璞撰　清宣統三
年（1911）石印本　一冊

230000 – 0901 – 0004307　C113808

梅花山館詩鈔一卷　（清）徐光發撰　清光緒
三十二年（1906）石印本　一冊

230000 – 0901 – 0004308　C113809

石鼓文一卷附摹字　（清）趙宧光章句　（清）
任兆麟集釋　清乾隆五十三年（1788）同川書
院刻本　一冊

230000 – 0901 – 0004309　C113810

尚書大傳四卷　（漢）伏勝撰　（漢）鄭玄注
補遺一卷考異一卷續補遺一卷　（清）盧文弨
輯　清嘉慶五年（1800）刻本　一冊

230000 – 0901 – 0004310　C113814

增訂四體字法三卷　（明）高松撰　（清）鄭炳
也增訂　清咸豐四年（1854）文奎堂刻本
一冊

230000 – 0901 – 0004311　C113815

三家宮詞三卷二家宮詞二卷　（明）毛晉輯
清同治十二年（1873）淮南書局刻本　一冊

230000 – 0901 – 0004312　C113816

陶淵明詩一卷雜文一卷　（晉）陶潛撰　清光
緒元年（1875）影宋刻本　一冊

230000 – 0901 – 0004313　C113817

西齋偶得三卷附錄一卷　（清）博明撰　清光
緒二十六年（1900）刻留垞叢刻本　一冊

230000 – 0901 – 0004314　C113818

金陵雜述三十二絕句一卷　（清）何紹基撰并
書　清西林堂刻本　一冊

230000－0901－0004315　C113819

欽命護理江蘇巡撫部院黃為告示一卷　（清）黃為撰　清光緒十五年(1889)江蘇巡撫部院刻本　一冊

230000－0901－0004316　C113823

內經知要二卷　（明）李中梓輯注　薛生白校正　清光緒九年(1883)上洋江左書林刻本　一冊

230000－0901－0004317　C113824

經典釋文序錄一卷　（唐）陸德明撰　清江楚書局刻本　一冊

230000－0901－0004318　C115402－13

金石索十二卷首一卷　（清）馮雲鵬　（清）馮雲鵷輯　校經山房影印本　十二冊

230000－0901－0004319　C115544－83

朱子全集一百〇四卷目錄二卷　（宋）朱熹撰　清咸豐十年(1860)紫霞洲祠堂刻本　四十冊

230000－0901－0004320　C115584－99

唐文粹一百卷　（宋）姚鉉輯　清光緒十五年(1889)杭州許氏榆園刻本　十六冊

230000－0901－0004321　C115600－23

文選六十卷　（南朝梁）蕭統輯　（唐）李善等注　**考異十卷**　（清）胡克家撰　清同治八年(1869)潯陽萬氏刻本　二十四冊

230000－0901－0004322　C115624－43

山谷詩集注二十卷　（宋）黃庭堅撰　（宋）任淵注　**外集詩注十七卷**　（宋）黃庭堅撰　（宋）史容注　**別集詩注二卷**　（宋）黃庭堅撰　（宋）史季溫注　清光緒二十一年至二十五年(1895－1899)陳三立刻本　二十冊

230000－0901－0004323　C115692－739

蘇文忠公全集一百十一卷　（宋）蘇軾撰　**東坡先生年譜一卷**　（宋）王宗稷撰　**東坡集校記二卷**　繆荃孫撰　清光緒三十四年至宣統元年(1908－1909)端方寶華盦刻本　四十八冊

230000－0901－0004324　C093581

文昌大洞眞經講注合參便讀二十章四卷　（清）張曾瑞輯　清咸豐元年(1851)世德堂刻本　一冊

230000－0901－0004325　C093582－91

切問齋文鈔三十卷　（清）陸燿輯　清道光二年(1822)五華書院刻本　十冊

230000－0901－0004326　C093592

青藜閣吟草六卷　（清）劉禮淞撰　清同治六年(1867)刻本　一冊

230000－0901－0004327　C093594－96

世界地理志六卷　（日本）中村五六編　（日本）頓野廣太郎補修　（日本）通田保熙譯　清光緒二十八年(1902)鉛印本　三冊

230000－0901－0004328　C093598

本朝史講義第一編　（清）京師譯學館編　清末京師學務印書館鉛印本　一冊

230000－0901－0004329　C093599

龍遊東南鄉公禁冬筍案稿一卷　清末刻本　一冊

230000－0901－0004330　C093600

波斯志不分卷　（清）學部編譯圖書局編　清光緒三十三年(1907)學部編譯圖書局鉛印本　一冊

230000－0901－0004331　C126148

農事私議二卷墾荒裕國策一卷　羅振玉撰　清光緒二十六年(1900)刻本　一冊

230000－0901－0004332　C126149－50

經考五卷　（清）戴震撰　清光緒二十六年(1900)徐乃昌刻鄦齋叢書本　二冊

230000－0901－0004333　C126151－54

古今中外音韻通例不分卷　（清）胡垣撰　清光緒十四年(1888)刻本　四冊

230000－0901－0004334　C126155－62

宸垣識略十六卷　（清）吳長元輯　清光緒二年(1876)寶林堂刻本　八冊

230000－0901－0004335　C126163－72

繡像京本雲合奇蹤玉茗英烈全傳十卷八十回

（明）徐渭編　清文達堂印本　十冊

230000－0901－0004336　C126173－78

海公大紅袍傳六十卷六十回　（清）李春芳撰
清道光十年（1830）大文堂刻本　六冊

230000－0901－0004337　C130282－130285

注釋水竹居賦不分卷　（清）夢花齋主人注
清道光三十年（1850）德義堂刻本　四冊

230000－0901－0004338　C130286－130287

周禮節訓六卷　（清）黃叔琳撰　（清）姚培謙
重訂　清同治七年（1868）上洋繩武堂刻本
二冊

230000－0901－0004339　C130288－130290

小題別體一卷　（清）李揆一輯　**巧搭分品一卷**　（清）史鑑撰　**巧搭穿揚一卷**　（清）張心
蕊撰　清道光二十六年至二十九年（1846－1849）翰選樓刻本　三冊

230000－0901－0004340　C130976

寶鑑編補注不分卷　（清）升泰撰　清光緒十
年（1884）最靜書屋刻本　一冊

230000－0901－0004341　C130977－130984

四書圖考十三卷　（清）杜炳撰　清道光七年
（1827）家刻本　八冊　存七卷（音樂圖考、衣
服圖考、典籍圖考、宮室圖考、井田圖考、器用
圖考、武備圖考）

230000－0901－0004342　C130985－130986

周禮節訓六卷　（清）黃叔琳撰　清同治七年
（1868）上洋繩武堂刻本　二冊

230000－0901－0004343　C130995－130998

全韻詩二卷　（清）金門詔撰　清乾隆世賢堂
刻本　四冊

230000－0901－0004344　C130999

道德經一卷　（元）趙孟頫書　（清）鮑勳茂刻
石　清乾隆四十九年（1784）拓本　一冊

230000－0901－0004345　C131000

唐僧懷素自敘帖一卷　（唐）釋懷素書　清拓
本　一冊

230000－0901－0004346　C131003

豐順丁氏持靜齋書目一卷　（清）丁日昌藏并
原編　（清）江標重編　清光緒二十一年
（1895）江標刻本　一冊

230000－0901－0004347　C131005－131008

漢溪書法通解八卷　（清）戈守智撰　清乾隆
霽雲閣刻本　四冊

230000－0901－0004348　C131009－131012

金石三例十五卷　（清）盧見曾撰　清乾隆二
十年（1755）盧氏雅雨堂刻本　四冊

230000－0901－0004349　C131014

海源閣藏書目一卷　（清）楊紹和藏并編　清
光緒十四年（1888）元和師鄭室江標刻本
一冊

230000－0901－0004350　C126288－303

傳家寶三集八卷四集八卷　（清）石成金撰輯
清乾隆刻本　十六冊

230000－0901－0004351　C126308－11

**泥蓮書室吟草五卷詞鈔一卷試帖一卷雜音一
卷**　（清）趙玉豐撰　清光緒三年（1877）刻本
四冊

230000－0901－0004352　C126312－15

李氏音鑒六卷　（清）李汝珍撰　清光緒十四
年（1888）上海掃葉山房刻本　四冊

230000－0901－0004353　C126320－31

韓昌黎詩集編年箋注十二卷　（清）方世舉撰
（清）何焯　（清）朱彝尊評　清宣統二年
（1910）石印本　十二冊

230000－0901－0004354　C126355－58

四銅鼓齋論畫集刻十二種十四卷　（清）張祥
河輯　清宣統元年（1909）北京會文齋刻本
四冊

230000－0901－0004355　C126359－64

清秘述聞十六卷　（清）法式善撰　清末刻本
六冊

230000－0901－0004356　C126365－68

挹秀山房詩集八卷西江一櫂集一卷　（清）劉
墫撰　清道光十六年（1836）劉氏味經書屋刻

本　四冊

230000－0901－0004357　C126426－27
宋司馬溫國文正公家範五卷　（宋）司馬光撰
　清乾隆二十四年(1759)黃氏亦政堂刻本
二冊

230000－0901－0004358　C126433－36
橫塘集二十卷　（宋）許景衡撰　清光緒二年
(1876)瑞安孫氏刻永嘉叢書本　四冊

230000－0901－0004359　C126436－39
許學叢刊　（清）許頌鼎輯　（清）許溎祥輯
清光緒十三年(1887)海寧許氏古均閣刻本
四冊

230000－0901－0004360　C126440－43
納書楹曲譜補遺四卷　（清）葉堂訂譜　（清）
王文治參訂　清乾隆五十九年(1794)家刻本
　四冊

230000－0901－0004361　C126444－49
續古文苑二十卷　（清）孫星衍輯　清嘉慶十
七年(1812)冶城山館刻本　六冊

230000－0901－0004362　C126454－57
續富國策四卷　題(清)瑤林館主撰　清末刻
本　四冊

230000－0901－0004363　C126459－64
韋蘇州集十卷　（唐）韋應物撰　清項氏玉淵
堂刻本　六冊

230000－0901－0004364　C126465－68
讀書作文譜十二卷父師善誘法二卷　（清）唐
彪撰　清大文堂刻本　四冊

230000－0901－0004365　C126632－34
松心詩集二十二卷　（清）張維屏撰　清道光
刻本　三冊　缺七卷(燕臺三集一、燕臺五集
一、豫章集一、匡廬集一、桂林集一、花地集
一、草堂集一)

230000－0901－0004366　C126635
聽松廬駢體文鈔四卷　（清）張維屏撰　清咸
豐刻本　一冊

230000－0901－0004367　C126636

桂游日記三卷　（清）張維屏撰　清道光十七
年(1837)張氏聽松廬刻本　一冊

230000－0901－0004368　C126637
春遊唱和詩不分卷　（清）張維屏輯　清道光
二十六年(1846)刻張南山全集本　一冊

230000－0901－0004369　C126638
聽松廬詩略二卷　（明）張維屏撰　清光緒刻
學海堂叢刻本　一冊

230000－0901－0004370　C093601－02
市隱書屋詩稿五卷卮言二卷　（清）亢樹滋撰
　清同治六年(1867)刻本　二冊

230000－0901－0004371　C131019－131022
聖賢像贊不分卷首一卷　（明）呂元善撰　清
光緒四年(1878)曲阜會文堂刻本　四冊

230000－0901－0004372　C131023
小石帆亭著錄五卷　（清）翁方綱撰　清刻本
　一冊

230000－0901－0004373　C131026－131031
理學宗傳二十六卷　（清）孫奇逢撰　清光緒
六年(1880)浙江書局刻本　六冊　存十六卷
(一至十六)

230000－0901－0004374　C131032－101039
燕禧堂五種　（清）任大椿撰　清乾隆刻本
八冊

230000－0901－0004375　C131042
顏魯公三表眞跡一卷　（唐）顏眞卿書　清道
光十九年(1839)刻後拓本　一冊

230000－0901－0004376　C131043
九成宮醴泉銘一卷　（唐）魏徵撰　（唐）歐陽
詢書　清光緒影印本　一冊

230000－0901－0004377　C131044－131045
秦郵帖四卷　（清）師亮采輯　清嘉慶十九年
(1814)錢泳刻石拓本　二冊

230000－0901－0004378　C131046
唐懷素法帖一卷附李白贈懷素草書歌　（唐）
釋懷素書　拓本　一冊

230000－0901－0004379　C131047

顔眞卿爭座位帖一卷　（唐）顔眞卿書　拓本
　　一冊

230000－0901－0004380　C131048

漢碑　（漢）□□書　拓本　一冊

230000－0901－0004381　C131050

昭仁寺碑一卷　（唐）朱子奢撰　□□□書
　拓本　一冊

230000－0901－0004382　C131051

秦漢瓦片　　拓本　一冊

230000－0901－0004383　C115748－95

佩文齋廣群芳譜一百卷　（清）汪灝等撰　清
　刻本　四十八冊

230000－0901－0004384　C115822－25

清琦軒詞選十三卷　（清）夏秉衡選　清光緒
　二十一年（1895）榮勛刻本　四冊

230000－0901－0004385　C115856－60

小學纂注六卷總論一卷　（清）高愈撰　**忠經
一卷**　（漢）鄭玄注　**孝經一卷**　（明）陳選集
注　清光緒十二年（1886）上海掃葉山房刻本
　五冊

230000－0901－0004386　C115861－64

寄傲山房塾刻新增幼學故事瓊林四卷首一卷
　（清）程登吉原本　（清）鄒聖脈增補　清末
刻本　四冊

230000－0901－0004387　C115865－68

史通削繁四卷　（清）紀昀刪節　清道光十三
年（1833）涿州盧坤兩廣節署刻套印本　四冊

230000－0901－0004388　C115877－78

周易四卷筮儀一卷卦歌一卷易圖一卷　（宋）
朱熹本義　清光緒十七年（1891）金陵奎壁齋
刻本　二冊

230000－0901－0004389　C115895－98

七十家賦鈔六卷　（清）張惠言輯　清道光元
年（1821）合河康氏刻本　四冊

230000－0901－0004390　C115899－6058

乾坤正氣集五百七十四卷首一卷　（清）顧沅

（清）潘錫恩輯　清道光二十八年（1848）涇
縣潘氏袁江節署刻同治五年（1866）新建吳坤
修皖江印本　一百六十冊

230000－0901－0004391　C116059－66

歷代名儒傳八卷歷代循吏傳八卷　（清）朱軾
　（清）蔡世遠輯　清雍正刻朱文端公藏書本
　八冊

230000－0901－0004392　C116117－34

古今說海一百四十二卷　（明）陸楫輯　清道
光元年（1821）苕溪邵氏西山堂刻本　十八冊
　缺二十三卷（說纂部）

230000－0901－0004393　C116141－260

十三經注疏附考證　清同治十年（1871）廣
東書局刻本　一百二十冊

230000－0901－0004394　C116286－90

芥子園畫傳初集五卷　（清）王槩等輯　清刻
本　五冊

230000－0901－0004395　C116291－94

文選考異十卷　（清）胡克家撰　清嘉慶十四
年（1809）刻本　四冊

230000－0901－0004396　C116303

金玉瑣碎二卷　（清）謝堃撰　清光緒六年
（1880）刻掃葉山房叢鈔本　一冊

230000－0901－0004397　C116305

說文佚字考四卷　（清）張鳴珂撰　清光緒十
三年（1887）豫章刻本　一冊

230000－0901－0004398　C116307

疑年錄四卷　（清）錢大昕撰　**續疑年錄四卷**
　（清）吳修撰　清嘉慶二十三年（1818）刻本
　一冊

230000－0901－0004399　C116308－09

聊齋文集二卷　（清）蒲松齡撰　清宣統元年
（1909）京師國學扶輪社鉛印本　二冊

230000－0901－0004400　C116311

邵亭詩鈔六卷　（清）莫友芝撰　清咸豐二年
（1852）刻同治五年（1866）莫繩孫重修影山草
堂六種本　一冊

230000－0901－0004401　C126684－97

昭代名人尺牘二十四卷　（清）吳修輯　清道光海鹽吳修摹刻拓本　十四冊　存十二卷（一至十二）

230000－0901－0004402　C126698－99

韻學驪珠二卷　（清）沈乘麐輯　清光緒十八年（1892）華亭顧文善齋刻本　二冊

230000－0901－0004403　C126700－01

光學二卷　（英國）田大里撰　（美國）金楷里口譯　（清）趙元益筆述　清咸豐九年（1859）刻本　二冊

230000－0901－0004404　C126704

說文解字雙聲疊韻譜不分卷　（清）鄧廷楨撰　清道光十九年（1839）刻本　一冊

230000－0901－0004405　C126727

莊子通一卷　（清）王夫之撰　清同治四年（1865）湘鄉曾氏金陵節署刻船山遺書本　一冊

230000－0901－0004406　C126747－52

十三經集字摹本不分卷　（清）彭玉雯輯（清）方青銓校　清道光二十九年（1849）彭玉雯刻本　六冊

230000－0901－0004407　C126733－36

御刻三希堂石渠寶笈法帖釋文十六卷　（清）梁詩正等編　（清）陳焯釋文　清影印本　四冊

230000－0901－0004408　C126737－40

歷代帝王年表十四卷　（清）齊召南撰　（清）阮福續撰　帝王廟謚年諱譜一卷　（清）陸費墀撰　清光緒二十年（1894）桂垣書局刻本　四冊

230000－0901－0004409　C126762－67

雷刻四種二十一卷　（清）雷浚等撰　清光緒吳縣雷氏家刻本　六冊

230000－0901－0004410　C126768－77

經餘必讀八卷二編八卷三編四卷　（清）雷琳等輯　清光緒二年（1876）胡氏退補齋刻本　十冊

230000－0901－0004411　C126778

荔村草堂詩讀鈔不分卷　（清）譚宗浚撰　清宣統二年（1910）刻本　一冊

230000－0901－0004412　C126785－87

江左三大家詩鈔九卷　（清）顧有孝　（清）趙澐輯　清康熙七年（1668）刻本　三冊

230000－0901－0004413　C126789－92

白雨齋詞話八卷詩鈔一卷詞存一卷　（清）陳廷焯撰　清光緒二十年（1894）包榮翰、許正詩等刻本　四冊

230000－0901－0004414　C126794

春園吟稿四卷　（清）查有新撰　清道光刻本　一冊

230000－0901－0004415　C131052

元結墓表一卷　（唐）顏眞卿撰并書　拓本　一冊

230000－0901－0004416　C131053

皇元加封大成至聖文宣王碑陰頌一卷　（元）鄧鏽撰　（元）徐介書　拓本　一冊

230000－0901－0004417　C131054

道因法師碑一卷　（唐）李儼撰　（唐）歐陽通書　拓本　一冊

230000－0901－0004418　C131055－131056

六藝綱目二卷附錄二卷　（元）舒天民撰（元）舒恭注　（明）趙宜中附注　札記一卷（清）管禮耕撰　清光緒七年（1881）汪氏籀書邨刻本　二冊

230000－0901－0004419　C131049

漢故衛尉卿衡府君之碑一卷　（漢）□□撰　拓本　一冊

230000－0901－0004420　C131057

禹碑五釋不分卷　（清）王澍輯　清雍正十年（1732）本敬堂精刻本　一冊

230000－0901－0004421　C131058

沈可培先生雙鈎夏承碑一卷　（清）沈可培雙鈎　清乾隆四十四年（1779）沈可培雙鈎本　一冊

230000－0901－0004422　C131059

安南昭光寺鐘銘一卷　（清）沈可培抄錄　漢黽池五瑞碑一卷　（漢）□□撰　（清）沈可培雙鉤　漢故繁陽令楊君之碑一卷　（漢）□□撰　（清）沈可培仿錄　清乾隆四十四年（1779）沈可培抄錄雙鉤仿錄本　一冊

230000－0901－0004423　C131060

庚辰集五卷　（清）紀昀編　清乾隆二十六年（1761）紀氏刻本　一冊　存一卷（一）

230000－0901－0004424　C131061

秋江集六卷　（清）黃任撰　清乾隆刻本　一冊　存三卷（一至三）

230000－0901－0004425　C131062－131067

說文解字十五卷　（漢）許慎撰　（宋）徐鉉等校定　清初毛氏汲古閣刻本　六冊

230000－0901－0004426　C131077－131084

春秋左傳五十卷　（晉）杜預注　（唐）陸德明音義　（宋）林堯叟補注　（明）鍾惺等評點　清五雲樓刻本　八冊　存二十四卷（二十七至五十）

230000－0901－0004427　C131085－131092

初學記三十卷　（唐）徐堅等撰　明萬曆十五年（1587）徐守銘寧壽堂刻本　八冊　存十五卷（一至十五）

230000－0901－0004428　C131110－131113

南齋集六卷詞二卷　（清）馬曰璐撰　清咸豐元年（1851）南海伍崇曜刻粵雅堂叢書本　四冊

230000－0901－0004429　C131115－131124

杜詩鏡銓二十卷附錄一卷年譜一卷　（清）楊倫撰　讀書堂杜工部文集注解二卷　（清）張溍評注　清同治十一年（1872）望三益齋刻本　十冊

230000－0901－0004430　C116319－20

養蒙鍼度五卷　（清）潘子聲輯　清同治六年（1867）蘇州綠潤堂刻本　二冊

230000－0901－0004431　C116332－33

明貢舉考略一卷國朝貢舉考略一卷　（清）黃崇蘭輯　清刻本　二冊

230000－0901－0004432　C116341－60

山谷詩集注二十卷　（宋）黃庭堅撰　（宋）任淵注　外集詩注十七卷　（宋）黃庭堅撰（宋）史容注　別集詩注二卷　（宋）黃庭堅撰　（宋）史季溫注　清光緒二十一年至二十五年（1895－1899）陳三立刻本　二十冊

230000－0901－0004433　C116371－82

國朝詞綜四十八卷二集八卷　（清）王昶輯　清嘉慶八年（1803）三泖漁莊刻本　十二冊

230000－0901－0004434　C116387－92

古唐詩合解十六卷　（清）王堯衢注　清同治八年（1869）掃葉山房刻本　六冊

230000－0901－0004435　C116623－984

欽定大清會典事例一千二百二十卷目錄八卷　（清）崑岡等纂修　清光緒石印本　三百六十二冊　存一千一百五十四卷（一至四百五十五、四百八十二至五百七十六、五百九十七至六百七十、六百九十一至一千二百二十）

230000－0901－0004436　C126803

賞雨茅屋外集一卷　（清）曾燠撰　清道光刻本　一冊

230000－0901－0004437　C126808

字學舉隅一卷　（清）龍啓瑞撰　清同治十二年（1873）琉璃廠龍文齋刻本　一冊

230000－0901－0004438　C126813－14

急就篇四卷正文一卷　（漢）史游撰　（唐）顏師古注　（宋）王應麟補注　清光緒六年（1880）刻天壤閣叢書本　二冊

230000－0901－0004439　C126817

問竹詩草一卷　（清）榮廷撰　清光緒十九年（1893）刻本　一冊

230000－0901－0004440　C126819

寄鷗存稿一卷沅蘭詞一卷　（清）任道鎔撰　清光緒十三年（1887）刻本　一冊

230000－0901－0004441　C126818

問竹詩草一卷　（清）榮廷撰　清光緒十九年(1893)刻本　一冊

230000－0901－0004442　C126800

灌香堂初稿一卷　（清）吳蘭畹撰　清同治五年(1866)任之駒等刻本　一冊

230000－0901－0004443　C131125－131128

重刊補注洗冤錄集證五卷附刊洗冤錄解一卷　（宋）宋慈撰　（清）王又槐集證　（清）李觀瀾補輯　（清）阮其新補注　清道光二十四年(1844)劉開域刻三色套印本　四冊

230000－0901－0004444　C131129－131152

蘇文忠詩合注五十卷首一卷　（宋）蘇軾撰　（清）馮應榴輯　清乾隆五十八年(1793)踵息齋刻同治九年(1870)馮寶圻修補本　二十四冊

230000－0901－0004445　C131155

飛燕外傳一卷　（漢）伶玄撰　漢雜事秘辛一卷　（漢）□□撰　清刻本　一冊

230000－0901－0004446　C131165－131168

爾雅注疏十一卷　（晉）郭璞注　（宋）邢昺疏　明崇禎毛氏汲古閣刻十三經注疏本　四冊

230000－0901－0004447　C131169－131176

尚書注疏十九卷附考證　（漢）孔安國傳　（唐）陸德明音義　（唐）孔穎達疏　清同治十年(1871)鍾謙鈞刻本　八冊

230000－0901－0004448　C131177

陶彭澤集一卷　（晉）陶潛撰　清光緒十八年(1892)善化章經濟堂刻本　一冊

230000－0901－0004449　C126821

鷗館閑吟一卷　（清）任道鎔撰　清道光十六年(1836)刻本　一冊

230000－0901－0004450　C126822－24

享帚集三卷　（清）楊豫成撰　清同治三年(1864)臥雲書屋刻本　三冊

230000－0901－0004451　C126830

雪樵詩鈔六卷　（清）陳郁撰　清道光十六年(1836)陳滋刻本　一冊

230000－0901－0004452　C126832

秋盦詩鈔一卷詞草一卷題跋一卷　（清）黃易撰　清宣統二年(1910)石印本　一冊

230000－0901－0004453　C126833－34

劉左使文集四卷　（宋）劉安節撰　劉給諫文集五卷　（宋）劉安上撰　清同治十二年(1873)孫氏詒善祠塾刻永嘉叢書本　二冊

230000－0901－0004454　C116985－94

世宗憲皇帝聖訓三十六卷　（清）世宗胤禛撰　清光緒刻十朝聖訓本　十冊

230000－0901－0004455　C126836－39

劉氏貢舉文字四卷東武劉氏貢舉傳略一卷　（清）劉文瀚輯　清道光十六年(1836)刻咸豐補刻本　四冊

230000－0901－0004456　C116995－7033

仁宗睿皇帝聖訓一百十卷　（清）仁宗顒琰撰　清光緒刻十朝聖訓本　三十九冊　存一百〇八卷(一至一百〇八)

230000－0901－0004457　C117035－70

宣宗成皇帝聖訓一百三十卷　（清）宣宗旻寧撰　清光緒刻十朝聖訓本　三十六冊

230000－0901－0004458　C117071－94

文宗顯皇帝聖訓一百十卷　（清）文宗奕詝撰　清光緒刻十朝聖訓本　二十四冊

230000－0901－0004459　C117095－7142

穆宗毅皇帝聖訓一百六十卷　（清）穆宗載淳撰　清光緒十朝聖訓本　四十八冊

230000－0901－0004460　C126841－42

大山詩集七卷　（清）劉巖撰　（清）吳楣輯　清末民國鉛印思園叢書本　二冊

230000－0901－0004461　C126851－56

讀易萯十二卷　（清）鄧廣唐撰　清康熙刻本　六冊

230000－0901－0004462　C092209

師伏堂詠史一卷詞一卷　（清）皮錫瑞撰　清光緒三十年(1904)刻師伏堂叢書本　一冊

230000－0901－0004463　C092213－18

遜志齋集二十四卷拾補一卷外紀一卷年譜一卷 （明）方孝孺撰　**校勘記一卷**　（清）盛朝彥撰　清同治十二年(1873)吳縣孫熹浙江省城刻本　十六冊

230000－0901－0004464　C092318
芋粟園雜文一卷　（清）孫清撰　清光緒二十四年(1898)刻本　一冊

230000－0901－0004465　C092337－44
海虞文徵三十卷　（清）邵松年輯　清光緒三十一年(1905)鴻文書局石印本　八冊　存十四卷(一至十四)

230000－0901－0004466　C092345－48
亭林文集六卷餘集一卷　（清）顧炎武撰　清末會稽董氏刻學古齋金石叢書本　四冊

230000－0901－0004467　C092349－56
王氏漁洋詩鈔十二卷　（清）王士禎撰　（清）邵長蘅選　清宣統二年(1910)時中書局影印本　八冊

230000－0901－0004468　C092357－68
經史百家雜鈔二十六卷　（清）曾國藩輯　清光緒三十二年(1906)上海商務印書館鉛印本　十二冊

230000－0901－0004469　C092369－400
全唐詩九百卷　（清）彭定求等輯　清光緒十三年(1887)上海同文書局石印本　三十二冊

230000－0901－0004470　C118580－81
敬吾心室彝器款識不分卷　（清）朱善旗輯　清光緒三十四年(1908)朱之榛影印本　二冊

230000－0901－0004471　C131187－131188
李氏蒙求補注六卷附考證一卷　（清）金三俊輯　清乾隆四十八年(1783)仁和金三俊刻本　二冊

230000－0901－0004472　C131189－131190
惜抱軒今體詩選十八卷　（清）姚鼐輯　清同治五年(1866)金陵書局刻本　二冊

230000－0901－0004473　C131191－131194
十九世紀外交史十七章　（日）平田久撰

208

（清）張相譯　清光緒二十八年(1902)史學齋刻本　四冊

230000－0901－0004474　C131195－131202
廣輿記二十四卷　（明）陸應陽輯　明刻清修本　八冊

230000－0901－0004475　C131203－131210
十竹齋畫譜八卷　（明）胡正言輯　清光緒五年(1879)元和邱瑞麟刻套印本　八冊

230000－0901－0004476　C131211－131222
歷代畫史彙傳七十二卷首一卷附錄二卷　（清）彭蘊璨編　清宣統二年(1910)上海文瑞樓書局石印本　十二冊

230000－0901－0004477　C131237
鶡冠子三卷　（宋）陸佃解　清光緒元年(1875)湖北崇文書局刻子書百家本　一冊

230000－0901－0004478　C131242
燕喜詞一卷　（宋）曹冠撰　**梅山詞一卷**　（宋）姜特立撰　**拙庵詞一卷**　（宋）趙磻老撰　**宣卿詞一卷**　（宋）袁去華撰　**晦菴詞一卷**　（宋）李處全撰　**養拙堂詞一卷**　（宋）管鑑撰　清光緒十四年(1888)臨桂王氏家塾刻四印齋所刻詞本　一冊

230000－0901－0004479　C131244
書目答問五卷附別錄一卷國朝著述諸家姓名略一卷　（清）張之洞撰　清光緒元年(1875)刻本　一冊

230000－0901－0004480　C131245－131247
景德鎮陶錄十卷　（清）藍浦撰　（清）鄭廷桂補輯　清光緒十七年(1891)京都書業堂刻本　三冊　存八卷(一至八)

230000－0901－0004481　C131248－131250
輶軒使者絕代語釋別國方言箋疏十三卷　（清）錢繹撰　清光緒十六年(1890)紅蝠山房刻本　三冊　存八卷(一至八)

230000－0901－0004482　C131252－131255
墨池堂選帖五卷　（明）章藻摹勒　清宣統元年(1909)影印本　四冊　存四卷(二至五)

230000－0901－0004483　C117143－7262

漢魏六朝百三名家集一百十四卷　（明）張溥
輯　清光緒三年(1877)滇南唐氏壽考堂刻本
一百二十冊

230000－0901－0004484　C117263－80

說文解字注三十卷六書音韻表五卷汲古閣說
文訂一卷　（清）段玉裁撰　**說文部目分韻一**
卷　（清）陳奐撰　清同治十一年(1872)湖北
崇文書局刻本　十八冊

230000－0901－0004485　C117281－7400

全唐詩九百卷　（清）彭定求等輯　清刻本
一百二十冊

230000－0901－0004486　C117401－22

欽定歷代職官表七十二卷　（清）紀昀等撰
清光緒二十二年(1896)廣雅書局刻廣雅書局
叢書本　二十二冊

230000－0901－0004487　C131256－131277

欒城集四十八卷目錄二卷後集二十四卷三集
十卷應詔集十二卷　（宋）蘇轍撰　**斜川集六**
卷　（宋）蘇過撰　清道光七年至十二年
(1827－1832)刻本　二十二冊　存七十一卷
(一至四十一、目錄二卷、三集十卷、應詔集十
二卷、斜川集六卷)

230000－0901－0004488　C131282－131291

[光緒]蘭谿縣志八卷首一卷附補遺一卷
（清）秦簧　（清）邵秉經修　（清）唐壬森纂
清光緒十三年至十五年(1887－1889)刻本
十冊

230000－0901－0004489　C131292－131298

蘇東坡詩集注三十二卷目錄不分卷附年譜一
卷　（宋）蘇軾撰　（宋）王十朋注　清康熙三
十七年(1698)文蔚堂刻本　七冊

230000－0901－0004490　C131299－131302

大清縉紳全書四卷　（清）□□編　清光緒二
十五年(1899)京都榮寶齋刻本　四冊

230000－0901－0004491　C131303－131306

大清縉紳全書四卷　（清）□□編　清宣統元
年(1909)京都榮寶齋刻本　四冊

230000－0901－0004492　C131307－131310

大清縉紳全書四卷　（清）□□編　清光緒二
十九年(1903)榮寶齋刻本　四冊

230000－0901－0004493　C131316－131318

千佛名經三卷　（□）□□撰　清刻本　三冊

230000－0901－0004494　C131319－131328

太上道藏三洞法寶諸品經懺號誥神咒九卷
（□）□□撰　清刻本　十冊

230000－0901－0004495　C131329－131331

揚州畫舫錄十八卷　（清）李斗撰　清乾隆六
十年(1795)自然盦刻同治十一年(1872)方濬
頤印本　三冊

230000－0901－0004496　C131671－131673

外交報不分卷　（清）外交報館編輯　清光緒
宣統上海商務印書館鉛印本　三冊

230000－0901－0004497　C131674－131681

昌言報不分卷　（清）昌言報館撰　清光緒二
十四年(1898)鉛印本　八冊

230000－0901－0004498　C131723－131726

四六彙編□□卷　（明）游之光輯　明末刻本
四冊　存七卷(二至三、六至十)

230000－0901－0004499　C131729

青在堂翎毛花菓譜不分卷　（□）□□撰　清
刻彩色套印本　一冊

230000－0901－0004500　C131727－131728

青在堂花卉草蟲譜不分卷　（□）□□撰　清
刻彩色套印本　二冊

230000－0901－0004501　C117423－28

山谷外集詩注十七卷　（宋）黃庭堅　（宋）史
容撰　**別集詩注二卷**　（宋）黃庭堅　（宋）史
季溫撰　清宣統二年(1910)雙井祠堂刻本
六冊

230000－0901－0004502　C117429－68

康熙字典三十六卷總目一卷檢字一卷辨似一
卷等韻一卷補遺一卷備考一卷　（清）張玉書
等撰　清刻本　四十冊

230000－0901－0004503　C117469－88

韻府拾遺一百〇六卷 （清）張廷玉等纂 清
刻本 二十册

230000－0901－0004504 C117501－06
李太白全集十六卷 （唐）李白撰 （清）李調
元等編 清乾隆二十九年（1764）清廉學舍刻
道光十三年（1833）徐鳳翔印本 六册

230000－0901－0004505 C117531－46
春秋十六卷首一卷 （□）□□撰 附陸氏三
傳釋文音義十六卷 （唐）陸德明音義 清嘉
慶十年（1805）揚州鮑氏刻五經四書讀本本
十六册

230000－0901－0004506 C131855－131860
駁案新編三十二卷續七卷 （清）全士潮等編
清嘉慶刻本 六册 存八卷（二十六至三
十二、續一）

230000－0901－0004507 C131861－131862
春秋或問二十卷 （宋）呂大圭撰 清康熙十
九年（1680）通志堂刻通志堂經解本 二册
存九卷（六至十四）

230000－0901－0004508 C131863－131864
春秋或問十卷 （元）程端學撰 清康熙十九
年（1680）通志堂刻通志堂經解本 二册 存
六卷（一至六）

230000－0901－0004509 C131866－131871
詞律二十卷 （清）萬樹撰 清蘇州埽葉山房
影印本 六册 存十卷（一至十）

230000－0901－0004510 C131902－131924
淵鑑類函四百五十卷目錄四卷 （清）張英等
撰 清康熙四十九年（1710）内府刻清吟堂印
本 二十三册 存七十六卷（一至七十二、目
錄一至四）

230000－0901－0004511 C131958－131963
唐陸宣公集二十二卷 （唐）陸贄撰 （清）年
羹堯重訂 清光緒二十年（1894）上海鴻寶齋
石印本 六册

230000－0901－0004512 C131925－131944
皕宋樓藏書志一百二十卷 （清）陸心源撰

清刻本 二十册 存八十卷（五至十二、二十
一至三十六、四十一至六十、六十五至六十
八、七十三至八十四、九十三至九十六、一百
〇一至一百一十二、一百一十七至一百二十）

230000－0901－0004513 C131945－131957
[道光]東陽縣志二十八卷首一卷 （清）黨金
衡修 （清）王恩注纂 清道光十二年（1832）
刻本 十三册 存二十六卷（一至十六、十九
至二十七、首一）

230000－0901－0004514 C131964－131970
新刻劍嘯閣批評西漢演義傳八卷 （明）甄偉
撰 清刻本 七册 存七卷（二至八）

230000－0901－0004515 C131971－131978
左繡三十卷首一卷 （清）馮李驊 （清）陸浩
評輯 清道光二十二年（1842）富春堂刻本
八册 存十六卷（一至十五、首一）

230000－0901－0004516 C131979－131984
重訂唐詩別裁集二十卷 （清）沈德潛輯 清
乾隆二十八年（1763）教忠堂刻本 六册 存
十二卷（三至十、十三至十四、十七至十八）

230000－0901－0004517 C131985－131989
靜志居詩話二十四卷 （清）朱彝尊撰 清嘉
慶二十四年（1819）扶荔山房刻本 五册 存
九卷（一至三、六至十一）

230000－0901－0004518 C117563－70
代數術補式二十六卷首一卷 （英國）華里司
輯 （英國）傅蘭雅口譯 （清）華蘅芳筆述
清光緒二十六年（1900）上海順成書局石印本
八册

230000－0901－0004519 C117586－95
[光緒]蘭谿縣志八卷首一卷附補遺一卷
（清）秦簧 （清）邵秉經修 （清）唐壬森纂
清光緒十三年至十五年（1887－1889）刻本
十册

230000－0901－0004520 C117600－19
日知錄三十二卷之餘四卷 （清）顧炎武撰
清刻本 二十册

230000－0901－0004521　C117621－30

國朝先正事略六十卷首一卷　（清）李元度撰
清光緒十三年(1887)鉛印本　十冊

230000－0901－0004522　C117637－44

典林瑯環二十四卷　清刻本　八冊

230000－0901－0004523　C117645－56

杜工部草堂詩箋四十卷外集一卷傳序碑銘一卷　（唐）杜甫撰　（宋）魯訔編次　（宋）蔡夢弼會箋　**補遺十卷**　（宋）黃鶴集注　**詩話二卷**　（宋）蔡夢弼集錄　**年譜二卷**　（宋）趙子櫟撰　（宋）魯訔撰　清光緒遵義黎氏日本東京使署刻古逸叢書本　十二冊

230000－0901－0004524　C126875

指頭畫說一卷　（清）高秉撰　清光緒三十二年(1906)刻本　一冊

230000－0901－0004525　C126877－80

龍文鞭影四卷　（明）蕭良有撰　（明）楊臣諍增訂　清道光十一年(1831)福金堂刻本　四冊

230000－0901－0004526　C126883－86

九九消夏錄十四卷曲園自述詩一卷曲園墨戲一卷窮英小錄一卷　（清）俞樾撰　清光緒刻本　四冊

230000－0901－0004527　C126891－93

荒政輯要九卷首一卷　（清）汪志伊纂　清嘉慶十一年(1806)蘇州刻本　三冊

230000－0901－0004528　C126895

雪心賦正解一卷　（唐）卜應天撰　（清）江之淮注　清康熙二十三年(1684)刻本　一冊

230000－0901－0004529　C126896

瑟譜一卷　（清）張錫九等撰　清道光九年(1829)王泉之刻本　一冊

230000－0901－0004530　C126898－99

史鑑節要便讀六卷　（清）鮑東里輯　清同治十二年(1873)羊城運署刻本　二冊

230000－0901－0004531　C126903－07

張子全書十五卷　（宋）張載撰　（宋）朱熹注

清康熙五十八年(1719)刻本　五冊　存十一卷(一至十一)

230000－0901－0004532　C126908－17

[光緒]蘭谿縣志八卷首一卷附補遺一卷　（清）秦簧　（清）邵秉經修　（清）唐壬森纂　清光緒十三年至十五年(1887－1889)刻本　十冊

230000－0901－0004533　C126918－23

范忠宣公集二十卷奏議二卷遺文一卷附錄一卷補編一卷　（宋）范純仁撰　清康熙范氏歲寒堂刻本　六冊

230000－0901－0004534　C126945－47

瘍科選八卷　（明）陳文治輯　清康熙四十六年(1707)刻本　三冊　存六卷(一至六)

230000－0901－0004535　C126948－54

前明忠義別傳三十二卷　（清）汪有典撰　清木活字印本　七冊　存十一卷(一至十一)

230000－0901－0004536　C126957－63

芳茂山人文集十二卷詩錄九卷長離閣集一卷　（清）孫星衍撰　清光緒十年(1884)吳縣朱氏槐廬家塾刻本　七冊

230000－0901－0004537　C126964－68

犢山類稿五種　（清）周鎬撰　清光緒木活字印本　五冊　存四種(課易存商、讀書雜記、隨筆雜記、犢山文稿)

230000－0901－0004538　C131995－132004

正字通十二集　（清）廖文英輯　清康熙十年(1671)弘文書院刻本　十冊　存四集(寅集下、卯集、辰集、巳集)

230000－0901－0004539　C132005－132012

陶齋吉金錄八卷　（清）端方撰　清光緒三十四年(1908)石印本　八冊

230000－0901－0004540　C132017－132047

曾文正公奏稿三十卷　（清）曾國藩撰　清光緒二年(1876)傳忠書局刻曾文正公全集本　三十一冊

230000－0901－0004541　C132048－132059

彙刻書目初編十卷續編二卷　（清）顧修編
清光緒元年(1875)長洲無夢園陳氏刻本　十二冊

230000－0901－0004542　C132060－132062

本草萬方鍼線八卷　（清）蔡烈先輯　清刻本　四冊

230000－0901－0004543　C132067－132072

漢名臣言行錄十二卷　（清）夏之芳輯　清刻本　六冊　存十卷（三至十二）

230000－0901－0004544　C132074

爵秩全覽不分卷　（清）□□編　清光緒三十年(1904)榮錄堂刻本　一冊

230000－0901－0004545　C132085－132090

[同治]江山縣志十二卷首一卷末一卷　（清）王彬　（清）孫晉梓修　（清）朱寶慈纂　清同治十三年(1874)江山縣文溪書院刻本　六冊　存十卷（一至七、十至十一、首）

230000－0901－0004546　C103469－76

變雅堂文集四卷詩集十卷遺集附錄一卷　（清）杜濬撰　清同治九年(1870)刻本　八冊

230000－0901－0004547　C103455－56

昨非集四卷　（清）劉熙載撰　清光緒刻本　二冊

230000－0901－0004548　C103477－81

徐州二遺民集十卷　（清）馮煦輯　清光緒十九年(1893)臨川桂中行刻本　五冊

230000－0901－0004549　C103482－85

桐城吳先生文集四卷　（清）吳汝綸撰　清光緒三十年(1904)王恩綍等刻桐城吳先生全書本　四冊

230000－0901－0004550　C103486－91

國朝詞綜續編二十四卷　（清）黃燮清輯　清同治十二年(1873)刻本　六冊

230000－0901－0004551　C103492

薇省同聲集五卷　（清）彭鑾輯　清光緒十六年(1890)刻本　一冊

230000－0901－0004552　C103495－97

秋茄集八卷補遺一卷　（清）吳兆騫撰　清宣統三年(1911)順德鄧氏鉛印風雨樓叢書本　三冊

230000－0901－0004553　C103501－10

日本國志四十卷中東年表一卷　（清）黃遵憲撰　清光緒二十七年(1901)上海書局石印本　十冊

230000－0901－0004554　C103514－21

徐霞客遊記十二卷　（明）徐宏祖撰　情光緒三十四年(1908)集成圖書公司鉛印本　八冊

230000－0901－0004555　C103568－71

賦學正鵠集釋四卷　（清）李元度輯　清光緒二十年(1894)石印本　四冊

230000－0901－0004556　C121126－27

陶淵明文集十卷　（晉）陶潛撰　清光緒五年(1879)會稽章氏刻本　二冊

230000－0901－0004557　C126977－78

三續疑年錄十卷　（清）陸心源撰　清光緒五年(1879)刻本　二冊

230000－0901－0004558　C121138－45

新纂中西醫書八種　清光緒十八年(1892)影印本　八冊

230000－0901－0004559　C126988－89

校邠廬抗議二卷　（清）馮桂芬撰　清光緒十八年(1892)刻本　二冊

230000－0901－0004560　C121146－49

醫學三書合刻三卷　（清）陶慰農輯　清光緒元年(1875)古蓮花池刻本　四冊

230000－0901－0004561　C121162－85

馮氏錦囊秘錄八種五十卷　（清）馮兆張纂輯　清康熙刻嘉慶十八年(1813)會成堂重修本　二十四冊

230000－0901－0004562　C126998－7001

易堂問目四卷　（清）吳鼎輯　清光緒十六年(1890)習靜齋刻本　四冊

230000－0901－0004563　C127002

切韻指掌圖一卷　（宋）司馬光撰　清光緒九

年(1883)上海同文書局石印本　一册

230000－0901－0004564　C121186－93
成方切用十二卷首一卷末一卷　（清）吳儀洛
撰　清末刻本　八册

230000－0901－0004565　C127003－05
歷代職官表六卷　（清）黃本驥撰　清光緒八
年(1882)上海王氏刻本　三册

230000－0901－0004566　C127014－19
校正華英四書　清光緒三十年(1904)點石
齋石印本　六册

230000－0901－0004567　C127070－73
館律分韻初編六卷　題(清)春暉閣主人編輯
清光緒十四年(1888)上海鴻寶齋石印本
四册　存四卷(一至四)

230000－0901－0004568　C127074－80
七家詩評注七卷　（清）張熙宇選　（清）石暉
甲箋注　清同治九年至十一年(1870－1872)
石氏七峰山莊刻本　八册

230000－0901－0004569　C103750－59
明文在一百卷　（清）薛熙輯　清光緒十五年
(1889)江蘇書局刻本　十册

230000－0901－0004570　C103770－73
惜抱軒先生尺牘六卷　（清）姚鼐撰　清宣統
元年(1909)刻本　四册

230000－0901－0004571　C103774－97
十六國春秋一百卷　（北魏）崔鴻撰　清乾隆
汪氏欣託山房刻本　二十四册

230000－0901－0004572　C103760－65
合肥相國七十賜壽圖附壽言　（□）□□撰
清光緒石印本　六册

230000－0901－0004573　C103826－35
天方至聖實錄二十卷　（清）劉介廉撰　清同
治十一年(1872)刻本　十册

230000－0901－0004574　C103836－45
明季北略二十四卷　（清）計六奇輯　清道光
木活字印本　十册

230000－0901－0004575　C103862－75
李文忠公外部函稿二十八卷　（清）李鴻章撰
清光緒二十八年(1902)鉛印本　十四册

230000－0901－0004576　C103876
句餘嗣響一卷　（清）沈思欽等撰　清宣統二
年(1910)天門山館活字印本　一册

230000－0901－0004577　C103818－25
史外八卷　（清）汪有典撰　清同治四年
(1865)刻本　八册

230000－0901－0004578　C103948－96
[光緒]吉林通志一百二十卷圖一卷　（清）長
順　（清）訥欽修　（清）李桂林　（清）顧雲
纂　清光緒十七年(1891)刻本　四十九册

230000－0901－0004579　C104437－68
湖海樓叢書　（清）陳春輯　清嘉慶陳氏刻本
三十二册

230000－0901－0004580　C104317－436
太平御覽一千卷目錄十五卷　（宋）李昉等撰
清嘉慶二十三年(1818)刻光緒十八年
(1892)印本　一百二十册

230000－0901－0004581　C104499－560
宜稼堂叢書　（清）郁松年輯　清道光刻本
六十二册

230000－0901－0004582　C104633－42
鐵華館叢書六種　（清）蔣鳳藻輯　清光緒長
洲蔣氏刻本　十册

230000－0901－0004583　C104469－98
式訓堂叢書　（清）章壽康輯　清光緒刻本
三十册　缺十三種五十六卷(三集)

230000－0901－0004584　C105038－77
三朝北盟會編二百五十卷　（宋）徐夢莘輯
清光緒四年(1878)如皋袁祖安越東鉛印本
四十册

230000－0901－0004585　C117672－88
蘇文忠詩合注五十卷首一卷　（宋）蘇軾撰
（清）馮應榴輯　清嘉慶二十四年(1819)馮氏
踵息齋刻本　十七册

230000－0901－0004586　C117689－90
蘇詩續補遺二卷　（宋）蘇軾撰　（清）馮景補
注　清康熙刻本　二冊

230000－0901－0004587　C132100－132111
［光緒］青田縣志十八卷　（清）雷銑修
（清）王棻纂　清光緒二年（1876）刻本　十二
冊　存十六卷（一至五、八至十八）

230000－0901－0004588　C132111－132116
［同治］嵊縣志二十六卷首一卷末一卷　（清）
嚴思忠　（清）陳仲麟修　（清）蔡以瑺
（清）朱彭年撰　清同治九年（1870）刻本　六
冊　存十五卷（三至十七）

230000－0901－0004589　C117691－92
文章軌範七卷　（宋）謝枋得輯　清光緒九年
（1883）弦歌書院刻本　二冊

230000－0901－0004590　C132118
病床日札一卷　（清）李元春撰　清道光咸豐
刻桐閣全書本　一冊

230000－0901－0004591　C117693－96
古詩源十四卷　（清）沈德潛選　清尊經閣刻
本　四冊

230000－0901－0004592　C132119
古歡室詩集三卷浣月詞一卷　（清）曾懿撰
清光緒刻古歡室全集本　一冊　存二卷（詩
集三、浣月詞）

230000－0901－0004593　C132120－132129
［嘉慶］義烏縣志二十二卷首一卷　（清）諸自
穀修　（清）程喻　（清）李錫齡纂　清嘉慶七
年（1802）刻本　十冊　存十九卷（一至九、十
三至二十二）

230000－0901－0004594　C117718－27
忠雅堂集三十卷　（清）蔣士銓撰　清刻本
十冊

230000－0901－0004595　C132130
海藏樓詩一卷　鄭孝胥撰　清光緒三十二年
（1906）鉛印本　一冊

230000－0901－0004596　C132132

木皮散人鼓詞一卷附萬古愁曲一卷　（明）賈
鳧西撰　乾嘉詩壇點將錄一卷　（清）舒位撰
東林點將錄一卷　（明）王紹徽撰　清光緒
三十三年（1907）葉氏觀古堂刻本　一冊

230000－0901－0004597　C132140－132142
憲政最新搢紳全書四卷　（清）□□撰　清宣
統二年（1910）京都榮寶齋刻本　三冊　存三
卷（二至四）

230000－0901－0004598　C132151
惜字勸誡注證二卷　題寶山覺初子輯　清光
緒三十二年（1906）上海埽葉山房刻本　一冊
存一卷（一）

230000－0901－0004599　C117728－29
明賢尺牘四卷　（清）王元勳　（清）程化騄輯
清光緒二十四年至二十六年（1898－1900）
許氏榆園刻本　二冊

230000－0901－0004600　C117736－41
段氏說文注訂八卷新附考六卷續考一卷
（清）鈕樹玉撰　清同治五年至七年（1866－
1868）碧螺山館刻本　六冊

230000－0901－0004601　C117742－45
遊歷圖經餘記十五卷　（清）傅雲龍撰　清光
緒十五年（1889）鉛印實學叢書本　四冊

230000－0901－0004602　C121197－200
眼科秘書四卷　（□）□□撰　清光緒十一年
（1885）暨陽陳誥積善堂刻本　四冊

230000－0901－0004603　C093603
孟晉齋詩集四卷首一卷　（清）言朝標撰　清
光緒九年（1883）言良鑫刻本　一冊

230000－0901－0004604　C093604
世界文明史　（日本）高山林次郎撰　清光緒
二十九年（1903）上海商務印書館鉛印本
一冊

230000－0901－0004605　C093605
汾沁紀游一卷　（清）張體乾撰　清刻本
一冊

230000－0901－0004606　C093608－17

沈文肅公政書七卷首一卷　（清）沈葆楨撰
清光緒六年（1880）刻本　十冊

230000－0901－0004607　C121196

痎瘧論疏一卷　（明）盧之頤撰　清光緒四年
（1878）錢塘丁氏刻當歸草堂醫學叢書初編本
　一冊

230000－0901－0004608　C093618－25

杜工部集二十卷　（唐）杜甫撰　（明）王世貞
　（清）邵長蘅等評　清光緒二年（1876）刻六
色套印本　八冊

230000－0901－0004609　C121194－95

溫熱暑疫全書四卷　（清）周揚俊輯　清乾隆
十九年（1754）吳門蔣氏刻本　二冊

230000－0901－0004610　C119217－120818

欽定古今圖書集成一萬卷目錄四十卷　（清）
陳夢雷　（清）蔣廷錫等輯　清光緒十年
（1884）上海同文書局石印本　一千六百〇二冊

230000－0901－0004611　C121215－16

丹溪朱氏脈因證治二卷　（元）朱震亨撰
（清）湯望久校輯　清乾隆四十年（1775）刻本
　二冊

230000－0901－0004612　C121217－18

傷寒明理論四卷　（金）成無己撰　明末刻本
（卷三、四配清刻本）　二冊

230000－0901－0004613　C121219

疫痧草三卷　（清）陳耕道撰　時疫白喉捷要
一卷　（清）張紹修撰　清光緒六年（1880）劉
卓齋等刻本　一冊

230000－0901－0004614　C121220－21

傷寒補天石二卷　（明）戈維城撰　清汲綆齋
刻本　二冊

230000－0901－0004615　C121224－25

曝書亭集外稿八卷　（清）朱彝尊撰　清道光
二十年（1840）馮登府刻本　二冊

230000－0901－0004616　C121226－31

重廣補注黃帝內經素問二十四卷　（唐）王冰
注　（宋）林億等校正　（宋）孫兆重改誤　清

光緒十年（1884）文成堂刻本　六冊

230000－0901－0004617　C093628－37

禮記訓纂四十九卷　（清）朱彬撰　清末石印
本　十冊　存四十四卷（一至四十四）

230000－0901－0004618　C121232－35

傷寒懸解十四卷首一卷末一卷　（清）黃元御
撰　清道光十二年（1832）張琦宛鄰書屋刻本
　四冊

230000－0901－0004619　C121236

增輯普濟應驗良方八卷附達生編一卷福幼
編一卷遂生編一卷　（清）祝韻梅輯　清同
治六年（1867）海寧祝氏連理蓮館刻本
　一冊

230000－0901－0004620　C093638

地方自治淺說一卷　（清）孟森撰　清宣統元
年（1909）商務印書館鉛印本　一冊

230000－0901－0004621　C093641

感懷百詠一卷續唱百詠一卷三唱百詠一卷
（清）胡鳳丹撰　清同治八年（1869）刻本
　一冊

230000－0901－0004622　C093642－45

文獻通考紀要四卷　（清）尹會一撰　清光緒
二十八年（1902）鍾壽石石印本　四冊

230000－0901－0004623　C093651

西湖手鏡一卷　（清）季嬰輯　清嘉慶十四年
（1809）刻本　一冊

230000－0901－0004624　C093677

懺摩錄一卷　（清）彭兆蓀撰　清光緒五年
（1879）刻嘯園叢書本　一冊

230000－0901－0004625　C093685

和文譯翼一卷　（清）沈銓　（清）胡祝眉撰
清末民國石印本　一冊

230000－0901－0004626　C093691

明夷待訪錄一卷　（清）黃宗羲撰　清光緒二
十三年（1897）石印本　一冊

230000－0901－0004627　C093692

明夷待訪錄一卷　（清）黃宗羲撰　清光緒二

十三年(1897)石印本　一冊

230000－0901－0004628　C093693－96
戰國策補注三十三卷　(漢)高誘注　吳曾祺補注　清宣統三年(1911)鉛印本　四冊

230000－0901－0004629　C093709－24
四書味根錄三十九卷　(清)金澂撰　清光緒七年(1881)刻本　十六冊

230000－0901－0004630　C093783－87
詩韻合璧五卷　(清)湯文潞輯　清末石印本　五冊

230000－0901－0004631　C093816－23
古文辭類纂七十四卷　(清)姚鼐輯　清光緒二十三年(1897)鉛印本　八冊

230000－0901－0004632　C093840
五洲各國政治考八卷　(清)錢恂輯　清光緒二十七年(1901)石印本　一冊

230000－0901－0004633　C093846
時病醫案不分卷　(□)□□撰　抄本　一冊

230000－0901－0004634　C093847
雜方匯抄不分卷　(□)□□撰　抄本　一冊

230000－0901－0004635　C093890－93
寫信必讀十卷　(清)唐蕓洲撰　清宣統三年(1911)石印本　四冊

230000－0901－0004636　C093924－35
邵子湘全集三十卷　(清)邵長蘅撰　康熙青門草堂刻光緒二十二年(1896)印本　十二冊

230000－0901－0004637　C093936－41
易憲四卷附圖說一卷　(明)沈泓撰　(清)沈權之等增訂　清補堂刻本　六冊

230000－0901－0004638　C093942－44
悔餘菴文稿九卷　(清)何栻撰　清同治四年(1865)鳩江戎幄刻悔餘菴集本　三冊

230000－0901－0004639　C093972－84
古本易鏡十卷附序例圖說一卷學易管窺二卷　(清)何毓福注　清光緒十年(1884)刻本　十三冊

230000－0901－0004640　C093985－94024
寧都三魏全集　(清)林時益輯　清易堂刻本　四十冊

230000－0901－0004641　C094025－32
養一齋文集二十卷　(清)李兆洛撰　清光緒四年(1878)刻本　八冊

230000－0901－0004642　C132153
桐花館詩鈔十卷　(清)梁信芳撰　清咸豐元年(1851)詒經堂刻本　一冊　存五卷(一至五)

230000－0901－0004643　C094033－40
群雅集四十卷　(清)王豫輯　清嘉慶十三年(1808)種竹軒刻本　八冊

230000－0901－0004644　C132158
大戴禮記十三卷　(漢)戴德撰　(北周)盧辯注　清乾隆德州盧氏刻雅雨堂叢書本　一冊　存五卷(一至五)

230000－0901－0004645　C132167－132170
洗冤錄全纂六卷　(清)李觀瀾輯　(清)阮其新補注　清道光刻本　四冊

230000－0901－0004646　C132175－132179
詩韻合璧五卷　(清)湯文潞輯　**虛字韻藪一卷**　(清)潘維城輯　清光緒十三年(1887)廣百宋齋鉛印本　五冊

230000－0901－0004647　C132180
毛詩補疏五卷　(清)焦循撰　清嘉慶二十三年(1818)江都焦氏雕菰樓刻本　一冊　存三卷(一至三)

230000－0901－0004648　C132182
竈王妙經一卷　(□)□□撰　(清)徐翼增錄　清光緒十五年(1889)徐翼增抄本　一冊

230000－0901－0004649　C132183－132184
詩集傳二十卷　(宋)朱熹撰　清刻本　二冊　存十卷(二至十一)

230000－0901－0004650　C132185
聖人譜牒考一卷　(□)□□撰　清光緒二年(1876)秦煥抄本　一冊

230000 - 0901 - 0004651　C132186 - 132188

一笠菴北詞廣正譜三卷　（清）徐于室撰
（清）李元玉訂　清影印本　三冊

230000 - 0901 - 0004652　C132190 - 132192、
C132192 - 1

古今醫鑑十六卷　（明）龔信纂輯　（明）龔廷
賢續輯　（明）王肯堂訂補　清刻本　四冊
存十卷（四至六、十至十六）

230000 - 0901 - 0004653　C132194 - 132197

秦川焚餘草六卷補遺一卷附刻一卷　（清）董
平章撰　清光緒二十七年（1901）刻本　四冊
存六卷（二、四至六、補遺、附刻）

230000 - 0901 - 0004654　C132202

籌辦秦湘淮義振徵信錄二卷　（清）唐錫晉撰
清光緒三十四年（1908）刻本　一冊　存一
卷（上）

230000 - 0901 - 0004655　C132203

賦則四卷　（清）鮑桂星撰　清道光二年
（1822）刻本　一冊　存二卷（一至二）

230000 - 0901 - 0004656　C117746 - 51

埋憂集十卷續集二卷　（清）朱翊清撰　清同
治十二年（1873）本堂刻本　六冊

230000 - 0901 - 0004657　C132204、C132326

醫學實在易八卷　（清）陳念祖撰　（清）陳元
犀參訂　清刻本　二冊　存四卷（五至八）

230000 - 0901 - 0004658　C132206

八卦觀象解二卷附卦氣解一卷　（清）莊存與
撰　清道光十八年（1838）味經齋遺書本
一冊

230000 - 0901 - 0004659　C132207

紫薇花館詩稿七卷文稿一卷　（清）王廷鼎撰
清光緒十七年（1891）刻紫薇花館集本　一
冊　存三卷（五、七、文稿）

230000 - 0901 - 0004660　C117756 - 57

雍州金石記十卷記餘一卷　（清）朱楓撰　清
道光二十年（1840）李錫齡刻惜陰軒叢書本
二冊

230000 - 0901 - 0004661　C117758

夜雪集一卷　王闓運撰　清光緒九年（1883）
成都石室刻本　一冊

230000 - 0901 - 0004662　C117761 - 66

金匱玉函經二注二十二卷附補方二卷十藥神
書一卷　（元）趙以德注　（清）周揚俊補注
清同治二年（1863）刻本　六冊

230000 - 0901 - 0004663　C117767 - 70

鐵崖樂府注十卷詠史注八卷　（元）楊維禎撰
（清）樓卜瀍注　清乾隆三十九年（1774）聯
桂堂刻本　四冊

230000 - 0901 - 0004664　C117771 - 76

蒙古游牧記十六卷　（清）張穆撰　（清）何秋
濤補　清光緒二十年（1894）上海復古書局石
印本　六冊

230000 - 0901 - 0004665　C117777

四書義一卷　（清）曠園居士輯　清光緒二十
四年（1898）蘭雪堂刻本　一冊

230000 - 0901 - 0004666　C093910 - 15

聞式堂明文小題傳薪不分卷　（清）臧岳評釋
清嘉慶二十四年（1819）書業堂刻本　六冊

230000 - 0901 - 0004667　C093920 - 21

藝概六卷　（清）劉熙載撰　清同治刻古桐書
屋六種本　二冊

230000 - 0901 - 0004668　C094041 - 106

［雍正］浙江通志二百八十卷首三卷　（清）李
衛　（清）嵇曾筠等修　（清）沈翼機　（清）
傅王露等纂　清光緒二十五年（1899）浙江書
局刻本　六十五冊　存一百六十二卷（二十
一至四十七、五十九至七十六、八十至九十
一、九十五至一百三十一、一百五十二至一百
五十五、一百六十三至一百九十三、二百十至
二百十一、二百十四至二百十六、二百二十四
至二百三十、二百四十四至二百四十五、二百
四十九至二百五十二、二百五十五至二百五
十八、二百七十至二百八十）

230000 - 0901 - 0004669　C094109 - 23

文選六十卷　（南朝梁）蕭統輯　（唐）李善等

注 （清）何焯評 清乾隆三十七年（1772）葉樹藩海錄軒刻朱墨套印本 十五冊 存五十六卷（一至五十二、五十七至六十）

230000－0901－0004670 C094124

剡錄十卷 （宋）高似孫撰 清道光八年（1828）刻本 一冊

230000－0901－0004671 C094125－44

唐文粹一百卷 （宋）姚鉉輯 補遺二十六卷 （清）郭麐輯 清光緒十六年（1890）杭州許氏榆園刻本 二十冊

230000－0901－0004672 C094145－46

食古齋詩錄四卷詩餘一卷文錄一卷 （清）柳以蕃撰 清光緒十九年（1893）刻本 二冊

230000－0901－0004673 C094147

月泉吟社二卷 （宋）吳渭輯 清道光慎德堂木活字印本 一冊

230000－0901－0004674 C094152

遊志續編一卷 （元）陶宗儀輯 清光緒十二年（1886）新陽趙氏刻新陽趙氏叢刻本 一冊

230000－0901－0004675 C094153－60

說文解字十五卷 （漢）許慎撰 清同治十年（1871）刻本 八冊

230000－0901－0004676 C094161－76

說文解字注三十二卷 （清）段玉裁撰 清同治六年（1867）蘇州保息局刻本 十六冊

230000－0901－0004677 C094195－203

平定粵匪紀略十八卷附記四卷 （清）杜文瀾撰 清同治十年（1871）刻本 九冊

230000－0901－0004678 C094204－13

禮記十卷 （元）陳澔集說 清文瑞樓刻本 十冊

230000－0901－0004679 C094214－31

古文集評初集五卷二集五卷三集八卷四集四卷 （清）于光華輯 清乾隆五十二年（1787）刻本 十八冊

230000－0901－0004680 C094232

詩韻辨字略五卷 （□）□□撰 清光緒四年

218

（1878）刻本 一冊

230000－0901－0004681 C094240－42

妙法蓮華經七卷 （後秦）釋鳩摩羅什譯 清同治十年（1871）刻本 三冊

230000－0901－0004682 C094262－65

沈文忠公集十卷自訂年譜一卷 （清）沈兆霖撰 清同治八年（1869）潘祖蔭等刻本 四冊

230000－0901－0004683 C094268－69

白香詞譜箋四卷 （清）舒夢蘭輯 （清）謝朝徵箋 清光緒十一年（1885）仁和譚氏刻半厂叢書初編本 二冊

230000－0901－0004684 C094270－86

拙盦叢稿九種二十卷附記一卷 （清）朱一新撰 清光緒二十二年（1896）刻本 十七冊

230000－0901－0004685 C121237－344

欽定剿平粵匪方略四百二十卷首一卷 （清）奕訢等纂 清同治十一年（1872）鉛印本 一百〇九冊

230000－0901－0004686 C121369－87

元詩選初集一百十五卷 （清）顧嗣立輯 清康熙三十三年（1694）顧氏秀野草堂刻本 十九冊 存一百〇三卷（甲集至辛集）

230000－0901－0004687 C121388－485

西河合集 （清）毛奇齡撰 清康熙刻本 九十八冊

230000－0901－0004688 C121624－33

杜工部集二十卷 （唐）杜甫撰 （明）王世貞 （清）邵長蘅等評 清光緒二年（1876）粵東翰墨園刻六色套印本 十冊

230000－0901－0004689 C121701－10

東三省政略附圖 徐世昌編 清宣統三年（1911）鉛印本 十袋

230000－0901－0004690 C121788－847

二十四史九通政典類要合編三百二十卷 （清）黃書霖輯 清光緒二十八年（1902）約雅堂石印本 六十冊

230000－0901－0004691 C121848－55

南巡盛典一百二十卷 （清）高晉纂 清光緒
八年（1882）上海點石齋石印本 八冊

230000－0901－0004692 C121859－70

昭代名人尺牘續集二十四卷 陶湘輯 清宣
統三年（1911）天寶石印局石印本 十二冊

230000－0901－0004693 C121891－946

項城袁氏家集 （清）丁振鐸輯 清宣統三年
（1911）清芬閣鉛印本 五十六冊

230000－0901－0004694 C121947－48

元史氏族表三卷 （清）錢大昕撰 清江蘇書
局刻本 二冊

230000－0901－0004695 C121949

元史藝文志四卷 （清）錢大昕撰 清江蘇書
局刻本 一冊

230000－0901－0004696 C121967－70

漢西域圖考七卷首一卷 （清）李光廷撰 漢
西域圖一卷 （清）潘平章繪 （清）李承緒重
繪 清同治九年（1870）刻本 四冊

230000－0901－0004697 C121973－74

增訂春秋世族源流圖考六卷 （清）陳厚耀撰
（清）常茂徠增訂 清道光三十年（1850）夷
門怡古堂刻本 二冊 存四卷（一至二、五至
六）

230000－0901－0004698 C121975－78

俄史輯譯不分卷 （清）徐景羅譯 清光緒十
四年（1888）益智書局刻本 四冊

230000－0901－0004699 C117787

汪本隸釋刊誤一卷 （清）黃丕烈撰 清同治
十一年（1872）刻洪氏晦木齋叢書本 一冊

230000－0901－0004700 C117790

詩經古譜二卷 （□）□□撰 清光緒三十四
年（1908）學部圖書館石印本 一冊

230000－0901－0004701 C117792

說文部首韻語一卷 （清）黃壽鳳編 清同治
十一年（1872）刻本 一冊

230000－0901－0004702 C117794

左傳義法舉要一卷 （清）方苞述 （清）王兆

符 （清）程崟錄 清光緒十九年（1893）金匱
廉氏刻本 一冊

230000－0901－0004703 C117795

胎產全書一卷 （□）□□撰 清刻本 一冊

230000－0901－0004704 C117796－97

天花精言六卷 （清）袁句撰 清道光三年
（1823）湘潭張力卓刻本 二冊

230000－0901－0004705 C117811－14

楊忠愍公全集三卷 （明）楊繼盛撰 章鈺輯
增輯楊忠愍公集一卷附錄一卷 （明）楊繼
盛撰 （清）楊定遠輯 清光緒二十年（1894）
楊定遠木活字印本 四冊

230000－0901－0004706 C117815

楊椒山先生垂範集一卷附張宜人請代夫死疏
及靈驗記 （明）楊繼盛撰 清咸豐二年
（1852）會稽章淵刻本 一冊

230000－0901－0004707 C121979－82

黑奴籲天錄四卷 （美國）斯土活撰 林紓
魏易譯 清光緒二十七年（1901）武林魏氏刻
本 四冊

230000－0901－0004708 C117816－19

書經體注大全合參六卷 （清）錢希祥纂輯
清光緒五年（1879）上海紫文閣刻本 四冊

230000－0901－0004709 C117822－24

紀元編三卷末一卷 （清）李兆洛撰 清光緒
十四年（1888）上海蜚英館石印本 三冊

230000－0901－0004710 C117829

王氏醫案二卷續編八卷 （清）王士雄撰 清
光緒三十年（1904）石印潛齋醫書五種本
一冊

230000－0901－0004711 C117830

溫熱經緯五卷 （清）王士雄撰 （清）楊照藜
評 清光緒三十年（1904）石印本 一冊

230000－0901－0004712 C121983－84

俄羅斯史二卷 （日本）山本利喜雄撰 （清）
麥鼎華譯 清光緒二十九年（1903）廣智書局
鉛印本 二冊

230000－0901－0004713　C121985－96
日本外史二十二卷　（日本）賴襄撰　（清）錢
懌譯　清光緒十五年(1889)上海讀史堂刻本
十二冊

230000－0901－0004714　C121997－2001
日本歷史二卷　（日本）荻野由之撰　（清）劉
大猷譯　清光緒二十七年(1901)石印本
五冊

230000－0901－0004715　C122030－33
紉齋畫賸不分卷　（清）陳允升繪　清光緒二
年至四年(1876－1878)甬上陳氏得古歡室刻
本　四冊

230000－0901－0004716　C122212－21
聖諭像解二十卷　（清）梁延年輯　清咸豐六
年(1856)廣州味經堂書坊刻本　十冊

230000－0901－0004717　C122408－11
中俄約章會要三卷續編一卷　（□）□□輯
清光緒八年(1882)同文館鉛印本　四冊

230000－0901－0004718　C123204－05
欽定金史語解十二卷　（清）□□撰　清刻本
二冊

230000－0901－0004719　C105499－522
金石索十二卷　（清）馮雲鵬　（清）馮雲鵷輯
清光緒三十二年(1906)上海文新書局石印
本　二十四冊

230000－0901－0004720　C105859－74
晨風閣叢書　沈宗畸輯　清宣統元年(1909)
刻本　十六冊

230000－0901－0004721　C105596－695
李文忠公全書一百六十五卷　（清）李鴻章撰
清刻本　一百冊

230000－0901－0004722　C105385－404
四大奇書第一種十九卷一百二十回　（明）羅
貫中撰　（清）毛宗崗（清）金人瑞評　清京
都琉璃廠寶經堂刻本　二十冊

230000－0901－0004723　C106251－56
山谷詩集注二十卷　（宋）黃庭堅撰　（宋）任

淵注　清光緒二十一年至二十五年(1895－
1899)刻本　六冊

230000－0901－0004724　C132208
蘇東坡詩集注三十二卷附年譜一卷　（宋）蘇
軾撰　（宋）王十朋集注　清康熙三十七年
(1698)文蔚堂刻本　一冊　存二卷(二十九
至三十)

230000－0901－0004725　C132212－132213
范文正公集四十八卷　（宋）范仲淹撰　清康
熙四十六年(1707)范氏歲寒堂刻本　二冊
存八卷(年譜一、言行拾遺事錄四、鄱陽遺事
錄一、遺跡一、義莊規矩一)

230000－0901－0004726　C132217
御選雲棲蓮池袾大師語錄□□卷　（明）蓮池
大師撰　清刻本　一冊　存一卷(十三)

230000－0901－0004727　C132218
參星秘要諏吉便覽一卷附寶鏡圖　（清）費淯
撰　清光緒三年(1877)校經山房刻朱墨套印
本　一冊

230000－0901－0004728　C132219
屈翁山詩集八卷詞一卷　（清）屈大均撰　清
刻本　一冊　存二卷(五至六)

230000－0901－0004729　C132221
傷寒論注四卷　（清）柯琴撰　清經義堂刻本
一冊　存一卷(一)

230000－0901－0004730　C132223
痘疹仁端錄三卷　（清）張吉安輯訂　清抄本
一冊　存二卷(卷三上、中)

230000－0901－0004731　C132228
傷寒五法不分卷　（明）陳長卿撰　清咸豐三
年(1853)月溪抄本　一冊

230000－0901－0004732　C132232
注解傷寒論十卷附明理論　（漢）張機撰
（金）成無己注解　清同治九年(1870)常郡陸
氏雙白燕堂刻本　一冊　存三卷(一至三)

230000－0901－0004733　C132233
證治彙補二卷　（□）□□撰　清抄本　一冊

存一卷(二)

230000－0901－0004734　C132235
名醫指掌一卷　（明）黄甫中撰　清抄本
一冊

230000－0901－0004735　C132237
本草述錄六卷　（清）劉若金撰　清蔣溶抄本
一冊　存一卷(四)

230000－0901－0004736　C132238
六書通摭遺四卷　（清）畢星海輯　清光緒十
四年(1888)上海大同書局石印本　一冊

230000－0901－0004737　C132240
悔蹉跎齋試帖詩續編二卷　（清）柳文洙撰
清末民國刻本　一冊　存一卷(下)

230000－0901－0004738　C106323－26
增訂經驗良方十四卷　（清）沈肇元重訂　清
同治五年(1866)三瑞福刻本　四冊

230000－0901－0004739　C094287
煮字齋詩略四卷　（清）曹允源撰　清光緒二
十二年(1896)刻本　一冊

230000－0901－0004740　C105945－54
古今醫案按十卷　（清）俞震纂輯　清宣統元
年(1909)上海會文堂書局石印本　十冊

230000－0901－0004741　C105780－91
增廣留青新集二十四卷　（□）□□撰　清光
緒二十五年(1899)石印本　十二冊

230000－0901－0004742　C094288
虛白山房駢體文二卷　（清）朱鳳毛撰　清光
緒十五年(1889)刻本　一冊

230000－0901－0004743　C105556－95
**曾文正公手書日記不分卷（清道光二十一年
至同治十一年）**　（清）曾國藩撰　清宣統元
年(1909)上海中國圖書公司石印本　四十冊

230000－0901－0004744　C106005－16
全史宮詞二十卷　（清）史夢蘭撰　清光緒十
八年(1892)刻止園叢書本　十二冊

230000－0901－0004745　C094296－97

明詩別裁集十二卷　（清）沈德潛　（清）周準
輯　清乾隆四年(1739)刻本　二冊

230000－0901－0004746　C105959－62
元亨療馬集六卷附牛經二卷駝經一卷　（清）
喻本元　（清）喻本亨撰　清光緒二十四年
(1898)上海掃葉山房石印本　四冊

230000－0901－0004747　C094298－99
說文解字十五卷　（漢）許慎撰　（宋）徐鉉等
校訂　清嘉慶十二年(1807)藤花榭刻本
二冊

230000－0901－0004748　C094300
徵君斗山公遺集三卷首一卷末一卷　（宋）王
奕撰　清末活字印本　一冊

230000－0901－0004749　C105963－64
六朝文絜四卷　（清）許槤評選　清道光五年
(1825)朱鈞寶石齋刻朱墨套印本　二冊

230000－0901－0004750　C094301－02
唐詩諧律二卷　（清）沈寶青選　清光緒十六
年(1890)溧陽沈氏刻本　二冊

230000－0901－0004751　C094304
蒙廬詩存四卷外集一卷　（清）沈景修撰　清
光緒二十一年(1895)杭州刻本　一冊

230000－0901－0004752　C106078－82
持靜齋書目四卷　（清）丁日昌藏并編　清同
治九年(1870)刻本　五冊

230000－0901－0004753　C094305
鬱華閣遺集四卷　（清）盛昱撰　清光緒二十
八年(1902)楊鍾義武昌刻朱印本　一冊

230000－0901－0004754　C094306－07
皇朝祭器樂舞錄二卷　（清）徐暢達輯　清同
治十年(1871)崇文書局刻本　二冊

230000－0901－0004755　C094308
笛漁小稿十卷　（清）朱昆田撰　清刻本
一冊

230000－0901－0004756　C094309
中英條約一卷續增條約一卷中美條約一卷
（□）□□撰　清末木活字印本　一冊

230000－0901－0004757　C094318－25

嘯古堂文集八卷　（清）蔣敦復撰　清同治七年(1868)刻本　八冊

230000－0901－0004758　C094326

質疑稿三卷　（明）孫揚撰　清乾隆刻本一冊

230000－0901－0004759　C094327－34

四書集注十九卷　（宋）朱熹撰　清光緒二十年(1894)刻本　八冊

230000－0901－0004760　C094335

衛生集三卷　（清）華梧栖輯　清同治八年(1869)刻本　一冊

230000－0901－0004761　C094336－56

鮚埼亭集三十八卷經史問答十卷附年譜一卷世譜一卷　（清）全祖望撰　清嘉慶九年(1804)刻同治十一年(1872)印本　十九冊

230000－0901－0004762　C094357－68

樊榭山房全集三十九卷　（清）厲鶚撰　清光緒十年(1884)刻本　十二冊

230000－0901－0004763　C094369－74

孫忠靖公遺集八卷首一卷末一卷　（明）孫傳庭撰　清咸豐六年(1856)刻本　六冊　存七卷(一至六、首)

230000－0901－0004764　C094380－459

策學備纂三十二卷　（清）蔡啓盛　（清）吳穎炎輯　清光緒十四年(1888)石印本　八十冊

230000－0901－0004765　C094460－61

褒忠錄四卷首一卷　（清）李繼彪輯　清道光四年(1824)映臺樓刻本　二冊

230000－0901－0004766　C094462

漱芳潤室文存一卷　（清）姚元滋撰　清光緒二十四年(1898)刻本　一冊

230000－0901－0004767　C094464－94

西山先生眞文忠公讀書記四十卷　（宋）眞德秀撰　清同治三年(1864)家祠刻眞西山全集本　三十一冊

230000－0901－0004768　C094495－514

文章正宗復刻三十卷　（宋）眞德秀撰　清同治三年(1864)家祠刻眞西山全集本　二十冊

230000－0901－0004769　C127086－91

歷代史論一編四卷歷代史論十二卷宋史論三卷元史論一卷　（明）張溥撰　左傳史論二卷（清）高士奇撰　明史論四卷　（清）谷應泰撰　清光緒二十四年(1898)上海書局石印本　六冊

230000－0901－0004770　C107132－33

大佛頂如來密因修證了義諸菩薩萬行首楞嚴經十卷　（唐）釋般剌蜜帝譯　清宣統元年(1909)石印本　二冊

230000－0901－0004771　C107127

甯古塔紀略一卷　（清）吳桭臣撰　清光緒桐廬袁氏刻漸西村舍彙刊本　一冊

230000－0901－0004772　C107030－35

辨證奇聞十卷　（清）陳士鐸撰　清宣統元年(1909)上海廣益書局石印本　六冊

230000－0901－0004773　C106662－67

胎產心法三卷　（清）閻純璽撰　清道光二十六年(1846)營陵守耕堂刻本　六冊

230000－0901－0004774　C106642－43

修方卻病不分卷　題（清）青江子撰　清刻本二冊

230000－0901－0004775　C106629－30

雪雅堂醫案二卷附錄一卷　（清）張士驤撰　清光緒三十年(1904)申江石印本　二冊

230000－0901－0004776　C123206－11

西堂全集六十二卷　（清）尤侗撰　清兩儀堂刻本　二十四冊

230000－0901－0004777　C127092－111

繪圖天雨花二十六卷六十回　（清）陶貞懷撰　清光緒二十三年(1897)上海書局石印本二十冊

230000－0901－0004778　C127112－73

玉釧緣全傳三十二卷　清學庫山房刻本六十二冊　存三十二卷(一上、二下、三至三十二)

230000－0901－0004779　　C123548－59

兩浙金石志十八卷　（清）阮元輯　**補遺一卷**
（清）阮福輯　清光緒十六年(1890)浙江書
局刻本　十二冊

230000－0901－0004780　　C123560－61

劉氏遺書八卷　（清）劉臺拱撰　清光緒十五
年(1889)廣雅書局叢書本　二冊

230000－0901－0004781　　C127174

鐘鼎款式一卷　（宋）王厚之輯　清嘉慶七年
(1802)阮元積古齋刻本　一冊

230000－0901－0004782　　C123570－72

缶廬詩八卷缶廬別存一卷　（清）吳俊卿撰
清光緒十九年(1893)刻本　三冊

230000－0901－0004783　　C127182－86

別雅五卷　（清）吳玉搢撰　清道光二十五年
(1845)小蓬萊山館刻本　五冊

230000－0901－0004784　　C123598－99

孔子編年五卷　（宋）胡仔撰　清同治九年
(1870)胡湛刻本　二冊

230000－0901－0004785　　C127187－91

經籍纂詁一百○六卷補遺一百○六卷首一卷
（清）阮元撰　清光緒九年(1883)上海點石
齋石印本　五冊

230000－0901－0004786　　C106585－86

經驗良方二卷　（清）梁思淇輯　清宣統元年
(1909)掃葉山房石印本　二冊

230000－0901－0004787　　C127192－201

重訂廣事類賦四十卷　（清）華希閔輯　清光
緒十四年(1888)掃葉山房刻本　十冊

230000－0901－0004788　　C106567－68

濟貧利鄉編經驗良方六卷　（清）孫侗集　清
光緒三十二年(1906)上海章福記書局石印本
二冊

230000－0901－0004789　　C106498－521

張氏醫書七種二十七卷　（清）張璐　（清）張
登撰　清光緒二十年(1894)上海圖書集成印
書局鉛印本　二十四冊

230000－0901－0004790　　C127202－211

平定粵匪紀略十八卷附記四卷　（清）杜文瀾
撰　清同治九年(1870)刻本　十冊

230000－0901－0004791　　C123602－07

郘亭知見傳本書目十六卷　（清）莫友芝撰
清末民國國學扶輪社鉛印本　六冊

230000－0901－0004792　　C123644－46

農桑輯要七卷　（元）司農司撰　清末刻本
三冊

230000－0901－0004793　　C123696－719

三通考輯要七十六卷　（清）湯壽潛輯　清光
緒二十五年(1899)圖書集成局鉛印本　二十
四冊　缺十七卷(皇朝文獻通考輯要十至二
十六)

230000－0901－0004794　　C123782－86

山西按察使成案鈔稿不分卷　（□）□□撰
清光緒抄本　五冊

230000－0901－0004795　　C123831

詩考一卷　（宋）王應麟撰　明崇禎虞山毛氏
汲古閣刻津逮祕書本　一冊

230000－0901－0004796　　C123832－37

藏書紀事詩七卷　葉昌熾撰　清宣統二年
(1910)刻本　六冊

230000－0901－0004797　　C094541－46

周易擇言六卷　（清）鮑作雨撰　清同治三年
(1864)章安南堤清慎堂刻本　六冊

230000－0901－0004798　　C094550－59

禮記陳氏集說十卷　（元）陳澔撰　清光緒十
九年(1893)刻本　十冊

230000－0901－0004799　　C123842－61

彙刻書目二十卷　（清）顧修編　（清）朱學勤
增訂　（清）王懿榮重編　清光緒十五年
(1889)上海福瀛書局刻本　二十冊

230000－0901－0004800　　C127212－13

任兆麟述記三卷　（清）任兆麟撰　清光緒三
十一年(1905)石印本　二冊

230000－0901－0004801　　C123566－77

音學五書三十八卷 （清）顧炎武撰　清光緒
十六年(1890)思賢講舍刻本　十二冊

230000－0901－0004802　C094560－65
周禮六卷 （漢）鄭玄注 （唐）陸德明音義
清嘉慶十一年(1806)張青選清芬閣刻本
六冊

230000－0901－0004803　C127214－220
百子金丹全書十卷 （清）郭偉選注　清光緒
三十一年(1905)上海文興書局石印本　七冊

230000－0901－0004804　C094566
劉簾舫先生吏治三書六卷 （清）劉衡撰　清
同治七年(1868)江蘇書局刻本　一冊

230000－0901－0004805　C107052－57
經驗良方六卷 （清）陸成本輯　清道光十年
(1830)本衙刻本　六冊

230000－0901－0004806　C123911－20
愛日精廬藏書志三十六卷藏書續志四卷
（清）張金吾撰　清道光七年(1827)張氏愛日
精廬刻本　十冊

230000－0901－0004807　C127222－41
策學淵萃四十六卷目錄二卷 （清）佚名輯
清光緒四年(1878)藤花小舫刻本　二十冊

230000－0901－0004808　C123921－28
文獻徵存錄十卷 （清）錢林輯　清咸豐八年
(1858)有嘉樹軒刻本　八冊

230000－0901－0004809　C094567
四言便讀二卷 （清）張雲舉校正　清咸豐二
年(1852)刻本　一冊

230000－0901－0004810　C127247
題蘭稿一卷 （清）繆恩撰　清光緒十二年
(1886)含光閣刻本　一冊

230000－0901－0004811　C094569－78
湘軍記二十卷 （清）王定安撰　清光緒十五
年(1889)江南書局刻本　十冊

230000－0901－0004812　C094579－84
周禮精華六卷 （清）陳龍標輯　清光緒九年
(1883)掃葉山房刻本　六冊

230000－0901－0004813　C127248
天花亂落山房詩鈔□□卷 （清）戈渡撰　清
道光十七年(1837)刻本　一冊　存四卷(一
至四)

230000－0901－0004814　C094585－608
［光緒］永康縣志十六卷首一卷 （清）李汝為
　（清）郭文翹修 （清）潘樹棠等纂　清光緒
十八年(1892)刻本　二十四冊

230000－0901－0004815　C094619
慈悲血湖懺法三卷 （□）□□撰　清光緒十
一年(1885)刻本　一冊

230000－0901－0004816　C127242－43
三指禪三卷 （清）周學霆撰　清湖南書局刻
本　二冊

230000－0901－0004817　C132247－132251
增訂醫方易簡十卷 （清）龔自璋輯 （清）黃
統校補 （清）吳輝模增訂　清光緒二十八年
(1902)廣東文□堂刻本　五冊　存五卷(二
至五、十)

230000－0901－0004818　C132264
明醫指掌摘要一卷 （明）黃甫中撰　清抄本
　一冊

230000－0901－0004819　C132266－
132271、C132281
金華徵獻略二十卷 （清）王崇炳撰　清刻本
　七冊　存十九卷(二至二十)

230000－0901－0004820　C132278
尚書七篇解義二卷 （清）李光地撰　清刻本
　一冊

230000－0901－0004821　C132285
武林靈隱寺志八卷 （清）孫治 （清）徐增撰
清光緒十四年(1888)錢塘丁氏嘉惠堂刻本
　一冊　存三卷(一至三)

230000－0901－0004822　C132287
脈訣刊誤集解二卷附錄一卷 （元）戴起宗
撰 （元）朱升允節抄 （明）汪機補訂　清
光緒二十二年(1896)池陽周氏刻本　一冊

存一卷(上)

230000－0901－0004823　C132288－132291
[乾隆]曲阜縣志一百卷　（清）潘相等纂修
清乾隆三十九年(1774)刻本　四冊　存二十
七卷(一至八、十五至二十二、九十至一百)

230000－0901－0004824　C132294
黃帝內經素問注證發微九卷　（明）馬蒔撰
清嘉慶十年(1805)古歙鮑氏慎餘堂刻本　一
冊　存一卷(一)

230000－0901－0004825　C132295－132298
[嘉慶]增修宜興縣舊志十卷首一卷末一卷
（清）李先榮修　（清）徐喈鳳纂　（清）阮升
基增修　（清）寧楷等增纂　清同治八年
(1869)木活字印本　四冊　存六卷(一、六至
七、十、首、末)

230000－0901－0004826　C132299
本草從新十八卷　（清）吳儀洛撰　清光緒六
年(1880)埽葉山房刻本　一冊　存四卷(一
至四)

230000－0901－0004827　C132300
相臺書塾刊正九經三傳沿革例一卷　（宋）岳
珂撰　清光緒三年(1877)湖北崇文書局刻本
一冊

230000－0901－0004828　C132301
增輯難經本義二卷　（元）滑壽撰　清光緒十
七年(1891)池陽周氏刻本　一冊　存一卷
(下)

230000－0901－0004829　C132302－132303
脈因證治四卷　（元）朱震亨撰　清光緒十七
年(1891)池陽周氏刻本　二冊　存二卷(三
至四)

230000－0901－0004830　C132305
小兒藥證直訣三卷附方一卷　（宋）錢乙撰
閻氏小兒方論一卷　（宋）閻孝忠撰　小兒斑
疹備急方論一卷　（宋）董汲撰　清光緒十七
年(1891)池陽周氏刻周氏醫學叢書本　一冊
存四卷(小兒藥證直訣、附方、閻氏小兒方
論、小兒斑疹備急方論)

230000－0901－0004831　C132307
三消論一卷　（金）劉完素撰　（清）周學海注
溫熱論一卷幼科要略二卷　（清）葉桂撰
（清）周學海注　清光緒宣統池陽周氏刻周氏
醫學叢書本　一冊

230000－0901－0004832　C132308
傷寒附翼二卷　（清）柯琴撰　清末刻本　一
冊　存一卷(上)

230000－0901－0004833　C132309
小學弦歌節鈔三卷　（清）劉永亭輯　清光緒
三十一年(1905)都門文德齋刻本　一冊

230000－0901－0004834　C132311
靈樞經十卷　（清）張志聰集注　清刻本　一
冊　存一卷(二)

230000－0901－0004835　C132312
金壺精粹二卷　（清）郝在田輯　清光緒二年
(1876)京師松竹齋刻本　一冊

230000－0901－0004836　C132313
種福堂公選良方□卷　（清）葉桂撰　清刻本
一冊　存二卷(三至四)

230000－0901－0004837　C117834－37
張仲景傷寒論原文淺注六卷　（清）陳念祖撰
清光緒三十四年(1908)寶慶富記書局刻本
四冊

230000－0901－0004838　C117838－42
新編詩韻大全五卷　（清）湯文潞輯　（清）華
錕重編　清光緒十四年(1888)同文書局石印
本　五冊

230000－0901－0004839　C117868－77
道書十二種　（清）劉一明撰　清光緒六年
(1880)上海翼化堂刻本　十冊

230000－0901－0004840　C117878－89
道書十二種　（清）劉一明撰　清光緒六年
(1880)上海翼化堂刻本　十二冊

230000－0901－0004841　C117916
太上感應篇直講一卷　（□）□□撰　清光緒
二十三年(1897)長白桐澤刻本　一冊

230000－0901－0004842　C117922

太上混元道德眞經一卷　（□）□□撰　刻本
一冊

230000－0901－0004843　C117923

解謎顯智成悲十明論一卷略釋新華嚴經修行
次第訣疑論二卷　（唐）李通玄撰　清同治八
年(1869)如皋刻經處刻本　一冊

230000－0901－0004844　C117924

新刻羅經解三卷　（明）熊汝嶽撰　（明）吳天
洪批點　清武林大成齋刻本　一冊

230000－0901－0004845　C117925

闡道要言一卷　題（□）中和山人撰　題（□）
歸本子錄　清刻本　一冊

230000－0901－0004846　C117927

道書十種十二卷　（□）□□撰　清末鉛印本
一冊

230000－0901－0004847　C117928

刑部迭次通行章程一卷　（□）□□撰　清光
緒刻本　一冊

230000－0901－0004848　C117929

新疆賦一卷　（清）徐松撰　清道光刻大興徐
氏三種本　一冊

230000－0901－0004849　C117932－33

地理指迷篇二卷　（明）周錦一撰　（清）金六
吉解　清乾隆三十九年(1774)刻本　二冊

230000－0901－0004850　C117934－35

聖諭廣訓直解一卷　（清）聖祖玄燁撰　（清）
世宗胤禛廣訓　（清）宣宗旻寧直解　清道光
三十年(1850)刻本　二冊

230000－0901－0004851　C117936

黃帝内經素問校義一卷　（清）胡澍撰　**事狀**
一卷　（清）胡培系撰　清光緒五年(1879)世
澤樓刻本　一冊

230000－0901－0004852　C117939

易經衷論二卷　（清）張英撰　清光緒二十三
年(1897)桐城張氏刻本　一冊

230000－0901－0004853　C117941－42

230000－0901－0004853　C117941－42

洛學編六卷　（清）湯斌集　清光緒二年
(1876)有不為齋刻本　二冊

230000－0901－0004854　C117943－44

唐書釋音二十五卷　（宋）董衝撰　明刻清遞
修本　二冊

230000－0901－0004855　C132320

香痕奩影集四卷　（清）吳仲輯　清宣統年鉛
印本　一冊　存一卷(一)

230000－0901－0004856　C132322

京省水道考六卷　（清）汪日曮撰　清乾隆四
十八年(1783)刻本　一冊　存一卷(三)

230000－0901－0004857　C132323

揚州夢二卷　（清）稽永仁撰　清同治十一年
(1872)永州刻本　一冊　存一卷(下)

230000－0901－0004858　C132325

詩經考證二十卷禮記考證二十卷　（□）□□
撰　清初刻本　一冊

230000－0901－0004859　C132375

秘傳花鏡六卷　（清）陳淏撰　清康熙二十七
年(1688)刻本　一冊　存一卷(三)

230000－0901－0004860　C132376

書目答問五卷附別錄一卷國朝著述諸家姓名
略一卷　（清）張之洞撰　清光緒十四年
(1888)上海蜚英館石印本　一冊　存二卷
(一至二)

230000－0901－0004861　C132439－132446

天聞閣琴譜十六卷首三卷參考書目一卷琴式
一卷琴況一卷紀事一卷　（清）唐彝銘輯　清
末刻本　八冊　存十二卷(五至十六)

230000－0901－0004862　C132455

漁隱客詩集稿本一卷　（□）□□撰　稿本
一冊

230000－0901－0004863　C132457－132524

時務報□□期　（□）□□編　清光緒上海鉛
印本　六十八冊　存六十八期(一至六十七、
六十九)

230000－0901－0004864　C132525－132532

滙報□□期　（□）□□編　清光緒上海鉛印本　八冊　存八十一期（四百〇一至四百五十、五百五十一至五百六十、五百七十一至五百八十、五百九十一至六百）

230000－0901－0004865　C132534－132545
增訂廣輿記二十四卷圖一卷　（明）陸應陽撰　（清）蔡方炳增輯　清刻本　十二冊

230000－0901－0004866　C132546－132565
欽定四庫全書總目二百卷首四卷　（清）紀昀等撰　清同治七年（1868）廣東書局刻本　一百二十冊

230000－0901－0004867　C132666－132672
駢體文鈔三十一卷　（清）李兆洛輯　清道光合河康氏家塾刻本　七冊　存二十一卷（一至二十一）

230000－0901－0004868　C132686
古桐書屋續刻三種　（清）劉熙載撰　清光緒十三年（1887）刻本　一冊

230000－0901－0004869　C133016－133053
康熙字典三十六卷總目一卷檢字一卷辨似一卷等韻一卷補遺一卷備考一卷　（清）張玉書等撰　清道光七年（1827）刻本　三十八冊

230000－0901－0004870　C117945－56
四書經注集證十九卷　（清）吳昌宗撰　清嘉慶三年（1798）江都汪氏刻本　十二冊

230000－0901－0004871　C117966
讀書分月課程一卷　康有為撰　梁啓超整理　清末刻本　一冊

230000－0901－0004872　C117960
尚書大傳四卷　（漢）伏勝撰　（漢）鄭玄注補遺一卷續補遺一卷　（清）盧文弨輯　考異一卷　（清）盧文弨撰　清嘉慶五年（1800）愛日草廬刻本　一冊

230000－0901－0004873　C094623－24
春秋穀梁傳十二卷　（晉）范甯集解　（唐）陸德明音義　清同治七年（1868）金陵書局刻十三經讀本本　二冊

230000－0901－0004874　C117963
史目表一卷　（清）洪飴孫撰　清光緒三年（1877）授經堂刻洪北江全集本　一冊

230000－0901－0004875　C094625－32
御纂春秋直解十二卷　（清）傅恆等撰　清刻本　八冊

230000－0901－0004876　C117964
蘇鄰遺詩二卷　（清）李鴻裔撰　清光緒十四年（1888）遵義黎氏日本刻本　一冊

230000－0901－0004877　C094633－42
御纂詩義折中二十卷　（清）傅恆等撰　清刻本　十冊

230000－0901－0004878　C094643－44
易經十二卷首一卷末一卷　（宋）朱熹本義　清同治四年至五年（1865－1866）金陵書局刻十三經讀本本　二冊

230000－0901－0004879　C117968
明呂新吾先生明職一卷　（明）呂坤撰　明海忠介公參評一卷　（明）海瑞撰　明耿恭簡公耐煩說一卷　（明）耿定向撰　清同治九年（1870）吳世裕刻本　一冊

230000－0901－0004880　C094651－58
書經六卷首一卷末一卷　（宋）蔡沈集傳　清光緒七年（1881）刻本　八冊

230000－0901－0004881　C117970－71
心眼指要四卷　（清）章甫輯　清同治十二年（1873）經元堂刻本　二冊

230000－0901－0004882　C117973
人物志三卷　（三國魏）劉劭撰　（北魏）劉昞注　新論十卷　（南朝梁）劉勰撰　清乾隆五十六年（1791）金谿王氏刻增訂漢魏叢書本　一冊

230000－0901－0004883　C094659－62
重訂幼學須知句解四卷　（清）程允升原本　（清）錢元龍校補　清光緒二十二年（1896）刻本　四冊

230000－0901－0004884　C117976

子史輯要詩賦題解四卷　（清）胡本淵輯　清
維揚二酉堂刻本　一冊

230000－0901－0004885　C094663－66
東萊先生左氏博議二十五卷　（宋）呂祖謙撰
　清道光十九年（1839）刻本　四冊

230000－0901－0004886　C117978－79
國語二十一卷　（三國吳）韋昭注　札記一卷
　（清）黃丕烈撰　清嘉慶五年（1800）吳門黃
氏讀未見書齋影宋刻本　二冊

230000－0901－0004887　C094667－69
大中講義三卷　（清）朱用純撰　清光緒二年
（1876）刻本　三冊

230000－0901－0004888　C094671
皇清經解提要二卷續編一卷　（清）沈豫撰
清道光二十七年（1847）刻本　一冊

230000－0901－0004889　C094672－85
四書讀本十九卷　（宋）朱熹集注　清光緒四
年（1878）刻本　十四冊

230000－0901－0004890　C094692－710
明季北略二十四卷南略十八卷　（清）計六奇
輯　清道光木活字印本　十九冊

230000－0901－0004891　C094716－17
楚辭燈四卷　（清）林雲銘撰　清康熙刻本
二冊

230000－0901－0004892　C094720－21
危言四卷　（清）湯震撰　清光緒刻本　二冊

230000－0901－0004893　C094722－23
孝烈編六卷　（明）韓光濟等輯　碧山詩集一
卷　（明）韓光濟撰　清同治十三年（1874）刻
本　二冊

230000－0901－0004894　C094724－31
貳臣傳十二卷逆臣傳四卷　（清）□□撰　清
道光刻本　八冊

230000－0901－0004895　C094712－15
逸周書十卷校正補遺一卷　（晉）孔晁注
（清）盧文弨校　清乾隆盧文弨刻抱經堂叢書
本　四冊

230000－0901－0004896　C094732
吟紅閣詩選四卷　（清）金翀撰　（清）王豫選
清刻本　一冊

230000－0901－0004897　C094733
說文統釋自序一卷　（清）錢大昭撰　音同義
異辨一卷　（清）畢沅撰　清光緒八年（1882）
刻本　一冊

230000－0901－0004898　C094734
皇朝掌故二卷　（清）張一鵬撰　（清）陳蔚文
注　清光緒二十八年（1902）刻本　一冊

230000－0901－0004899　C094738
草窗詞二卷補一卷　（宋）周密撰　清光緒二
十六年（1900）朱氏刻本　一冊

230000－0901－0004900　C094739
日湖漁唱一卷補遺一卷續補遺一卷　（宋）陳
允平撰　清道光九年（1829）江都秦氏享帚精
舍刻詞學叢書本　一冊

230000－0901－0004901　C094740
［江蘇崑山］新陽趙氏清芬錄三卷　趙詒翼等
撰　清宣統元年（1909）刻本　一冊

230000－0901－0004902　C094743－50
文廟丁祭譜十卷首一卷　（清）藍鍾瑞等輯
清同治七年（1868）醴陵縣尊經閣刻本　八冊

230000－0901－0004903　C094751－63
古文辭類纂七十四卷　（清）姚鼐輯　清同治
八年（1869）江蘇書局刻本　十三冊

230000－0901－0004904　C123931－34
積古齋鐘鼎彝器款識十卷　（清）阮元輯　清
嘉慶九年（1804）刻本　四冊

230000－0901－0004905　C123850－52
石林燕語十卷考異一卷　（宋）葉夢得撰
（宋）宇文紹奕考證　石林燕語辨一卷　（宋）
汪應辰撰　石林燕語校辨一卷　葉德輝撰
清光緒三十四年（1908）葉氏觀古堂刻石林遺
書本　三冊

230000－0901－0004906　C123953－64
履園叢話二十四卷　（清）錢泳撰　清道光十

八年(1838)述德堂刻同治九年(1870)錢曰壽
重修本　十二冊

230000－0901－0004907　C123965－68

桃谿雪二卷　(清)黃燮清撰　徐烈婦詩鈔二
卷　(清)吳宗愛撰　同心梔子圖讀法一卷
(清)應瑩撰　年譜一卷　(清)俞樾撰　清光
緒元年(1875)雲鶴仙館刻本　四冊

230000－0901－0004908　C133105－133152

綱鑑易知錄九十二卷明鑑易知錄十五卷
(清)吳乘權等輯　清末刻本　四十八冊

230000－0901－0004909　C133179－133208

史學叢書　(清)□□輯　清光緒二十五年
(1899)上海文瀾書局石印本　三十冊　缺十
三卷(新舊唐書互證八至二十)

230000－0901－0004910　C133209－133229

文獻通考三百四十八卷首一卷　(元)馬端臨
撰　清光緒二十年(1894)上海點石齋石印本
　二十一冊

230000－0901－0004911　C133230－133231

御批通鑑綱目不分卷　(宋)朱熹等撰　清光
緒二十八年(1902)夢孔山房石印本　二冊

230000－0901－0004912　C133232－133236

御批通鑑輯覽十二卷　(清)傅恆等撰　清夢
孔山房石印本　五冊　存十卷(一至六、九至
十二)

230000－0901－0004913　C133244－133248

國朝詩別裁集三十二卷　(清)沈德潛輯　清
乾隆二十五年(1760)教忠堂刻本　五冊　存
十九卷(十至十三、十八至三十二)

230000－0901－0004914　C133249－133254

墨林今話十八卷　(清)蔣寶齡撰　續編一卷
　(清)蔣茞生撰　清同治十一年(1872)映雪
草廬刻本　六冊

230000－0901－0004915　C133258－133263

丹山堂繡像第六才子書八卷　(元)王實甫撰
　(清)金人瑞評點　清雍正十一年(1733)刻
本　六冊

230000－0901－0004916　C133265－133266

通鑑綱目釋地補注六卷　(清)張庚撰　清藏
修書屋刻本　二冊

230000－0901－0004917　C133267－133268

通鑑綱目釋地糾謬六卷　(清)張庚撰　清藏
修書屋刻本　二冊

230000－0901－0004918　C133274－133275

古文觀止十二卷　(清)吳楚材　(清)吳調侯
輯　清康熙三十四年(1695)蘇州綠蔭堂刻本
　二冊　存四卷(一至四)

230000－0901－0004919　C133276－133277

楚辭燈四卷　(清)林雲銘撰　清康熙三十六
年(1697)刻本　二冊

230000－0901－0004920　C133278

楚辭讀本一卷　(清)方人傑輯評　清刻本
一冊

230000－0901－0004921　C133280

三字經注解二卷　(宋)賀興思撰　清光緒二
十三年(1897)書業德刻本　一冊　存一卷
(上)

230000－0901－0004922　C100507－629

惜陰軒叢書　(清)李錫齡輯　清道光二十六
年(1846)宏道書院刻咸豐八年(1858)續刻本
　一百二十三冊

230000－0901－0004923　C100630－33

華嶽志八卷首一卷　(清)李榕纂　清道光十
一年(1831)刻光緒九年(1883)補刻本　四冊

230000－0901－0004924　C106865－71

集驗良方六卷　(清)年希堯　(清)梁文科輯
　清光緒三十一年(1905)善成堂刻本　七冊

230000－0901－0004925　C106853－58

儒門事親十五卷　(金)張從正撰　清宣統二
年(1910)上海國學扶輪社石印本　六冊

230000－0901－0004926　C106690－95

儒門事親十五卷　(金)張從正撰　清宣統二
年(1910)寧波汲綆齋書局石印本　六冊

230000－0901－0004927　C106792－95

注釋唐詩三百首四卷 （清）孫洙輯 清末上海昌文書局石印本 四冊

230000－0901－0004928 C106764－65

恆軒所見吉金錄不分卷 （清）吳大澂輯 清光緒十一年(1885)刻本 二冊

230000－0901－0004929 C106709－10

備急灸方擇日編集一卷附針灸一卷 （宋）聞人耆年撰 清光緒十七年(1891)刻本 二冊

230000－0901－0004930 C106708

音學辨微一卷 （清）江永撰 清宣統元年(1909)國學保存會石印本 一冊

230000－0901－0004931 C107182－301

十三經注疏附考證 清乾隆四年(1739)武英殿刻本 一百二十冊

230000－0901－0004932 C094803－12

新訂批注左傳快讀十八卷 （清）李紹崧選訂 清經綸堂刻本 十冊

230000－0901－0004933 C107058－93

廣群芳譜一百卷目錄二卷 （清）汪灝等撰 清刻本 四十八冊

230000－0901－0004934 C094813－832

綱鑑正史約三十六卷 （明）顧錫疇撰 （清）陳宏謀增訂 清同治八年(1869)浙江書局刻本 二十冊

230000－0901－0004935 C107314－25

芥子園畫傳初集五卷二集八卷三集四卷 （清）王槩等輯 清光緒十四年(1888)千頃堂石印本 十二冊

230000－0901－0004936 C107923－24

增廣大生要旨五卷 （清）唐千頃撰 清光緒十年(1884)掃葉山房石印本 二冊

230000－0901－0004937 C107895－97

學易集八卷 （宋）王質撰 清乾隆武英殿木活字印武英殿聚珍版書本 三冊

230000－0901－0004938 C100634－53

[道光]遵義府志四十八卷首一卷 （清）平翰等修 （清）鄭珍 （清）莫友芝纂 清道光二

十一年(1841)刻本 二十冊

230000－0901－0004939 C107875－80

尚論篇二卷後篇四卷首一卷 （清）喻昌撰 清同治竹秀山房刻本 六冊

230000－0901－0004940 C107332－35

嘯亭雜錄十卷續錄三卷 （清）昭槤撰 清宣統元年(1909)中國圖書公司鉛印本 四冊

230000－0901－0004941 C107369－70

說文解字十五卷 （漢）許慎撰 清嘉慶十四年(1809)孫氏五松書屋刻平津館叢書本 二冊

230000－0901－0004942 C107545

曲江淚痕一卷 張喬唐撰 清光緒三十二年(1906)上海著易堂鉛印本 一冊

230000－0901－0004943 C107604－08

無邪堂答問五卷 （清）朱一新撰 清光緒二十一年(1895)廣雅書局刻本 五冊

230000－0901－0004944 C094839－42

戰國策三十三卷 （漢）高誘注 札記三卷 （清）黃丕烈撰 清同治八年(1869)刻本 四冊

230000－0901－0004945 C107595－603

攈古錄金文三卷 （清）吳式芬輯 清光緒二十一年(1895)刻本 九冊

230000－0901－0004946 C107623－31

楚辭章句十七卷 （漢）王逸章句 （宋）洪興祖補注 清光緒二十一年(1895)刻本 六冊

230000－0901－0004947 C100407－10

蒙古游牧記十六卷 （清）張穆撰 清同治六年(1867)壽陽祁氏刻本 四冊

230000－0901－0004948 C107851－54

壬子文瀾閣所存書目五卷 （□）□□撰 清末刻本 四冊

230000－0901－0004949 C099572－99907

武英殿聚珍版書一百四十八種 清乾隆四十二年(1777)福建刻道光同治遞修光緒二十一年(1895)增刻本 三百三十四冊

230000－0901－0004950　C107858

說文疊韻二卷首一卷末一卷　（清）劉熙載（清）袁康輯　清光緒五年(1879)刻本　一冊

230000－0901－0004951　C107859

緝雅堂詩話二卷　（清）潘衍桐撰　清光緒十七年(1891)杭州刻本　一冊

230000－0901－0004952　C094843－46

蟲鳥吟十卷　（清）蕭德宣撰　清同治五年(1866)刻本　四冊

230000－0901－0004953　C094849－50

吳江沈氏詩集錄十二卷　（清）沈祖禹輯　清乾隆五年(1740)刻本　二冊　存四卷(一至四)

230000－0901－0004954　C094851－52

適安廬詩鈔二卷附詞鈔一卷　（清）王汝鼎撰　清光緒二十三年(1897)刻本　二冊

230000－0901－0004955　C133309－133312

新訂四書補注備旨十卷　（明）鄧林撰　（清）杜定基增訂　清光緒二十三年(1897)點石齋石印本　四冊　存七卷(大學一卷、中庸一卷、上論二卷、上孟二卷、下孟四)

230000－0901－0004956　C118063－64

地學二卷　（清）沈鎬撰　清道光十三年(1833)大文堂刻本　二冊

230000－0901－0004957　C096709

治急改良易簡錄一卷　（清）宓憲百撰　清光緒二十八年(1902)文鈺坊刻本　一冊

230000－0901－0004958　C118076

西京雜記二卷　題（漢）劉歆撰　清刻本　一冊

230000－0901－0004959　C118080

中國變新策一卷新學備要一卷華英獻案定章考一卷　（英國）甘霖撰　（英國）李提摩太撰　清光緒二十五年(1899)上海廣學會鉛印本　一冊

230000－0901－0004960　C118091

續輯明刑圖說一卷　（清）胡鴻澤輯　清光緒

刻本　一冊

230000－0901－0004961　C118094

切韻指掌圖二卷　（宋）司馬光撰　**檢圖之例一卷**　（明）邵光祖撰　清嘉慶海虞張氏刻墨海金壺本　一冊

230000－0901－0004962　C118102－03

重校臨文便覽二卷　（清）胡子英輯　清同治十三年(1874)琉璃廠含英閣刻本　二冊

230000－0901－0004963　C118107

汲古閣珍藏秘本書目一卷　（清）毛扆撰　**季滄葦藏書目一卷**　（清）季振宜撰　**藏書記要一卷**　（清）孫從添撰　影印士禮居黃氏叢書本　一冊

230000－0901－0004964　C118108

石鼓文音訓考證一卷　（元）潘迪音訓　（清）馮承輝考證　清光緒十九年(1893)石印本　一冊

230000－0901－0004965　C096712

三十六湖漁唱三卷漁唱乙稿一卷　（清）王敬之撰　清道光刻本　一冊

230000－0901－0004966　C118109

詩品一卷　（唐）司空圖撰　清道光十年(1830)萬有樓刻本　一冊

230000－0901－0004967　C096713

天主降生言行紀略八卷　（意大利）艾儒略譯述　清咸豐三年(1853)慈母堂刻本　一冊

230000－0901－0004968　C096632－39

太上寶筏圖說不分卷　（□）□□撰　清光緒上海宏大善書局石印本　八冊

230000－0901－0004969　C096649

火珠林一卷　題（□）麻衣道者撰　清道光四年(1824)湖邊程氏刻百二漢鏡齋秘書四種本　一冊

230000－0901－0004970　C094855

鳴琴餘韻一卷　（清）魏文瀛撰　清光緒十七年(1891)刻本　一冊

230000－0901－0004971　C094857－80

讀書雜志八十二卷餘編二卷　（清）王念孫撰
清道光刻本　二十四冊

230000－0901－0004972　C094899

漢書蒙拾三卷後漢書蒙拾二卷　（清）杭世駿
輯　清光緒二十三年(1897)汪大鈞刻道古堂
外集本　一冊

230000－0901－0004973　C094902－03

詞選二卷　（清）張惠言輯　續詞選二卷
（清）董毅輯　附錄一卷　（清）鄭善長輯　茗
柯詞一卷　（清）張惠言撰　立山詞一卷
（清）張琦撰　清道光刻本　二冊

230000－0901－0004974　C094919－21

漑齋算學五種　（清）江衡撰　清光緒元和江
氏一漑齋刻本　三冊

230000－0901－0004975　C094922－38

[同治]袁州府志十卷首一卷　（清）駱敏
（清）黃思浩修　（清）蕭玉銓等纂　清同治十
三年(1874)刻本　十七冊　缺一卷（卷十、卷
一之一、卷六之二、卷七之一、卷九之八）

230000－0901－0004976　C094947－54

池北偶談二十六卷　（清）王士禛撰　清金谿
李氏自怡草堂刻本　八冊

230000－0901－0004977　C094955－78

欽定詩經傳說彙纂二十一卷首二卷詩序二卷
（清）王鴻緒等纂　清刻本　二十四冊

230000－0901－0004978　C094979－94

御纂周易折中二十二卷　（清）李光地等撰
清刻本　十六冊

230000－0901－0004979　C095001

二十二史感應錄二卷　（清）彭希涑輯　清光
緒八年(1882)刻本　一冊

230000－0901－0004980　C095002

二十二史感應錄　（清）彭希涑輯　清光緒八
年(1882)刻本　一冊

230000－0901－0004981　C095003

上海求志書院課藝不分卷　（清）俞樾等評閱
清光緒刻本　一冊

230000－0901－0004982　C095008－13

太上道德眞經集注五卷末一卷　（宋）彭耜纂
集　清光緒三年(1877)刻本　六冊

230000－0901－0004983　C095014

粵游見聞一卷　（明）瞿共美撰　賜姓始末一
卷　（清）黃宗羲撰　兩廣紀略一卷　（明）華
復蠡撰　清都城琉璃廠刻本　一冊

230000－0901－0004984　C096668

癸丑懷人詩一卷　（清）符葆森撰　清光緒十
四年(1888)符壽堂刻本　一冊

230000－0901－0004985　C096580

袁督師列傳一卷白冤疏一卷磯聲紀一卷游聲
記一卷剖肝錄一卷　（明）錢家修等撰　督師
文一卷率性堂詩集一卷　（明）袁崇煥撰　清
刻本　一冊

230000－0901－0004986　C096581

新安賓館八詠　（清）江峰青等撰　清光緒二
十二年(1896)刻本　一冊

230000－0901－0004987　C095747－48

石湖先生詩鈔不分卷　（宋）范成大撰　清康
熙刻宋四家名家詩本　二冊

230000－0901－0004988　C095749－54

大學衍義補要十二卷首一卷　（清）陳宏謀
撰　清乾隆元年(1736)陳氏培遠堂刻本
六冊

230000－0901－0004989　C095755－60

黃鵠山人詩初鈔十八卷　（清）林壽圖撰　清
光緒六年(1880)刻本　六冊

230000－0901－0004990　C095761－64

讀醫隨筆六卷　（清）周學海撰　清光緒二十
四年(1898)池陽周氏刻周氏醫學叢書本
四冊

230000－0901－0004991　C095765－70

脈義簡摩八卷補義二卷　（清）周學海撰　清
光緒二十二年(1896)池陽周氏刻周氏醫學叢
書本　六冊

230000－0901－0004992　C095771－82

本草經疏三十卷 （明）繆希雍撰 清光緒十七年(1891)池陽周氏刻周氏醫學叢書本 十二冊

230000－0901－0004993　C095783－93

黃氏醫書八種 （清）黃元御撰 清咸豐十年(1860)長沙燮蘇精舍刻本 十一冊 缺二種十三卷(玉楸藥解八卷、四聖心源一至五)

230000－0901－0004994　C095794－99

[道光]麗水縣志十四卷 （清）張銑等纂修 清道光二十六年(1846)刻本 六冊

230000－0901－0004995　C095812

王梅溪先生會稽三賦四卷 （宋）王十朋撰 （明）南逢吉注 （明）周炳曾補注 清尺木堂刻本 一冊

230000－0901－0004996　C095813

讀史論略二卷 （清）杜詔撰 清光緒二十七年(1901)武林戴記刻本 一冊

230000－0901－0004997　C095814

劉襄勤[錦棠]史傳稿一卷 （清）何維樸輯 清宣統二年(1910)石印本 一冊

230000－0901－0004998　C095819

述學外篇一卷別錄一卷 （清）汪中撰 清同治八年(1869)揚州書局刻本 一冊

230000－0901－0004999　C095820

元豐九域志十卷 （宋）王存等撰 清光緒八年(1882)金陵書局刻本 四冊

230000－0901－0005000　C095824

詩序辨一卷讀禮私記一卷 （清）夏鼎武撰 清光緒刻富陽夏氏叢刻本 一冊

230000－0901－0005001　C095825

植物學八卷 （英國）韋廉臣輯譯 （清）李善蘭等筆述 清咸豐八年(1858)刻本 一冊

230000－0901－0005002　C095826

翠螺閣詩稿三卷詞稿一卷 （清）凌祉媛撰
舞鏡集一卷 （清）丁丙撰 清咸豐丁氏刻本 一冊

230000－0901－0005003　C095829

袁簡齋時文一卷 （清）袁枚撰 清光緒二十六年(1900)蘇山草堂刻本 一冊

230000－0901－0005004　C095832－37

春秋穀梁注疏二十卷 （晉）范甯集解 （唐）陸德明音義 （唐）楊士勛疏 明崇禎八年(1635)毛氏汲古閣刻十三經注疏本 六冊

230000－0901－0005005　C095838－54

[乾隆]福州府志七十六卷首一卷 （清）徐景熹修 （清）魯曾煜等纂 清乾隆十九年(1754)刻二十一年(1756)補刻本 十七冊 存三十九卷(一至四、七至十、十二至十三、十五至二十三、三十八至三十九、四十一至四十三、四十九至五十、五十八至六十、六十五至六十六、六十九至七十六)

230000－0901－0005006　C095855－60

脈經十卷 （晉）王叔和撰 清光緒十七年(1891)池陽周氏刻周氏醫學叢書本 六冊

230000－0901－0005007　C095861－62

羅豫章先生文集十卷 （宋）羅從彥撰 清同治五年(1866)福州正誼書院刻正誼堂全書本 二冊

230000－0901－0005008　C118116－39

魏書一百十四卷附考證 （北齊）魏收撰 清光緒十年(1884)上海同文書局影印二十四史本 二十四冊

230000－0901－0005009　C118140－51

南史八十卷 （唐）李延壽撰 清同治十一年(1872)金陵書局刻二十四史本 十二冊

230000－0901－0005010　C118152－71

北史一百卷 （唐）李延壽撰 清同治十一年(1872)金陵書局刻二十四史本 二十冊

230000－0901－0005011　C118172－91

魏書一百十四卷 （北齊）魏收撰 清同治十一年(1872)金陵書局刻二十四史本 二十冊

230000－0901－0005012　C118192－95

北齊書五十卷 （唐）李百藥撰 清同治十三年(1874)金陵書局刻二十四史本 四冊

230000－0901－0005013　C118196－99

周書五十卷　（唐）令狐德棻等撰　清同治十三年(1874)金陵書局刻二十四史本　四冊

230000－0901－0005014　C118200－11

隋書八十五卷　（唐）魏徵等撰　清同治十年(1871)淮南書局刻本　十二冊

230000－0901－0005015　C010442－43

樊山公牘二卷　（清）樊增祥撰　清光緒二十年(1894)刻本　二冊

230000－0901－0005016　C127252－55

國朝十家駢體文鈔十一卷　王先謙輯　清光緒十五年(1889)長沙王氏刻本　四冊

230000－0901－0005017　C127256－57

南北朝文鈔二卷　（清）彭兆蓀輯　清光緒二年(1876)番禺陳起榮刻本　二冊

230000－0901－0005018　C127258－59

靈棋經二卷　（漢）東方朔撰　清新昌莊肇麟刻本　二冊

230000－0901－0005019　C127264－73

封泥攷略十卷　（清）吳式芬　（清）陳介祺輯　清光緒三十年(1904)上海石印本　十冊

230000－0901－0005020　C127283

御製避暑山莊圓明園圖詠二卷　（清）聖祖玄燁　（清）高宗弘曆撰　清末大同書局石印本　一冊

230000－0901－0005021　C127284

歷代輿地沿革險要圖說一卷　楊守敬　饒敦秩撰　清光緒二十四年(1898)石印本　一冊

230000－0901－0005022　C095868－95887

[光緒]上虞縣志四十八卷首一卷末一卷　（清）唐煦春修　（清）朱士黻等纂　清光緒十七年(1891)刻本　二十冊

230000－0901－0005023　C127286－91

五種遺規　（清）陳宏謀輯　清道光十年(1830)培遠堂刻本　六冊　存四種十六卷（從政遺規四卷、養正遺規二卷補編一卷、教女遺規三卷、訓俗遺規四卷補編二卷）

230000－0901－0005024　C127335

中州音韻不分卷　清末石印本　一冊

230000－0901－0005025　C127603

耕織圖不分卷　（清）焦秉貞繪　清康熙刻彩色套印本　一冊

230000－0901－0005026　C127770

五山草堂初編二卷　（清）龍令憲撰　清光緒三十四年(1908)刻本　一冊

230000－0901－0005027　C127771

春花集二卷　（清）龍元任撰　清光緒十九年(1893)龍令憲刻本　一冊

230000－0901－0005028　C128546－65

周易函書約存十五卷首三卷約注十八卷　（清）胡煦撰　清胡氏葆璞堂刻本　二十冊

230000－0901－0005029　C128566－71

薛文清公讀書全錄類編二十卷　（明）薛瑄撰　明萬曆刻本　六冊　存十卷(十一至二十)

230000－0901－0005030　C128572－85

毛詩注疏三十卷附考證　（漢）鄭玄箋　（唐）陸德明音義　（唐）孔穎達疏　**毛詩譜一卷**　（漢）鄭玄撰　清同治十年(1871)廣東書局刻十三經注疏本　十四冊

230000－0901－0005031　C128588－90

素問靈樞類纂約注三卷　（清）汪昂撰　清光緒六年(1880)尚德堂刻本　三冊

230000－0901－0005032　C128880－99

三古圖四十二卷　（清）黃晟輯　清乾隆十七年(1752)天都黃晟槐蔭草堂刻本　二十冊　存二十四卷(一至三、六至九、十二、十三、十六至三十)

230000－0901－0005033　C128900－08

來瞿唐先生易注十五卷首一卷末一卷附周易諸圖一卷　（明）來知德撰　清寧遠堂刻本　九冊

230000－0901－0005034　C095021－30

欽定春秋傳說彙纂三十八卷　（清）王掞等撰　清刻本　十冊

230000－0901－0005035　C095031－38

忠雅堂詩集二十七卷補遺二卷　（清）蔣士銓
撰　清乾隆揚州刻本　八冊

230000－0901－0005036　C095043

趙忠節公遺墨一卷　（清）趙景賢撰　清光緒
八年(1882)刻本　一冊

230000－0901－0005037　C095044－45

蓮子居詞話四卷　（清）吳衡照撰　清道光十
二年(1832)刻本　二冊

230000－0901－0005038　C128951－55

唐書二百二十五卷　（宋）歐陽修等撰　**釋音
二十五卷**　（宋）董衝撰　清乾隆四年(1739)
武英殿刻二十四史本　五冊　存十七卷(一
百九十八至二百十、二百二十三至二百二十
五、釋音二十五)

230000－0901－0005039　C128957

隨軒金石文字不分卷　（清）徐渭仁撰　清道
光二十三年(1843)刻本　一冊

230000－0901－0005040　C128959

元史二百十卷　（明）宋濂等撰　明洪武刻嘉
靖萬曆遞修本　一冊　存五卷(二十二至二
十六)

230000－0901－0005041　C128967－81

唐文粹一百卷　（宋）姚鉉輯　清光緒九年
(1883)江蘇書局刻本　十五冊　存九十二卷
(一至九十二)

230000－0901－0005042　C128982－88

李氏易傳十七卷　（唐）李鼎祚集解　清乾隆
二十一年(1756)德州盧氏刻本　七冊

230000－0901－0005043　C128989－99

四書集注闡微直解二十七卷　（明）張居正撰
清光緒八旗經正書院刻本　十一冊　存二
十四卷(一至二、六至二十七)

230000－0901－0005044　C095046－47

臨文便覽二卷　（清）張啓泰輯　清光緒二年
(1876)刻本　二冊

230000－0901－0005045　C095050－52

絕妙好詞箋七卷　（宋）周密輯　（清）查為仁
（清）厲鶚箋注　**續鈔二卷**　（清）余集　（清）徐
楙補輯　清道光八年(1828)刻本　三冊

230000－0901－0005046　C095054－77

梁溪詩鈔五十八卷　（清）顧光旭輯　清宣統
三年(1911)鉛印本　二十四冊

230000－0901－0005047　C095088－97

宛陵先生文集六十卷　（宋）梅堯臣撰　清宣
統二年(1910)滬上影印本　十冊

230000－0901－0005048　C095098－121

讀書雜志八十二卷餘編二卷　（清）王念孫撰
清刻本　二十四冊

230000－0901－0005049　C095132－35

莊子集解八卷　王先謙撰　清宣統元年
(1909)刻本　四冊

230000－0901－0005050　C095136－51

說文解字句讀三十卷補正三十卷　（清）王筠
撰　清同治四年(1865)刻本　十六冊

230000－0901－0005051　C095160－91

古文淵鑒六十四卷　（清）聖祖玄燁選　（清）
徐乾學等編注　清同治十二年(1873)浙江書
局刻本　三十二冊

230000－0901－0005052　C095888－907

[光緒]上虞縣志四十八卷首一卷末一卷
（清）唐煦春修　（清）朱士黻等纂　清光緒十
七年(1891)刻本　二十冊

230000－0901－0005053　C095908－41

古經解彙函附小學彙函　（清）鍾謙鈞等輯
清同治十二年(1873)粵東書局刻本　三十
四冊

230000－0901－0005054　C129000－010

空同子集六十六卷目錄三卷　（明）李夢陽撰
明萬曆三十年(1602)刻本　十一冊　存四
十五卷(一至三、十三至二十、二十五至五十
二、六十一至六十六)

230000－0901－0005055　C129011－14

墨子十六卷附篇目考一卷　（戰國）墨翟撰

（清）畢沅校注　清光緒二年（1876）浙江書局刻二十二子本　四冊

230000－0901－0005056　C095942－6020
國朝古文彙鈔初集一百七十六卷首一卷
（清）朱琦輯　清道光二十六年（1846）吳江沈氏世美堂刻本　七十九冊　存一百七十四卷（一至一百十三、一百十六至一百七十六）

230000－0901－0005057　C128909－50
子書百家　（清）崇文書局輯　清光緒元年（1875）湖北崇文書局刻本　四十二冊　存四十一種一百七十八卷（新書五至十、鹽鐵論二卷、揚子法言一卷、方言十三卷、潛夫論十卷、申鑒五卷、中論二卷、傅子一卷、續孟子二卷、伸蒙子三卷、素履子三卷、胡子知言六卷附錄一卷疑義一卷、薛子道論三卷、風后握奇經一卷、六韜三卷、孫子三卷、吳子二卷、司馬法一卷、尉繚子二卷、素書一卷、心書一卷、何博士備論二卷、宋丞相李忠定公輔政本末一卷、管子二十四卷、晏子春秋八卷、商子五卷、鄧子一卷、尸子二卷、韓非子二十卷、齊民要術十雜說一卷、太玄經十卷、焦氏易林四卷、鶡子一卷補一卷、計倪子一卷、於陵子一卷、子華子二卷、墨子十六卷附篇目考一卷、尹文子一卷、慎子一卷、公孫龍子一卷、鬼谷子一卷）

230000－0901－0005058　C096021
駕雲螭室詩錄六卷　（清）周文禾撰　清光緒十三年（1887）刻本　一冊

230000－0901－0005059　C129031－37
妙法蓮花釋華經七卷　（後秦）釋摩羅什譯　半園老人抄本　七冊　存六卷（二至七）

230000－0901－0005060　C129038－44
紀文達公遺集十六卷　（清）紀昀撰　清嘉慶十七年（1812）紀樹馨刻本　七冊　存十四卷（一至十二、十五至十六）

230000－0901－0005061　C096035－44
沅湘通藝錄八卷四書文二卷　（清）江標輯　清光緒二十三年（1897）元和江氏湖南使院刻本　十冊

230000－0901－0005062　C096046－69
皇朝經世文新增續編一百二十卷　（清）葛士濬輯　清光緒二十三年（1897）掃葉山房鉛印本　二十四冊

230000－0901－0005063　C096089－90
校邠廬抗議二卷　（清）馮桂芬撰　清光緒二十三年（1897）弢園老民石印本　二冊

230000－0901－0005064　C096091－95
六書通十卷　（明）閔齊伋撰　（清）畢宏述篆訂　清光緒二十一年（1895）上海鴻寶齋石印本　五冊

230000－0901－0005065　C096096－97
存我軒偶錄不分卷　（清）陸鍾渭撰　清光緒二十七年（1901）文匯書局鉛印本　二冊

230000－0901－0005066　C096102
六言雜字一卷　（□）□□撰　清光緒元年（1875）蘭邑裕源堂刻本　一冊

230000－0901－0005067　C096105－08
李氏音鑒六卷　（清）李汝珍撰　**書目一卷**（清）洪棣元編　清嘉慶十五年（1810）寶善堂刻二十一年（1816）續刻同治七年（1868）木樨山房重修本　四冊

230000－0901－0005068　C096114
天神譜一卷　（清）李杕編　清光緒十二年（1886）上海慈母堂鉛印本　一冊

230000－0901－0005069　C096133
王陽明先生傳習錄一卷　（明）王守仁撰　清光緒三十一年（1905）石印本　一冊

230000－0901－0005070　C096134
三才略三卷　（清）蔣德鈞輯　清末李光明莊刻本　一冊

230000－0901－0005071　C096204－15
古文辭類纂七十五卷　（清）姚鼐輯　**校勘記一卷**　（清）李承淵撰　清光緒二十七年（1901）滁州李氏求要堂刻本　十二冊

230000－0901－0005072　C096216－27
續古文辭類纂二十八卷　（清）黎庶昌輯　清

光緒二十一年（1895）金陵狀元閣刻本　十二冊

230000－0901－0005073　C107856

玉壺山房詞選二卷　（清）改琦撰　清道光八年（1828）雲間沈氏來鶴樓刻本　一冊

230000－0901－0005074　C107656－837

重刊宋本十三經注疏附校勘記　（清）阮元輯校　（清）盧宣旬摘錄　清嘉慶二十年（1815）江西南昌府學刻本　一百八十二冊

230000－0901－0005075　C107968－79

小腆紀年附考二十卷　（清）徐鼒撰　清光緒十二年（1886）鉛印本　十二冊

230000－0901－0005076　C108115－16

四書反身錄八卷　（清）李顒撰　清同治光緒刻李二曲先生全集本　二冊

230000－0901－0005077　C108099

比玉樓遺稿四卷　（清）黃振均撰　清光緒二十年（1894）楊文斌甬江刻本　一冊

230000－0901－0005078　C108097

庚子北京事變紀略一卷　（美國）鹿完天撰　清光緒二十七年（1901）刻本　一冊

230000－0901－0005079　C108002

日本丙午議會四卷　（□）□□撰　清光緒三十四年（1908）政治官報局鉛印本　一冊

230000－0901－0005080　C108149－268

欽定四庫全書總目二百卷首四卷　（清）紀昀等撰　清同治七年（1868）廣東書局刻本　一百二十冊

230000－0901－0005081　C108131

儒酸福傳奇二卷　（清）汪繩武正譜　（清）魏熙元填詞　清光緒十年（1884）玉玲瓏館刻本　一冊

230000－0901－0005082　C108067－76

古今醫案按十卷　（清）俞震纂輯　清宣統元年（1909）上海會文堂書局石印本　十冊

230000－0901－0005083　C108034

漢官儀三卷　（宋）劉攽撰　清道光四年（1824）揚州穆西堂影宋刻本　一冊

230000－0901－0005084　C108035

公言集三卷　（清）沈同芳撰　清光緒三十四年（1908）中國圖書公司鉛印本　一冊

230000－0901－0005085　C108033

德國最近進步史三卷　（美國）林樂知譯　清光緒三十年（1904）上海商務印書館鉛印本　一冊

230000－0901－0005086　C108032

翠巖室詩鈔二卷　（清）韓弼元撰　清咸豐十年（1860）刻本　一冊

230000－0901－0005087　C108030－31

正音咀華三卷續編一卷　（清）莎彝尊撰　清咸豐三年（1853）刻本　二冊

230000－0901－0005088　C108026－27

古紅梅閣集八卷附錄一卷　（清）劉履芬撰　清光緒六年（1880）蘇州刻本　二冊

230000－0901－0005089　C108028

戊戌奏稿一卷　康有為撰　清宣統三年（1911）鉛印本　一冊

230000－0901－0005090　C096228－47

御選唐宋詩醇四十七卷目錄二卷　（清）弘曆　（清）梁詩正等輯　清乾隆二十五年（1760）陳宏謀刻本　二十冊

230000－0901－0005091　C108293－94

李長吉集四卷外集一卷　（唐）李賀撰　（清）黃陶庵評　清光緒十八年（1892）葉衍蘭刻朱墨套印本　二冊

230000－0901－0005092　C096248－53

物理小識十二卷首一卷　（明）方以智撰　清光緒十年（1884）寧靜堂刻本　六冊

230000－0901－0005093　C095192－93

校邠盧抗議二卷　（清）馮桂芬撰　清光緒十年（1884）馮芳植刻本　二冊

230000－0901－0005094　C108308－09

敦煌石室真跡錄五卷附一卷　（清）王仁俊輯　清宣統元年（1909）國粹堂石印本　二冊

230000－0901－0005095　C108353－57

楹聯新話十卷　（清）朱英鎬輯　清光緒十八年（1892）刻本　五冊

230000－0901－0005096　C095194－201

說文解字徐氏繫傳四十卷　（南唐）徐鍇撰　**校勘記三卷**　（清）祁寯藻撰　清光緒元年（1875）姚覲元刻本　八冊

230000－0901－0005097　C108345－46

甌北詩話十卷續二卷　（清）趙翼撰　清嘉慶七年（1802）湛貽堂刻甌北全集本　二冊

230000－0901－0005098　C108335

地理全表一卷　（英國）慕廉撰　清光緒二十八年（1902）上海美華書館鉛印本　一冊

230000－0901－0005099　C108325

甯古塔紀略一卷　（清）吳桭臣撰　清光緒桐廬袁氏刻漸西村舍彙刊本　一冊

230000－0901－0005100　C095202－03

易經八卷　（宋）程頤傳　清同治五年（1866）金陵書局刻十三經讀本本　二冊

230000－0901－0005101　C108326

三家宮詞三卷二家宮詞二卷　（明）毛晉輯　清同治十二年（1873）淮南書局刻本　一冊

230000－0901－0005102　C095204－07

詩經集傳八卷詩序辨說一卷　（宋）朱熹撰　清同治五年（1866）金陵書局刻十三經讀本本　四冊

230000－0901－0005103　C095208－13

周禮六卷　（漢）鄭玄注　（唐）陸德明音義　清嘉慶十一年（1806）張青選清芬閣刻本　六冊

230000－0901－0005104　C095214－20

說文解字斠詮十四卷　（清）錢坫撰　清嘉慶刻本　七冊

230000－0901－0005105　C095221

小學韻語一卷　（清）羅澤南撰　清末浙江書局刻本　一冊

230000－0901－0005106　C095222－24

御製數理精蘊幾何原本四卷　（清）允祉等撰　清光緒十九年（1893）江南製造局鉛印本　三冊

230000－0901－0005107　C095225－26

韻歧五卷　（清）江昱撰　清光緒七年（1881）刻本　二冊

230000－0901－0005108　C095227

群經音辨七卷　（宋）賈昌朝撰　清康熙五十三年（1714）吳郡張氏刻澤存堂五種本　一冊

230000－0901－0005109　C095228－30

埤雅二十卷　（宋）陸佃撰　清堂策檻刻本　三冊

230000－0901－0005110　C108327－28

古玉圖攷不分卷　（清）吳大澂撰　清光緒十五年（1889）刻本　二冊

230000－0901－0005111　C108358－61

繪圖俠義風月傳四卷　題（清）明教中人撰　清光緒二十九年（1903）上海書局石印本　四冊

230000－0901－0005112　C108362－67

近科館課分韻詩初集二集　王先謙輯　清光緒十三年（1887）鉛印本　六冊

230000－0901－0005113　C108455

莽蒼蒼齋詩二卷　（清）譚嗣同撰　清光緒二十三年（1897）刻本　一冊

230000－0901－0005114　C108442－45

地理辨證直解五卷天元五歌闡義五卷　（清）蔣平階傳　（清）章甫增補　清道光經元堂刻本　四冊

230000－0901－0005115　C108488－92

外金丹五卷　（清）傅金銓輯　清善成堂刻正道秘書刻本　五冊

230000－0901－0005116　C108464－87

吳友如畫寶十二集　（清）吳友如繪　清宣統元年（1909）上海璧園石印本　二十四冊

230000－0901－0005117　C129045－52

說文解字十五卷　（漢）許慎撰　清同治十年

(1871)刻本　八冊

230000－0901－0005118　C129053－55
深州風土記二十卷附表五卷　(清)吳汝綸撰
清光緒二十六年(1900)文瑞書院刻本　三
冊　存十二卷(一至三、十二至二十上)

230000－0901－0005119　C129056
桂游日記三卷　(清)張維屏撰　清道光十七
年(1837)張氏聽松廬刻本　一冊

230000－0901－0005120　C129057－58
聽松廬駢體文鈔四卷　(清)張維屏撰　清咸
豐刻本　二冊

230000－0901－0005121　C129059－68
讀禮通考一百二十卷　(清)徐乾學撰　清康
熙三十五年(1696)徐氏家刻本　十冊　存二
十九卷(二十八至五十六)

230000－0901－0005122　C108518
岳忠武王初瘞志一卷　(□)□□撰撰　清同
治十三年(1874)刻本　一冊

230000－0901－0005123　C105817
遊龍東南鄉禁冬筍案稿一卷　(□)□□撰
清光緒二十三年(1897)刻本　一冊

230000－0901－0005124　C108515－16
九皇新經注解三卷　(□)□□撰　清光緒二
十九年(1903)蘇州原妙觀西瑪瑙經房刻本
二冊

230000－0901－0005125　C108501
焦氏易林四卷　(漢)焦贛撰　明崇禎毛氏汲
古閣刻津逮秘書本　四冊

230000－0901－0005126　C129111－19
杜詩詳注二十五卷首一卷附編二卷　(唐)杜
甫撰　(清)仇兆鰲輯注　清康熙刻本　九冊

230000－0901－0005127　C108498
壺庵五種曲五卷　(清)胡薇元編　清光緒民
國刻玉津閣叢書本　一冊

230000－0901－0005128　C095231－38
十駕齋養新錄二十卷餘錄三卷　(清)錢大昕
撰　錢辛楣先生[大昕]年譜一卷　(清)錢大

昕撰　(清)錢慶曾校注　**竹汀居士[錢大昕]
年譜續編一卷**　(清)錢慶曾撰　清光緒二年
(1876)浙江書局刻本　八冊

230000－0901－0005129　C129120－25
古唐詩合解十六卷　(清)王堯衢注　清善成
堂刻本　六冊

230000－0901－0005130　C108497
霜葊亭易說一卷　(清)胡薇元輯　清光緒三
十四年(1908)巴州余塋石印玉津閣叢書本
一冊

230000－0901－0005131　C108493－94
悟眞篇三注三卷　(宋)張伯端撰　清善成堂
刻本　二冊

230000－0901－0005132　C129126－33
古文釋義新編八卷　(清)余誠輯　清光緒十
二年(1886)京都老二酉堂刻本　八冊

230000－0901－0005133　C129134－39
草字彙十二卷　(清)石梁輯　清刻本　六冊
存七卷(六至十二)

230000－0901－0005134　C108717－32
漢書一百卷　(漢)班固撰　(唐)顏師古注
清光緒十三年(1887)金陵書局刻本　十六冊

230000－0901－0005135　C108677－78
字學舉隅一卷　(清)龍啓瑞撰　清上海曙海
樓刻本　二冊

230000－0901－0005136　C129140－43
資治通鑑綱目前編二十五卷　(宋)金履祥撰
清康熙六十一年(1722)四喜堂刻本　四冊

230000－0901－0005137　C129150－54
詩人玉屑二十卷　(宋)魏慶之撰　清刻本
五冊　存十三卷(八至二十)

230000－0901－0005138　C095239－42
書經六卷首一卷末一卷　(宋)蔡沈集傳　清
光緒七年(1881)江蘇書局刻本　四冊

230000－0901－0005139　C129297－98
五方元音二卷　(清)樊騰鳳撰　清光緒十六
年(1890)京都文成堂刻本　二冊

230000 - 0901 - 0005140　C095243 - 46

周易虞氏義九卷虞氏消息二卷　（清）張惠言
撰　清嘉慶八年(1803)揚州阮氏琅嬛僊館刻
本　四冊

230000 - 0901 - 0005141　C095247 - 48

周易四卷首一卷　（宋）朱熹本義　清咸豐七
年(1857)寶賢堂刻本　二冊

230000 - 0901 - 0005142　C129330 - 33

大廣益會玉篇三十卷　（南朝梁）顧野王撰
字鑒五卷　（元）李文仲撰　清光緒十四年
(1888)上海蜚英館影印澤存堂五種本　四冊

230000 - 0901 - 0005143　C095249 - 50

養蒙鍼度四卷　（清）潘子聲輯　清末李光明
莊刻本　二冊

230000 - 0901 - 0005144　C095251 - 54

閩湖詩三鈔八卷　（清）李道悠輯　清光緒十
五年(1889)刻本　四冊

230000 - 0901 - 0005145　C095255 - 86

格致鏡原一百卷　（清）陳元龍纂　清雍正刻
本　三十二冊

230000 - 0901 - 0005146　C095287 - 310

四書朱子本義彙參　（清）王步青撰　清刻本
二十四冊

230000 - 0901 - 0005147　C129380 - 83

批點寄嶽雲齋試帖詳注四卷　（清）聶銑敏撰
清聚錦堂刻本　四冊

230000 - 0901 - 0005148　C095311

仿唐寫本說文解字木部箋異一卷　（清）莫友
芝撰　清同治三年(1864)刻本　一冊

230000 - 0901 - 0005149　C095318 - 20

古籀拾遺三卷附宋政和禮器文字考一卷
（清）孫詒讓撰　清光緒十六年(1890)瑞安孫
氏刻本　三冊　缺一卷(宋正和禮器文字考)

230000 - 0901 - 0005150　C129401 - 07

朝市叢載八卷　（清）李虹若撰　清光緒刻本
七冊

230000 - 0901 - 0005151　C095322

南朝史精語十卷　（宋）洪邁摘錄　**劄記一卷**
繆荃孫撰　清光緒三十一年(1905)江陰繆
氏刻對雨樓叢書本　一冊

230000 - 0901 - 0005152　C129395 - 400

陸宣公集二十二卷　（唐）陸贄撰　清光緒二
十年(1894)上海鴻寶齋石印本　六冊

230000 - 0901 - 0005153　C095323 - 24

繆篆分韻五卷繆補一卷　（清）桂馥撰　清嘉
慶元年(1796)歸安姚氏咫進齋刻本　二冊

230000 - 0901 - 0005154　C095325 - 30

防海新論十八卷　（德國）希里哈撰　（英國）
傅蘭雅口譯　（清）華蘅芳筆述　清同治十二
年(1873)刻本　六冊

230000 - 0901 - 0005155　C095331

翻譯名義集選一卷　（宋）釋法雲編　清同治
十二年(1873)江北刻經處刻本　一冊

230000 - 0901 - 0005156　C095333 - 34

問心齋學治續錄四卷　（清）張聯桂撰　清光
緒十一年(1885)刻本　二冊

230000 - 0901 - 0005157　C095335 - 38

說文引經考異十六卷　（清）柳榮宗撰　清同
治六年(1867)刻本　四冊

230000 - 0901 - 0005158　C129363 - 65

沙河逸老小稿六卷嶰谷詞一卷　（清）馬曰琯
撰　清咸豐元年(1851)刻粵雅堂叢書本
三冊

230000 - 0901 - 0005159　C095339

溉亭述古錄二卷　（清）錢塘撰　清刻皇清經
解本　一冊

230000 - 0901 - 0005160　C095340

經典釋文序錄一卷　（唐）陸德明撰　清末江
楚書局刻本　一冊

230000 - 0901 - 0005161　C095343 - 51

歷代史論十二卷宋史論三卷元史論一卷
（明）張溥撰　**明史論四卷**　（清）谷應泰撰
清光緒五年(1879)西江裴氏刻本　九冊

230000 - 0901 - 0005162　C108672 - 73

此木軒直寄詞二卷　（清）焦袁熹撰　清乾隆
十七年(1752)刻本　二冊

230000－0901－0005163　C108674－75
西政維新策六卷　（清）湖南湘學報輯　清光
緒二十八年(1902)上海書局石印西學新政叢
書本　二冊

230000－0901－0005164　C108668
西湖竹枝詞一卷　（清）陳燦撰　清光緒十四
年(1888)丁氏刻武林掌故叢編本　一冊

230000－0901－0005165　C108771－73
竹窗隨筆一卷二筆一卷三筆一卷　（明）釋祩
宏撰　清光緒二十四年(1898)刻本　三冊

230000－0901－0005166　C108737
緝雅堂詩話二卷　（清）潘衍桐撰　清光緒十
七年(1891)杭州刻本　一冊

230000－0901－0005167　C108734
裁雲閣詞鈔六卷附曲一卷　（清）秦雲撰　清
同治七年(1868)刻本　一冊

230000－0901－0005168　C108735
芬陀利室詞話二卷　（清）蔣敦復撰　清光緒
十一年(1885)弢園王氏刻本　一冊

230000－0901－0005169　C108638－41
詒晉齋集八卷後集一卷　（清）永瑆撰　清道
光二十八年(1848)刻本　四冊

230000－0901－0005170　C108631
游秦詩稿一卷　華慶雲撰　清光緒三十一年
(1905)關中書局鉛印本　一冊

230000－0901－0005171　C108559
東瀛警察筆記四卷　（清）舒鴻儀撰　清光緒
三十二年(1906)樂群圖書局石印本　一冊

230000－0901－0005172　C108796－99
弢園尺牘十二卷　（清）王韜撰　清光緒十三
年(1887)大文書局石印本　四冊

230000－0901－0005173　C108786－87
定盦文集補編四卷　（清）龔自珍撰　清光緒
十二年(1886)平湖朱氏刻本　二冊

230000－0901－0005174　C108788－89
賁凌霄榭詩集六卷　（清）陳爛撰　草草書屋
賸藁一卷　（清）陳樸撰　清光緒十一年
(1885)刻本　二冊

230000－0901－0005175　C108778－81
歸田瑣記八卷　（清）梁章鉅撰　清道光二十
五年(1845)北東園刻本　四冊

230000－0901－0005176　C108782
西遊原旨讀法二卷　（清）劉一明撰　清嘉慶
四年(1799)刻本　一冊

230000－0901－0005177　C108835
鶴緣詞一卷　（清）呂耀斗撰　清光緒二十六
年(1900)呂氏敬上堂刻本　一冊

230000－0901－0005178　C108825
周氏止庵詞辨二卷介存齋論詞雜著一卷
（清）周濟撰　（清）譚獻評　清道光二十七年
(1847)刻本　一冊

230000－0901－0005179　C108819
菊壽盦詞稿四卷　（清）姚輝第撰　清咸豐木
活字印本　一冊

230000－0901－0005180　C108816
日湖漁唱一卷　（宋）陳允平撰　清光緒刻本
一冊

230000－0901－0005181　C108807－10
楚辭燈四卷　（清）林雲銘撰　清康熙刻本
四冊

230000－0901－0005182　C108840
甲午窗課一卷　（□）□□撰　清光緒二十年
(1894)稿本　一冊

230000－0901－0005183　C108843－50
梧溪集七卷　（元）王逢撰　清同治十三年
(1874)思補樓刻本　八冊

230000－0901－0005184　C031123－218
[光緒]山西通志一百八十四卷首一卷　（清）
曾國荃等修　（清）王軒等纂　清光緒十八年
(1892)刻本　九十六冊

230000－0901－0005185　C108851－54

李襲侯遺集八卷　（清）李經述撰　清光緒二十年（1894）刻本　四冊

230000－0901－0005186　C031219－317

佩文韻府四百四十三卷　（清）張玉書等纂　清康熙刻後印本　九十九冊　缺二卷（八十至八十一）

230000－0901－0005187　C108855

鄭氏十二公詩集　（清）鄭辭創　（清）鄭汝鏞輯　清道光二十三年（1843）鳳山草堂木活字印本　一冊

230000－0901－0005188　C108856

啓禎宮詞二卷　（清）瞿紹基輯　清嘉慶十六年（1811）惜陰書屋刻本　一冊

230000－0901－0005189　C108882

金海樓合稿二卷　（清）王之佐輯　清道光五年（1825）刻本　一冊

230000－0901－0005190　C031625－76

總纂升庵合集二百四十卷　（明）楊愼撰　（清）鄭寶琛纂輯　清光緒八年（1882）鄭寶琛刻本　五十二冊

230000－0901－0005191　C108880

松齋憶存草一卷　（清）王誠撰　清光緒十二年（1886）刻本　一冊

230000－0901－0005192　C032166－253

十朝東華錄五百二十四卷同治東華續錄一百卷　王先謙等編　清光緒二十五年（1899）石印本　八十八冊

230000－0901－0005193　C108872－77

國朝駢體正宗十二卷　（清）曾燠輯　清同治十三年（1874）聚賢堂刻本　六冊

230000－0901－0005194　C032254－313

大清一統志五百卷　（清）紀昀等纂修　清光緒二十三年（1897）杭州竹簡齋石印本　六十冊

230000－0901－0005195　C108860－69

重刊校正唐荊川先生文集十二卷補遺五卷外集十二卷附錄一卷　（明）唐順之撰　清光緒

三十年（1904）刻本　十冊

230000－0901－0005196　C032551－600

金石萃編一百六十卷　（清）王昶撰　清嘉慶十年（1805）王氏經訓堂刻本　五十冊

230000－0901－0005197　C095352－67

［光緒］餘姚縣志二十七卷首一卷末一卷　（清）周炳麟修　（清）邵友濂　（清）孫德祖纂　清光緒二十五年（1899）刻本　十六冊

230000－0901－0005198　C095368－83

［光緒］餘姚縣志二十七卷首一卷末一卷　（清）周炳麟修　（清）邵友濂　（清）孫德祖纂　清光緒二十五年（1899）刻本　十六冊

230000－0901－0005199　C095385－86

周易四卷筮儀一卷卦歌一卷圖說一卷　（宋）朱熹本義　清光緒九年（1883）上洋大文禎記刻本　二冊

230000－0901－0005200　C095387－88

漢字母音釋二卷　（清）楊敦頤撰　清光緒三十年（1904）石印本　二冊

230000－0901－0005201　C095389－421

［乾隆］紹興府志八十卷首一卷　（清）李亨特修　（清）平恕　（清）徐嵩纂　清乾隆五十七年（1792）刻本　三十三冊　存七十七卷（三至七十九）

230000－0901－0005202　C095422－27

字典考證不分卷　（清）王引之撰　清光緒二年（1876）崇文書局刻本　六冊

230000－0901－0005203　C095437－38

歐陂漁話六卷　（清）葉廷琯撰　清同治八年至九年（1869－1870）刻本　二冊

230000－0901－0005204　C095439－46

司馬溫公文集十四卷首一卷　（宋）司馬光撰　清光緒七年（1881）舊學山房刻本　八冊

230000－0901－0005205　C095467－73

附釋音周禮注疏四十二卷　（漢）鄭玄注　（唐）陸德明音義　（唐）賈公彥疏　校勘記四十二卷　（清）阮元撰　（清）盧宣旬摘錄　清

嘉慶二十年(1815)南昌府學重刊宋本十三經注疏本　七冊　存五十八卷(十四至四十二、校勘記十四至四十二)

230000－0901－0005206　C108870－71
段氏說文注訂八卷　(清)鈕樹玉撰　清同治十三年(1874)湖北崇文書局刻本　二冊

230000－0901－0005207　C108887－92
中外通商始末記二十卷　(清)王之春撰　清光緒二十一年(1895)寶善書局石印本　六冊

230000－0901－0005208　C108893－908
經籍籑詁一百〇六卷附補遺一百〇六卷　(清)阮元輯　清光緒十四年(1888)鴻文石印本　十六冊

230000－0901－0005209　C108917
大學補遺一卷　(清)章鈞撰　清宣統二年(1910)石印本　一冊

230000－0901－0005210　C108962
魯史榷二卷　(清)楊兆鋆撰　清光緒二十四年(1898)活字印本　一冊

230000－0901－0005211　C108956
征西紀略四卷　(清)曾毓瑜撰　清光緒二十年(1894)京師官書局鉛印本　一冊

230000－0901－0005212　C108957
湖上草堂詩一卷　(清)胡薇元撰　清宣統元年(1909)刻玉津閣叢書甲集本　一冊

230000－0901－0005213　C108958
公澴導源一卷　(清)胡薇元撰　清光緒民國刻玉津閣叢書甲集本　一冊

230000－0901－0005214　C108953
林文忠公政書蒐遺一卷　(清)林則徐撰　清光緒三年(1877)刻林文忠公遺集本　一冊

230000－0901－0005215　C108954
畿輔水利議一卷　(清)林則徐撰　清光緒二年(1876)林氏刻本　一冊

230000－0901－0005216　C108951
滇軺紀程一卷荷戈紀程一卷　(清)林則徐撰

清光緒三年(1877)刻林文忠公遺集本　一冊

230000－0901－0005217　C108947
滇粹一卷　呂志伊　李根源輯　清宣統元年(1909)鉛印本　一冊

230000－0901－0005218　C108938－39
近古堂書目二卷　(明)□□編　清宣統二年(1910)上虞羅氏刻玉簡齋叢書本　二冊

230000－0901－0005219　C108930
擷紅詞館吟鈔四卷　(清)蕭承尊撰　清道光十五年(1835)刻本　一冊

230000－0901－0005220　C108929
懺摩錄一卷　(清)彭兆蓀撰　清道光十六年(1836)勝谿草堂刻本　一冊

230000－0901－0005221　C095474－81
禮記二十卷　(漢)鄭玄注　(唐)陸德明音義考異二卷　(清)張敦仁撰　清嘉慶十一年(1806)陽城張氏刻本　八冊

230000－0901－0005222　C108940－41
簡莊文鈔六卷詩鈔一卷續編二卷　(清)陳鱣撰　清光緒十四年(1888)刻本　二冊

230000－0901－0005223　C133484－133485
種痘新書十二卷　(清)張琰撰　清刻本　二冊　存九卷(一至五、九至十二)

230000－0901－0005224　C133486－133495
馮氏錦囊秘錄　(清)馮兆張撰　清刻本　十冊　存十六卷(雜癥大小合八卷、女科精要一卷、外科精要一卷、藥按一卷、痘疹全集一至三、雜癥痘疹藥性主治合參四至五)

230000－0901－0005225　C133496－133498
巢氏諸病源候總論五十卷　(隋)巢元方等撰　清光緒十七年(1891)刻周氏醫學叢書本　三冊　存十四卷(二十八至四十一)

230000－0901－0005226　C133499－133510
黃帝內經素問九卷靈樞九卷　(清)張志聰集注　清刻本　十二冊　存十一卷(素問一至三、五至七,靈樞一、五、六、八、九)

230000－0901－0005227　C133511－133512

詩韻類錦十二卷　（清）郭化霖撰　清石印本
二冊　存三卷（九至十一）

230000－0901－0005228　C133513

莫子偲友芝集東坡七言聯□□卷　（清）莫友
芝集聯　（清）雙魚罨齋錄　清刻本　一冊
存一卷（三）

230000－0901－0005229　C133514－133518

禮記注疏六十三卷附考證　（漢）鄭玄注
（唐）陸德明音義　（唐）孔穎達疏　清乾隆四
年（1739）武英殿刻本　五冊　存十七卷（二
十三至二十五、二十九至三十一、四十至四十
三、五十三至五十九）

230000－0901－0005230　C133519－133522

吳詩集覽二十卷　（清）吳偉業撰　（清）靳榮
藩輯注　清刻本　四冊　存八卷（十一至十
八）

230000－0901－0005231　C133523

本草從新十八卷　（清）吳儀洛撰　清刻本
一冊　存二卷（一至二）

230000－0901－0005232　C133524

藤陰雜記十二卷　（清）戴璐撰　清光緒三年
（1877）沈鑅刻本　一冊　存六卷（七至十二）

230000－0901－0005233　C133525

羅經解定七卷　（清）胡國楨撰　清同治元年
（1862）刻本　一冊　存二卷（一至二）

230000－0901－0005234　C133526

素問靈樞類纂約注三卷　（清）汪昂撰　清刻
本　一冊　存一卷（下）

230000－0901－0005235　C133527－133528

玉臺新詠十卷　（南朝陳）徐陵輯　（清）吳兆
宜注　（清）程琰刪補　清光緒五年（1879）刻
本　二冊　存五卷（一至五）

230000－0901－0005236　C133529－133543

欽定書經圖說五十卷　（清）孫家鼐等撰　清
光緒三十一年（1905）武英殿石印本　十五冊
存四十七卷（一至二十三、二十七至五十）

230000－0901－0005237　C133544－133548

[道光]徽州府志十六卷　（清）馬步蟾纂修
清道光七年（1827）刻本　五冊　存八卷（六
之一至二，七之一，九之一至二，十之二，十二
之二、五）

230000－0901－0005238　C133549－133553

脈義簡摩八卷　（清）周學海撰　清光緒二十
一年（1895）刻周氏醫學叢書本　五冊　存五
卷（一至三、六、八）

230000－0901－0005239　C133554－133556

脈經十卷　（晉）王叔和撰　清光緒十七年
（1891）刻周氏醫學叢書本　三冊　存五卷
（一、七至十）

230000－0901－0005240　C133557－133559

本草經六卷　（三國魏）吳普等述　（清）孫星
衍　（清）孫馮翼輯　清刻周氏醫學叢書本
三冊　存三卷（一至三）

230000－0901－0005241　C133560－133563

景岳全書六十四卷　（明）張介賓撰　清刻本
四冊　存九卷（雜證謨十九至二十、二十二
至二十五，本草正上至下，外科鈐古方一）

230000－0901－0005242　C133564－133565

瘍科選粹八卷　（明）陳文治撰　清刻本　二
冊　存二卷（二至三）

230000－0901－0005243　C133566

說文引經攷證七卷　（清）陳瑑撰　清同治十
三年（1874）湖北崇文書局刻本　一冊　存四
卷（一至四）

230000－0901－0005244　C133567－133569

[雍正]浙江通志二百八十卷首三卷　（清）李
衛　（清）嵇曾筠等修　（清）沈翼機　（清）
傅王露等纂　清光緒二十五年（1899）浙江書
局刻本　三冊　存六卷（四至八、二百六十
九）

230000－0901－0005245　C133570

藝風藏書記八卷　繆荃孫撰　清光緒二十六
年（1900）刻本　一冊　存四卷（一至四）

230000－0901－0005246　C133571

文心雕龍十卷　（南朝梁）劉勰撰　（清）黃叔琳注　（清）紀昀評　清道光十三年(1833)刻朱墨套印本　一冊　存二卷(一至二)

230000－0901－0005247　C133572

商君書斠詮五卷首一卷　王時潤撰　民國四年(1915)鉛印聞雞軒叢書本　一冊　存二卷(一、首)

230000－0901－0005248　C133573－133574

唐詩鼓吹十卷　（金）元好問輯　（元）郝天挺注　（明）廖文炳解　清刻本　二冊　存五卷(一至二、八至十)

230000－0901－0005249　C133575－133589

曾文正公奏稿三十卷　（清）曾國藩撰　清同治刻本　十五冊　存二十八卷(三至三十)

230000－0901－0005250　C133590－133591

歐洲族類源流略五卷　王樹枏撰　清光緒二十八年(1902)刻陶廬叢稿本　二冊

230000－0901－0005251　C133592－133597

歐洲列國戰事本末二十二卷　王樹枏撰　清光緒二十八年(1902)刻陶廬叢稿本　六冊

230000－0901－0005252　C133598

清河書畫舫十二卷　（明）張丑撰　清光緒十四年(1888)朱氏家塾刻本　一冊　存一卷(一)

230000－0901－0005253　C133599

後漢書補注二十四卷　（清）惠棟撰　清刻粵雅堂叢書本　一冊　存二卷(一至二)

230000－0901－0005254　C133600－133601

船山詩草二十卷附補遺六卷　（清）張問陶撰　清同治十三年(1874)刻本　二冊　存十卷(一至四、補遺一至六)

230000－0901－0005255　C133602

聲調彙說二卷　（清）宋弼撰　清刻本　一冊　存一卷(上)

230000－0901－0005256　C133603

國朝六家詩鈔八卷　（清）劉執玉輯　清乾隆三十二年(1767)詒燕樓刻本　一冊　存一卷(阮亭上)

230000－0901－0005257　C133604－133637

天下郡國利病書一百二十卷　（清）顧炎武撰　清道光十年(1830)成都龍萬育刻本　三十四冊　存六十一卷(三十一至六十四、九十四至一百二十)

230000－0901－0005258　C133638

靖逆記六卷　（清）盛大士撰　清刻本　一冊

230000－0901－0005259　C133639－133644

說纂二十三卷　（明）陸楫輯　清道光元年(1821)苕溪邵氏西山堂刻本　六冊

230000－0901－0005260　C133645－133650

忠雅堂集三十卷　（清）蔣士銓撰　清大文堂刻本　六冊　存十七卷(一至十七)

230000－0901－0005261　C133651

醫門法律六卷　（清）喻昌撰　清光緒三十一年(1905)刻本　一冊　存一卷(一)

230000－0901－0005262　C133652－133654

封泥攷略十卷　（清）吳式芬　（清）陳介祺輯　清光緒三十年(1904)上海石印本　三冊　存三卷(五、八至九)

230000－0901－0005263　C133655－133657

呂氏春秋二十六卷　（秦）呂不韋撰　清光緒元年(1875)湖北崇文書局刻本　三冊　存十九卷(一至十九)

230000－0901－0005264　C133658－133661

光緒武進陽湖縣志三十卷　（清）張球　（清）湯成烈等纂修　清光緒五年(1879)刻本　四冊　存六卷(十三至十四、十八、二十二、二十六至二十七)

230000－0901－0005265　C133662－133685

[光緒]吉林通志一百二十二卷圖一卷　（清）長順　（清）訥欽修　（清）李桂林　（清）顧雲纂　清光緒十七年(1891)刻本　二十四冊　存六十一卷(十六至十八、二十二至二十四、二十七至二十九、四十一至五十一、五十

五至五十八、八十一至一百〇三、一百〇六至
一百十二、一百十六至一百二十二）

230000－0901－0005266　C133686

古文審八卷首一卷　（清）劉心源撰　清刻本
一冊　存四卷（五至八）

230000－0901－0005267　C133687

六書通十卷　（清）畢宏述篆訂　清刻本　一
冊　存二卷（三至四）

230000－0901－0005268　C133688

毛詩補疏五卷　（清）焦循撰　清刻皇清經解
叢書本　一冊　存二卷（四至五）

230000－0901－0005269　C133689

〔同治〕嵊縣志二十六卷　（清）嚴思忠
（清）蔡以瑞等纂　清刻本　一冊　存二卷
（六至七）

230000－0901－0005270　C133690－133691

傷寒論注四卷　（清）柯琴撰　清刻本　一冊
存二卷（三至四）

230000－0901－0005271　C133692－133694

溫病條辨六卷首一卷　（清）吳瑭撰　清嘉慶
十八年（1813）刻本　三冊　存四卷（一至三、
首）

230000－0901－0005272　C133695

脈義簡摩八卷　（清）周學海撰　清嘉慶二十
二年（1817）刻周氏醫學叢書本　一冊　存三
卷（一至三）

230000－0901－0005273　C133696

脈簡補義二卷　（清）周學海撰　清刻周氏醫
學叢書本　一冊　存一卷（下）

230000－0901－0005274　C108963－9062

涵芬樓古今文鈔一百卷　吳曾祺撰　清宣統
三年（1911）上海商務印書館鉛印本　一百冊

230000－0901－0005275　C109078－79

曾惠敏公文集五卷　（清）曾紀澤撰　清光緒
十九年（1893）江南製造總局刻本　二冊

230000－0901－0005276　C109080－81

書目答問五卷附別錄一卷國朝著述諸家姓名

略一卷　（清）張之洞撰　清光緒十四年
（1888）上海蜚英館石印本　二冊

230000－0901－0005277　C109086－87

槃邁文集甲集三卷別錄一卷乙集二卷　（清）
湯紀尚撰　清光緒二十三年（1897）刻本
二冊

230000－0901－0005278　C133697

說文解字部首一卷　（漢）許慎撰　清光緒八
年（1882）志古堂刻本　一冊

230000－0901－0005279　C133698

卜筮正宗十四卷　（清）王洪緒撰　清刻本
一冊　存三卷（七至九）

230000－0901－0005280　C095483

援壽井研記略一卷　（清）董貽清撰　清末刻
本　一冊

230000－0901－0005281　C095521－22

聲類四卷　（清）錢大昕撰　清道光二十九年
（1849）江寧陳士安刻本　二冊

230000－0901－0005282　C095535－36

學古堂日記初編不分卷　（清）雷浚輯　清光
緒十六年（1890）刻本　二冊

230000－0901－0005283　C095532

禘說二卷　（清）惠棟撰　清乾隆畢氏刻經訓
堂叢書刻本　一冊

230000－0901－0005284　C095539－42

楊盈川集十卷　（唐）楊炯撰　清同治鄒氏叢
雅居刻本　四冊

230000－0901－0005285　C095543－48

傅氏眼科審視瑤函六卷首一卷　（明）傅仁宇
撰　（明）林長生校補　明崇禎十七年（1644）
醉耕堂刻本（卷二配清善成堂刻本、卷四至五
配清刻本、卷六配西西堂刻本）　六冊

230000－0901－0005286　C095549－51

秘傳眼科龍本醫書總論十卷　題（明）葆光道
人秘傳　清大文堂刻本　三冊　存九卷（一
至五、七至十）

230000－0901－0005287　C109098－101

歷代地理志韻編今釋二十卷皇朝輿地韻編二卷圖一卷 （清）李兆洛撰 清末上海蜚英館石印本 四冊

230000－0901－0005288 C109102

名賢手札八卷 （清）曾國藩等書 清光緒三十四年(1908)石印本 一冊

230000－0901－0005289 C095428－35

[道光]金華縣志十二卷首一卷 （清）黃金聲修 （清）李松林纂 清道光三年(1823)刻本 八冊

230000－0901－0005290 C095558－65

古文翼八卷 （清）唐德宜編 清光緒二十八年(1902)姑蘇刻本 八冊

230000－0901－0005291 C095566－71

耐安類稿 （清）陳偉撰 清光緒二十二年(1896)刻本 六冊

230000－0901－0005292 C095572－74

培遠堂手札節存三卷 （清）陳宏謀撰 清同治三年(1864)刻本 三冊

230000－0901－0005293 C095575

葭洲書屋遺稿一卷 （清）劉安瀾撰 清光緒二十六年(1900)葭洲書屋刻朱印本 一冊

230000－0901－0005294 C109143

哀思錄一卷 張景良等撰 清光緒三十三年(1907)陸氏鉛印本 一冊

230000－0901－0005295 C109134

紫薇花館雜纂一卷外集一卷 （清）王廷鼎撰 清光緒刻本 一冊

230000－0901－0005296 C095577－78

霞蔭堂時文不分卷 （清）康基田 （清）康基淵撰 清乾隆二十八年(1763)刻本 二冊

230000－0901－0005297 C095618－25

胡文忠公遺集十卷首一卷 （清）胡林翼撰 清同治五年(1866)山左刻本 八冊

230000－0901－0005298 C109118－19

名媛尺牘二卷 （清）陳逵輯 清水鏡心房刻本 二冊

230000－0901－0005299 C095627－29

羅忠節公遺集八卷 （清）羅澤南撰 清咸豐同治刻本 三冊

230000－0901－0005300 C109114

字學舉隅一卷 （清）龍啓瑞撰 清同治十年(1871)上海曙海樓刻本 一冊

230000－0901－0005301 C095630－33

遜學齋文鈔十二卷 （清）孫衣言撰 清同治十二年(1873)刻本 四冊

230000－0901－0005302 C095634－36

吳江沈氏詩集錄十二卷 （清）沈祖禹輯 勤補書莊詩鈔一卷 （清）沈宗德撰 酉山公詩鈔一卷 （清）沈欽復撰 織簾居士詩鈔一卷 （清）沈欽霖撰 清同治六年(1867)沈桂芬刻本 三冊

230000－0901－0005303 C109107－08

唐人萬首絕句選七卷 （宋）洪邁原本 （清）王士禛選 清刻王漁洋遺書本 二冊

230000－0901－0005304 C109186

味無味齋駢文二卷 （清）董兆熊撰 清同治十三年(1874)刻本 一冊

230000－0901－0005305 C095637

吳江沈氏家傳一卷 （清）沈桂芬輯 清同治六年(1867)沈桂芬刻本 一冊

230000－0901－0005306 C109170－81

水經注四十卷首一卷 （北魏）酈道元撰 清乾隆武英殿木活字印武英殿聚珍版書本 十二冊

230000－0901－0005307 C095642－49

李衛公文集二十卷別集十卷外集四卷補遺一卷 （唐）李德裕撰 清光緒十六年(1890)常懍懍齋刻本 八冊

230000－0901－0005308 C095733－46

[光緒]浦江縣志十五卷首一卷 （清）善廣修 （清）張景青纂 清光緒三十一年(1905)刻金國錫增補活字本 十四冊

230000－0901－0005309 C109167－68

蒙學課本地球歌韻四卷　（清）張士瀛撰　清光緒二十七年(1901)上海藻文書局石印本二冊

230000－0901－0005310　C109163

湖天嘯詠集一卷　（清）徐琪等撰　清光緒八年(1882)刻香海盫叢書本　一冊

230000－0901－0005311　C109252

介存齋論詞雜箸一卷詞辨二卷　（清）周濟撰　清光緒四年(1878)刻本　一冊

230000－0901－0005312　C109255

上蔡先生語錄三卷　（宋）謝良佐撰　清道光二年(1822)刻本　二冊

230000－0901－0005313　C032491－550

續資治通鑑二百二十卷　（清）畢沅撰　清鎮洋畢氏刻嘉慶六年(1801)馮氏續刻同治六年(1867)永康應氏八年(1869)江蘇書局遞修本　六十冊

230000－0901－0005314　C032897－956

東華錄四十五卷東華續錄七十五卷　王先謙等編　清光緒石印本　六十冊

230000－0901－0005315　C032841－96

憲廟硃批諭旨不分卷　（清）鄂爾泰等輯　清光緒十二年(1886)鉛字朱墨套印本　五十六冊

230000－0901－0005316　C034115－273

欽定三禮義疏一百七十八卷首四卷　（清）允祿等撰　清紫陽書院刻本　一百五十九冊

230000－0901－0005317　C033610－769

[光緒]湖南通志二百八十八卷首八卷末十九卷　（清）卞寶第　（清）李翰章等修　（清）曾國荃　（清）郭嵩燾等纂　清光緒十一年(1885)刻本　一百六十冊

230000－0901－0005318　C039147－94

御批歷代通鑑輯覽一百二十卷　（清）傅恆等撰　清同治十年(1871)浙江書局刻朱墨套印本　四十八冊

230000－0901－0005319　C040840－79

金石萃編一百六十卷　（清）王昶撰　清嘉慶十年(1805)王氏經訓堂刻本　四十冊

230000－0901－0005320　C038374－694

皇清經解一千四百〇八卷　（清）阮元輯　清道光九年(1829)刻咸豐十一年(1861)補刻本　三百二十一冊

230000－0901－0005321　C041336－423

玉海二百卷詞學指南四卷　（宋）王應麟撰　清刻本　八十八冊　存一百九十七卷(四至二百)

230000－0901－0005322　C041297－335

古逸叢書　（清）黎庶昌輯　清光緒遵義黎氏日本東京使署刻本　三十九冊

230000－0901－0005323　C109256

西石城風俗志一卷　（清）陳慶年撰　清光緒三十四年(1908)鉛印本　一冊

230000－0901－0005324　C109257－58

史忠正公集四卷首一卷末一卷　（明）史可法撰　清道光二十九年(1849)尊經閣刻本　二冊

230000－0901－0005325　C109247

四明萬季野先生新樂府詞二卷　（清）萬斯同撰　清末刻本　一冊

230000－0901－0005326　C109248

麻鞋紀行詩存一卷隨扈紀行詩存一卷　（清）蔣廷黻撰　清末刻本　一冊

230000－0901－0005327　C109241

爽來軒詩鈔一卷　（清）鄭遵型撰　清光緒二年(1876)活字印本　一冊

230000－0901－0005328　C109240

讀史論略詳注一卷　（清）杜詔撰　（清）唐桂注　清酉山堂刻本　一冊

230000－0901－0005329　C109234－39

洞天奧旨十六卷　（清）陳士鐸撰　清乾隆五十五年(1790)鼎翰樓刻本　六冊

230000－0901－0005330　C109212

中國腦一卷　（清）味新學社編　清光緒二十

八年(1902)杭州昧新學社刻本　一冊

230000－0901－0005331　C109197

秋夢盦詞鈔二卷續一卷再續一卷　(清)葉衍蘭撰　清光緒十六年(1890)刻本　一冊

230000－0901－0005332　C109187－92

四書便蒙添注　(清)王珠樵撰　清光緒十三年(1887)會稽王氏刻本　六冊

230000－0901－0005333　C109276

繡鐙問字圖題詞一卷　(清)畢方瀛輯　清同治刻本　一冊

230000－0901－0005334　C099015－571

二十四史　清同治光緒五省官書局刻湖北書局彙印本　五百五十七冊

230000－0901－0005335　C109277－82

重訂教乘法數十二卷　(明)釋圓瀞集　清光緒四年(1878)浙杭昭慶慧空經房刻本　六冊

230000－0901－0005336　C109283

許尚書文御史奏摺一卷　(清)文悌撰　(清)許應騤重訂　清光緒刻本　一冊

230000－0901－0005337　C109284

家庭講話三卷　(清)陸一亭撰　清光緒十年(1884)刻本　一冊

230000－0901－0005338　C109272

紅韻閣遺稿一卷　(清)闞壽坤撰　清光緒五年(1879)刻本　一冊

230000－0901－0005339　C109273

黃石齋手寫詩卷一卷　(明)黃道周撰　清光緒三十三年(1907)上海國粹學報館石印本　一冊

230000－0901－0005340　C109274

洪文襄奏對筆記二卷　(清)洪承疇撰　清末民國四川官印刷局鉛印本　一冊

230000－0901－0005341　C109269－70

大學或問一卷中庸或問一卷　(宋)朱熹撰　清刻四書或問本　二冊

230000－0901－0005342　C109294

雙鉤殘宋拓瘞鶴銘四十七字　清光緒二十二年(1896)刻本　一冊

230000－0901－0005343　C109295

劫火紀焚一卷　(清)何鏞撰　清光緒十九年(1893)刻本　一冊

230000－0901－0005344　C133699－133745

[光緒]吉林通志一百二十二卷圖一卷　(清)長順　(清)訥欽修　(清)李桂林　(清)顧雲纂　清光緒十七年(1891)刻本　四十七冊

230000－0901－0005345　C133746－133805

淵鑑類函四百五十卷　(清)張英等撰　清光緒十八年(1892)上海同文書局石印本　六十冊

230000－0901－0005346　C030868－982

東華錄二十六卷東華續錄五十卷　王先謙等編　清光緒十七年(1891)鉛印本　一百十五冊

230000－0901－0005347　C033932－4114

正誼堂全書　(清)張伯行輯　清同治福州正誼書院刻本　一百八十三冊　缺六種九十八卷(張橫渠先生文集五至八,朱子文集十五至十六,楊龜山先生集五至六,羅豫章先生文三至五,司馬溫公文集四至五、八至九,薛文清公讀書錄一至三,道南源委一至二、五至六,讀禮志疑三至四,魏莊渠先生集一卷,湯潛庵先生集二卷,道統錄二卷,二程語錄八至十,朱子語類輯略三至四、八,近思錄六至十四,困學錄六至八,學規類編八至十三,居濟一得一至二,上蔡先生語錄三卷、張陽和文選三卷,唐宋八大家文鈔十九卷,楊大洪先生文集二卷,海剛峯先生集二卷,續近思錄十四卷)

230000－0901－0005348　C040061－156

武林往哲遺著　(清)丁丙輯　清光緒錢塘丁氏嘉惠堂刻本　九十六冊

230000－0901－0005349　C040157－328

昭代叢書　(清)張潮　(清)張漸輯　(清)楊復吉　(清)沈楙悳續輯　清道光吳江沈氏

世楷堂刻本　一百七十二冊

230000－0901－0005350　C048113－212
船山遺書　（清）王夫之撰　清同治四年
（1865）湘鄉曾氏金陵節署刻本　一百冊

230000－0901－0005351　C048213－320
十三經注疏附考證　清乾隆四年（1739）武
英殿刻本　一百〇八冊

230000－0901－0005352　C048513－622
百子全書　（清）崇文書局輯　清光緒元年
（1875）湖北崇文書局刻本　一百十冊

230000－0901－0005353　C048623－700
二十二子　（清）浙江書局輯　清光緒浙江書
局刻本　七十八冊　缺六種四十八卷（竹書
紀年統箋十二卷前編一卷雜述一卷、商君書
五卷附考一卷、墨子十六卷附篇目考一卷、尸
子二卷存疑一卷、老子道德經二卷附音義一
卷、呂氏春秋一至五卷）

230000－0901－0005354　C048777－800
南菁書院叢書　王先謙　繆荃孫輯　清光緒
十四年（1888）南菁書院刻本　二十四冊　缺
八種二十七卷（疇人傳三編七卷、說文職墨三
卷、說文舊音補註一卷補遺一卷續一卷、爾雅
詁二卷、句股演代二卷、陸氏草木鳥獸蟲魚疏

疏二卷、易例輯略一卷、安甫遺學三卷、律呂
古誼五至六、方氏易學五書之周易互體詳述
一卷、周易卦變舉要一卷）

230000－0901－0005355　C133326
女兒經一卷　（明）□□撰　清末刻本　一冊

230000－0901－0005356　C133806
注解傷寒論十卷　（漢）張機撰　（金）成無己
注解　清刻本　一冊　存五卷（六至十）

230000－0901－0005357　C133807
銀海精微四卷　題（唐）孫思邈撰　清同治七
年（1868）刻本　一冊　存一卷（四）

230000－0901－0005358　C133808
種福堂公選良方四卷　（清）葉桂撰　清維揚
文富堂刻本　一冊　存一卷（四）

230000－0901－0005359　C021212－14
李義山文集十卷　（唐）李商隱撰　（清）徐樹
穀箋　（清）徐炯注　清康熙四十七年（1708）
花谿草堂刻本　三冊

230000－0901－0005360　C120843－120902
**新編事文類聚翰墨大全甲集十二卷乙集十八
卷丙集十四卷丁集十一卷戊集十三卷己集十
二卷庚集十五卷辛集十六卷壬集十七卷癸集
十七卷**　（元）劉應李輯　元刻本　六十冊

書名筆畫字頭索引

七畫

十畫

十一畫

259

十四畫

十八畫

十七畫

書名筆畫索引

三畫

四畫

270

五畫

279

六畫

287

288

九畫

十一畫

十三畫

十五畫

十七畫

十八畫

十九畫

二十畫

二十一畫

二十二畫

二十三畫

二十四畫

二十九畫